ROSEMARIE KRÄNZER

Einmal Hölle und zurück ins Leben

novum premium

Dieses Buch ist auch als
e-book
erhältlich.

www.novumverlag.com

Bibliografische Information
der Deutschen Nationalbibliothek:

Die Deutsche Nationalbibliothek
verzeichnet diese Publikation in
der Deutschen Nationalbibliografie.
Detaillierte bibliografische Daten
sind im Internet über
http://www.d-nb.de abrufbar.

Gedruckt in der Europäischen Union
auf umweltfreundlichem, chlor- und
säurefrei gebleichtem Papier.

© 2023 novum Verlag

ISBN 978-3-99130-280-3
Lektorat: Lucas Drebenstedt
Umschlagfoto: Rosemarie Kränzer
Umschlaggestaltung, Layout & Satz:
novum Verlag
Innenabbildungen:
Rosemarie Kränzer/Tanya

Die von der Autorin zur Verfügung
gestellten Abbildungen wurden in der
bestmöglichen Qualität gedruckt.

www.novumverlag.com

Climate neutral
Print product
ClimatePartner.com/16547-2201-1002

Inhaltsverzeichnis

Dieses Buch ist mein „BEFREIUNGSSCHLAG" aus einer toxischen Beziehung!

Für meine Kinder und wahren Freunde!

November 2022,
*Rosemarie Kränz*er

Teil 1

Wie ein Narzisst oder, wie er sich nennt, „ein Mensch mit narzisstischen Zügen" systematisch versuchte, mein Leben und das meiner Familie zu zerstören!

Zuerst einmal danke, dass ich meine Geschichte mit dir teilen darf! Ich hoffe von ganzem Herzen, dass ich mit der Darstellung meiner Geschichte dem einen oder anderen Mit Opfer die Augen über emotionalen Missbrauch öffnen darf und mir dieses Anliegen auch gelingt!

EIN SELBSTERLEBTER PSYCHOTHRILLER

Das intensive Bedürfnis von Psychopathen, andere zu kontrollieren, führt dazu, dass sie ihren Partner zu Dingen zu drängen, die ihnen selbst zugutekommen. Dahinter steckt häufig eine regelrechte strategische Planung, um schließlich die komplette Falle zuschnappen zu lassen. Und in diese Falle kann jeder geraten, egal ob es sich um einen einfachen Menschen handelt oder einen studierten Professor. Es gibt auch weibliche Psychopathen, aber die Mehrzahl betrifft unsere männlichen Mitmenschen.

1) INSPIRATION

Als ich dieses Buch so gut wie fertig hatte, bekam ich folgendes Hörbuch in die Hände. Es zu hören, hat selbst mir am ganzen Körper Gänsehaut verursacht und gerade dieser Auszug daraus passt so gut zu meiner Geschichte. Ich kann dieses Hörbuch nur jedem Betroffenen empfehlen. Und auch jedem, der einem Betroffenen helfen möchte, die Augen über emotionalen Missbrauch zu öffnen.

EMOTIONALER MISSBRAUCH IST DIE VERGEWALTIGUNG DEINER SEELE

Auszug aus dem Hörbuch (Audible): **„Keine Macht den Psychopathen"** von **Jackson McKenzie** (Kapitel 98 bis 103)

„Das 15-Prozent-Problem Zahlen finde ich meistens ziemlich langweilig, aber die folgenden sind nach meinem Dafürhalten einer genaueren Betrachtung wert. Lt. National Instituts of Heals, die dem US-Ministerium für Gesundheitspflege und soziale Dienste zugeordnet sind, leiden in den USA 6 % der Allgemeinbevölkerung an einer narzisstischen Persönlichkeitsstörung (NPD), 6 % der Allgemeinbevölkerung an einer Borderline-Persönlichkeitsstörung (BPD) und 2 % der Allgemeinbevölkerung an einer histrionischen Persönlichkeitsstörung (HPD). Und laut. der US-amerikanischen Psychologin und Autorin Dr. Martha Stout leiden in den USA 4 % der Allgemeinbevölkerung an einer antisozialen Persönlichkeitsstörung (ASPD), Soziopathie oder Psychopathie.

In Deutschland liegen keine konkreten Zahlen vor, aber man geht davon aus, dass etwa 2 % der Bevölkerung unter einer psychopatischen Persönlichkeitsstörung, weniger als 1 % unter einer narzisstischen Persönlichkeitsstörung, 1–4 % unter einer Borderline-Störung und ca. 2–3 % unter einer histrionischen Persönlichkeitsstörung leidet.

Hier handelt es sich um sogenannte Cluster-B-Persönlichkeits-störungen. Und laut den o. g. Statistiken ist in den USA jeder 7. davon betroffen – mehr als 15 % der Bevölkerung. Ich runde nach unten ab, um zu berücksichtigen, dass es sich nicht um eine Grunderkrankung, sondern um Begleit- oder Folgeerkran-kungen handeln könnte.

Bedenken Sie, dass sich die meisten nicht nur auf freiem Fuß befinden, sondern auch in hohem Maß leistungsfähige, aktive Mitglieder der Gesellschaft sind.

Angesichts dieser Resultate ist es durchaus wahrscheinlich, dass Sie, ohne es zu ahnen, jeden Tag auf Ihrem Weg zur Arbeit jemandem begegnet sind, der unter einer antisozialen Persön-lichkeitsstörung leidet. Vielleicht hat er oder sie Ihnen sogar heute Morgen einen Kaffee serviert. Wo ist also das Problem?

Das Problem ist, dass die Gesellschaft kaum etwas über diese unglaublich weitverbreiteten Störungen weiß. Wie viele Ihrer Freunde könnten die Frage beantworten, was eine Borderline-Persönlichkeitsstörung ist? Und wie viele könnten genau erklä-ren, wie sie sich äußert? Ist jemand mit einer narzisstischen Per-sönlichkeitsstörung nur ein Mensch, der zu oft in den Spiegel schaut? Oder ist jemand mit einer histrionischen Persönlich-keitsstörung nur ein Mensch, der ständig Aufmerksamkeit sucht?

Sie werden vermutlich feststellen, dass die meisten Leute den Begriff „Psychopathie" überwiegend aus Berichten über Serien-mörder oder aus Fernsehserien, wie „Criminal Minds", kennen, die Täterprofile beschreiben.

Was ist mit dem viel weiter verbreiteten „Wolf im Schafspelz"? Der sich unerkannt mitten unter uns befindet und sich mit Charme und Manipulationsgeschick den Weg in das Leben ei-nes Menschen bahnt? Was ist mit dem Chamäleon, dem Meis-ter der Tarnung, der sein ahnungsloses Opfer in die Falle lockt und mit seinem Gift zerstört, während er den Anschein erweckt, kein Wässerchen trüben zu können?

Für Menschen mit Cluster-B-Persönlichkeitsstörungen sind Beeinträchtigungen auf der Ebene der Gefühle und Empfindungen, der moralischen Werte und der Empathie typisch. Ihnen fehlen einige der wichtigsten menschlichen Eigenschaften, könnte man sagen. Warum lernen wir in der Schule nichts über diese Störungen? Warum wird ihnen so wenig öffentliche Aufmerksamkeit zuteil?

15 % der US-amerikanischen Bevölkerung (ich werde die Zahl noch mehrmals wiederholen) leiden an schweren oder unheilbaren emotionalen Störungen. Und aufgrund der verborgenen Symptome bleiben sie unerkannt. Wenn jemand einen Verdacht hegt und beschließt, mehr darüber in Erfahrung zu bringen, ist der Schaden oft schon angerichtet!

Wie können wir Psychopathen also erkennen, bevor es zu spät ist?

Die 4 Cluster-B-Persönlichkeitsstörungen beziehen verschiedene Symptome ein, aber allen ist eines gemein: Es geht um ungesunde, unangemessene, vorgetäuschte oder fehlende menschliche Emotionen! Sie können sich je nach Individuum und Störung unterscheiden. Aber die Opfer machen ausnahmslos die gleiche Erfahrung: Idealisierung und Entwertung.

Menschen mit einer Cluster-B-Persönlichkeitsstörung sind unfähig, natürliche Bindungen zu anderen einzugehen und infolgedessen ahmen sie diese mit Hilfe des „Zuckerbrot-und-Peitsche-Zyklus" nach. Gleich, ob mit oder ohne Vorsatz.

Dieses Buch wurde für die Opfer geschrieben, die sich aus einer traumatischen Beziehung lösen bzw. gelöst haben. Es soll sie ermutigen und darin unterstützen, nach Antworten zu suchen und ihre mentale Gesundheit wiederzuerlangen.

Ich habe den spitzfindigen Unterschieden zwischen den einzelnen Persönlichkeitsstörungen weniger Gewicht beigemessen, weil die Auswirkungen auf die Opfer immer die gleichen sind. VERWIRRUNG, HOFFNUNGSLOSIGKEIT und TOTALE EMOTIONALE ZERSTÖRUNG!

Wenn wir begreifen, dass es Menschen gibt, die eine andere Wahrnehmung von der Welt haben als wir, ergibt plötzlich alles einen Sinn. Sobald wir aufhören, unser eigenes Gewissen und unsere positiven Eigenschaften auf andere zu projizieren, lassen sich unsere unbegreiflichen Erfahrungen mit einem Mal erklären. Für viele von uns stellt das Wissen um diese Störungen das fehlende Puzzleteil dar, das unser Leben von Grund auf verändert.

Abgesehen von den 30 Alarmsignalen, die am Anfang des Buches beschrieben wurden, finden Sie hier noch eine kurze Zusammenfassung der Merkmale, die für die 4 erwähnten Persönlichkeitsstörungen kennzeichnend sind.

NARZISSTISCHE PERSÖNLICHKEITSSTÖRUNG: Um die Diagnose narzisstische Persönlichkeitsstörung zu stellen, müssen laut diagnostischem und statistischem Leitfaden psychischer Störungen DSM mindestens 5 oder mehr der folgenden Symptome vorhanden sein:

- Die Erwartung, dass ihre Überlegenheit und Wichtigkeit anerkannt werden, ohne entsprechende Leistungen vorweisen zu können.
- Die Erwartung fortwährend Aufmerksamkeit, Bewunderung und positive Bestätigung von anderen zu erhalten.
- Neid auf andere und die Überzeugung, von anderen beneidet zu werden.
- Exzessive Beschäftigung mit Gedanken und Fantasien, die sich um spektakuläre Erfolge, magische Anziehungskraft, Macht und Intelligenz drehen.
- Mangelnde Fähigkeit, sich in die Gefühle oder Bedürfnisse anderer hineinzuversetzen.

- Überhebliche Einstellungen und arrogantes Verhalten.
- Unrealistische Überzeugung, eine Vorzugsbehandlung verdient zu haben.

In zwischenmenschlichen Beziehungen führt das zu einer frühzeitigen Idealisierung in der Eroberungsphase, in der Sie mit Schmeicheleien verwöhnt werden, um Sie in eine ergiebige Quelle positiver Energie zu verwandeln, um zeitweilig das pathologische Bedürfnis nach Bewunderung zu befriedigen. Doch da Menschen mit narzisstischer Persönlichkeitsstörung außerdem eifersüchtig und arrogant sind, entdecken Sie schnell, dass kein Raum für Ihr eigenes Glück bleibt. Sobald Sie es versäumen, den rasch wechselnden Anforderungen zu entsprechen, werden Sie entwertet und kritisiert. Und zwar so lange, bis Sie ihnen nichts mehr zu bieten haben. Der auffallende Kontrast zwischen Überhöhung und Entwertung hinterlässt bei Ihnen das Gefühl, wertlos, gebrochen und völlig verwirrt zu sein.

BORDERLINE-PERSÖNLICHKEITSSTÖRUNG: Um die Diagnose Borderline-Persönlichkeitsstörung zu stellen, müssen laut DSM mindestens 5 oder mehr der folgenden Symptome vorhanden sein:

- Hektische Bemühungen, eine reale oder vermeintliche Trennung zu verhindern.
- Instabile und intensive zwischenmenschliche Beziehungsmuster mit charakteristischem Wechsel zwischen den Extremen Idealisierung und Entwertung.
- Identitätsstörung, ausgeprägt und permanent unbeständiges Selbstbild oder Selbstwahrnehmung.
- Potenziell selbstschädigende Impulsivität in verschiedenen Bereichen, z. B. Finanzen, Sex, Substanzmissbrauch, rücksichtsloses Fahren, Essattacken, Suizidversuche, wiederholte Selbstmordandeutungen oder Androhungen und Selbstverletzungen.
- Emotionale Instabilität aufgrund starker Stimmungsschwankungen, z. B. intensive, zeitweilig auftretende Missstimmung,

erhöhte Reizbarkeit oder Beklemmungen, die normalerweise wenige Stunden und nur selten mehrere Tage andauern.

- Chronisches Gefühl der inneren Leere, unangemessene heftige Wut oder Schwierigkeiten, Wutgefühle zu kontrollieren z. B. häufige Temperamentsausbrüche, ständige Verärgerung, wiederkehrende tätliche Auseinandersetzungen.
- Vorübergehende stressbedingte Wahnvorstellungen oder schwere dissoziative Symptome.

In zwischenmenschlichen Beziehungen führt das zu einer frühzeitigen Idealisierung in der Eroberungsphase, in der Sie mit Schmeicheleien verwöhnt werden, um Sie in eine ergiebige Quelle positiver Energie zu verwandeln, um zeitweilig das pathologische Bedürfnis zu befriedigen, die eigene innere Leere zu füllen. Doch da Menschen mit Borderline-Persönlichkeitsstörung außerdem aggressiv und impulsiv sind, entdecken Sie schnell, dass kein Raum für Ihr eigenes Glück bleibt. Sobald Sie es versäumen, den rasch wechselnden Anforderungen zu entsprechen, werden Sie entwertet und kritisiert. Und zwar so lange, bis Sie ihnen nichts mehr zu bieten haben. Der auffallende Kontrast zwischen Überhöhung und Entwertung hinterlässt bei Ihnen das Gefühl, wertlos, gebrochen und völlig verwirrt zu sein.

HISTRIONISCHE PERSÖNLICHKEITSSTÖRUNG: Um die Diagnose histrionische Persönlichkeitsstörung zu stellen, müssen laut DSM mindestens 5 oder mehr der folgenden Symptome vorhanden sein:

- Das Bedürfnis, in gleich welcher Situation, im Mittelpunkt der Aufmerksamkeit zu stehen.
- Unangemessenes sexuell verführerisches oder provokatives Verhalten auf Interaktionsebene.
- Rasch wechselnde oberflächliche Gefühlsäußerungen.
- Ein äußeres Erscheinungsbild, das stets dazu dient, Aufmerksamkeit zu erregen.

- Sprachstil, der Einzelheiten auslässt und in erster Linie darauf bedacht ist, Eindruck zu schinden.
- Hang zur Selbstdramatisierung, Theatralik und übertriebenen Gefühlsäußerungen.
- Leichte Beeinflussbarkeit durch andere oder die jeweilige Situation. Im Fachjargon als „Suggestibilität" bezeichnet.
- Unrealistische Bewertungen zwischenmenschlicher Beziehungen, enger als sie wirklich sind.

In zwischenmenschlichen Beziehungen führt das zu einer frühzeitigen Idealisierung in der Eroberungsphase, in der Sie mit Schmeicheleien verwöhnt werden, um Sie in eine ergiebige Quelle positiver Energie zu verwandeln. Um zeitweilig das pathologische Bedürfnis nach Aufmerksamkeit zu befriedigen. Doch da Menschen mit histrionischer Persönlichkeitsstörung außerdem hochgradig provokativ und überspannt sind, entdecken Sie schnell, dass kein Raum für Ihr eigenes Glück bleibt. Sobald Sie es versäumen, den rasch wechselnden Anforderungen zu entsprechen, werden Sie entwertet und kritisiert. Und zwar so lange, bis Sie Ihnen nichts mehr zu bieten haben. Der auffallende Kontrast zwischen Überhöhung und Entwertung hinterlässt bei Ihnen das Gefühl, wertlos, gebrochen und völlig verwirrt zu sein.

Haben Sie gemerkt, worauf ich hinauswill?

ANTISOZIALE PERSÖNLICHKEITSSTÖRUNG: Um die Diagnose antisoziale oder dissoziale Persönlichkeitsstörung APS zu stellen, müssen laut DSM mindestens 5 oder mehr der folgenden Symptome vorhanden sein:

- Unfähigkeit, sich an gesellschaftliche Regeln und Gesetze anzupassen. Wie aus wiederholten Festnahmen aufgrund von Straftaten ersichtlich.
- Manipulatives Verhalten, Tricks, um andere zu beeinflussen oder zu kontrollieren. Verführung, Charme, Redegewandt-

heit oder Schmeicheleien als Mittel, um die angestrebten
Ziele zu erreichen.

- Neigung zu Täuschungsmanövern, beispielsweise Lügen, Be-
  nutzung von Decknamen oder Betrügereien, um persönliche
  Vorteile zu erzielen oder aus reinem Vergnügen.
- Impulsivität oder Unfähigkeit, vorauszuplanen.
- Erhöhte Reizbarkeit und Aggressivität, die sich in wiederhol-
  ten verbalen oder tätlichen Auseinandersetzungen äußern.
  Rücksichtslose Missachtung der eigenen Sicherheit oder der
  Sicherheit anderer.
- Verantwortungslosigkeit in vielen Bereichen, beispielswei-
  se Unfähigkeit, auf längere Sicht den Anforderungen am Ar-
  beitsplatz zu entsprechen oder finanziellen Verpflichtungen
  nachzukommen.
- Mangelnde Reuegefühle beispielsweise Gleichgültigkeit oder
  Rationalisierungsversuche, wenn andere von ihnen gekränkt,
  misshandelt oder bestohlen wurden.

TROMMELWIRBEL bitte ...

In zwischenmenschlichen Beziehungen führt das zu einer frühzeitigen Idealisierung in der Eroberungsphase, in der Sie mit
Schmeicheleien verwöhnt werden, um Sie in eine ergiebige Quelle positiver Energie zu verwandeln. Um zeitweilig das pathologische Bedürfnis zu befriedigen, andere mit einer Charmeoffensi-
ve unter ihre Kontrolle zu bringen. Doch da Menschen mit einer
antisozialen oder dissozialen Persönlichkeitsstörung außerdem
hochgradig skrupellos und Meister der Täuschung sind, entdecken Sie schnell, dass kein Raum für Ihr eigenes Glück bleibt.
Sobald Sie es versäumen, den rasch wechselnden Anforderungen zu entsprechen, werden Sie entwertet und kritisiert. Und
zwar so lange, bis sie Ihnen nichts mehr zu bieten haben. Der
auffallende Kontrast zwischen Überhöhung und Entwertung
hinterlässt bei Ihnen das Gefühl, wertlos, gebrochen und völlig verwirrt zu sein.

Tut mir leid, dass ich mich ständig wiederholt habe. Aber ich denke, dass ist gerechtfertigt, wenn man bedenkt, dass ein hoher Prozentsatz der Bevölkerung unter einer der beschriebenen psychischen Beeinträchtigungen leidet. Es ist nicht normal, dass jemand Sie auf einen Sockel hebt, damit Sie umso tiefer fallen.

Wenn Sie jemanden mit einer Cluster-B-Persönlichkeitsstörung kennen lernen, schweben Sie auf Wolke 7 und denken, Ihre schönsten Träume wären endlich in Erfüllung gegangen. Sie werden mit Lob und Liebesbezeugungen überschüttet. Ihr Partner richtet seine gesamte Energie und Aufmerksamkeit auf Sie. Sie haben das Gefühl, für ihn der einzige Mensch auf der Welt zu sein.

Doch wie Sie anhand der oben genannten Symptome erkennen, ist diese Überhöhung lediglich Mittel zum Zweck. Sie basiert auf einem pathologischen Bedürfnis nach Bewunderung, Aufmerksamkeit, Kontrolle oder dem Bestreben, die innere Leere zu füllen. Sie stützt sich letztendlich nicht auf die Anerkennung Ihrer einzigartigen Charaktereigenschaften. Denn Menschen mit einer Cluster-B-Persönlichkeitsstörung betrachten andere nicht als Lebewesen mit Gefühlen, sondern als eine Möglichkeit, emotionale Defizite auszugleichen, die mit ihrer Beeinträchtigung einhergehen. Ähnlich wie die bei Sekten übliche Gehirnwäsche ist die Idealisierung eine gezielt eingesetzte Strategie, um Vertrauen und Liebe zu gewinnen und die Opfer in eine verlässliche Quelle für die Befriedigung ihrer pathologischen Bedürfnisse zu verwandeln. Sobald Sie es versäumen, die unmöglichen und impulsiven Anforderungen Ihres Partners zu erfüllen, wird Ihr Traum zu einem Alptraum. Sie stehen ständig unter Hochspannung und sind unfähig, Ihr Befremden zum Ausdruck zu bringen. Jeder Versuch, ihm mit Einfühlungsvermögen und Empathie zu begegnen, stößt auf taube Ohren. Keine der üblichen zwischenmenschlichen Strategien scheint mehr zu funktionieren. Sie beginnen ernsthaft zu glauben, dass Sie verrückt sind, unter Zwangsvorstellungen leiden, obwohl Sie dieses Gefühl in keiner früheren Beziehung hatten.

Die Heiterkeit, die ehemals für Sie charakteristisch war, löst sich rasch auf und macht einem paranoiden, chaotischen Zustand der Angst, Verzweiflung und Obsessionen Platz. Diese Entwicklung ist der Gesundheit abträglich und destruktiv. Hier muss sich dringend etwas ändern.

Die Meinungen bezüglich dessen, was sich ändern muss, gehen auseinander. Während das Thema Persönlichkeitsstörungen auch im öffentlichen Raum zunehmend Beachtung findet, weisen die Betroffenen darauf hin, dass sie nicht diskriminiert werden sollten, weil sie hinsichtlich ihrer Beeinträchtigung keine Wahl haben. Ebenso wenig wie bei der Hautfarbe oder sexuellen Orientierung. Der Unterschied ist jedoch, dass die Hautfarbe einen Menschen nicht veranlasst, die Identität anderer systematisch zu zerstören. Oder jemanden absichtlich zu verletzen. Homosexuelle sind nicht darauf programmiert, ihre Partner zu manipulieren.

Und das macht Cluster-B-Persönlichkeitsstörungen zu einem besonders heiklen Thema. Sie ermöglichen Menschen, nach außen hin völlig gesund und liebevoll zu erscheinen, oft mehr als psychisch Gesunde, und die Fassade der Normalität zu nutzen, um jeden ins Unglück zu stürzen, der das Pech hatte, ihren Weg zu kreuzen. Dieses Problem entsteht durch keine andere mentale oder physische Beeinträchtigung. Einige fühlen sich vielleicht geneigt, den Betroffenen zu helfen oder sie zu heilen. Ich sage es offen heraus: Das ist nicht meine Aufgabe! Es gibt Psychologen und Wissenschaftler, die sich die größte Mühe geben, diese psychischen Störungen zu verstehen und zu behandeln. Doch derzeit sind sie noch unheilbar, schwer zu therapieren und weitverbreitet.

Angesichts dieses Problems stellt sich die Frage, was wir tun können, um uns zu schützen. Der erste Schritt ist, die Aufklärung, Informationen verbreiten. Andere darauf aufmerksam machen, dass nicht alle Psychopathen wegen einer schweren Straftat hinter Gittern landen, wie etwa der amerikanische Serienmörder „Ted Bundi". Toxisches manipulatives Verhalten als das entlarven, was es ist, den Unterschied zwischen kalkulierter Schmeichelei und gesunder echter Liebe aufzeigen.

Der zweite Schritt ist die Bestätigung der traumatischen Erfahrung. Opfern helfen, die Dunkelheit zu überwinden, und ihnen zeigen, dass sie nicht allein sind, Erfahrungen austauschen und begreifen, dass Sie manipuliert wurden.

Zuerst wagen Sie sich vielleicht nicht aus der Deckung, weil Sie fürchten Ihre Geschichte sei zu abartig, um sie in Worte zu fassen. Doch das ist typisch für die Beziehung zu einem Partner mit Cluster-B-Persönlichkeitsstörungen.

Mit den richtigen Schlüsselbegriffen und Zuordnungen entdecken Sie plötzlich, dass außer Ihnen noch Millionen anderer den gleichen Alptraum erlebt haben.

Der nächste Schritt ist die Heilung. Den eigenen Fokus vom Täter auf die Opfer verlagern. Begreifen, was Sie verloren und wichtiger noch, welche Erkenntnisse Sie auf Grund dieser Erfahrungen gewonnen haben, beispielsweise, dass man Grenzen setzen und Selbstachtung entwickeln sollte, dass man die eigenen Unsicherheiten und Verletzlichkeiten unter die Lupe nehmen sollte, um das Gespür für Beziehungen zu schärfen, die erfüllender und der Gesundheit zuträglicher sind.

Der letzte Schritt ist die Freiheit. Sobald Sie in der Lage sind, toxische Menschen zu identifizieren und zu erkennen, wird Ihnen klar, dass Interaktionen mit ihnen zu nichts führen. Statt des vergeblichen Versuchs, Bruchstellen in Ihrer Persönlichkeitsstruktur zu kitten, richten Sie Ihre kostbare Energie lieber auf gleichermaßen emphatische Freunde und Partner.

Gleich, was Menschen mit Cluster-B-Persönlichkeitsstörungen Ihnen auch versprechen mögen, sie können und werden sich Ihnen zuliebe nicht ändern.

Sobald diese Schritte eingeleitet sind, sollten wir die Möglichkeiten nutzen, uns in kleinem Maßstab mit den großen Problemen unserer Zeit zu befassen. Die Freiheit, die wir genießen, wenn der Psychopath keine Macht mehr über uns hat, gestattet uns, ein selbstbestimmtes Leben zu führen, dass uns in zwischenmenschlichen Beziehungen vor Schaden bewahrt.

Doch, was ist, wenn wir einen Schritt zurücktreten und den Blick auf das übergeordnete Bild werfen, auf unsere Gesellschaft, unser Unternehmen, unsere Kultur.

Wie viel Schaden haben diejenigen, die unter schweren Persönlichkeitsstörungen leiden und unerkannt mitten unter uns leben, in diesen Bereichen bereits angerichtet.

Wir haben ein Problem – ohne Zweifel! Aber ich bin ein unverbesserlicher Optimist und wir Optimisten haben unser eigenes ganz spezielles Bedürfnis, nach Lösungen Ausschau zu halten. „Auszug aus dem oben genannten Hörbuch **„Keine Macht den Psychopathen, so befreien Sie sich von emotional traumatischen Beziehungen"** von **Jackson McKenzie**.

Mein Resümee:

Dieses Hörbuch empfehle ich allen Betroffenen beider Seiten. Die einen können vielleicht, nachdem sie erfolgreich eine langjährige Therapie gemacht haben, nachvollziehen, weshalb sich so mancher Partner von ihnen getrennt hat.

Und den anderen, den Opfern, kann ich damit nur ans Herz legen, die Augen endlich zu öffnen, um ein selbstbestimmtes Leben zu führen.

Denn genauso, wie im obigen Auszug eine toxische Partnerschaft beschrieben wird, habe ich es am eigenen Leib erlebt!!! Hinterher ist man als Partner, der alles gegeben hat, vollkommen traumatisiert ... voller Ängste und unsicher im Leben.

Ja, ich gebe zu, in gewisser Weise war ich auch abhängig von ihm ... denn mit seinen ständigen Meckereien und Abwertungen hat er mich auf Dauer immer unsicherer in meiner mir vorher durch Psychotherapien und eigener „Innere-Kind-Arbeit" angeeigneten Selbstsicherheit gemacht, die bis zu dieser Zeit auf der Insel gut funktionierte.

Doch auch die Tatsache, dass mein ganzes Hab und Gut und auch alles Hab und Gut meiner Tochter Tanya und ihrem Mann Dario auf dieser Insel feststeckten, hielt mich in all den Jahren innerlich gefangen.

2) VORWORT

Das Leben ist eine Gratwanderung zwischen Loslassen und Festhalten. Beziehungen zwischen zwei Menschen funktionieren nicht so, wie es von einem der Partner gewaltvoll vorgegeben wird. Im Grunde besteht jede Partnerschaft aus 4 Personen. Den zwei Erwachsenen, die sich für diese Partnerschaft entschlossen haben, aber auch, und das verdrängen die meisten Menschen, aus den zwei inneren zum Teil schwer verletzten und traumatisierten Kindern in diesen Erwachsenen. Dieses Kind lebt bis zum Lebensende in jedem von uns. Es will integriert werden. Wenn es sich nicht geliebt fühlt, drängt es nach außen. Macht sich bemerkbar.

Beim Narzissten dadurch, dass er durch Machtgehabe seinen Partner unterdrückt. Beim Partner, indem dieser sich durch dieses Machtgehabe seines Narzissten verletzt fühlt, anstatt diese Gefühle beim Narzissten zu lassen, und alles persönlich zu nehmen.

Der Narzisst muss sein inneres Kind integrieren. Das ist seine Aufgabe! Aber genau davor hat er Angst!

Jeder muss sich frei entfalten können und im anderen auch das verletzte Kind miteinbeziehen. Dieses verletzte Kind will gesehen und beachtet werden. Doch das gelingt nicht jedem oder ist auch nicht jedem der Partner bewusst.

Narzissten haben ihr inneres Kind in einem inneren Gefängnis eingesperrt und wollen es aus Angst vor Verletzung auf keinen Fall herauslassen. Somit verletzen sie lieber die anderen und spiegeln uns so unseren eigenen Mangel immer wieder vor. Dadurch kommen längst verarbeitete Ängste in uns wieder hoch, die wir leider als Verletzungen aus der Kindheit immer noch in uns tragen. Auch sie wollen geheilt werden.

Im Grunde ziehen wir so lange die Partner an, die wir für unser Wachstum und unsere Heilung brauchen. Alte Wunden aus der Kindheit werden von unserem Gegenüber immer und immer wieder getriggert/hervorgerufen, bis man endlich Heilung zulässt, indem man sich mit dem befasst, was immer wieder wehtut.

Es geht im Grunde nur darum, zu mir JA zu sagen. Es geht um mein Leben, Mut zu entwickeln, das eigene Leben in die Hand zu nehmen und auch Fehler machen zu dürfen.

Man muss Zeit mit sich allein verbringen können und dürfen.

Nach einer solch toxischen Beziehung wird einem manches klar. Doch man muss erst einmal wieder zu sich selbst finden.

Wahre Liebe nimmt das an, was ist. Und die längste Reise, die man wohl in seinem Leben unternimmt, ist die vom Kopf zum Herzen.

Ich habe Liebe verdient und ja, ich liebe das Leben. Ich hatte es wohl nur eine Zeitlang verdrängt und vergessen, war gefangen auf einer kleinen Insel – mitten im Meer, geblendet von dem Wunsch, ein neues Leben anzufangen. Und als ich bemerkte, dass da etwas gewaltig schieflief, war es schon viel zu spät. Denn alles, was ich besaß, steckte in diesem „Projekt". Letztendlich konnte ich nicht so einfach fort von dort. Es sind von dieser Insel mitten im Meer 2000 km Wasser bis Portugal und 4000 km Wasser bis Amerika. Die schwimmt man nicht eben einfach mal so und um mit dem Flugzeug wegzukommen, braucht man Geld, welches mein damaliger Partner unter seiner Kontrolle hielt. Mittlerweile befand sich auch mein ganzes Hab und Gut auf dieser Insel. Mein Geld steckte in den mittlerweile erbauten Touristenhäusern fest und die konnte ich mir auch nicht einfach so in die Hosentasche stecken.

Wenn man aber dann irgendwann den Mut aufbringt, das eigene Leben wieder selbst in die Hand zu nehmen, und sich selbst wieder fühlen kann, auch hinterfragt, was da in dieser Beziehung eigentlich geschah und immer wieder geschieht, dann kann man ihn auch wagen, den Schritt in die Befreiung, in die Freiheit seines eigenen Lebens. Aber es ist ein harter und langer Weg bis dahin und er bedeutet ganz viel Selbstreflexion und die Reflektion der Beziehung, die man führt.

Mach dich frei ... lass nicht zu, dass dein kranker Partner weiter auf dir herumtrampelt, als seist du das letzte Stück Dreck! Wer wirklich liebt und wer Liebe fühlen kann, behandelt dich gut und wertet dich nicht immer wieder ab.

Aber eines muss klar sein! Hier bei dieser Schilderung der Ereignisse, die ich erzählen werde, handelt es sich um MEINE Wahrheit. Ich will niemanden schlechtmachen, auch Martin nicht! Er hat auch seine guten Seiten, aber als Partner war er die meiste Zeit eine Katastrophe. Ich erzähle es so, wie ich ganz persönlich das alles erlebt habe.

Es gibt bekanntlich drei Wahrheiten: deine, meine und unsere ...

Hierbei handelt es sich darum, wie **ich** die Situationen erlebt habe. Mein damaliger Partner hat sicherlich eine ganz andere Sichtweise zu den hier erzählten Ereignissen. Klar, denn er hat jahrelang „ausgeteilt" und ich habe jahrelang „eingesteckt".

3) MEINE LEBENSGESCHICHTE

In meiner Geschichte muss ich erst einmal ganz weit zurück-
gehen ...

Als elftes Kind wurde ich in eine Familie geboren, die sehr reli-
giös lebte. Von diesen 11 Kindern überlebten leider nur 6 Kinder. Meine Mutter war damals schon 48 Jahre alt, als ich mich
anmeldete. Sie dachte, sie käme in die Wechseljahre, aber dann
kam – „Überraschung" – ICH! Meine Eltern hatten damals schon
alle Babysachen weggegeben und mussten extra für mich alles
wieder neu besorgen. Meine älteste Schwester war zu diesem
Zeitpunkt schon 18 Jahre alt und mein Bruder war, sozusagen
als Letztgeborener, 6 Jahre alt.

Als ich so etwa drei Jahre alt war, wollte meine älteste Schwester heiraten. Der Priester aber, der sie trauen sollte, behauptete,
dass ich die Tochter meiner Schwester sei. Er weigerte sich, sie
zu trauen. Selbst als meine Eltern mit meiner Geburtsurkun-
de zu ihm kamen, um zu beweisen, dass ich die Tochter meiner
Mutter sei, lehnte er die Trauung noch ab.

Dieses Gerücht, dass ich die Tochter meiner Schwester sei, begleitete mich mein ganzes Schulleben lang. Von Mitschülern wurden
mir in der Schule Beine gestellt, so dass ich oft stürzte. Ich wurde
angespuckt, verprügelt und beleidigt ... und dass alles nur, weil
ich angeblich die Tochter meiner Schwester sei und meine Eltern
mich adoptiert hätten. Damals, in den 60er Jahren, war das noch
ein Makel, zumindest in der Gegend in Trier, wo ich aufwuchs.
 Als ich alt genug war, mussten wir Kinder von unseren Eltern aus jeden Sonntag in die Kirche gehen. Jeden Samstag auch
zur Beichte. Ich wusste oftmals gar nicht, was ich beichten sollte. Wir hatten immer Katzen ... also beichtete ich: „Ich habe die
Katze am Schwanz gezogen." Was sollte ich sonst sagen?! Ich
war ein unschuldiges Kind, ich hatte in meinem bisherigen Leben noch nichts verbrochen.

Mein Vater war ein sehr strenger Mann und er führte in der Familie ein strenges Regiment. Als ich noch klein war, war er als Berufssoldat die Woche über bei der Bundeswehr. Am Wochenende, wenn er dann nach Hause kam, erzählte meine Mutter ihm all die Dummheiten, die wir Kinder, in der Hauptsache mein Bruder Jo und ich (die anderen Geschwister waren ja schon fast erwachsen) die Woche über angestellt hatten, und mein Vater verteilte dann rundum seine Schläge.

Alle meine Schwestern verließen dieses Elternhaus durch Heirat so schnell, wie es ihnen möglich war. Meine drittälteste Schwester Monique brauchte sogar noch die Unterschrift meiner Eltern, damit sie heiraten konnte. Damals wurde man erst mit 21 Jahren volljährig und meine viertälteste Schwester Babs verließ gegen den Willen meines Vaters das Elternhaus, um in Bonn studieren zu können. Es gingen jahrelang böse Briefe hin und her.

Somit waren nur noch mein Bruder Jo und ich zuhause.

Neben dem Stuhl meines Vaters im Esszimmer stand immer eine fingerdicke Gerte, mit der wir den Po versohlt bekamen, sobald er meinte, wir hätten es verdient oder wir es auch nur wagten, nur einmal Unmut zu zeigen. Ich erinnere mich auch noch an den Teppichklopfer … aber meistens bekamen wir die Gerte zu spüren. Diese Gerte sehe ich heute noch vor meinem inneren Auge, wenn ich an meine Kindheit zurückdenke. Später ließen mein Bruder oder ich diese Gerte öfters mal verschwinden, aber dann ging mein Vater einfach in den Garten und schnitt sich eine neue ab. Meine älteren Geschwister erzählten mir, dass sie früher wenigstens noch die Chance gehabt hätten, sich ein Kissen in den Hosenboden zu stecken, aber mein Vater hatte auch „dazugelernt". Mir zumindest zog er immer die Hosen runter und die Prügel ging direkt auf den nackten Po. Das ging so, bis ich 12 Jahre alt war und das erste Mal meine Periode bekam. Danach wurde nur noch der Hosenboden „strammgezogen" und die Prügel darauf verteilt.

Als ich noch ein Baby war, so erzählten mir meine älteren Geschwister, hing im Flur sogar ein schwarzes Brett, auf dem festgehalten wurde, wer was bis wann zu erledigen hatte. Und immer am Wochenende wurde genau das dann von meinem Vater kontrolliert. Und unter gegebenen Umständen dann auch der Knüppel geschwungen.

Dann gab es noch meinen Schwager Till, der mich emotional immer wieder erniedrigte. Was mir als Kind aber keineswegs bewusst war. Unter ihm litt ich als Kind sehr. Und zwar immer dann, wenn er z. B. zu mir sagte, dass ich ein kleiner hässlicher Teufel sei, der später nie einen Mann abbekomme. Einmal sollte ich, als Kind eines absoluten Nichtrauchers, Till Zigaretten holen gehen. Er erklärte mir, was ich an diesem Automaten zu tun hätte. Nachdem ich das Geld in den Automaten gesteckt hatte, kamen aber keine Zigaretten heraus. Ich konnte machen, was ich wollte, das Fach, in dem die Zigaretten landen sollten, blieb leer. Was wurde ich von Till beschimpft, dass ich auch noch zu dumm sei, Zigaretten zu holen. Ich war vielleicht 12–13 Jahre alt. Später stellte sich dann heraus, dass die Sorte Zigaretten, die er hatte haben wollen, in diesem Automaten einfach leer gewesen war. Auf die Idee, eine andere Sorte aus dem Automaten zu ziehen, war ich gar nicht gekommen, denn ich war ja haarklein instruiert worden, was ich genau zu tun hatte, und daran hatte ich mich gehalten.

Dann gab es noch meinen Schwager Herman, der jedes Mal, wenn ich meine älteste Schwester besuchte, rummeckerte, dass wieder ein „Kränzer" sich bei ihm durchfressen komme.

Aus heutiger Sicht muss ich leider sagen, was mein Vater körperlich bei mir kaputtmachte, erledigten Till und Herman emotional. Und dass immer und immer wieder … mit wachsender Begeisterung! Ich leckte als Kind gerne Senf von meinem Finger. Als wir einmal meine Schwester Monique besuchten, rief Till mich in die Küche und sagte zu mir, er habe einen ganz besonderen Senf für mich … damals war ich vielleicht 9 oder 10 Jahre alt. Er machte mir einen richtig großen Klecks auf den Finger und sagte, das müsse ich mit einem Mal abschlecken. Es war die schärfste Sorte Löwensenf, denn er hatte finden können. Doch das wusste ich natürlich nicht. Als ich nach dem Abschlecken keine Luft mehr bekam und mir die Tränen in die Augen schossen vor lauter Schärfe, lachte er sich schlapp und schlapper über meine Dummheit!

Als ich dann viele Jahre später meine Ausbildung zur Kinderpflegerin abgeschlossen hatte, feierte meine zweitälteste Schwester Annika die Kommunion ihres Sohnes auf einem Waldgrillplatz. Ich kam in meinem neuen Kleid, das ich von meinem ersten eigenen Gehalt gekauft hatte, einem langen „Betty-Barclay-Kleid", dort an. Das Kleid war mein ganzer Stolz. Natürlich traf ich als erstes Till und der sagte zu mir: „Was hast denn du da für einen Lappen an?" Er meinte auch noch, da ich ja nun eine frisch gebackene Kinderpflegerin sei, könne ich ja von nun an auf alle anwesenden Kinder aufpassen. Als ich mich weigerte, da auch ich als Gast eingeladen war, und ihm sagte, er solle auf seine Kinder selbst aufpassen, war ich später Schuld, als sein damals 4-jähriger Sohn im Wald verschwand ... Till warf mir vor, nicht auf seinen Sohn aufgepasst zu haben.

Der Sohn wurde dann etwa eine halbe Stunde später von einem Förster im Wald gefunden. Der kleine Junge war bei zwei Mädchen gewesen, die ihn alleine hatten rumlaufen sehen und ihn wohl mit nach Hause nehmen wollten. Der Förster brachte das Kind zum Waldgrillplatz, da er wusste, dass dort eine Feier stattfand. Es war noch einmal gut gegangen, aber Till versuchte mir jahrelang einzureden, dass ich Schuld gehabt hätte, wenn seinem Sohn etwas Schlimmes zugestoßen wäre. Als ich nach der Geburt meiner 3 Kinder zugenommen hatte und auf Till traf, meinte er statt einer Begrüßung, ob ich zu „viel Hefe gefressen" hätte? Aber da schimpfte Monique sehr mit ihm ...

Viele Jahre später feierte meine Schwägerin ihren 40. Geburtstag. Ich war auch eingeladen. Und weil ich allein dort war (ich hatte mich gerade von meinem ersten Mann getrennt) und später noch Auto fahren musste, hatte ich als einzige keinen Alkohol getrunken. Im Gegensatz zu meinem Schwager Till, der nicht einmal mehr geradeaus laufen konnte. Ich bot an, meine Schwester Monique und Till nach Hause zu fahren. Erst wollten sie das nicht, aber mein Bruder setzte die beiden kurzerhand in mein Auto. Sie hatten beide gut gebechert. Es wäre zwar für die beiden nicht weit zu ihnen nach Hause gewesen, aber es ging durch einen Wald. Und wäre einer von beiden im Wald gestürzt, hätte der andere ihn nicht mehr ohne Schwierigkeiten nach Hause bekommen. Da ich sowieso in ihre Richtung fahren musste, bot es sich doch an, die beiden mitzunehmen.

Als wir vor ihrem Haus ankamen, stiegen sie aus meinem Auto aus. Till meinte zu mir, er habe gar nicht gewusst, wie nett ich sein könne ... und umarmte mich stürmisch. Ich antwortete darauf nur, dass er es ja auch nie ausprobiert habe ...

Meine Mutter war von Beruf Schneiderin und fertigte alle Kleidungsstücke selbst an. Für mich immer gleich zwei Nummern größer, damit ich reinwachsen konnte. Nur, wenn die Kleider dann endlich passten, waren sie längst verschlissen. Darunter litt ich bei meinen Schulkameraden, denn diese hatten gekaufte Jeans. Ich wurde wegen meiner Kleidung oft gehänselt.

Doch meinem Vater gegenüber setzte meine Mutter bei mir durch, dass ich als erstes Mädchen in der Familie lange Hosen tragen durfte, weil ich als Kind so dünn war.

Meine anderen Schwestern versteckten, als sie noch zuhause wohnten, immer ihre Hosen im Kellerfenster, schön in Plastiktüten verpackt. Von außen wurde dann das Gitter vom Kellerfenster angehoben und die Tasche mit den Kleidern entnommen. Irgendwo bei Freunden wurde sich dann umgezogen und abends ging das gleiche Spiel rückwärts. Mein Vater hätte es niemals geduldet, wenn er seine fast erwachsenen Töchter in Hosen oder gar Stöckelschuhen erwischt hätte ...

An eine Situation erinnere ich mich heute noch, als sei es gestern gewesen. Mein Bruder war etwa 10 Jahre alt, als er beim Tante-Emma-Laden gegenüber als Mutprobe vor seinen Freunden eine Karotte stahl. Der Besitzer kannte meinen Vater. Trotzdem kam er zu uns nach Hause und erzählte diese Missetat voller Schadenfreude meinem Vater. Ich sehe diesen Mann heute noch vor mir und sehe das schadenfreudige Grinsen in seinem Gesicht, als er meinem Vater von diesem „Diebstahl" berichtete. Ich war damals 4 Jahre alt und erwartete Schlimmes.

Als mein Bruder dann später nach Hause kam, er war kaum zur Tür herein, hatte mein Vater ihn schon am Kragen und schlug ihm rechts und links ins Gesicht, ehe mein Bruder überhaupt „pieps" hatte sagen können. Mein Vater fasste ihn am Ohr und zog ihn in das Esszimmer, wo ich gerade vor dem Kachelofen stand. Dann folgten Schläge überallhin, während mein Vater ihn als einen elenden Dieb beschimpfte. Als mein Bruder dann am Boden lag, fing mein Vater sogar noch an, ihn mit den Stahlkappen besetzten Bundeswehrstiefeln in den Körper zu treten. Ich war vor Schreck ganz starr. Es war das erste Mal, dass ich es überhaupt erlebte, dass meine Mutter bei diesem ungleichen Kampf dazwischenging. Allerdings blieb es auch das einzige Mal, welches ich erlebte. Ansonsten duldete sie alle körperlichen Bestrafungen unseres Vaters.

Im Alter von 10 oder 11 Jahren hatte ich bei uns in der Straße einen Hund gefunden. Er lief, die Leine hinter sich herziehend, allein herum. Er hatte sich wohl irgendwo losgerissen und verirrt. Es war ein kleiner roter Spitz. Da ich immer schon einen Hund haben wollte, lief ich ihm hinterher, trat auf die Leine und freundete mich mit ihm an. Als ich dann mit dem Hund nachhause kam, rief mein Vater gleich das Tierheim an, die sollten ihn holen kommen. Als die Damen kamen, sah die eine Dame im Garten unser altes Hühnerhaus und sie überredete meinen Vater, den Hund doch zu behalten, falls sich der Besitzer nicht fände. Das Ausschlag gebende Argument dieser Frau war, dass wir in diesem Fall auch keine Hundesteuer zu zahlen bräuchten. Also ließ mein Vater sich darauf ein und so zog Fiffi in das alte Hühnerhaus. Der Besitzer meldete sich nie und Fiffi wurde mein allerbester Freund. Kinder hatte ich kaum als Freunde, wegen meiner Adoptivgeschichte. Aber Fiffi liebte mich, so wie ich war, und ich liebte ihn! Wir waren ein Team! Das einzige Problem, was wir beide hatten, war, dass mein Vater ihn absolut nicht mochte. Mein Vater war ein Katzenmensch, kein Hundemensch. Bei jeder Gelegenheit trat er nach dem Hund oder brüllte mit ihm herum. Wir wohnten gleich neben einer Franzosensiedlung. Da gab es ein Straßenschild, was wir Kinder, die Deutschen wie die Französischen, als Grenze ansahen. Bei diesem Schild durften die Franzosen nicht ins deutsche Gebiet übertreten. So auch andersrum, die deutschen Kinder durften nicht das französische Gebiet betreten. Jedenfalls nicht, ohne Angst haben zu müssen, von der jeweiligen Gegenpartei verprügelt zu werden. Eines Tages fühlte ich mich aber stark, ich hatte doch Fiffi dabei. So traute ich mich, über das Schild hinweg rüber ins Gebiet der Franzosen spazieren zu gehen. Kaum war ich drüben, stürmte hinter einer Hecke eine Horde französische Jungs auf mich zu. Sie wollten mich verprügeln. Ich rief nur: „Fiffi, fass." Der arme Hund wusste doch gar nicht, was ich von ihm wollte. Er zog den Schwanz ein und fing nur an zu bellen.

Mein Vater hatte das Schauspiel aus unserem Garten wohl beobachtet und als ich nach Hause kam, zog er einen Holzkochlöffel hervor, brüllte nur noch: „Was hast du gemacht?" Er versohlte mir damit den Hintern, bis der Holzkochlöffel splitterte. Meine Mutter war anwesend und wurde geschickt, einen zweiten Holzkochlöffel aus der Küche zu holen, was sie dann auch tat. Der tanzte dann auch noch eine Weile auf meinem Hintern, den Rücken und die Beine rauf und runter … und das alles, weil ich den Hund auf die Kinder gehetzt hätte. Der hatte aber außer

Bellen gar nichts gemacht. Er war ein so gutmütiger Hund, er hätte gar nicht gewusst, was er hätte machen sollen. Fiffi war ein herzensguter Hund, der sich fast alles gefallen ließ und der nie irgendjemanden biss.

Heute weiß ich natürlich, dass es falsch von mir war, auch wenn Fiffi niemanden biss. Ich fühlte mich einfach stark an seiner Seite. Und bei dem Befehl „fass" dachte ich in meiner kindlichen Überzeugung, dass da der Hund automatisch wüsste, was das bedeutete. Das man so etwas üben muss, war mir als Kind doch gar nicht klar. Außerdem hatten wir Fiffi erst ein paar Tage. Aber so eine Bestrafung, wie ich sie erleben musste, war nicht gerechtfertigt.

Nach dieser Prügelattacke durfte ich von meinen Eltern aus 2 Wochen lang nicht in die Schule gehen. Ich war vom Rücken bis in die Kniekehlen herunter grün, schwarz und blau geprügelt. Meine mittlerweile 3 Schwager überlegten sogar, mich in ein Kinderheim stecken zu lassen, weil diese Aktion von meinem Vater an Brutalität kaum zu überbieten war. Aber wahrscheinlich wäre ich dann vom Regen in die Traufe gekommen ... deshalb ließen sie diesen Gedanken dann doch wieder fallen.

Eines Tages, etwa ein Jahr später, kam ich danach von der Schule nach Hause und Fiffi war weg. Meine Eltern taten so, als ob er weggelaufen wäre. Doch ich wusste, dass er mich nie freiwillig verlassen hätte. Monate später sah ich ihn vom Schulbus aus an der Leine von einer älteren Frau. Ich erzählte das ganz aufgeregt meiner Mutter, aber sie glaubte mir nicht.

Als ich längst erwachsen war, gestand Mutter mir dann, dass sie und mein Vater Fiffi damals weggegeben hatten, weil er meinen Vater gebissen hätte. Mein Vater aber hatte immer nach Fiffi getreten, daher wäre das kein Wunder, wenn es wirklich stimmt. Aber das wäre nicht die Schuld des Hundes, sondern die Schuld meines Vaters.

Als Kind war das Verschwinden von Fiffi eine Katastrophe für mich. Mein bester Freund war weg, einfach weg ... ihm hatte ich immer alles erzählen können, was mir so passiert war. Jetzt hatte ich nur noch die Katzen.

Mein Vater hatte sich in dieser Zeit einen Traum verwirklicht und sich ein 5 oder 6 m langes Boot gekauft. Nur die harte Schale, quasi die Außenhaut, welches er dann selbst ausschäumte und ausbaute. Ich glaube, er werkelte zwei Sommer lang daran, bis es endlich fertig war. Meine Mutter erledigte alle anfallenden Näharbeiten daran.

Da wir kein Auto hatten, hatte mein Vater zwei Mofas gekauft, und damit fuhren wir dann an den Wochenenden nach Trier zum Hafen, um mit dem Boot auf Mosel und Rhein zu fahren. Wir legten über Nacht irgendwo an und übernachteten auf dem Boot. Meine Eltern schlossen mich aber auch oft über Nacht dort ein und gingen weg. Ich hatte oft eine Heidenangst allein auf dem Boot. Vor allem, wenn irgendwelche Tiere auf dem Boot herumkletterten und ich nur die Geräusche hörte, da ich ja in der kleinen Kajüte eingesperrt war.

Eines Tages legten wir in Metz an. Wir hatten an einem Bundeswehrübungsplatz anlegen wollen, aber ein Fischer machte uns darauf aufmerksam, dass dort auch scharf geschossen wurde. Er bot uns seinen privaten Anlegeplatz an und so ankerten wir dort. Gleich nach dem Aussteigen stürzte ich und schürfte mir beide Knie auf. Der Fischer kam zu uns und da meine Eltern sich die Stadt anschauen wollten, ich aber kaum laufen konnte, bot er an, dass ich bei ihm und seiner Familie bleiben könnte. Es war nicht weit und er begleitete uns dorthin.

Meine Eltern gingen weiter und ich wurde von der Frau des Fischers erst einmal verarztet. Dann zeigte sie mir ihren Hund, der gerade Junge hatte. Ich war im Paradies gelandet. Diese fremden Leute waren so nett ... und auch noch diese kleinen Hunde. Ich verbrachte trotz der Schmerzen Stunden des Glückes dort. Die Mutter der Kleinen war ein bisschen größer als ein Dackel und der Fischer sagte zu mir, er rede mit meinem Vater und dann dürfe ich vielleicht einen Welpen mitnehmen. Ich hatte auch schon meinen Favoriten.

Als meine Eltern später wiederkamen, tranken alle noch ein Glas Wein zusammen, und der Fischer hatte es wirklich geschafft! Ich durfte den kleinen Welpen mitnehmen. Mein Vater war einverstanden. Ich weiß noch, dass ich meinem Vater um den Hals flog und mich bedankte. Ich war einfach nur glücklich! Ich hatte wieder einen tierischen Freund!

Als wir später zurückwollten, verabschiedete ich mich in den Augen meines Vaters nicht ordentlich genug von unseren Gastgebern. Ich war schon in der Kajüte des Bootes mit meinem neuen kleinen Freund und mein Vater kam zu mir und sagte, dass ich den Hund jetzt dalassen müsste, da ich mich nicht ordentlich von den Gastgebern verabschiedet hätte. Diese aber winkten ab, es wäre alles gut, aber mein Vater bestand darauf, ich musste den Hund dalassen. Den Fischer sehe ich heute noch vor mir, er stand hinter meinem Vater und versuchte ihn zu überzeugen, dass alles gut war, wie es war. Aber er kannte meinen Vater nicht. Ich weiß nicht mehr, wie lange ich in dieser Nacht noch geweint habe!

Da der Bruder, der vor mir geboren wurde, leider mit 7 Monaten an der Spanischen Grippe verstarb, hatte meine Mutter um mich besonders viel Angst und ließ mich nie irgendwo allein hingehen. Sie führte mich immer am „Gängelband" (bevormunden), wie man so schön sagt. Selbst mit 13 oder 14 Jahren passte sie auf mich auf, dass mir nur nichts passierte. Das ich mal mit anderen Kindern allein irgendwo hingehen konnte, war kaum möglich. Das war für mich höchstens heimlich möglich.

Und so passierte es dann auch, dass ich eines Tages von Jungs in einen Tunnel gezerrt wurde und die mich zwangen vor ihnen zu urinieren. Sie wollten sehen, wie ein Mädchen von unten aussieht. Es waren 3 ältere Jungs. Einer von ihnen passte mich später allein auf dem Heimweg ab, hielt mir ein Messer an die Kehle und sagte zu mir, wenn ich das, was eben passiert sei, irgendwem erzählte, würde er mich umbringen. Als ich zuhause ankam, bemerkte meine Mutter, dass irgendetwas vorgefallen war. Und mit Hilfe meines Vaters kam dann alles heraus. Mein Vater wollte wissen, wer die Jungs waren. Zwei davon kannte ich, den dritten aber nicht. Mein Vater zerrte mich zu den Eltern des ersten Jungen. Er wohnte in der gleichen Straße wie wir und der Vater war Polizist. Mein Vater klingelte, der Polizist öffnete die Tür und mein Vater erzählte ihm, was vorgefallen war. Der Polizist rief seinen Sohn, fragte ihn, ob das stimme. Als der nach einigem Zögern bejahte, holte der Polizist gleich seinen Schlagstock heraus und verdrosch seinen Sohn nach allen Regeln der Kunst gleich vor unseren Augen.

Danach gingen wir zu den Eltern des Jungen, der mir das Messer an die Kehle gehalten hatte. Der wohnte ein paar Straßen weiter. Als mein Vater dessen Eltern auch berichtet hatte, was vorgefallen war, lachte der Vater des Jungen nur und meinte, das sei doch alles Kinderkram. Mein Vater war stinksauer. Er war, wie gesagt, ein sehr religiöser Mensch. Scheinbar hatte er Angst um meine Unschuld …
Dieser Junge hatte dann als Erwachsener mit einer verheirateten Frau ein Verhältnis und mit ihr ein Kind. Als diese Frau sich aber nicht von ihrem Mann trennen wollte, nahm er das 6 Wochen alte Baby einfach mit und zündete sich und das Baby in seinem Auto im Wald an. Beide sind tot. Das stand damals sogar tagelang in der Zeitung.

Vielleicht hatte mein Vater seit diesem Geschehen mit diesen Jungs immer Angst, dass aus mir kein anständiger Mensch wird, denn von da an war er zu mir noch strenger als jemals zuvor.

Seit dieser Zeit, wenn ich dann mal wieder Prügel von meinem Vater bekommen hatte, lag abends immer eine Tafel „Ritter Sport-Schokolade" auf meinem Kopfkissen. Sozusagen als Wiedergutmachung meiner Mutter. Sie hinderte meinen Vater aber nie daran, mich zu schlagen. Ihr Motto war: „Immer nur lächeln und immer vergnügt, immer zufrieden, was auch geschieht ... lächeln, ob tausend Weh und Schmerzen ... wie es da drin aussieht, geht niemand was an ..."

Das sagte sie immer zu mir, wenn ich mal wieder weinte.

Einmal kam ich von der Schule nach Hause und klingelte so wie immer. Aber niemand öffnete mir die Tür. In unsere Haustür waren 3 gelbe Glaselemente eingesetzt und irgendwie war da etwas am Boden zu erkennen, aber ich wusste nicht was. Ich bückte mich und schaute durch den Briefkastenschlitz ... der ganze Boden war voller Blut. Ich bekam Panik, hatte da jemand meine Mutter ermordet?! Ich war ganz aufgeregt und wollte gerade loslaufen, um Hilfe zu holen, als die Nachbarin um die Ecke kam und mir erklärte, dass meine Mutter am Bein geblutet habe und sie ins Krankenhaus gebracht worden sei. Meine Güte, hatte ich mich erschreckt. Die Nachbarin schloss mir die Haustüre auf und ich trat in den Flur. Der Flur sah aus wie ein Schlachtfeld. Mehrere, bis etwa 1 m Durchmesser große Blutlachen waren am Boden. Später erfuhr ich, was geschehen war. Meine Mutter hatte schon seit 40 Jahren eine handtellergroße Wunde an der Innenseite des Beins oberhalb des Knöchels gehabt, die nie ganz zugeheilt war. Da musste wohl eine Vene geplatzt sein. Bis sie Hilfe geholt hatte, wir besaßen ja kein Telefon im Haus, hatte sich so viel Blut am Boden gesammelt. Ich nahm mir einen Putzlappen und versuchte, das Blut wegzuwischen, aber mir wurde so übel, weil das Blut schon einige Zeit dort gelegen hatte und sich lang zog und Fäden bildete. Ich beschloss, lieber später die Prügel von meinem Vater einzukassieren, als das Blut wegzuwischen. Als mein Vater dann abends nach Hause kam, hatte er aber überraschenderweise Verständnis dafür, dass ich das Blut nicht weggewischt hatte, und machte sich selbst an die Arbeit.

Dies war wirklich ein Horrorerlebnis in meiner Kindheit.

Als mein Bruder schließlich den Führerschein hatte, kaufte er sich einen giftgrünen VW Käfer. Eines Tages wusch er den auf dem öffentlichen Parkplatz vor unserem Elternhaus. Dort stand ein Telefonhäuschen, zu dem dieser öffentliche Parkplatz gehörte. Mein Vater war darüber so erbost, dass er mit meinem Bruder anfing zu streiten. Der Streit ging bis in den Keller des Hauses hinunter und eskalierte dort. Daraufhin zog mein Bruder aus. Ich habe meine Mutter heute noch vor Augen, wie sie weinend auf der Treppe saß. Von nun an war ich meinem Vater allein ausgesetzt. Da war ich 12 oder 13 Jahre alt. Ich weiß noch, wie ich zu meinem Bruder sagte, dass ich am liebsten auch ausziehen würde. Er sagte damals zu mir, in ein paar Jahren sei ich auch 18 Jahre alt und könne ausziehen.

Kurz vor diesem Ereignis waren meine Eltern allein ein paar Tage weggefahren und mein Bruder hatte auf mich aufpassen sollen. Er veranstaltete aber an einem Tag eine Party. Auf dieser Party wurde ich von einem seiner Kumpels sexuell missbraucht. Alle hatten so viel Alkohol getrunken, dass es niemandem auffiel. Es war der Bruder meiner späteren Schwägerin. Außer meinen beiden Ehemännern habe ich dies auch nie gegenüber jemandem von meiner Familie erwähnt. Damals schon gar nicht, weil sonst mein Bruder die schlimmsten Schwierigkeiten mit meinem Vater bekommen hätte, denn von dieser Party haben meine Eltern niemals etwas erfahren. Ja und später ... ergab sich nie wirklich die Gelegenheit, darüber zu sprechen. Aber heute denke ich, dass auch dieses Erlebnis mich in gewisser Weise geprägt hat. Und seitdem ich dieses Buch geschrieben habe, weiß es auch mein Bruder.

Die Schule war für mich immer eine Katastrophe gewesen. Mittlerweile hatte mein Vater die Berufssoldatenzeit abgeschlossen und arbeitete in der Fotoabteilung eines großen Kaufhauses. Er war aber unzufrieden mit der Situation und wechselte mehrfach in ein anderes Kaufhaus. In seinem alten Beruf als Drogist fand er keine Arbeit mehr, zu lange war er aus diesem Beruf raus. In den anderen Kaufhäusern war es auch nicht besser. Er wurde immer unzufriedener. Also wurde ich von nun an kontrolliert, wo immer es ging. Jeden Abend war Hausaufgabenkontrolle und wenn ich etwas falsch gemacht hatte oder nicht gleich begriff, setzte es Backpfeifen. Mein Vater war der Meinung: „Leichte Schläge auf den Hinterkopf erhöhen das Denkvermögen." Nur, dass es keine leichten Schläge waren. Jedenfalls nicht für mich.

Wenn ich sonst etwas machte, was er nicht guthieß, packte er mich am Ohr, drehte es herum und zog mich so fest nach oben, dass ich kaum noch stehen konnte. Ich sage heute noch, dass die Schläge, die ich während dieser Hausaufgabenkontrollzeit bekam, mir regelrecht die Mathematik aus dem Kopf prügelten. Ich konnte oftmals gar nicht mehr klar denken. Das ging dann so noch Jahre lang, so lange, bis ich die Schule mehr oder weniger gut abgeschlossen hatte. Ich hatte diese Zeit überlebt … auch wenn ich heute weiß, dass dieses Überleben mit einem mehr oder weniger starken psychischen Knacks verbunden ist!

Als Erwachsene hatte ich oftmals starke Schmerzen in der linken Ohrmuschel. Kein Arzt oder Kieferorthopäde konnte je feststellen, woran es lag. Es wurden viele Untersuchungen deswegen gemacht. In einer psychosomatischen Therapie mehr als 20 Jahre später nahm ich an einer Schmerztherapie teil. Dort lernte ich, dass der Körper ein sogenanntes Schmerzgedächtnis besitzt. Wenn ich zum Beispiel unbewusst von meinem Vater oder meiner Kindheit träumte, erinnerte sich der Körper im Schlaf an diese Schmerzen, die ich damals erlitten hatte, und diese Schmerzen erwachten zu neuem Leben. Meist hielt dieser Schmerz 3 bis 5 Tage an, bis er langsam wieder verschwand. Es war teilweise so schlimm, dass ich bei jeder Bewegung in meinem Gesicht die stärksten Schmerzen empfand. Ich konnte weder reden noch lächeln ohne diese unerträglichen Schmerzen.

Dieser Schmerz tritt in unserem körpereigenen Schmerzgedächtnis immer wieder auf, bis man sich mit dem Thema auseinandersetzt und sich mit der Vergangenheit aussöhnt. Heute weiß ich mit Bestimmtheit, das kam vom Ohrenziehen meines

Vaters. Er hatte mich immer am linken Ohr gezogen. Seitdem ich mich mit diesem Thema intensiv auseinandergesetzt habe, treten diese Schmerzen nur noch sehr selten auf. Und wenn, dann nur noch stundenweise. Aber das sei nur am Rande zum besseren Verständnis erwähnt.

Nach der Schule war mein Berufswunsch, mein Herzenswunsch, Tierpflegerin zu werden. Aber mein Vater sagte: „Du lernst einen anständigen Beruf. Als Tierpflegerin kommst du nur stinkend nach Hause. Du heiratest, kriegst Kinder, also lernst du Kinderpflegerin." Somit war das beschlossene Sache! Ich hatte keine Chance, mich gegen den Willen meines Vaters durchzusetzen.

Ungefähr im Alter von 10–12 Jahren hatte ich angefangen, meinen Katzen immer Puppenkleider anzuziehen. Ich hatte einen Kater, Puky, den ich stundenlang im Puppenwagen spazieren fahren konnte. Er hatte ein Puppenkleid und eine Mütze an und die Pfötchen lagen immer schön auf der Decke, die bis fast ans Kinn hochgezogen war. Er liebte es, in diesem Puppenwagen herumgefahren zu werden, und lag ganz oft auch freiwillig darin, so dass er anfing, am Hinterkopf eine Glatze zu bekommen, weil er ja immer auf dem Rücken lag.

Um diesen Kater beneideten mich die anderen Kinder, ich hatte quasi eine lebende Puppe. So machten wir Kinder halt Tauschgeschäfte. Du darfst eine Runde meine Katze im Puppenwagen fahren, dafür darf ich so lange mit deinem Fahrrad fahren, dem Roller, den Rollschuhen oder was auch immer das jeweilige Kind hatte. Daher meinte mein Vater wohl, dass der Kinderpflegeberuf für mich das Richtige sei. Meine Liebe zu den Tieren war für ihn nur zweitrangig.

Meine Eltern steckten mich dann, als ich 16 Jahre alt war, zur Ausbildung als Kinderpflegerin in ein von Nonnen geleitetes Internat und ich absolvierte dort die Schule für Kinderpflegerinnen. Aber nun war ich in diesem Internat gefangen. Es war die schlimmste Zeit meines bisherigen Lebens. Noch schlimmer als die ganze Prügel, die ich vorher von meinem Vater bekommen hatte. Dort habe ich gelernt, wie ekelhaft und gemein Frauen untereinander sein können … und seitdem mag ich keine Nonnen mehr.

Wir waren in Drei- oder Vierbettzimmern untergebracht, mussten um 6 Uhr früh aufstehen und uns fertig machen. Dann wurden die Betten gemacht und das Zimmer geputzt. Tagsüber auf die Betten setzen wurde bestraft. Unser Zimmer war noch zusätzlich für den Flur zuständig. Die Nonnen kontrollierten alles, was geputzt worden war, mit einem weißen Tuch nach. Und wenn es nicht sauber genug war, ging das ganze Spiel von vorne los (das kannte ich schon von meinem Vater, denn er hatte mich auch immer mit einem weißen Tuch kontrolliert, wenn ich unser Bad hatte putzen müssen,). Danach ging es in die Kirche und nach der Kirche gab es Frühstück. Erst dann fing der Unterricht an, wobei die Nonnen darauf achteten, dass wir alles, was im Lehrplan stand, Wort für Wort auswendig lernten.

Beim Abfragen der Hausaufgaben wurden wir Schülerinnen sehr erfindungsreich. Ich z. B. lernte, wenn ich vorne zum Pult gerufen wurde, auf dem Kopf stehende Buchstaben vom Blatt der jeweiligen Nonne abzulesen. Oder wenn wir am Platz bleiben durften, klebten wir schnell dem Vordermann das vorzutragende Blatt auf den Rücken. Da die Nonnen so sehr darauf achteten, dass wir Wort für Wort auswendig gelernt hatten, schauten sie selten von ihrem Blatt auf und hielten den Blick auf das Papier vor ihnen gerichtet.

Heute muss ich sagen, dass ich von dem, was wir dort auswendig lernen mussten, so gut wie nichts mehr weiß. Den Inhalt ja, aber nicht mehr die Worte, die wir damals seitenweise auswendig lernen mussten. Heute nennt man diese Form des Lernens „Bulimie Lernen".

Übers Wochenende, an dem wir nachhause durften, hatten wir dann in jedem Fach seitenweise Hausaufgaben zum Auswendiglernen, die dann in der kommenden Woche wieder Wort für Wort abgefragt wurden. Jahre später,, als meine Mutter starb, mein Vater war schon 10 Jahre tot gewesen, fand ich Briefe, die er an die Nonnen geschrieben hatte. Er hatte ihnen geschrieben, dass sie mich nur ja hart rannehmen sollten, damit ein anständiger Mensch aus mir werde. Da wurde mir klar, warum diese Nonnen so furchtbar gemein gerade zu mir gewesen waren. Ich fiel in ein schwarzes Loch und musste eine Psychotherapie machen.

Nach der Prüfung zur Kinderpflegerin begann mein erstes Praktikumshalbjahr in einem Krankenhaus auf der Säuglingsstation. Dieses Krankenhaus wurde – wie sollte es anders sein – auch von Nonnen geleitet. Wenn ich Frühdienst hatte, musste ich um 6 Uhr den Dienst antreten. Ich machte mich dann um 4 Uhr zu Fuß ins Krankenhaus, da der Bus erst kurz vor 6 Uhr bei uns losfuhr. Mit dem Bus wäre ich dann also ca. 20 Minuten zu spät im Dienst gewesen. Darauf ließen sich die Nonnen aber nicht ein.

Auf der Säuglingsstation hatten wir ein kleines Räumchen mit einem Vorhang davor, in dem wir Praktikanten uns umziehen konnten. Was mir in unglaublicher Erinnerung geblieben ist, ist, dass auf dem Tisch dort neben diesem Umkleideräumchen die in der Nacht gestorbenen oder tot geborenen Babys lagen.

Notdürftig mit einem Tuch abgedeckt. Mal sah man ein Händchen herausschauen, mal ein Beinchen oder ein Stück vom Kopf. Einmal wurde bei einer werdenden Mutter, die mit einem Zwillingspärchen schwanger war, die angeblich Wasserköpfchen hatten, im fünften Monat die Geburt eingeleitet. Die Frau wollte keine behinderten Kinder. Diese beiden Babys lagen dann auch auf diesem Tisch. Sie sahen aber ganz normal aus. Der Mutter wurde gesagt, die Kinder hätten beide einen Wasserkopf gehabt. Ich bin kein Arzt und möchte mir kein Urteil anmaßen, aber für mich war es unglaublich schwer, zu glauben, dass diese Kinder Wasserköpfchen hatten. Sie sahen ganz normal aus ... sie waren nur furchtbar klein.

Für mich war das alles nur schwer zu ertragen. Es waren die furchtbarsten Erfahrungen für mich. Das Ganze passierte aber in dem halben Jahr, welches ich dort verbrachte, nicht so schrecklich oft. Für mich aber war jedes einzelne tote Baby, an dem ich vorbeimusste, traumatisierend. Immer wieder diese toten Kinder sehen zu müssen, war einfach nur schrecklich. Dann entband in der Zeit meines dortigen Praktikums eine alte Klassenkameradin von mir unverheiratet einen kleinen Jungen, den sie zur Adoption freigab. In der Nacht nach der Geburt starb der Kleine und meine Klassenkameradin fragte mich am nächsten Tag, wie es dem Kleinen ginge. Ich durfte ihr, wegen der Schweigepflicht nicht sagen, dass der Kleine gestorben war. Das alles belastete mich zusätzlich.

Danach begann mein zweites Praktikumshalbjahr in einem Mutter- und Kinderheim. Dieses wurde auch wieder von Nonnen geleitet. Es war das Sommerhalbjahr, als ich dieses Praktikum absolvierte. Morgens wurde für die Kinder dort eine gewisse Menge an Tee gekocht. Wenn der leer war, gab es bis zum Abend nichts mehr zum Trinken. Ich habe mit eigenen Augen 2-jährige Kinder erlebt, die mit den Händen aus der Kloschüssel tranken, weil sie Durst hatten. Und so etwas passierte bei den „barmherzigen Nonnen"! Als ich das meinen Eltern erzählte, denn an den Wochenenden fuhr ich immer noch nach Hause, glaubten sie mir nicht. Das war ihrer Meinung nach alles nur Einbildung.

In dieser Zeit wurde ich volljährig und wollte den Führerschein machen. Mein Vater war aber der Meinung, dass ich sowieso heiraten würde. Mein Mann hätte sicher einen Führerschein, ich bräuchte keinen eigenen zu machen.

Mein Vater hatte nie einen Führerschein machen wollen, obwohl das bei der Bundeswehr ohne Probleme möglich gewesen wäre.

Also fing ich an und machte ihn heimlich. Ich sparte alles an meinem Gehalt, was ich nicht zu Hause abgeben musste, und ging sogar die Strecke bis zu dem Ort, in dem die Fahrschule war, zu Fuß, nur um das Busgeld zu sparen. Das Mutter- und Kinderheim lag etwa 2 bis 3 km auswärts des Ortes.

Als ich den Führerschein dann in der Tasche hatte, fuhr ich mit dem Zug nach Dortmund zu meiner Schwester Babs und mit ihrer Hilfe kaufte ich mir einen roten VW Käfer. Mein damaliges Traumauto!!! Damit fuhr ich nachhause und parkte es auf dem öffentlichen Parkplatz vor unserer Haustür. Ich liebe diesen Käfer bis heute! Es war Sonntag und meine Eltern waren noch in der Kirche, als ich zu Hause ankam. Als sie dann auch nach Hause kamen, meckerte mein Vater gleich herum: „Welcher Idiot hat sein Auto vor unserer Tür abgestellt?!" Ich stand da, grinste ihn bloß an und sagte rotzfrech: „Darf ich vorstellen, der Idiot bin ich, das Auto gehört mir." Ich sehe heute noch vor mir, wie ihm das Gesicht entglitt. Damit hatte er nicht gerechnet und ich war so stolz auf mich! Ich hatte mich das erste Mal gegen meinen Vater und gegen seinen Willen durchgesetzt.

Eigentlich hätte ich nach der Ausbildung als Kinderpflegerin eine weitere Ausbildung zur Kinderkrankenschwester machen sollen. Ich hatte diese Ausbildungsstelle schon, aber nach Beendigung meines Jahrespraktikums sagte ich diese Ausbildungsstelle ab. Ich konnte es nicht. Das war einfach nicht meine Berufung, in so einem Krankenhaus zu arbeiten.

Vor allem, wenn ich meinen Eltern von dem dort Erlebten auf der Säuglingsstation erzählte, glaubten sie mir nicht. Sie meinten, ich bilde mir das alles nur ein. Nach dem Motto, was nicht sein darf, passiert auch nicht. Als ich meinem Vater dann später gestand, dass ich die Ausbildung zur Kinderkrankenschwester nicht weitermache, begann er einen Riesenaufstand. Er habe sich für mich die Haxen abgelaufen und nun danke ich es ihm, indem ich einfach hinter seinem Rücken kündigen würde. Seiner Meinung nach hatte ich selbst als Volljährige kein Recht auf eigene Entscheidungen.

Da ich nun volljährig war, wollte ich eines Tages mit meinen Eltern darüber reden, weshalb mein Vater mich immer so verprügelt hatte. Ich hatte kaum angefangen, da stand mein Vater auf, stemmte sich mit den Fäusten auf der Tischplatte vor ihm ab und schrie mich an: „Wenn wir schon dabei sind, dreckige Wäsche zu waschen, kann ich dir auch gleich vorwerfen, dass du uns im Internat 5000 DM gekostet hast." Daraufhin verließ er den Raum ... das war seine Antwort ...

Während dieser Zeit lernte ich Gard kennen, er war auch gerade bei der Bundeswehr. Wir waren vielleicht ein Jahr zusammen und ich konnte ihm nichts recht machen. Ich kleidete mich verkehrt, verhielt mich verkehrt und als er später einen Autounfall hatte, war auch ich schuld. Er war eigentlich Automechaniker. Nach seiner Bundeswehrzeit arbeitete er wieder in seinem Beruf. Als ich ihm dann erzählte, dass ich mir einen VW Käfer kaufen wollte, war er strikt dagegen und bot mir allen Ernstes an, mir einen Wagen verkaufen zu wollen, der erst ein halbes Jahr alt war, aber leider hätte dort 3 Wochen lang eine Leiche drin gelegen. Er würde mir das Auto fertig machen und man würde davon rein gar nichts mehr merken. Allein der Gedanke daran ließ mich erschaudern ... nein, dieses Auto wollte ich auf keinen Fall!

Ich kaufte mir meinen roten VW Käfer, den er keines Blickes würdigte. Er behandelte mich herablassend, abwertend, beleidigend ... und ER machte immer alles richtig, ICH machte immer alles falsch. Nach seinem Unfall, den er auch versuchte, mir in die Schuhe zu schieben, beendete ich diese Beziehung!

Heute weiß ich, er hatte narzisstische Züge im Sinne des „Anspruchsvollen". Er war nie mit mir zufrieden, was auch immer ich machte. Ganz schlimm war es, wenn ich nicht so angezogen war, wie er es sich vorstellte.

Ich absolvierte mein Anerkennungsjahr/erstes Praxisjahr noch im Mutter- und Kinderheim und lernte durch seine Schwester, die in diesem Heim entbunden hatte, meinen Freund Jakob kennen. Eines Tages, wir kannten uns vielleicht 2 Wochen, da brauchte Jakob für seinen Kühler im Auto etwas Wasser. Ich bat ihn in die Küche, wo ich ihm das Wasser gab. Danach wollte ich ihn meinen Eltern vorstellen. Sie hielten sich gerade im Wohnzimmer auf. Die Reihenfolge war natürlich falsch von mir gewählt und das Gezeter war groß. Mein Vater machte wieder einmal einen Riesenaufstand, weil ich ihm „fremde Männer" ins Haus brachte ... hätte ich es andersherum gemacht, Jakob zuerst meinen Eltern vorgestellt und ihm dann erst das Wasser fürs Auto gegeben, wäre Jakob nicht mehr „fremd" gewesen.

Da war noch dieser Abend, an dem ich zwar rechtzeitig zurück zuhause war, aber Jakob und ich unterhielten uns noch stundenlang im Auto vor dem hell erleuchteten Telefonhäuschen, welches seit Jahren schon dort stand. Irgendwann schlief Jakob mit dem Kopf auf meinem Schoß ein ...
Ich genoss diese Situation. Es war so ruhig, so friedvoll. Kurze Zeit später sah ich dann im Bad in meinem Elternhaus das Licht angehen. Ich hoffte, es sei meine Mutter, aber leider war es mein Vater. Ich weckte Jakob, wir verabschiedeten uns und er fuhr nach Hause. Ich ging ins Haus. Dort wurde ich an der Treppe nach oben schon von meinem Vater erwartet mit den Worten: „Wo kommst du her, du Flittchen, mach, dass du in dein Zimmer kommst, um 9 Uhr bist du unten." Ich verschwand wortlos in meinem Zimmer und um 9 Uhr wurde ich schon von meinem Vater im Esszimmer erwartet. Mein Vater saß bewaffnet mit Papier und Bleistift an seinem Platz. Dann ging die Fragerei los. „Wie heißt er? Wo wohnt er? Wie alt ist er? Was ist er von Beruf?" Ich stand ihm Rede und Antwort und als wir beim Beruf ankamen und ich Beamter sagte, meinte mein Vater: „Das kann nicht sein ... mit 19 Jahren und Beamter, das geht nicht." Er wollte sofort die Telefonnummer von Jakobs Büro, ging raus ans Telefonhäuschen und rief von dort aus in seinem Büro an. Als mein Vater zurückkam, meinte er nur: „Es ist wahr. Aber von jetzt an bist du spätestens um 22 Uhr zuhause, kommst du

dreimal später als 22 Uhr, fliegst du raus. Hast du das verstanden? Hast du dazu noch was zu sagen?" Da ritt mich doch wirklich der Teufel und ich sagte zu ihm: „Ich werde nächsten Monat mit Jakob in den Urlaub fahren." Wir hatten in der Nacht im Auto beiläufig darüber gesprochen. Mein Vater schrie nur noch „raus" und ich packte meine Sachen und zog aus. In der Küche begegneten wir uns nochmal und er hob die Hand und wollte mir ein letztes Mal mit dem Handrücken ins Gesicht schlagen. Ich sagte nur zu ihm: „Wenn du mich jetzt schlägst, kriegst du eine zurück." Er schaute mich fassungslos an, ließ die Hand sinken und verließ die Küche. Damals war ich 19 Jahre alt ...

Heute weiß ich, dass auch mein Vater starke narzisstische Züge an sich hatte. Er passt in die Kategorie „der Anspruchsvolle und der Gewalttätige". Auch ihm konnte ich nie in meinem ganzen Leben etwas recht machen.

Heute sehe ich das so: Mein Vater war im Krieg und seine Kindheit war auch bestimmt von Prügel geprägt. Das war damals leider noch so. Meine Mutter erzählte mir, dass sie in der Schule noch am Pult hätten sitzen müssen, die Hände auf dem Pult liegend, damit die Lehrer diese hätten sehen können. Und wenn sie bestraft worden seien, habe der Lehrer mit dem Lineal auf die Hände geschlagen. Meine Eltern hatten es als Kinder und Jugendliche auch nicht einfach. Sie wuchsen in der Hitlerzeit zu jungen Erwachsenen heran und haben uns Kinder so erzogen, wie sie dachten, dass es richtig sei.

Wir sind im Grunde doch alle verletzte Kinder von verletzten Eltern – und das über Generationen hinweg. Ich mache meinen Eltern heute keine Vorwürfe mehr. Aber es war ein harter Weg bis dahin.

Ich rief nach dem Streit mit meinem Vater Jakob an und er holte mich ab. Seine Eltern fuhren gerade in den Urlaub. Dann wohnte ich erst einmal eine kurze Zeit bei ihm in seinem Elternhaus.

Ich suchte mir währenddessen eine kleine eigene Wohnung am Stadtrand von Trier.

Ab der Zeit, wo ich eine eigene Wohnung hatte, verbrachte Jakob die meiste Zeit bei mir. Da seinen Eltern das aber nicht passte, schlugen sie vor, dass ich in ein Zimmer im Keller ihres Hauses einziehen soll. Dieses Zimmer war gerade frei. Seine Eltern vermieteten es normalerweise an Studenten. Nach drei Monaten zog ich also wieder um. Meine Ausbildung war beendet und da ich nun arbeitslos war, fing ich in der Lederfabrik in der Nähe von Jakobs Elternhaus an zu arbeiten. Zwischenzeitlich hatte ich bei einer Familie als Kindermädchen gearbeitet, aber dort war ich eher als Putzfrau ausgenutzt worden.

Jakobs Vater war nicht besser als mein eigener. Er tyrannisierte auch die ganze Familie. Er passte in die Kategorie „der impulsiv Instabile, der Blender und der Gönner". Es wurde, nachdem ich dort eingezogen war, ein Plan aufgestellt, wobei alle drei Frauen, die nun in diesem Haus lebten (Jakobs Mutter, seine Schwester und ich), sich mit dem Kochen für die ganze Familie abwechseln sollten. Ich muss sagen, in dieser Zeit lernte ich wenigstens zu kochen. Dafür bin ich Jakobs Vater heute noch dankbar. Aber ansonsten war er ein absoluter Tyrann.

Ein halbes Jahr später sollte Jakob dann zur Bundeswehr. Da verheiratete Männer nicht eingezogen wurden, beschlossen wir, zu heiraten. Jakob wollte absolut nicht zur Bundeswehr. Und jetzt zeigte sich das wahre Gesicht von Jakobs Vater. Als wir ihm sagten, dass wir heiraten wollten, sagte er zu Jakob, während ich danebenstand: „Das ist doch ein Mädchen gut fürs Bett, aber die muss man doch nicht gleich heiraten…" Ich war doch tatsächlich schon wieder vom Regen in die Traufe gekommen. Er fing an, mich zu ignorieren, sprach mich nicht mehr persönlich an, sagte zu Jakob, während ich neben ihm stand: „Das kannst du Rosemarie auch sagen …" Wir heirateten trotzdem. Und Jakob wurde in Bonn eine gute Arbeitsstelle angeboten und wir zogen wieder um. Endlich hatten wir eine eigene Wohnung. Ich fand wieder Arbeit in einem Kindergarten. Drei Jahre später wurde Runa geboren.

Als wir nach Trier zu meinen und seinen Eltern fuhren, gingen wir auch bei meinen Geschwistern vorbei, um das neue Baby vorzustellen. Als wir dann bei Monique und Till waren, stand Runa in ihrem Körbchen auf deren rundem Esstisch in der Küche. Till sah sich das Baby an, schlich wie ein Tiger um die Beute um den Tisch herum und besah sich Runa von allen Seiten, um dann zu Monique zu sagen: „Schau doch mal genau hin, Monique, schau dir mal die Nase an und die Augen ... ne, das ist doch nicht normal, das kann doch gar nicht sein, dass unsere Rosemarie ein normales Kind bekommen hat ...“

Meine Schwester zog sein Verhalten mal wieder ins Lächerliche und sagte zu mir, dass Till das nicht so meine. Er meinte vielleicht, das sei lustig, aber Jakob und ich fanden das gar nicht lustig. Zumal Till mich schon als Kind oft beschimpft und gehänselt hatte, ich sei dumm und hässlich und werde nie einen Mann abbekommen. Wir ließen ihn einfach links liegen und fuhren bald wieder.

Ich versuchte, trotz Kind weiterzuarbeiten, aber Runa fremdelte (scheu gegenüber anderen Personen) zu stark und als sie 9 Monate alt war, kündigte ich die Arbeit im Kindergarten. Nun machte ich mich auf die Suche nach einem Pflegekind. Max kam zu uns, er war genauso alt wie Runa und, da die Wohnung nun wieder zu klein war, zogen wir ein paar Häuser weiter in eine größere Wohnung.

Mittlerweile war Jakob auf die Idee gekommen, die mittlere Reife nachzumachen. Sein Schwager Jockel, der erst keinen Schulabschluss gehabt und jahrelang nur als Kellner gearbeitet hatte, hatte diesen nun nachgeholt und mittlerweile die mittlere Reife absolviert. Das wurmte Jakob echt sehr, denn er hatte nur die Hauptschule abgeschlossen und so ging er abends wieder zur Schule. Es war ein Konkurrenzkampf zwischen Jakob und Jockel. Jakob konnte es nicht ertragen, dass Jockel eine höhere Schulbildung als er selbst hatte. Schließlich war er ja der Beamte ...

Runa hatte von ihrem Papa ab diesem Zeitpunkt so gut wie nichts mehr. Mittags kam er zwar nach Hause zum Essen, aber abends war er nun an 3 von 5 Tagen in der Woche in der Schule. Den Rest der Zeit lernte er. Als er mit der mittleren Reife fertig war, wollte er in den mittleren Dienst aufsteigen. Runa, die mittlerweile 2 Jahre alt war, fing abends an, wenn der Papa wegwollte, sich vor die Wohnungstür zu stellen. Sie wollte damit verhindern, dass der Papa weggeht ... und sie weinte viel, weil der Papa keine Zeit mehr für sie hatte. Hinzu kamen an den Wochenenden die Partys, welche die erwachsenen Schüler veranstalteten. Hierzu wollte Jakob immer gehen, aber für mich war es schwer, mitzugehen, mit einem kleinen Kind und ein Babysitter war teuer. Also ging ich nur mit, wenn die Partys tagsüber stattfanden. Außerdem war Jakob der Meinung, ich kenne dort sowieso niemanden, also was wolle ich da?!

Irgendwann kam Jakob auf die Idee, ein zweites Kind zu bekommen. Wahrscheinlich wollte er mich bloß beschäftigen. Ich sagte, dass ich ein zweites Kind nur wolle, wenn er die Schule fertig abgeschlossen und er wieder Zeit für die Familie habe. Da er nun kurz vor seinem Abschluss der Prüfung für den mittleren Dienst stand, war er einverstanden. Ich setzte die Pille ab. Drei Monate später offenbarte er mir aber, dass er sich dazu entschlossen habe, doch noch den Aufstieg in den gehobenen Dienst zu machen. Da sagte ich zu ihm, dass ich dann allerdings noch kein zweites Kind wolle.

Aber es war passiert, ich war schon schwanger. 7 Monate später kam Micha kam zur Welt. Er war 56 cm groß, wog 4800 g und sein Kopfumfang hatte 36 cm. Er war ein Riesenbaby.

Nach der dritten Nacht nach Michas Geburt kam die Ärztin zu mir und sagte, dass Micha in der Nacht beinahe gestorben sei. Die Ärzte hätten bei ihm ein Loch in der Herzscheidewand festgestellt. Aber ich solle mir keine Sorgen machen, bei 50 % der Babys schließe sich das Loch in den ersten 6 Wochen. Sie hätten ihn ins Kinderkrankenhaus verlegt, wo er besser aufgehoben sei und versorgt werden könne.

Ich ließ mich auf eigene Verantwortung aus dem Krankenhaus entlassen und rief Jakob an. Dann fuhr ich zu Micha in die Klinik. Die Kinderklinik war zum Glück nur knapp einen Kilometer von unserer Wohnung entfernt. So konnte ich mit Runa von nun an jeden Tag zu Fuß dorthin laufen.
    Leider durfte Runa nicht mit auf die Säuglingsstation. Vor der Säuglingsstation war eine Spielecke, dort wartete sie dann immer auf mich, während ich Micha besuchte. Micha hatte leider nicht das Glück, dass sich das Loch in der Herzscheidewand von allein schloss, es wuchs leider mit und wurde immer größer. Das Milchtrinken strengte ihn sehr an. Die Ärzte wollten aber mit einer Operation warten, bis er mindestens 6 Wochen alt sei. Damals gab es die Möglichkeit, ein sogenanntes Banding zu machen, dabei wäre ein Band um die Aorta zum Herzen gelegt worden, welches den Blutfluss zum Herzen verringert hätte, wodurch das Herz entlastet worden wäre. Dann hätte das Herz durch das Loch in der Herzscheidewand nicht so stark pumpen müssen, weil weniger Blut auf einmal ins Herz geflossen wäre. Eine größere Operation hätte man dann im Alter von 3 oder 4 Jahren machen können, wenn Micha größer und stärker geworden wäre.

Micha war nun mittlerweile 6 Wochen alt und entwickelte sich, abgesehen vom Loch im Herzen, ganz normal. Ging ich mit ihm über den Flur spazieren, ich erinnere mich noch sehr gut daran, hob er den Kopf und sah sich mit großen Augen die Bilder dort an der Wand an. Er war ein ganz normales Baby.

Nun schlug aber leider das Schicksal zu …

In einer Kinderklinik in Siegburg hatte es einen Brand gegeben und die dort liegenden Kinder wurden in die umliegenden Kinderkrankenhäuser verlegt. Also wurde Michas Operation wieder verschoben. Als er dann 9 Wochen alt war, bekamen wir einen Anruf vom Krankenhaus. Micha habe eine Tachykardie (Herzflattern) bekommen und werde jetzt notoperiert.

Ich weiß noch genau, wie ich nach dem Telefonat am Fenster stand, draußen fuhren die Autos vorbei, die Menschen liefen auf der Straße an meinem Fenster vorbei, als ob nichts sei ... und mein kleiner Junge war gerade mal 9 Wochen alt und kämpfte im Krankenhaus um sein Leben. Das war ein furchtbarer Augenblick, waren furchtbare lange Stunden des Wartens für mich. Nach der Operation eilte ich direkt zu ihm.

Für Runa hatte ich mittlerweile einen Kindergartenplatz gefunden und sie konnte an diesem Tag über Mittag dortbleiben. Als ich im Krankenhaus bei Micha ankam, war der Lungentubus schon gezogen worden. Er wurde nicht mehr beatmet. Dies war unüblich bei Babys. Jedenfalls hatte ich es bei anderen Babys in dem Alter anders erlebt. Ich weiß noch, dass ich die behandelnde Ärztin darauf ansprach. Sie meinte, sie hätten ausprobiert, ob Micha imstande sei, alleine zu atmen. Es klappe gut. Was ich bisher bei Behandlungen an Säuglingen mitbekommen hatte, war, dass der Tubus noch so lange liegen blieb, bis man sich wirklich sicher war, dass das Kind auch von allein atmen konnte. Währenddessen lag ein Feuchtigkeitstrichter vor der Nase, damit die Schleimhäute nicht austrockneten.

Micha lag in seinem Bettchen und war an unzähligen Schläuchen angeschlossen. Er hatte eine Narbe vom Bauchnabel bis hoch zur Kehle ... als ich dann bei ihm am Bettchen saß, bemerkte ich, dass er immer wieder aufhörte zu atmen. Wenn er aufhörte zu atmen, fasste ich ihn sachte an und schüttelte ihn sanft, dann hob er die Arme hoch und fing wieder zittrig an zu atmen. Ich rief die zuständige Ärztin und sagte ihr, dass Micha immer wieder Atemstillstände habe. Doch sie sagte zu mir, Micha liege auf einer Apnoematratze und die gebe Alarm, wenn er wirklich aufhöre zu atmen. Ich meinte, so eine Matratze könne auch mal kaputt sein ... sie aber verneinte und meinte, ihre Geräte würden regelmäßig gewartet. Micha wolle mich sicher nur ärgern.

Klar, ein 9 Wochen altes Baby, nach einer Herzoperation am offenen Herzen, „denkt" daran, die Mama mal ein bisschen zu ärgern ... das Ganze ging 4 Stunden lang so. Zwischendurch fing Micha an zu krampfen und die Ärztin kam immer wieder und spritzte ihm mehrmals Valium. Nach diesen etwa 4 Stunden kam der Narkosearzt ins Zimmer, er war bei Michas Operation dabei gewesen. Er überblickte die Situation sofort, zog mich von meinem Stuhl hoch und schob mich zur Tür hinaus. Währenddessen fragte er die Ärztin, warum Micha nicht intubiert sei. Sie antwortete, das habe sie bei einem Säugling noch nie gemacht. Er sagte: „Dann rufen sie den Professor." Sie antwortete, der sei in einer Operation ... dann war ich draußen und die Tür wurde verschlossen. Später kam heraus, dass diese Ärztin Micha sogar eine Überdosis Valium gespritzt und ihn somit auch noch ins Koma „geschossen" hatte.

Wir verklagten die Klinik, aber damals war es leider noch so, dass wir als Patientenvertreter beweisen mussten, dass die Ärzte einen Fehler gemacht hatten. Aber allein vom Operationsprotokoll fehlten plötzlich 20 Minuten. Im mittlerweile erstellten Gutachten konnte man nur erahnen, dass da etwas schiefgelaufen war. Der zuständige Gutachter wollte oder konnte keine klaren Worte verfassen. Die Ärzte, die Micha operierten, hatten wegen der Verlegung der anderen Kinder aus dem Siegburger Krankenhaus, in dem es gebrannt hatte, bei Michas Operation schon 30 Stunden im OP-Saal gestanden und operiert ... dann kam Micha noch dazu. Irgendwann lässt auch bei dem besten Arzt die Konzentration nach.

Es kam zum Prozess. Ich musste allein hin, weil Jakob mal wieder keine Zeit hatte. Die Ärzte wurden leider freigesprochen. Auch die Ärztin, die Micha ins Koma gespritzt hatte, war da.

Ich schaute sie die ganze Zeit an, sie hielt meinem Blick nicht stand, musste immer wieder wegschauen. Ich hoffe sehr für sie, dass sie beim nächsten Kind besser aufpasste. Ich verstehe bis heute nicht, warum die Ärzte trotz fehlender 20 Minuten vom OP-Bericht freigesprochen wurden. Jeder Handwerker, etwa ein Klempner oder Ähnliches, wird haftbar gemacht, wenn er einen Fehler macht, ... nur diese Götter in Weiß nicht.

Micha erwachte nach 2 Wochen aus dem Koma, aber er krampfte von nun an sehr viel und blieb weiter im Krankenhaus. Im ersten Lebensjahr kann man brachliegende Gehirnareale durch bestimmte Körperdruckpunkte dazu bringen, Aufgaben von abgestorbenen Gehirnarealen zu übernehmen. Die Kinder wurden „beturnt", indem bestimmte Körperdruckpunkte stimuliert wurden, ... aber Micha fing immer gleich an zu krampfen und die Übungen mussten abgebrochen werden, da er sonst drohte, in einen Dauerkrampf zu verfallen. Mit jedem Krampf starben weitere Gehirnzellen ab. Die höchste aufeinanderfolgende Krampfanzahl war 350-mal hintereinander am Stück. Wer einmal einen Wadenkrampf durchgemacht hat, kann nachempfinden, wie es meinem Sohn ging. Wenn er dann nicht aufhörte zu krampfen, bekam er sehr starke Medikamente, die die Krämpfe unterdrückten. Nach 8 Monaten wurde ein Gehirnscan durchgeführt und das Ergebnis war schockierend. Es war keine normale Gehirnstruktur mehr vorhanden. Micha war und ist bis heute zu 100 % schwerstbehindert. Er ist heute etwa auf dem Stand eines 3 Monate alten Babys. Er hatte, wo ich das jetzt schreibe, vor vier Tagen seinen sechsunddreißigsten Geburtstag. Seit er ein Jahr alt ist, ist er in Heimen untergebracht, da er wegen der Krämpfe unter dauernder ärztlicher Kontrolle sein muss.

Nach der Diagnose von Michas Gehirnscan ging Jakob kaum noch zu ihm ins Krankenhaus. Er entwickelte schließlich die Theorie, dass die Kinder eher mein Hobby seien, schließlich sei ich ja Kinderpflegerin. Er arbeitete schräg gegenüber vom Krankenhaus, trotzdem ging er nicht mehr hin und vergrub sich immer mehr in seinen Aufstieg in den gehobenen Dienst.

Eines Tages ging ich mit den Kindern spazieren und wir begegneten zwei älteren Damen. Sie beugten sich über den Kinderwagen von Micha, die Geräte waren unter der Decke nicht zu sehen. Eine der Damen sagte zu mir: „Ja, ja, in dem Alter sind sie noch so süß und es geht ihnen noch gut ..." Das triggerte mich so sehr, dass ich nicht gerade freundlich entgegnete, dass mein Sohn bestimmt schon mehr Schmerzen in seinem kurzen Leben habe erleben müssen, als sie in ihrem Alter ... ich zog die Decke weg und die Geräte kamen zum Vorschein. Daraufhin entschuldigten sie sich und gingen betreten weiter.

Natürlich wusste ich innerlich, dass sie es nur gut meinten, aber man sollte nicht immer vom gesunden Normalfall ausgehen, wenn man in einen Kinderwagen schaut, ... und bevor man sein Urteil fällt und auch noch laut äußert, sollte man vielleicht behutsam nachfragen, ob alles in Ordnung ist. Seit diesem Zeitpunkt sage ich: „Bitte erst das Gehirn einschalten, bevor man den Mund aufmacht. Es ist nicht immer alles so, wie es nach außen aussieht!"

Ich war zu dem Zeitpunkt so fertig mit den Nerven, dass meine Daumen anfingen ein Eigenleben zu führen. Ich konnte sie nicht mehr stillhalten. Egal, in welcher Stellung ich meine Hände hielt, die Daumen zitterten. Der Daumen steht symbolisch für Durchsetzungsvermögen, Selbstbehauptung und Lebenskraft ... er ist der stärkste Finger an der Hand. Er wird deswegen auch „der Starke" genannt.

Ich hatte versucht, zwischendurch Micha mit seinen Geräten mit nach Hause zu holen, aber als ich einmal zur Untersuchung im Krankenhaus war, schnauzte mich die Ärztin plötzlich an, Micha sei am Krampfen, ob ich das nicht merke, ... für mich hatte Micha sich nur wie ein normales Baby bewegt. Er hatte wieder diese „Blitz-Nick-Salem-Krämpfe". Für einen Laien sind sie kaum zu bemerken und in dieser Hinsicht war ich ein blutiger Laie. Er kam wieder ins Krankenhaus und von da aus in ein Kinderheim, wo schwerstbehinderte Kinder aller Art lagen.

Meine Schwester Monique machte mir damals schwere Vorwürfe, ich schiebe Micha nur ab ... aber damals reagierte ich echt großartig. Ich fragte sie, wann sie Urlaub habe, sie nannte mir den Zeitpunkt. Daraufhin sagte ich zu ihr, dass sie sich diese 3 Wochen einfach einmal freihalten solle, ich bringe ihr Micha für diese 3 Wochen vorbei. Danach könnten wir uns ja noch einmal darüber unterhalten, ob ich Micha nur abschiebe. Sie war komplett entsetzt über meinen Vorschlag und meinte daraufhin, dass ich das schon richtigmachen würde. Sie hat nie mehr diesbezüglich etwas gesagt.

Ich war damals wie heute kein Mensch, der über andere Menschen urteilt. Denn ich bin der Meinung, wenn ich nicht mindestens eine Meile in den Schuhen des anderen Menschen gelaufen bin, sollte ich mir kein Urteil über das Leben eines anderen Menschen bilden. Jeder hat sein Päckchen zu tragen.

Als Micha etwa ein Jahr alt war, feierten wir bei meiner ältesten Schwester den Geburtstag meiner Mutter. Alle wollten kommen. Ich stand gerade auf dem Balkon, als Till mit noch jemandem unten vor der Haustür ankam. Till war Beifahrer gewesen und hatte wohl schon einiges gebechert. Als Erstes fiel ihm die Tüte mit dem Grillfleisch aus dem Auto, dann quälte er sich selbst hinaus. Er kam noch oben und sah mich auf dem Balkon stehen. Er kam zu mir und sagte: „Hallo Rosemarie, ich habe gehört, wie es deinem Sohn geht, es tut mir fruchtbar leid für dich." Das war wohl das erste Mal, dass er etwas ernst meinte. Aber ich konnte damals nicht anders reagieren als: „Wieso Till, das ist doch genau das, was du mir immer gewünscht hast!" Und ich ließ ihn einfach stehen. Da rutschte dieser Bär von Mann an der Wand des Balkons runter und heulte wie ein Schlosshund, weil ich so böse war und ihm endlich mal Paroli geboten hatte! Was hatte dieser Mann mich als Kind gequält mit seinen Psychospielchen, die er auch noch immer für lustig gehalten hatte. Denn als Runa geboren wurde, war er auch nicht gerade zuvorkommend, als er sagte, dass ich doch kein normales Kind zur Welt bringen könne. Ja, jetzt war das eingetroffen, was er mir damals (vielleicht auch nur im Spaß) voraus gesagt hatte. Ich war zu diesem Zeitpunkt aber nicht mehr in der Lage, seine dummen Sprüche als Spaß zu verstehen. Wirklich entschuldigt hatte er sich nie bei mir für sein Verhalten. Er hatte auch narzisstische Züge und war sein Leben lang ein Main–Tainer ... ein Kasper, der sich bei allen in seiner Umgebung wichtiger machte, als er in Wirklichkeit war.

Ich wollte aber nicht, dass Runa nur mit ihrem behinderten Bruder aufwächst, und so entschlossen wir uns, noch ein drittes Kind zu bekommen. Es wurde ein Gentest gemacht, um auszuschließen, dass Michas Herzerkrankung erblich bedingt war. Als das ausgeschlossen war, wurde ich wieder schwanger. Als Runa fast 6 Jahre alt war, wurde Tanya geboren. Sie kam mit blauen Händen, Füßen und Lippen zur Welt. Jakob, der mich zur Geburt begleitet hatte, saß während der Geburt neben mir und las Zeitung. Es war ja schon „seine" dritte Geburt. Tanya kam direkt nach der Geburt in ein Wärmebettchen und ich dachte, super, noch ein behindertes Kind. Irgendwann fuhr Jakob dann nach Hause und ich war allein mit meinen Gedanken. Als am nächsten Morgen die Kinderschwester mit Tanya im Arm zu mir kam, wollte ich Tanya erst gar nicht haben. Ich sagte: „Ich habe schon ein behindertes Kind, ich will kein zweites behindertes Kind ..." Da meinte die Kinderschwester nur: „Es ist alles in Ordnung mit Ihrem Kind, es ist gesund und hat Hunger. Nun stillen Sie die Kleine endlich. Sie braucht Sie doch!" Ich konnte es kaum glauben, doch von da an konnte ich Tanya das erste Jahr gar nicht mehr aus den Augen lassen. War ich in der Küche, stand sie im Körbchen auf der Arbeitsplatte, war ich im Wohnzimmer, stand sie im Körbchen auf der Couch, war ich im Kinderzimmer, stand sie auf Runas Bett. Ich hatte sie überall dabei.

Eines nachts hatte ich dann einen Traum. Wir wohnten zu der Zeit in einer Wohnung, deren Garten mit hohen Tannen umwachsen war.

Ich träumte, dass die Terrassentür zum Garten offenstand, und eine Löwin kam von draußen ins Wohnzimmer, ging zu dem auf der Couch stehenden Körbchen, in dem Tanya lag, und fing an, ihr über das Gesicht zu lecken. Ich hatte komischerweise keine Angst, dass sie Tanya fressen wollte, sondern, da Löwen eine sehr raue Zunge haben hatte ich nur Angst, dass sie Tanyas Gesichtchen wundleckte, und auf den Geschmack käme, wenn sie das Blut schmeckt. Ich lief im Traum schnell zum Kühlschrank, in dem ich einen Rinderbraten hatte, und hielt diesen der Löwin vor die Nase. Damit lockte ich sie zur Terrassentür. Als wir die Terrassentür erreicht hatten, warf ich den Rinderbraten auf die Wiese, die Löwin sprang hinterher und ich machte schnell die Terrassentür zu. Tanya war gerettet. Heute weiß ich, dass war die kämpferische Löwin in mir, die ich nicht wahrhaben wollte, nicht sehen wollte ... ich jagte sie damals weg ... jetzt, nach der Beziehung mit Martin, ist sie wieder erwacht und bereit, wieder zu kämpfen!

Runa stand nun kurz davor, in die Schule zu kommen. Und sie durfte, da sie immer wieder Migräne hatte, an einem Urlaub für Geschwister eines behinderten Kindes teilnehmen, der vom Landschaftsverband angeboten wurde. Sie fuhr unter Begleitung von Erziehern nach Österreich in ein Kinderheim. Dort blieb sie dann für 3 Wochen. Die Briefe, die von ihr ankamen, wurden von einem Martin geschrieben, der dort in diesem Kindererholungsheim als Betreuer arbeitete. Als Runa nach Hause kam, schwärmte sie so sehr von diesem Martin, dass wir uns entschieden, ihn einmal einzuladen. Zwischenzeitlich war auch ein Brief von ihm bei uns angekommen. Er schrieb, was wir für eine wundervolle Tochter hätten, und er würde die Eltern gerne einmal kennen lernen. Also luden wir ihn zu uns nach Hause ein. Eines Tages, Tanya war mittlerweile eineinhalb Jahre alt und ich hatte wieder ein Pflegekind dazu genommen, damit sie immer einen Spielkameraden hatte, stand Martin vor der Tür. Er war sehr nett, kümmerte sich liebevoll um die Kinder und machte sogar die Windeln der beiden Kleinen frisch, was ich von meinem Mann so gar nicht gewöhnt war.

Wir verstanden uns alle sehr gut und machten gemeinsame Ausflüge, doch irgendwann war die Woche um und Martin musste zurück, da er mitten in seiner Erzieherausbildung steckte. Es dauerte nicht lange und er kam wieder. Auch wenn es nur für ein Wochenende war, die Kinder waren begeistert von ihm. Ich hatte Jakob seit einem Jahr schon öfter gesagt, dass, wenn sich nichts ändere, ich bald weg sei ... zu sehr war er mit seinem Aufstieg in den höheren Dienst beschäftigt. Da er immer noch die Schule besuchte und gleichzeitig arbeiten ging, war er so gut wie nie zu Hause und alles blieb allein an mir hängen. Um die Kinder kümmerte er sich kaum. Die waren ja seiner Meinung nach mein Hobby. Er nahm mich leider nie ernst. Von den 10 Jahren, die wir nun zusammen waren, hatte er 7 Jahre lang Ausbildungen gemacht und mich mit den Kindern und den dazugehörigen Problemen ziemlich allein gelassen. Er war immer auf seine Partys gegangen, hatte Spaß mit seinen Freunden, machte Fahrradtouren mit seinen Kumpels usw. Ich war immer zuhause und bei den Kindern.

Martin kam nun öfter und wir fingen an, uns lange Briefe zu schreiben. Und so kam es, wie es kommen musste: Ich verliebte mich mit der Zeit in ihn und er sich in mich. Als er wieder einmal da war, meinte er, ob es möglich sei, Micha kennenzulernen.
    Da wir sowieso einen Großeinkauf in der Metro machen wollten (Jakob war immer schon sehr praktisch veranlagt gewesen und verband gerne das eine mit dem anderen), machten wir einen Termin im Kinderheim aus und holten Micha nach dem Einkauf ab. Zuhause angekommen, wurde Micha im Wohnzimmer auf eine Decke gelegt und ich machte mich daran, die Einkäufe in der Küche zu versorgen und wegzuräumen. Währenddessen saß Jakob im Wohnzimmer und las Zeitung. Martin beschäftig-

te sich mit Micha. Die beiden Mädels spielten. Als ich fast fertig war in der Küche, kam Jakob zu mir und sagte, dass das ganze Wohnzimmer stinke, Micha habe die Hose voll. Ich solle ihn sauber machen kommen. Ich bat ihn, da ich jetzt schon ewig in der Küche stand und fast fertig mit Fleisch schneiden, Käse reiben und einfrieren war, ob er Micha nicht ausnahmsweise mal selbst sauber machen könne? Er meinte, ich wisse doch, dass er sich davor ekele, ging raus, setzte sich ins Auto und fuhr zu seiner Schwester ein paar Kilometer weiter. Also wusch ich mir die Hände und ging ins Wohnzimmer, um Micha frisch zu machen. Als ich ins Wohnzimmer kam, war Martin gerade dabei, Micha den Popo sauber zu machen ... es wunderte mich, dass ein quasi Fremder den Popo eines 4-Jährigen sauber machen konnte, ohne sich davor zu ekeln. Das war ich von Jakob nicht gewohnt.

Martin und ich schrieben uns weiterhin lange Briefe. Eines Tages, als Martin wieder bei uns war, sagte ich Jakob, dass ich mich in Martin verliebt hätte. Jakob verzog sich daraufhin für eine Zeitlang ins Schlafzimmer und als er wieder rauskam, dachte ich, jetzt geht das Theater los und er schmeißt Martin raus ... aber nein, er ging auf Martin zu, der gerade in der Küche stand, und reichte ihm die Hand mit den Worten:

„Ich kann mir keinen besseren Ersatzmann für meine Frau und keinen besseren Ersatzvater für meine Kinder vorstellen als dich!"

In dem Moment kam ich mir regelrecht übergeben vor. Dann drehte er sich um und verließ das Haus. Er fuhr wieder zu seiner Schwester. Doch etwa 2 Stunden später kam er mit meinem Schwager Jockel zurück und die beiden fingen an, mich zu bearbeiten. Ich könne doch nicht einfach so die Ehe hinschmeißen und so weiter und so fort. Seit mindestens einem Jahr warnte ich Jakob, dass, wenn er die Kinder weiter als mein Hobby ansehe und sich nicht endlich um die Familie kümmere, sei ich weg. Jetzt kam er plötzlich auf die Idee, für seine Ehe zu kämpfen. Ich war mittlerweile fest entschlossen, Jakob zu verlassen. Jakob zog dann schließlich aus der gemeinsamen Wohnung aus.

Er hatte auch narzisstische Züge, er passt in die Kategorie des „Angepassten", des „Ausbeuters" und des „erfolgreichen Narzissten".

Eines muss ich dazu noch erwähnen, jeder von uns hat in irgendeiner Form narzisstische Züge. Mehr oder weniger stark ausgeprägt. Das heißt nicht, dass automatisch eine Persönlichkeitsstörung vorliegen kann. Letztere fängt da an, wo andere Menschen geschädigt werden.

Martin lud mich dann später nach Tirol ein. Seine Abschlussfeier der Erzieherausbildung stand bevor und er hatte mich dazu eingeladen. Gleichzeitig stellte er mich seinen Eltern vor. Madita, seine Mutter, war total kaltherzig zu mir und auch den Kindern gegenüber. Aber sein Vater war ein herzensguter Mensch. Runa war damals 8 und Tanya war mittlerweile 2 Jahre alt. An einem dieser Tage in Tirol besuchten wir auch seine Großeltern, die im gleichen Haus wohnten. Wir saßen gemütlich beieinander, tranken Kaffee und unterhielten uns. Aber als Martin dann zur Toilette ging, fiel die Großmutter im wahrsten Sinne des Wortes über mich her. Was ich mir denn eigentlich denke, einem jungen Mann das Leben zu ruinieren. Martin sei 6 Jahre jünger als ich. Ich solle zurück zu meinem Mann gehen usw. Ich verbaue Martin nur die Zukunft. Ich kam gar nicht mehr zu Wort und schließlich stand ich auf und verließ wortlos und tief enttäuscht das Haus. Martin kam mir hinterhergelaufen und fragte, was denn los sei. Ich erzählte es ihm und wir waren beide betroffen. An dieser Stelle muss ich erwähnen, dass Martin schwerhörig ist und Hörgeräte tragen muss. Er entschuldigte sich, weil er von der ganzen Diskussion nichts mitbekommen habe.

Kurz darauf zog Martin mit seinen Sachen bei mir ein. Er hatte nun seine Ausbildung fertig und suchte einen Job als Erzieher. Das war aber gar nicht so einfach. Also beschlossen wir, einen eigenen kleinen Kindergarten oder eine Krabbelgruppe zu gründen, Bedarf gab es genug. Wir hatten auch schon einen Namen ... Pumuckelkrabbelgruppe. Ich kannte genügend Eltern, die einen Platz für ihre Kinder in der Nachbargemeinde suchten. Die zuständige Gemeinde war begeistert. Der zuständige Bürgermeister hatte schon ein Gebäude, welches er uns für diesen Zweck zur Verfügung stellen wollte. Ich hatte für all diese Treffen mit den zuständigen Behörden viel Zeit investiert. Alles war perfekt.

Bei den mittlerweile mehrfach stattfindenden Treffen mit den Eltern erwähnte ich, dass wir beide, Martin und ich, uns auch vorstellten, eingestellt zu werden. Und beim letzten Treffen kam mir ein Vater mit dem Argument, er wolle selbst entscheiden, wen er einstelle ... wir hatten ein ziemliches Streitgespräch darüber. Schließlich hatte ich allein den ganzen Behördenkram erledigt. Ich hatte von Anfang an mit offenen Karten gespielt und den Eltern gesagt, dass wir uns eine Anstellung davon erhofften. Ich fragte diesen Vater ganz offen, was er denn meine, wofür ich das alles gemacht habe. Die Stunden, die ich auf den Behörden verbracht hatte, die Laufereien und Verhandlungen ... das alles machte ich doch nicht ganz umsonst und nicht nur dafür, dass andere davon profitierten. Er konnte mir darauf keine Antwort geben. Ich packte meine ganzen Papiere zusammen und wollte das Treffen verlassen. Da rief er mir doch tatsächlich hinterher, er kaufe doch nicht die Katze im Sack, die Papiere für den Kindergarten könne ich aber dalassen. Da sagte ich ihm klipp und klar, ausnutzen ließe ich mich nicht. Wenn ich hier keine Zusage für eine Anstellung erhalte, dann sollten die Eltern die ganzen Behördengänge doch selbst alle noch einmal machen. Zu diesem Zeitpunkt erwähnte ich zum Glück noch nicht, dass wir ein Gebäude in Aussicht hatten. Sollten sie es doch selbst herausbekommen. Na ja, das Projekt war ja dann wohl geplatzt.

Martins Eltern fingen außerdem an, ihm die Beziehung zu einer noch verheirateten Frau mit 3 Kindern auszureden. Sie versprachen ihm ein Auto, eine eigene Wohnung und mehr, wenn er nur die Finger von mir ließe. Martins Eltern machten enorm Druck, vor allem seine Mutter. Martin selber war vom vielen Hin- und herfahren mit dem Zug auch angeschlagen. Jakob hatte wohl mittlerweile erfasst, was er an mir und den Kindern verloren hatte, kämpfte wieder um uns. War Martin nicht da, fing er an, mich zu bedrängen. Es ging ein paarmal hin und her zwischen den zwei Männern.

In der Zeit beendete ich mehrmals die Beziehung zu Martin, weil zum einen Jakob unbedingt seine Familie wiederhaben wollte und zum anderen Martin manchmal wirklich merkwürdige Ansichten hatte. Einmal, ich hatte wieder einmal die Beziehung zu Martin beendet, machte ich mir Sorgen, dass Martin sich etwas antun könnte und fuhr zum Bahnhof, um zu sehen, ob er noch irgendwo zu finden sei. Sein Zug sollte in etwa 2 Stunden abfahren. Ich fand ihn aber nirgendwo. Also wartete ich, bis sein Zug einfuhr, in der Hoffnung, ihn beim Einsteigen zu sehen. Am Bahnsteig war er nirgendwo zu sehen. Plötzlich kam seine Stimme aus dem Zug heraus. Er war schon im Zug gewesen und war, da er sonst hätte warten müssen, einfach ein Stück in die Gegenrichtung gefahren und dann in seinen Zug umgestiegen, um sich die Zeit zu vertreiben und nicht so lange am Bahnhof warten zu müssen. Er schaute aus dem Fenster raus und ich fragte ihn einfach, ob er aussteigen könnte. Er sagte ja und fing an, wahllos seine Sachen aus dem Fenster zu werfen. Er hatte schon geschlafen und musste jetzt noch den Schaffner suchen und fragen, ob er sein Fahrrad aus dem Schaffnerabteil holen könne, wo der Schaffner dieses über Nacht eingeschlossen hatte. Dann stieg er in Unterwäsche mit seinem Fahrrad aus dem Zug, rundherum um uns lagen seine Sachen auf dem Gleis und wir lagen uns wieder in den Armen. Die Leute hatten das Ganze mitbekommen und fingen an, zu klatschen … es war wie in einem Kitschroman.

Insgesamt hatte ich die Beziehung zu Martin in dieser Zeit 5-mal beendet wegen seiner merkwürdigen Ansichten. Jakob nutzte jedes Mal die Gelegenheit, um mich zurückzubekommen.

Nach einiger Zeit bekam ich eine Gebärmutterentzündung. Martin war gerade wieder einmal da und wollte Sex. Ich sagte ihm, dass ich unerträgliche Schmerzen hätte. Daraufhin sagte er, er sei keine Frau und könne sich nicht vorstellen, was das für Schmerzen seien. Sehr einfühlend ...

Der Frauenarzt sagte bei der nächsten Untersuchung, die Gebärmutter sei sehr entzündet, so dass er sie mir herausnehmen lassen wollte. Also fragte ich Martin, ob er sich um die Kinder kümmern könne, während ich im Krankenhaus sei. Er aber meinte daraufhin, das könne er machen ..., wenn ich ihn dafür bezahle. Er hatte immer noch keinen Job und lebte immer noch bei mir und auf meine Kosten. Ich wurde über diese Aussage dann so sauer, dass ich ihn zu diesem Zeitpunkt endgültig rauswarf.

Wir hatten uns beide in unserer Unreife mehrmals gegenseitig verletzt! Unsere beiden inneren Kinder waren selbst zu tief verletzt gewesen. So was kommt von so was. Das alles war mir aber damals noch nicht klar. Wer darauf wartet, dass der andere sich ändert, der wartet lange. Ich habe mich durch zwei Therapien geändert. Eine Therapie bei einer Psychotherapeutin, wo ich meine Kindheit aufarbeitete, und eine zweite dann Jahre später nach meinem Burnout in einer psychosomatischen Klinik. Ich habe schwer an mir und meinem inneren verletzten Kind gearbeitet. Trotzdem oder gerade deswegen versuchte ich es noch einmal mit Martin auf der Insel. Das war mein allergrößter Fehler in meinem bisherigen Leben. Obwohl ich braunäugig bin, bin ich ziemlich blauäugig mit auf die Insel gegangen.

Meine Gebärmutterentzündung behandelte ich daraufhin selbst innerlich und äußerlich mit Schwedenbitter und als ich 2 Wochen später wieder zum Frauenarzt ging, war der überrascht, denn von der Gebärmutterentzündung war nichts mehr zu sehen. Heute denke ich, diese Gebärmutterentzündung hatte damals schon psychosomatische Gründe. Die Entzündung war verschwunden, ich hatte eine Entscheidung getroffen. Zum guten Schluss kam ich dann, hauptsächlich wegen der Kinder, wieder mit Jakob zusammen. In der Trennungsphase hatte ich aber beim Notar ein Papier unterschrieben, was besagte, dass ich im Scheidungsfall auf erhöhten Unterhalt verzichte. Das hieß, wenn er irgendwann wieder befördert würde, bekäme ich im Scheidungsfall nur den Unterhaltssatz des jetzigen Stands. Kurz gesagt, ich verzichtete auf alle Ansprüche, die in der Zukunft durch Beförderungen entstehen würden. Ich hätte im Scheidungsfall nur Anspruch auf den jetzigen Verdienstanteil von Jakob. Obwohl er während unserer bisherigen 10-jährigen Ehe 7 Jahre seine Ausbildung auf meine Kosten und auf die Kosten der Kinder gemacht hatte. Aber ich war so dumm, dieses Dokument beim Notar zu unterschreiben. Wir waren nochmal 10 Jahre lang zusammen, so lange bis Jakob die Liebe seines Lebens kennen lernte ...

Das war auch so eine Geschichte. Wir wollten in den Urlaub fahren, Runa war 16 Jahre alt und hatte gerade erst vor ein paar Wochen ihren ersten Freund Sandro kennengelernt. Der aber hatte nichts Besseres zu tun, als ohne Führerschein ein Auto gegen einen Laternenmast zu fahren. Natürlich riefen die Nachbarn gleich die Polizei und Runa wollte nun, da eine Vorladung bevorstand, nicht mehr mit uns in Urlaub fahren. Sandro musste schließlich in absehbarer Zeit zur Polizei, um eine Aussage zu machen, wie es zu diesem Unfall gekommen sei.

Da Jakob so gerne surfte und ich ihm immer im Urlaub seine Segel hinterhertragen musste, sagte ich ihm, er solle doch mit seinem Freund zusammen in den Urlaub fahren. Ich wollte Runa in dieser Situation nicht allein zuhause lassen. Er besprach sich mit einem seiner Kumpel und sie fuhren allein los. Nach zwei Wochen kam er wieder und ich wollte ihm erzählen, wie das mit der Polizei abgelaufen war. Daraufhin sagte er, er habe ein ganz anderes Problem. Mir wurde schlagartig klar, er hatte eine Freundin. Ich sagte zu ihm: „Du hast eine Freundin." Er: „Woher weißt du das?" Ich sagte zu ihm: „Wenn dich deine

Kinder nicht mehr interessieren, muss das so sein!" Er gestand mir, dass er mit ihr in den Urlaub gefahren sei, um auszuprobieren, ob es passe. Er wolle nun mit ihr zusammenziehen und ein neues Leben beginnen. Dann sprach er mit den Kindern und erklärte ihnen den Stand der Dinge.

Runa holte er bei ihrem Freund ab und ging mit ihr im Wald spazieren. Er fragte sie nach ihrer Meinung, ob er bleiben oder gehen solle. Runa sagte wohl zu ihm, wenn er nur wegen der Kinder bleibe, solle er lieber gehen.

Da keiner von uns mit so etwas gerechnet hatte, war Runa auch geschockt, als die beiden zurückkamen. Ich sehe sie noch vor mir, ich stand auf dem Balkon, als sie zurückkamen. Runa hatte ein weißes Spaghettishirt an und es waren lauter Flecken drauf vom Weinen. Die Schminke hatte ihre Spuren hinterlassen.

Jahre später warf Jakob ihr vor, sie habe ihn doch aufgefordert und gesagt, er solle gehen. Irgendwann brach Runa dann den Kontakt zu ihm ab. Sie haben zwar heute wieder Kontakt, aber es war lange Zeit kein wirklich herzlicher mehr.

Mit Tanya wollte Jakob allein im Wohnzimmer sprechen. Ich ließ die beiden und als ich nach einer Weile zurückkam, hörte ich noch, wie Jakob zu ihr sagte: „Weißt du, die Mama liebt mich nicht mehr." Da wurde ich echt sauer und bat ihn, bitte bei der Wahrheit zu bleiben und Tanya den wahren Grund zu nennen. Nämlich, dass er eine Freundin habe.

Später, als es um Unterhaltsfragen ging, hielt Jakob mir das vor 10 Jahren von mir unterschriebene Dokument vom Notar vor die Nase. Doch dieses Dokument hatte ich damals unter anderen Umständen unterschrieben denn ich wollte die Ehe damals verlassen. Dummerweise hatte ich es versäumt, das Dokument auf den neuesten Stand umändern zu lassen. So war es immer noch gültig, obwohl Jakob und ich nach Ausstellung dieses Dokumentes wieder 10 Jahre lang zusammengelebt hatten. Tja, Pech gehabt und selbst schuld! Ich war mal wieder das Opfer meiner eigenen Gutmütigkeit geworden. Ich hätte nie gedacht, dass Jakob diesen Trumpf ausspielen würde. Allein schon wegen der Kinder ... aber man schaut, wie gesagt, keinem Menschen hinter die Stirn und wenn die Liebe aufhört ... was bleibt da noch übrig?!

Komisch, mir fällt gerade im Moment auf, dass für meine beiden Ex-Ehemänner das Geld in ihrem Leben die wichtigste Rolle spielt. Nach wie vor ... es ist super, wenn man Geld besitzt. Man sollte es aber nicht nur für sich verwenden. Man sollte versuchen, Gutes zu tun für die, die dieses Glück nicht haben. Es ist gut, wenn man Geld hat, aber nicht gut, wenn man egoistisch damit umgeht, denn Geld allein macht nicht glücklich. Geld ist Energie und Energie sollte man fließen lassen. Dann kommt es auch zu einem zurück!

An diesem Abend, als Jakob zu seiner neuen Flamme zog, hätte er Tanya erleben müssen, denn sie weinte und weinte ... doch plötzlich hörte sie auf zu weinen und sagte: „Mama, ruf Martin an, der soll wiederkommen ..." Ich erklärte ihr, dass ich Martin nach 10 Jahren nicht so einfach anrufen könne, schließlich hatten wir nie mehr Kontakt gehabt. Ich wisse doch auch gar nicht, ob er mittlerweile eine Familie habe. Aber es verwunderte mich sehr, dass sie sich noch so gut an Martin erinnern konnte. Er hatte sich damals auch wirklich sehr liebevoll mit den Kindern beschäftigt. Tanya war 2 Jahre alt gewesen, als ich mich von ihm getrennt hatte. Jetzt war sie 11 Jahre alt. Dass sie sich daran noch erinnern konnte ...

Ein paar Tage später rief Jakob mich auf der Arbeit im Kindergarten an und meinte, er könne seine Familie nicht so einfach im Stich lassen, er wolle zurückkommen. Ich fragte ihn, ob seine Freundin darüber informiert sei. Er sagte: „Nein ..." Daraufhin sagte ich zu ihm, er solle sie erst mal informieren und dann würden wir weitersehen. Er meinte, wenn er zurückkomme, müsse alles so sein, wie es vorher gewesen sei. Das konnte ich ihm al-

lerdings nicht versprechen. Ich sagte, erst mal müsse er in Tanyas Zimmer schlafen, ich müsste das alles erst einmal verdauen.

Als er zurückkam, zog er in Tanyas Zimmer. In seiner Abwesenheit hatte ich mittlerweile Sandro, Runas Freund, erlaubt,
einen Mofa Motor bei uns in der Vorratskammer abzustellen.
Der lag dort unter einem Stuhl auf einer Plastikplane und störte überhaupt nicht. Außerdem lag auf einem der beiden Balko-
ne das zerbrochene Skatebord von Sandro, dort wollte er die
Räder noch abmontieren. Auch das störte nicht. Von Sandro
hatte ich mir mittlerweile Geld geborgt, um Lebensmittel einkaufen zu können, denn der Urlaub mit Jakobs Freundin war so
teuer gewesen, dass Jakobs Konto leergeräumt war und er sogar das Sparbuch von Mischa mitgenommen hatte, auf dem ich
alles gespart hatte, was Micha bis dahin zum Geburtstag und
zu Weihnachten bekommen hatte. Mein Konto war auch leer,
denn ich hatte die Kinder neu einkleiden müssen. Runa hatte
gerade eine Lehre als Hotelfachfrau angefangen und Tanya die
Schule gewechselt. Ja und nun war da Jakob und wollte alle alten Rechte als Hausherr wieder haben. Aber so einfach ging das
nicht. Außerdem war da noch die Sache mit dem Dokument …

Als Runa später mit Sandro nach Hause kam, sagte Jakob als
Erstes zu Sandro, er solle seinen Kram wegräumen, der störe.
Ich sagte Jakob, dass ich Sandro in seiner Abwesenheit erlaubt
hätte, die Sachen hier abzustellen. Wir hätten ganz andere Probleme zu besprechen als ein zerbrochenes Skatebord auf dem
Balkon oder einen ausgebauten Mofa Motor unter einem Stuhl
in der Abstellkammer … leider fing Jakob aber an, mit Sandro
zu streiten. Ich stand gerade wieder auf dem Balkon, als plötzlich etwas dicht an meiner Nase vorbeiflog. Ich spürte nur den
Luftzug davon und dieses „Etwas" landete im Garten. Es war die
eine Hälfte von Sandros zerbrochenen Skateboard. Ich drehte
mich um, sah Jakob und verstand, dass er es geworfen hatte.
Ich fragte ihn, ob er jetzt komplett spinne,. Er hätte mich mit
den Rädern des Skateboards treffen können. Sandro fragte ihn,

was er überhaupt für ein Vater sei, mit einer neuen Freundin zu verschwinden und die Familie ohne Geld zurückzulassen. Da ging Jakob mit Fäusten auf Sandro los. Runa sprang Jakob von hinten auf den Rücken, um ihn davon abzuhalten und Tanya schrie, dass Jakob Sandro in Ruhe lassen solle. Das Ganze ging nicht lange, denn Sandro schlug Jakob die Brille von der Nase und Jakob gab sich geschlagen.

Das war das Wochenende, an dem Jakob zurückkam, weil er seine Familie doch nicht so einfach im Stich lassen könnte ...

Die Woche darauf hatte er eine Fortbildung. Als er freitags wiederkam, so wie früher immer die Tasche in die Ecke schmiss, nach der Fernbedienung vom Fernseher griff und den anmachen wollte, fragte ich ihn, ob er nachgedacht habe. Er sagte, dazu habe er keine Zeit gehabt. Ich sagte, aber ich hätte Zeit gehabt zum Nachdenken. Seine Freundin könne ihn mit Kusshand geschenkt haben. So wolle ich eine Beziehung nicht mehr führen. Er stand auf, ging ans Telefon, rief seine Freundin an und war weg.

Dann, ein paar Wochen später, wollte Jakob mir alle Küchengeräte wegnehmen und ich sagte, dass er das nicht machen könne. „Ich brauche diese Geräte, um deinen Kindern das Essen machen zu können", sagte ich. Er meinte aber, seine Freundin sei eine arme Studentin. Ich sagte, dass interessiere mich nicht, er verdiene schließlich genug, er könne ihr die Sachen neu kaufen. Schließlich hätte ich meinen Anspruch auf einen höheren Unterhalt verwirkt, weil ich 10 Jahre vorher dieses Schreiben beim Notar unterzeichnet hatte, weil damals ich die Ehe verlassen wollte. Aber das Schreiben war ja leider weiterhin gültig und er bestand darauf, dass wir uns daranhielten. Er zog unverrichteter Dinge wieder ab.

Da ich zu dieser Zeit nur halbtags im Kindergarten arbeitete (ein halbes Jahr vorher hätte ich in eine Ganztagsbeschäftigung wechseln können, aber Jakob hatte damals noch gewollt, dass ich nachmittags zu Hause bei den Kindern bin), musste ich mir jetzt eine Nebenbeschäftigung suchen, um über die Runden zu kommen. Ich fand eine Putzstelle bei einer lieben alten Dame.

Dann fand ich noch eine Putzstelle im Privathaushalt einer Metzgerei. Gegenüber beim Griechen bediente ich am Wochenende und mit einer Nachbarin ging ich nun jeden Samstagvormittag zusätzlich noch auf den Markt, Gemüse verkaufen und das alles nebenbei.

Jakob war der Meinung, dass er sich nicht mehr an den Kosten der gemeinsamen Eigentumswohnung beteiligen brauche, da er doch nicht mehr dort wohnte. 2 Jahre zuvor hatten wir uns diese 120 qm große Eigentumswohnung gekauft und diese mit viel Geld renoviert, weil wir gedacht hatten, dort würden wir alt werden. Allein mein jetziges Gehalt im Kindergarten war niedriger als die Kosten für den laufenden Kredit. Ich ging zu einer Rechtsanwältin, die berechnete, dass Jakob zumindest im Trennungsjahr die gesamten Kosten für die gemeinsame Wohnung zu tragen habe. Mir stand so gut wie kein Unterhalt zu, dadurch erhöhe sich aber auf der anderen Seite der Unterhalt für die Kinder. Und den Unterhalt für die Kinder müsse er zusätzlich bezahlen. Das passte ihm natürlich überhaupt nicht, aber da musste er nun durch.

Eines Tages rief mich mein Personalchef an und fragte, ob es in Ordnung sei, dass mein Mann das Kindergeld der beiden Mädels auf seine Lohnsteuerkarte ummelden wollte. Natürlich passte das nicht, die Kinder lebten in meinem Haushalt, somit stand auch mir das Kindergeld zu. Er versuchte nun, mir mit allen Mitteln zu schaden.

Als dann Runa zu guter Letzt noch ihre Lehre hinschmeißen wollte, da sie dort im Hotel überfordert war, schoss er „den Vogel ab". Runa sollte z. B. bis weit über Mitternacht im Restaurant bleiben und war noch nicht einmal volljährig. Und sie war dort wohl auch Mobbing ausgesetzt. Also rief ich ihn an und lud ihn zu einem Gespräch zusammen mit Runa ein, in der Hoffnung, dass er Runa riet die angefangene Ausbildung zu Ende zu bringen oder das Hotel zu wechseln. Wir hätten eine gemeinsame

Lösung finden können. Er kam dann auch und Runa sagte ihm, dass sie sich auf der Arbeit nicht wohl fühle und die Lehre als Hotelfachfrau hinschmeißen wolle. Er sagte dazu: „Ja, Kind, wenn du meinst, dann musst du das so machen." Ich weiß noch genau, wie entgeistert ich ihn ansah. Das war nicht mehr der Mann, den ich 20 Jahre vorher geheiratet hatte. Runa kündigte und ich musste das auf meiner Arbeitsstelle wegen des Kindergelds melden. Wieder machte mich mein Personalchef darauf aufmerksam, dass Runa bald 18 Jahre alt werde und wenn sie bis dahin keine neue Ausbildung angefangen hätte, bräuchte der Vater keinen Unterhalt mehr zu zahlen. Die Eltern sind verpflichtet, eine Ausbildung zu ermöglichen und, wenn nötig, zu zahlen. Wird diese Ausbildung aber vom Kind willentlich abgebrochen und wird bis zum 18. Lebensjahr keine neue Ausbildung angefangen, kann der Vater den weiteren Unterhalt verweigern. Da hatten wir ihn, den Grund, weswegen Jakob so schnell einverstanden gewesen war, dass Runa ihre Ausbildung abbrach.

Also gingen wir gleich auf die Suche nach etwas Neuem. Im Edeka bekam sie die Chance, ein Praktikum von 3 Monaten zu machen. Danach hätte sie eine Lehre als Kauffrau anfangen können, wenn sie sich bewährte. Aber leider wurde auch das nichts, denn dort bekam sie eine Sehnenscheidenentzündung nach der anderen. Die Zeit wurde knapp.

Das Arbeitsamt bot einen einjährigen Computerkurs an und ich meldete sie dort an. Jetzt war sie wenigstens für ein Jahr untergebracht. Während dieses Computerkurses sollten die Schüler ein Praktikum machen. Runa kam in einem Autohaus unter und der Chef wollte sie gerne zur Ausbildung als Automobilkauffrau haben. Also fuhren wir zu ihm und ich erklärte ihm die Situation. Es war so, dass, wenn Runa jetzt diesen Computerkurs abbräche, bräuchte sie ganz sicher diesen Ausbildungsplatz, ansonsten bekäme sie keinen Unterhalt mehr vom Vater. Und das Kindergeld fiele auf meiner Seite für sie auch weg. Der Chef sagte, er könne mir gleich ein Schreiben aufsetzen, indem bestätigt werde, dass Runa am 01.07.1999 die Ausbildung anfange.

Ich bekam dieses Schreiben und wir kündigten den Computerkurs. Runa fing in diesem Autohaus ihre Ausbildung an. Aber der versprochene Arbeitsvertrag ließ auf sich warten.

Ich fuhr nochmal zum Chef, es war mittlerweile August, und sagte ihm, dass ich den Arbeitsvertrag brauche, ansonsten streiche mir mein Arbeitgeber das Kindergeld. Kurz danach bekamen wir den Arbeitsvertrag. Doch der war datiert auf den 01.08.1999. Ich machte mir keine Gedanken darüber, sie hatte ihren Arbeitsvertrag, fertig.

Sie fuhr weiter zur Arbeit, fühlte sich aber auch dort nicht richtig wohl ... Ende Oktober rief sie mich an, sie sei gekündigt worden. Das durfte doch wohl nicht wahr sein. Ich sagte ihr, bleib da, ich komme sofort. Da ich gerade auf der Arbeit war, sagte ich meiner Chefin, dass ich kurz wegmüsse. Ich fuhr erst nachhause, holte die Bestätigung, die der Chef mir bei unserem ersten Gespräch gegeben hatte, und fuhr zu Runa. Dort angekommen, ging ich in dessen Büro. Er erwartete mich schon und er sagte, es tue ihm außerordentlich leid, aber er habe sich in Runa getäuscht, sie sei nicht geeignet für diesen Job. Deshalb habe er schon eine in seinen Augen besser geeignete Ausbildungskraft eingestellt. Ich erinnerte ihn an unser erstes Gespräch, aber er wollte nichts mehr davon wissen. Schließlich zog ich die Bestätigung heraus, eigenhändig von ihm unterschrieben, dass Runa im Juli 1999 die Ausbildung in seinem Haus angefangen habe. Somit war die 3-monatige Kündigungsfrist überschritten und er hätte sie höchstens noch kündigen können, wenn sie sich etwas hätte, zuschulden kommen lassen, z. B., wenn sie den sprichwörtlichen silbernen Löffel gestohlen hätte.

Er machte ein dummes Gesicht und meinte, damit habe ich wohl die besseren Karten in der Hand. Ich erklärte ihm, mir ginge es nicht darum, die besseren Karten in der Hand zu haben, mir ginge es einzig und allein nur darum, Runa die von ihm versprochene Chance zu geben. So verblieben wir, dass Runa dort weiter ihre Ausbildung machen konnte.

Etwa 3 Monate bevor die große Eigentumswohnung dann letztendlich verkauft wurde, war ich gerade wieder auf dem Balkon und hörte ein Gespräch des Besitzers der unter mir liegenden kleinen Wohnung mit einer potenziellen Mieterin. Er sagte zu ihr, dass er die Wohnung eigentlich verkaufen und nur notgedrungen einen Mieter zulassen wolle.

Ich ergriff meine Chance und fragte ihn, ob wir später reden könnten. Er kam dann, als die Dame weg war, zu mir und ich fragte ihn, was er für die Wohnung haben wolle. Er zeigte sie mir, wir wurden uns einig. Da er Elektriker war, verlegte er mir sogar noch überall Strom, wo ich ihn haben wollte. Ich ging zu einer Bank und bekam einen Kredit, der im Januar 2000 anfing zu laufen. Kurz danach wurde die große Wohnung verkauft. Alle Leute, mit denen ich sprach, dass ich mit Tanya in diese kleine 49 m² große Wohnung ziehe, rieten mir davon ab. Aber ich wollte nicht in Miete ziehen, ich war nun alleinerziehend. Runa war mittlerweile fast 18 und zu Sandro ein paar Häuser weitergezogen, aber ich kochte weiterhin für sie und Sandro mit und hatte dadurch ein Auge auf sie.

Ich hatte die Kinder, einen Hund und 3 Katzen. Als Alleinerziehende eine Wohnung zu finden war ja schon schwer genug, aber dazu noch mit Hund und 3 Katzen ... ich hätte kaum eine passende Wohnung gefunden, in der wir uns wohl gefühlt hätten, geschweige denn, in der es keine Auseinandersetzungen wegen der Tiere gegeben hätte. Ich war einfach nicht bereit, die Tiere wegzugeben, nur weil meine Ehe gescheitert war. Also zogen wir von 120 m² in 49 m². Es wurde gestrichen, renoviert und ich richtete die Wohnung ein. Als ich noch mitten im Umzug war, rief mich Christo an (der Grieche von gegenüber, bei dem ich am Wochenende bediente), ich solle doch mal rüberkommen. Er wolle mir jemanden vorstellen. Ich ging rüber und er stellte mir Noah vor. Ich hatte ihn und seine 12-jährige Tochter schon ein paar Mal bei Christo bedient. Christo stellte uns jedem ein Glas Wein hin und sagte: „Viel Spaß."

Wir unterhielten uns und es stellte sich heraus, dass wir in der gleichen Situation waren. Beide waren wir nach 20 Jahren Ehe von unseren Partnern verlassen worden und unsere beiden Mädels waren etwa im gleichen Alter. Er erzählte mir, dass er in seiner Wohnung schon einen Haken an der Decke installiert habe, weil er immer öfter darüber nachdachte, sich zu erhängen. Ich sagte zu ihm, mir habe in dieser Situation ein Lied von Roland Kaiser sehr geholfen: „Alles was Du willst". Es war zu der Zeit, dass meistgespielte Lied auf meiner CD.

Dieser Liedtext von Roland Kaiser half mir damals sehr. Ich habe den rauf und runter gehört, gefühlte 100-mal am Tag.

Als wir uns verabschiedeten, gab ich ihm meine CD mit und wir verabredeten uns für die nächsten Tage. Da ich gerade umzog, kam er schon am nächsten Tag und half mir. Er baute Tanyas Schrankbett auf, half mir, die Küche zu installieren, hängte die Küchenschränke auf, baute für die Küche extra Schränke, die wir oben auf die Küchenschränke draufsetzen konnten, damit ich so wenig Platz wie möglich verschwendete. Er war mir wirklich eine sehr große Hilfe. Ich baute ihn derweil wieder psychisch auf. Somit halfen wir uns gegenseitig. Wir machten gemeinsame Ausflüge mit den Kindern, und ich half ihm auch bei der Ernte seiner Pflaumenplantage. Wir verstanden uns echt gut, kamen uns näher und begannen schlussendlich eine Beziehung.

Das einzige Problem, das war mir mittlerweile klar geworden, war sein Alkoholproblem. Ansonsten war Noah der beste Mensch, den ich in meinem bisherigen Leben kennengelernt hatte. Aber er fuhr z. B. seine Tochter zum Reiten, nachdem er eine halbe Flasche Whisky getrunken hatte. Ich hatte Angst um Tanya. Falls er sie mal irgendwohin fahren würde und er hätte vorher etwas getrunken, das war meine größte Sorge!

Eines Tages machte er den Vorschlag, dass wir zusammen in den Urlaub fahren sollen, mit den beiden Mädels. Damit wollte er sich bei mir bedanken, weil ich ihm bei der Pflaumenernte geholfen hatte. Wir fuhren nach Österreich. Auf der Fahrt schlief ich ein und erwachte gerade in dem Moment, als wir an dem Schild „Tirol" vorbeifuhren.

Schlagartig kamen die Erinnerungen an Martin zurück. Die paar Tage in Zell am See musste ich dauernd an Martin denken, und Noah meinte, ich solle ihn doch anrufen. Wir gingen zu einer Telefonzelle und ich suchte die Nummer von damals raus. Ich war sicher, dass er dort nicht mehr lebte. Seine Mutter ging ran und sie sagte, sie gebe Martin Bescheid. Zur Sicherheit schrieb ich Martin noch eine Postkarte mit meiner Handynummer. Dann fuhren wir wieder nach Hause.

Eines Tages, ein paar Wochen später, ich war gerade mit der Nachbarin auf den Wochenmarkt, um Gemüse zu verkaufen, klingelte mein Handy. Ich ging ran und es war Martin ... seine Stimme zu hören, nach so langer Zeit, bereitete mir weiche Knie ...
Er sagte, seine Mutter habe ihm die Karte mit meiner Telefonnummer gegeben und gesagt, dass ich angerufen hab. Er erzählte, dass er am nächsten Wochenende in Rheinland-Pfalz zu tun habe und würde uns besuchen kommen. Als ich das Tanya erzählte, freute sie sich riesig auf ihn. Die Woche verging und als er klingelte, flog sie ihm regelrecht auf der Treppe entgegen in die Arme. Wir gingen drüben bei Christo essen und unterhielten uns. Danach waren wir in meiner Wohnung und redeten bis tief in die Nacht. Er hatte Psychologie studiert und sogar einen Doktortitel. Ich war so stolz auf ihn.

Mittlerweile arbeitete er in Salzburg und hatte auch zusätzlich eine selbstständige Arbeit dort, die er einmal im Jahr auf den neuesten Stand brachte. Wow, er hatte es wirklich zu was gebracht.

Da ich kein Gästebett in der kleinen Wohnung hatte, schlief er auf dem Teppich vor meinem Bett. Am nächsten Morgen brachte ich ihn vor meiner Arbeit zur Bahn. Die Bahn fuhr ein und kurz bevor er einstieg, nahm er mich in die Arme und küsste mich einfach, dann war er weg. Alles in mir flackerte wieder auf. Im Kindergarten, wo ich mittlerweile ganztags arbeitete, war ich nicht voll dabei. Dauernd musste ich daran denken, was passiert war. Wir blieben in Verbindung und eines Tages sagte er, dass er seine Arbeit in Salzburg kündigen und nur seine selbstständige Arbeit dortbehalten wolle. Wenn ich einverstanden sei, komme er zu uns. Er suche sich eine Wohnung und eine Arbeit. Natürlich waren wir einverstanden. Ich fuhr zu Noah, der Martin mittlerweile auch kennen gelernt hatte, und sagte ihm, dass ich wieder mit Martin zusammenkomme. Er hatte es sich schon gedacht, war aber trotzdem sehr traurig. Kurz danach machte er eine Antialkoholtherapie und kam mit einer Frau zusammen, die er schon vor mir kennen gelernt hatte.

4) SEINE KINDHEIT, JUGEND UND DIE ZEIT, WO WIR UNS WIEDER TRAFEN

Martin ist ein waschechter Zwilling. Als Babys kamen die beiden schon im 7. Monat zur Welt und mussten lange Zeit im Brutkasten verbringen. Ohne jeglichen körperlichen Kontakt ...bis auf die pflegerischen und medizinischen Maßnahmen, und der Möglichkeit eine natürliche Bindung zur Mutter aufbauen zu können. Martins Bruder verstarb leider, als er 6 Wochen alt war. Da Martin das erste Kind seiner Eltern war, bemerkten seine Eltern erst seine Schwerhörigkeit, als er schon 4 Jahre alt war, als er nicht reagierte, seine jüngere Schwester aber schon. Martin kam dann in ein spezielles Kinderkrankenhaus. Er erzählte mir, dass er sich daran erinnert, dass er oben in seinem Zimmer war und seine Schwester und die Mutter weggehen sah und sie sich nicht einmal umdrehten. Ganze 6 Wochen war er allein in diesem Krankenhaus. Es wurden verschiedene Tests mit ihm gemacht, ohne dass eine Bezugsperson anwesend war. Allein in diesem Krankenhaus und alle Leute waren fremd.

Und wer weiß, was sie in der Zeit wirklich mit ihm angestellt haben. Seine Eltern durften ihn die ganzen langen 6 Wochen nicht besuchen kommen. Er fühlte sich sehr verlassen. Es war ein schlimmes Trauma, was er dort mit 4 Jahren erlebte.

Als er wieder nach Hause durfte, machte seine Mutter mit ihm und seiner jüngeren Schwester ein Spiel, indem sie sich immer hinter einem Vorhang versteckte und etwas sagte. Wer von den beiden Kindern es richtig hörte, durfte einen Schritt vorwärtsgehen. Derjenige, der dann zuerst ein vorher festgesetztes Ziel erreichte, bekam ein Stück Schokolade. In der Regel war das seine jüngere Schwester, die normal hörte ... er ging meistens leer aus. So erzählte er es mir.

Wenn sie alle im Auto unterwegs waren, er hatte mittlerweile 2 Schwestern, und die Kinder Quatsch machten, die Eltern dann sagten, es sei jetzt genug, bekam immer er die Bestrafungen ab, weil er die Warnung der Eltern nicht hörte.

Er verlor seinen Zwillingsbruder. Zwillinge sind emotional sehr miteinander verbunden, besonders eineiige Zwillinge.

Er erlebte in diesem Krankenhaus ein Trauma, welches nie auffiel, geschweige denn behandelt wurde. Und dann immer dieser Kampf gegen zwei weibliche Wesen (seine Mutter und seine Schwester oder gegen beide Schwestern), wenn er nicht mitspielen durfte, aus welchem Grund auch immer. Er musste sich immer gegen zwei Frauen durchsetzen. Sein Vater hatte eine eigene Firma, und war selten zuhause.

Nach der Schule machte er die Erzieherausbildung. Wir lernten uns kennen, waren 8 Monate zusammen, bis ich meine Gebärmutterentzündung bekam und mich von ihm trennte, weil er Geld für die Betreuung meiner Kinder haben wollte.

Er lebte, wenn er bei mir war, sowieso schon auf meine Kosten ...

Dann hatten wir 10 lange Jahre keinerlei Kontakt. In diesen 10 Jahren arbeitete er in verschiedenen Kinderheimen, machte nebenbei das Psychologiestudium und schrieb seinen Doktor. Er bekam die Arbeit in Salzburg. Doch in diesem Job war er auch unzufrieden, weil er nicht die Befugnisse bekam, die er seiner Meinung nach hätte haben müssen. Er sagte immer, er sei eine Pseudofunktion in seinem Job gewesen. Zu diesem Zeitpunkt trafen wir wieder zusammen und gingen erneut eine Beziehung ein.

5) SEINE ELTERN UND GROSSELTERN

Als ich Martin damals kennen lernte, besuchte ich auch seine Familie in Tirol. Seine Mutter war sehr kühl mir gegenüber, im Gegensatz zu seinem Vater. Aber Madita war einfach nur komisch. Ich dachte damals, dass das daran liegt, weil ich eine Mutter von 3 Kindern und ihrer Ansicht nach nicht gut genug für ihren Sohn war.

Sein Vater ist ein ganz ruhiger Charakter. Sie lebten damals in einem Haus in Tirol. Madita wurde wohl von ihren Eltern um ihr Erbe gebracht, weil ihr Bruder, der Arzt war, eine Ordination brauchte. Sie ist nach wie vor eine sehr verbitterte Person und sehr dominant. Als ich bei ihnen war, ging es dauernd: „Martin, kannst du dies, Martin, kannst du das ..." Ihren Mann ließ sie eigentlich immer links liegen. Es war fast so, als sei sie mit Martin verheiratet.

Rückblickend, mit dem Wissen von heute, habe ich den Eindruck, dass sie ihn wirklich manchmal als so etwas wie einen Partnerersatz ansah ... so sehe ich das zumindest heute.

Auch später, als wir schon verheiratet waren, musste er sich noch um Telefonanschlüsse und Sonstiges kümmern. Das sogar noch von der Ferne aus. Auch schon damals, als er noch bei mir in Rheinland-Pfalz wohnte.

Im gleichen Haus wie seine Eltern, lebten unten noch die Großeltern von Martin. Aber die Geschichte kennt ihr ja schon. Jahre später, als wir schon verheiratet waren, besuchten wir die Großmutter nochmal, da war sie mir gegenüber ganz nett. Der Großvater war schon gestorben.

Nach 8 Monaten trennte ich mich damals von Martin. Jakob und ich waren nochmal 10 Jahre zusammen. In diesen 10 Jahren hatte ich, wie schon erwähnt, keinerlei Kontakt zu Martin. Der Kontakt kam erst wieder zustande, nachdem mich Noah ermutigt hatte, Kontakt aufzunehmen. Leider konnte Noah die Finger einfach nicht vom Alkohol lassen. Als ich wieder mit Martin Kontakt hatte, trennte ich mich endgültig von Noah. Wir blieben aber weiterhin gute Freunde. Als er später wieder heiratete, lud er uns sogar auf seine Hochzeit ein.

Ich war nun also wieder mit Martin zusammen. Er zog auch „vorübergehend" bei mir ein. Leider hatte ich aber so gut wie keinen Kontakt zu seiner Familie. Ab und zu mal telefonierte ich mit seinem Vater Holger, wenn Martin sowieso mit ihm telefonierte. Ansonsten hatte Martin seinen eigenen Telefonanschluss in meiner Wohnung und an dieses Telefon ging nur er …

Mir kam das zwar etwas merkwürdig vor, doch ich dachte mir nichts dabei. Er meinte einmal zu mir, dass dieses Telefon einen Verstärker für Schwerhörige habe. Er könne nur mit diesem Telefon telefonieren. Ein Jahr später hatte Martin seinen schweren Autounfall. Ich informierte seine Familie und sprach auch kurz mit seiner Mutter. Die hatte auf die Nachricht hin, dass Martin einen Unfall gehabt hatte, relativ kühl reagiert.

Er wohnte insgesamt fast 3 Jahre mit in unserer Wohnung, obwohl er mittlerweile eine eigene Wohnung in Bad – Kreuznach, etwa 30 km entfernt von mir, gekauft hatte. Die war aber zum Zeitpunkt des Kaufes vermietet. Da er sich gut mit dem Mieter verstand, ließ er ihn weiter dort wohnen und blieb bei uns in der Wohnung.

Da es aber zunehmend Probleme im Zusammenleben gab, vor allem „Erziehungsprobleme" wegen meiner Tochter Tany, bat ich ihn, als die Nachbarwohnung verkauft wurde, in diese zu ziehen. Mit mir zusammen eine größere Wohnung zu kaufen, das wollte er auf keinen Fall, da ihm der Ort nicht gefiel.

Er zog dann lieber in die Nachbarwohnung, nachdem er diese gekauft hatte. Als wir dann 2007, 4 Jahre später, auf die Insel auswanderten, heirateten wir dort ...

Nach unserer Heirat besuchten wir seine Eltern, die mittlerweile in einem Haus in München mit 8 Parteien wohnten, wovon fünf Wohnungen ihnen gehörten. Aber sie wohnten damals schon, so wie heute noch, in zwei übereinanderliegenden getrennten Wohnungen. Ein Zusammenleben der beiden schien schier unmöglich zu sein. Scheiden lassen wollten sie sich aber auch nicht. Zuerst waren wir bei seinem Vater, der im Erdgeschoss wohnte. Über die Nachricht, dass wir auf der Insel geheiratet hätten, freute er sich für uns.

Später gingen wir eine Etage höher zu seiner Mutter. Sie machte uns die Tür auf und ließ uns davorstehen. Wir kamen gar nicht erst in den Flur hinein. Auf die Nachricht unserer Heirat reagierte sie, wie erwartet, sehr kühl.

Bei anderen Besuchen später fiel mir zunehmend auf, dass seine Mutter die gleichen Verhaltensweisen wie Martin hatte. Sie schrie zwar nicht so rum wie Martin, wenn er seine „Anfälle" hatte (wie ich es damals noch nannte), sondern sie erniedrigte Holger mit leisen, spitzen Bemerkungen und mit bösem Sarkasmus. Selbst wenn andere Leute anwesend waren.

Sie erniedrigte Holger sehr oft, bei jeder sich bietenden Gelegenheit. Das war wohl der Grund für die beiden getrennten Wohnungen. Holger ging zum Essen zwar immer hoch zu Madita, konnte sich allerdings in sein eigenes Reich zurückziehen, wenn es ihm zu viel wurde. Wenn sie mal wieder nur auf ihm herumhackte.

Diese Möglichkeit hatte ich in Martins Haus auf der Insel leider nicht. Das Haus besteht aus einem Raum. Die einzige Tür neben der Eingangstür ist in diesem Haus die Badezimmertür. Ich hatte sonst keine weitere Ausweichmöglichkeit.

Vier Jahre später besuchte Madita uns mit Brigitte, Martins Schwester, und deren 4 Kindern auf der Insel. Einmal machte ich mit allen zusammen eine Wanderung. Als ich Brigitte so einiges erzählte, was in der Zwischenzeit alles mit Martin passiert war, ging Madita direkt hinter uns. Sie überholte uns und ging an uns vorbei, als ob sie nichts mitbekommen hätte. Sie war völlig gefühlskalt. Ich weiß genau, dass sie die Schilderung, dass Martin meine Tochter Runa gebissen hatte, (dazu später mehr) mitbekommen hatte. Aber sie reagierte in keinster Weise.

Immer öfter, wenn wir zu seiner Mutter nach München kamen, dauerte es keine fünf Minuten, bis es zwischen Martin und Madita krachte. Daher waren wir die meiste Zeit nur in Martins Wohnung, die gleich im Nachbarhaus liegt.

Einmal besuchten wir seine Eltern und hatten Tanya und Luisa dabei. Auch zu den beiden war Madita sehr kühl und zurückhaltend. Sie wurden beide links liegen gelassen. Martins Eltern waren informiert, dass wir mit ihrem angeheirateten Enkelkind vorbeikämen. Holger war sehr liebevoll zu Luisa, aber Madita … ich als Oma hätte für ein dreijähriges, wenn auch nur „angeheiratetes" Enkelkind, wenigstens eine Tafel Schokolade bereitgehabt. Aber außer, dass sie sich darüber gewundert hatte, dass Tanya die dreijährige Luisa noch stillte, kam nichts. Noch nicht mal ein freundliches Wort zu dem Kind. Sie war absolut gefühlskalt. Ich hätte an ihrer Stelle anders reagiert. Dieses Verhalten ihrerseits gab mir damals schon sehr zu denken. Ich erinnere mich auch noch an die merkwürdige Stimmung. Sie bot uns zwar allen etwas zu trinken an, aber es war eine eigenartige frostige Stimmung.

Seitdem weiß ich, woher Martin seinen Narzissmus hat. Wobei es sich bei ihm wohl nicht nur um Narzissmus handelt, sondern, so nehme ich heute an, ebenso eine gute Portion Autismus mit im Spiel ist. Das Asperger-Syndrom oder etwas Ähnliches kommt meiner Meinung nach bei ihm erschwerend hinzu. Daher könnten die Kommunikationsprobleme, die wir in all den Jahren immer wieder hatten, stammen, weil er nur das, was er hören will, herausfiltert. Seine Schwerhörigkeit kommt, meiner persönlichen Meinung nach, auch erschwerend dazu. Aber das ist nur eine Vermutung.

Also, Madita ist meiner heutigen Meinung nach ebenfalls eine Narzisstin. In ihrer Kindheit ist auch einiges schief gelaufen. Bei ihr kommt die „Anspruchsvolle" und die „Erfolgreiche" zur Geltung. In der ganzen Familie hat jeder mehrere Wohnungen und oft kam ich mir vor, wenn alle zusammen waren, wie in einem Monopolyspiel. Dann ging es darum, wer wieder diese Wohnung gekauft oder eine andere verkauft hatte. Ich nannte sie im Geheimen immer die „Monopolyfamilie".

6) TYPEN NARZISSTISCHER MÄNNER

Quellenangabe: **„Und das soll Liebe sein"**, Hörbuch (Audible) von **Bärbel Wardetzki**, Auszug: Kapitel 7, „Sonja R"

„Menschen in Typen zu klassifizieren ist nicht einfach, weil sie nie so eindeutig sind wie die Theorie. Dennoch möchte ich an dieser Stelle einige Ausprägungen narzisstischer Männer beschreiben, um Ihnen als Leserin Anhaltspunkte zu geben, woran Sie sie erkennen können. Allen Ausprägungen gemein ist eine direkte oder unterschwellige Entwertung der Partnerin, die sie für den Erhalt der Beziehung lange Zeit hinnimmt. Die kleine Übersicht erhebt keinen Anspruch auf Vollständigkeit.

DER ERFOLGREICHE: Erfolg und Narzissmus gehören eng zusammen, weil einerseits der Erfolg das Selbstwertgefühl stärkt und andererseits die Grandiosität den Erfolg befeuert. Nach dem Motto: „Wer groß denkt, wird groß." Wer Erfolg hat, erwirbt sich Ansehen, sozialen Status, Geld und Macht. Und all das fällt natürlich auch auf die Partnerin zurück, die sich mit einem so kompetenten Mann schmücken kann. Kennen Sie das? Sind Sie eine wichtige Stütze auf seiner Karriereleiter? Müssen selbst aber auf vieles verzichten? Denn die meiste Zeit ist er unterwegs, arbeitet, ist in Besprechungen und vergisst darüber Einladungen oder muss plötzlich den Opernbesuch absagen. Das Geschäft geht vor und außerdem ermöglicht er ja mit seinem Einkommen Ihren angenehmen Lebensstil. Also dürfen Sie sich nicht beschweren. Dass mit einer solchen Haltung die Beziehung immer wieder gefährdet wird, merken die Partner oft erst, zu spät. Nämlich beispielsweise dann, wenn eines der Kinder eine Essstörung entwickelt, die Frau sich mit Trennungsgedanken trägt oder einer von beiden fremdgeht.

DER SEXUELLE VERFÜHRER: Nicht nur Attraktivität, auch Erfolg wirkt verführerisch auf Frauen. Bei vielen verheirateten mächtigen Männern können wir beobachten, dass sie ganz selbstverständlich sexuelle Beziehungen zu anderen Frauen eingehen. Diese sind wie eine Auszeit von dem Stress der Arbeit und dem Druck, den die Männer womöglich daheim erleben. Aufgrund ihrer häufigen Abwesenheit, sowohl rein körperlich als auch emotional, können sie es ihren Frauen nie recht machen und sehen sich mit Vorwürfen konfrontiert. Eine Freundin dagegen oder eine Frau für eine Nacht fordert nichts, sondern gibt dem Mann das Gefühl, dass er sich fallen lassen kann und sie für ihn da ist. Dass er die Frau ausbeutet, merkt er nicht. Mit seinen sexuellen Eskapaden riskiert er jedoch seine Partnerschaft und manchmal sogar seine Karriere. Finden Sie sich in einer der beiden Rollen wieder? Sind Sie die betrogene Ehefrau? Die ausgebeutete Liebhaberin?

DER MAINTAINER: Ein Maintainer ist jemand, der sich lustiger gibt, als er ist, aber dennoch die Fähigkeit besitzt, ganze Gesellschaften zu unterhalten. So will er beispielsweise als Kasper oder Entertainer beeindrucken, eine Rolle, mit der er schon als Kind Aufmerksamkeit bekommen hat. Oft handelt es sich dabei um einen kreativen Menschen, der im Showgeschäft zu finden ist. Er lebt permanent so, als wäre er auf der Bühne. Er will etwas darstellen und die anderen bei Laune halten. Ein Performer durch und durch. Dahinter verbirgt sich tiefes Leid, das mit ständigen Aktionen überdeckt werden soll. Ihm ist wichtig, zu gefallen und gut anzukommen. Vielleicht sind Sie so eine Partnerin, die ihm zuhört, für ihn da ist und ihn ernst nimmt. Doch so vergnügt, wie er in Gesellschaft ist, ist er daheim nicht mehr. Dann müssen Sie für seine Aufheiterung sorgen.

DER GÖNNER: Eine weitere Spielart ist der große Gönner oder Förderer. Auch wenn er auf den ersten Blick gar nicht narzisstisch wirkt. Doch die Hilfe wird instrumentalisiert, um seine grandiose Position der Partnerin gegenüber zu stärken. Diese profitiert zwar davon, wenn er ihr zum Beispiel beruflich Türen öffnet, fühlt sich aber zugleich zu ewigem Dank verpflichtet und abhängig von seiner Unterstützung. Der Gönner gewinnt auf diese Weise eine Bewunderin und treue Gefährtin, auf die er sich verlassen kann, da sie in seiner Schuld steht. Förderer neigen auch zu Besserwisserei und nehmen der Partnerin die Verantwortung ab. Ein Indiz dafür, dass sie aus Eigennutz handeln und nicht im Sinne des anderen. Vielleicht haben Sie die Ausbeutung bisher nicht gespürt, aber im Laufe der Zeit werden Sie die Enge und vor allem die Verpflichtung als Druck erleben, gegen den Sie sich schwer zur Wehr setzen können. Er hat so viel für Sie getan. Wie sollen Sie sich da freimachen? Sie wollen ja nicht undankbar sein. Aber im Grunde wird es Ihnen zu viel. Noch dazu stehen Sie in der moralischen Pflicht, Loyalität für ihn zu zeigen. Ihre Kritik müssen Sie im Keim ersticken, um einen Konflikt zu vermeiden. Eine sehr unangenehme Situation.

DER AUSBEUTER: Die Ausbeutung ist ein wesentliches Merkmal narzisstischen Verhaltens und Denkens und dient in erster Linie dem Erhalt des eigenen Selbstwertes. Im Gegensatz zum

Gönner gibt der Ausbeuter nichts oder wenig, sondern richtet sein Augenmerk allein auf seinen Vorteil. Die Ausbeutung geschieht sowohl seelisch als auch materiell. Emotional dienen Sie als Stütze und zur Befriedigung seiner Bedürfnisse. Auch wenn es auf Ihre Kosten geht, weil Sie nicht so sein dürfen, wie Sie sind, sondern für ihn in bestimmter Weise sein müssen. Bei materieller Ausbeutung übernehmen Sie seine Schulden, zahlen seine Wohnung oder den Unterhalt, kaufen für ihn Garderobe oder Esswaren. Dafür bekommen Sie einen Partner, dessen Ansprüche immer mehr steigen. Diese Taktik wenden auch Heiratsschwindler an, die sich aushalten lassen oder erben wollen. Mit t herzzerreißenden Sprüchen und dem Versprechen der großen Liebe manipulieren sie die Frau, ihnen Geld zu geben.

DER BEDÜRFTIGE: Im Grunde verhält sich auch der Bedürftige ausbeuterisch, weil er die Mutterbrust sucht und versorgt werden will. Überlegen Sie sich, ob Sie dieses Bedürfnis stillen wollen. Die Gefahr besteht, dass Sie am Ende die Verantwortung für sein emotionales Wohlbefinden haben und ausgenutzt werden. Besser ist es, dem Helferimpuls zu widerstehen und ihn als erwachsene Person anzusprechen und Verantwortlichkeit zu fordern.

DER BLENDER: Blender sind grandios narzisstische Menschen, die mehr scheinen als sie sind. Sie halten selten bis nie das, was sie versprechen. Nehmen den Mund sehr voll, lassen aber Taten vermissen. Sie spielen anderen etwas vor und verbergen die Wahrheit. Entweder lügen sie oder sie stellen Sachverhalte und die eigene Person in einem sehr viel besseren Licht dar. Ihre Überzeugungskraft ist so groß und ihr Glaube an sich selbst und den eigenen Erfolg so stark, dass ihre Mitmenschen reihenweise darauf hineinfallen. Dinge beschönigen sie und wen sie gut finden, den loben sie in den Himmel. Was ihnen gefällt, bezeichnen sie als Traum schlechthin und was sie anstreben, ist das einzig wahre Ziel. Nichts ist einfach nur gut, sondern immer großartig. Sind Sie vertraut mit dieser Form der Übertreibung, können Sie gelassen Abstriche machen und kommen dann der Realität recht nah. Nehmen Sie jedoch alles für bare Münze, sind Sie am Ende enttäuscht. Blender sind selbst geblendet von ihrer Grandiosität, was zu einer Entfremdung von der Wirklichkeit führt. Scheitert so jemand, wird er Ihnen als seiner Partnerin weismachen, dass es nicht an ihm lag, sondern an den Umständen oder den Idioten um ihn herum.

DER IMPULSIV-INSTABILE: Der Impulsiv-Instabile neigt, dazu seine Impulse ohne Rücksicht auf Konsequenzen auszuagieren. Er ist launenhaft und unterliegt wechselhaften Stimmungen von „himmelhoch jauchzend" bis „zu Tode betrübt". Unter dem narzisstischen Überbau liegt eine reizbare aggressive Persönlichkeit, die zu Chaos, äußerst intensiven Gefühlsausbrüchen und einem kompromisslosen Schwarz-Weiß-Denken neigt. Ein solcher Partner löst bei Ihnen Verwirrung aus. Denn sein Verhalten ist weder vorhersehbar noch verlässlich. Da Kleinigkeiten massive Reaktionen auslösen können, bewegen Sie sich wie auf einem Minenfeld. Trotz Vorsicht sind Sie nie sicher. Auch mit Verständnis und emotionaler Unterfütterung werden Sie keine Stabilität in der Beziehung herstellen können. Mit einem solchen Menschen zusammenzuleben ist sehr schwer, da Sie seiner Launenhaftigkeit ausgeliefert sind.

DER ANGEPASSTE: Der Angepasste tut alles, um zu gefallen. Anpassung ist eine Möglichkeit, Konflikten aus dem Weg zu gehen, zu den Beliebten zu gehören, sich vor Kritik und Auseinandersetzungen zu schützen und gut anzukommen. Als Partner wirkt er zuerst unkompliziert. Aber auf Dauer nervt es Sie, wenn jemand keine Kanten und Ecken zeigt. Ihm fehlt der Mut, eine eigene Meinung zu vertreten und auch gegen Widerstand durchzusetzen. Fragen Sie ihn, was er will, sagt er: „Weiß nicht ..." und schon müssen Sie entscheiden. Die Verantwortung schiebt er, ohne sich dessen bewusst zu sein, auf Sie ab.

DER ANSPRUCHSVOLLE: Der Anspruchsvolle ist nie zufrieden mit dem, was er bekommt und was er erlebt. Andere taugen ihm nicht wirklich. Der Job füllt ihn nicht aus. Der Chef ist zu lasch und die Kollegen sind zu taff. Wie auch immer es ist, es ist für ihn nicht gut genug. Versuchen Sie nicht, seinen Vorstellungen zu entsprechen. Sie werden es eh nicht schaffen. Der Anspruchsvolle muss lernen, sich mit der Unzulänglichkeit der Welt und der Menschen abzufinden. Dabei können Sie ihn unterstützen, indem Sie ihm immer wieder die Realität vor Augen führen. „Ich hätte es auch gerne anders, aber es ist nun mal so; wie es ist." Diesen Menschen fehlt der Zugang zu Ressourcen, die ihnen das Leben leichter machen würden.

DER GEWALTTÄTIGE: Dem Gewalttätigen gehen Sie am besten aus dem Weg, denn seine Aggression ist zerstörerisch. Wenn Sie Angst vor ihm haben, spürt er das und hat Sie in der Hand. Sind Sie stark, emanzipiert und kraftvoll, fühlt er sich schnell bedroht und muss Sie bekämpfen. Als Partner ist er völlig ungeeignet. Da mag er sonst noch so ein netter Mensch sein ... „

Auch dieses Hörbuch kann ich allen Betroffenen nur ans Herz legen. Es ist meiner Meinung nach eines der besten Hörbücher über Narzissmus.

7) WAS IST MANIPULATION?

Manipulative Menschen erkennen deine Schwächen, kennen deine Triggerpunkte und verwenden diese gegen dich, z. B. als Mittel emotionaler Erpressung. Sie erkennen, was dir wehtut, und kritisieren gezielt, um beim anderen ein Gefühl der Minderwertigkeit zu erzeugen. Manipulierende Menschen versuchen, deine Meinung und deine Entscheidungen zu beeinflussen. Drohungen sind ganz oft ein Weg, um eine andere Person zu erpressen. Es wird weder auf die emotionale Verfassung noch auf persönliche Bedürfnisse der anderen Person Rücksicht genommen. Die Kunst der Manipulation liegt darin, anderen Menschen das Gefühl zu geben, den Manipulatoren gegenüber verpflichtet zu sein. Oder ihnen etwas schuldig zu sein. Eigene Fehler zuzugeben, fällt manipulierenden Menschen deutlich schwerer. Die manipulierende Person sieht sich oft in der Opferrolle, wodurch sie wieder Macht auf die zu manipulierende Person ausübt. Die manipulierte Person bekommt ein schlechtes Gewissen und ist im besten Fall dazu bereit, den (vermeintlichen) Fehler wiedergutzumachen. Der Manipulator hat damit erreicht, was er will.

8) MEINE EINSCHÄTZUNG NACH ÜBER 20 JAHREN BEZIEHUNG

Nachfolgend schreibe ich die Ereignisse auf, die mir noch eingefallen sind, ... es waren aber viel, viel mehr Ereignisse. Das meiste davon habe ich wohl längst verdrängt. Aber die Ereignisse, die nachfolgend beschrieben sind, sind Zeugnis genug, dass es sich meiner Meinung nach bei Martin um einen toxischen, wenn nicht sogar mit zunehmendem Alter um einen bösartigen toxischen Psychopathen handelt. Mit zunehmendem Alter wurde er immer unerträglicher. Nur leider habe ich viel zu spät bemerkt, woran das liegt. In den letzten 15 Jahren sagte ich ihm mehrmals, dass er eine Therapie machen müsse. Er hat ein ganz großes Problem, und zwar immer dann, wenn 2 Frauen zusammen sind, z. B. ich mit einer meiner Töchter.

Ich schätze, das kommt daher, weil seine Mutter diese Spielchen mit ihm und seiner jüngeren Schwester machte. Er hatte als Schwerhöriger so gut wie nie eine Chance und bekam so innerlich das Gefühl, dass er immer gegen zwei Frauen kämpfen musste. Oder wenn seine beiden jüngeren Schwestern miteinander spielten und er außen vor war. Immer waren es zwei weibliche Wesen, gegen die er sich behaupten musste.

Ich habe es niemals erlebt, dass er, außer am Anfang, eine meiner beiden Töchter in einem positiven Licht gesehen hätte. Er fand immer ein „Haar in der Suppe", machte beide schlecht, wo er nur konnte. Teilweise verursachte er es auch, dass ich keinen

Kontakt zu meiner ältesten Tochter Runa hatte. Aber er machte das sehr subtil. Sie war nicht immer unschuldig daran, nein, doch er verschlimmerte die ganzen Situationen noch. Er manipulierte mich und ich ließ es jahrelang mit mir machen, weil ich nicht den nötigen Durchblick hatte. Schließlich war er der Psychologe und ich nur die kleine Kinderpflegerin ... wenn ich mit einer meiner Töchter zusammen und zusätzlich einer Meinung war und Martin hatte eine andere Meinung, ging er in die Luft, wurde ausfallend, erniedrigend oder sogar beleidigend.

In Ausnahmefällen in späteren Jahren wurde er auch gewalttätig uns allen drei gegenüber.

Seine unverhältnismäßige Eifersucht, allen Geschöpfen gegenüber, ob Mensch, ob Tier ... denen ich meine Beachtung schenkte, war zum Schluss hin kaum noch auszuhalten und führte immer wieder zu langwierigen, für mich oft sinnlosen, strapaziösen Auseinandersetzungen.

Sogar der liebevolle Umgang meiner jüngsten Tochter ihren Kindern gegenüber wurde schlechtgeredet. Meiner Ansicht nach, und die hat sich mittlerweile in Gesprächen mit Martin bestätigt, konnte er es nicht ertragen, dass Tanya nicht mit ihren Kindern schimpfte, wenn diese etwas angestellt hatten. Sondern ihnen liebevoll erklärte, wie sie es hätten besser machen können. Ich selbst als Kinderpflegerin mit 20-jähriger Erfahrung bewundere die Geduld von Tanya. Sie „arbeitet" grundsätzlich mit gewaltfreier Kommunikation. Ich finde es einfach klasse, wie sie mit ihren Kindern umgeht. In meiner Kindheit erfuhr ich das genaue Gegenteil davon und finde es gerade deshalb so super, weil ich selbst schon versuchte, meine Kinder gewaltfrei zu erziehen. Tanya geht noch einen Schritt weiter, hin zur liebevollen Begleitung der Kinder. Es werden zum Glück immer mehr Frauen, die ihre Kinder so, zu verantwortungsvollen Menschen heran wachsen lassen! Meine Generation hat leider mit vielen toxischen Menschen zu kämpfen. Ich hoffe, die nächste Generation ist wieder liebevoller zueinander. Ich weiß beim besten Willen nicht, was daran verkehrt sein soll.

Es ist für Martin nicht zu ertragen, zu erleben, wie liebevoll Tanya mit ihren Kindern umgeht, weil er selbst es in seiner Kindheit scheinbar niemals so erfuhr. Deshalb zog er sich oft, wenn wir zu Besuch bei Tanya waren, einfach mit seinem Handy vor der Nase in ein Zimmer zurück.

Martin hat sein inneres Kind noch lange nicht geheilt, deshalb reagierte er oft so völlig emotionslos und aggressiv. Ich schlug ihm immer wieder vor, an seinem inneren Kind zu arbeiten. Was er machte, waren Selbsttherapien. Dabei kann man sich sehr gut in die eigene Tasche lügen. Und leider fiel er nach diesen vielen Selbsttherapien auch über kurz oder lang (meistens in regelmäßigen Abständen von allerspätestens 3 Monaten) in sein altes Verhaltensmuster zurück und bekam furchtbare, für mich immer unerträglicher werdende Wutausbrüche.

Aber lest selbst ...

9) SANDRO

Meine älteste Tochter Runa und Sandro wohnten mittlerweile in Sandros kleinem Apartment, im gleichen Häuserkomplex wie meine Wohnung, zusammen. Runa war mittlerweile 18 Jahre alt und somit volljährig. Sie machte weiter ihre Ausbildung zur Automobilkauffrau, ging aber zunehmend ungern zur Arbeit. Sie hatte weiterhin Probleme mit ihrem Chef. Da sie nur noch ungern zur Arbeit ging, musste ich sie immer wieder überreden, die Ausbildung dieses Mal zu Ende zu bringen. Also fing ich an, sie zur Arbeit zu fahren. Leider war es genau die entgegengesetzte Richtung wie der Weg zu meiner Arbeit ... aber wir zogen das durch, bis ich mit Sandro Streit bekam. Er brauchte dauernd Geld. Und ich hatte ihm seit der Trennung von Jakob und dem

Verkauf der gemeinsamen Eigentumswohnung schon ziemlich viel geliehen. Ich hatte mittlerweile sogar eine Bürgschaft für ihn über 2.000 € gemacht. Er wollte die Werkstatt seines Vaters übernehmen und ich gab ihm dafür allein 6.000 € für drei Monatsmieten. Er zahlte nie etwas zurück. Eines Tages, Runa und er hatten sich verlobt, wollte er, dass ich die Bürgschaft erhöhe, damit er Verlobungsringe kaufen könne. Ich machte nicht mehr mit, ließ den Geldbeutel zu. Er zeigte mir daraufhin den Stinkefinger und stieg mit den Worten aus meinem Auto: „Auf so eine Mutter kann man scheißen." Tja, das war's dann wohl.

Daraufhin folgte wieder eine Kontaktpause mit Runa, wir sahen uns für einige Zeit nicht. Außerdem hatte Sandro gedroht, wenn ich mit Martin wieder zusammenkäme, würde er seine Frankfurter Freunde rufen und es würden Köpfe rollen ... Er kam mit Martin nicht klar.

Ich machte nur leider den Fehler, Martin von Sandros Drohung zu erzählen. Der meinte daraufhin, Sandro solle es bloß probieren, ihn anzugreifen, dann werde er sich fallen lassen und so tun, als sei er verletzt. Schließlich werde das Sandro teuer zu stehen kommen, Martin sei schließlich behindert.

Auch Sandro ist, wie ich heute weiß, ein maßloser Narzisst. Er hatte ungefähr 45.000.00 Euro nach dem Tod seiner Mutter geerbt und das Geld wahllos aus dem Fenster geschleudert. Angebend lief er mit 100-Euro-Scheinen im Träger seines T-Shirts durch den Ort und lud seine Kumpels auf alles Mögliche ein. Er hatte seine Ausbildung als Mechatroniker im 3. Lehrjahr hingeschmissen, da er doch so viel Geld besaß.

Er passt in die Kategorie „der Blender", „der Maintainer", „der Gönner", der „Ausbeuter" und der „Impulsiv-Instabile".

Mein Resümee:

Im Grunde zog ich mein Leben lang Männer an, die zumindest narzisstische Züge an sich hatten. Seit meiner Kindheit war ich es gewohnt, zu funktionieren und ausgenutzt zu werden. Durch Schläge und emotionale Gewalt wurde mir das Parieren beigebracht ... ich hatte nie die Chance, mein eigenes Potential zu entfalten, zu erfahren, was ich eigentlich wollte. Es war mein Leben, Narzissmus zu erdulden. Ich war es gewohnt, nicht ernst genommen zu werden. Ich dachte, das Leben sei so, und traute mich lange nicht, mich zu wehren. Ich kannte es nicht anders.

10) SEIN EINZUG

Erst mal zog Martin zu uns in die kleine Wohnung. Er meinte, er sei genügsam und brauche nicht viel Platz. So richtete er sich in meinem 6-türigen Kleiderschrank ein, der in meinem Wohnzimmer fast bis zur Decke ging. Er benutzte eine Doppelseite des Schrankes, wo er seine Klamotten, Computer, Drucker und Telefon, sogar ein Hocker, an dem er saß, wenn er am Computer arbeitete, alles, was er so hatte, unterbrachte. Er war ein Platzgenie ... alles, was er brauchte, war in diesen beiden Schranktüren untergebracht. Machte man die Türen zu, sah man nichts von alledem. Darin ist er nach wie vor ein Genie, das muss man ihm lassen.

Er brachte Tanya auch seinen alten Computer mit und schenkte ihr diesen. Tanya machte er sehr glücklich damit. Für uns alle brachte er eine neue Waschmaschine mit. Meine war zu diesem Zeitpunkt leider kurz davor, den Geist aufzugeben.

Dass er bei uns wohnte, sollte eine Übergangslösung sein. Er suchte ja eine Wohnung. Arbeit hatte er schnell gefunden. Auf der anderen Rheinseite in Hessen war ein Kinderheim, wo er als Pädagoge angestellt wurde.

Am Anfang ging es alles gut, jeder war bereit, auf den Anderen Rücksicht zu nehmen. Die Wohnungssuche zog sich allerdings hin.

Ganz am Anfang hatte er mich gefragt, mit welchem Betrag er sich an den anfallenden Kosten beteiligen dürfte. Wir machten einen Betrag von 250 € monatlich aus. März oder April war er gekommen. Der Mai kam (in diesem Monat hatte Tanya Geburtstag und es waren ein paar Kinder bei uns). Davon bekam er aber nichts mit, weil er arbeiten musste. Der Juni kam, der Juli ging ins Land, der August kam ...

11) SEIN ANTEIL AN DEN KOSTEN

Es war mittlerweile August und er hatte bisher noch keinen Cent von dem gezahlt, was er freiwillig angeboten hatte. Wie schon damals blieben alle Kosten bei mir. Anfang August hatte er Geburtstag. Ich backte ihm einen Kuchen. Irgendwann fragte ich ihn dann, ob er schon mal etwas überwiesen hätte. Er sagte, er hätte doch die Waschmaschine mitgebracht, die immerhin 800 Euro gekostet habe und der Computer für Tanya ...

Da sagte ich: „Wenn du 250 € im Monat zahlen wolltest und die Waschmaschine 800 € gekostet hat, dann hast du die Waschmaschine aber schon längst verlebt. Und der Computer sei dein alter, sagtest du, den du sowieso nicht mehr nutzen würdest. Den hattest du Tanya doch geschenkt?! Oder? Also ich denke, du solltest dich allmählich an den Kosten beteiligen, so wie du es versprochen hast."

An seinem Geburtstag fing er dann an zu diskutieren, was denn alles in den 250 € enthalten sei. Ich sagte: „Dein Anteil am Strom, Wasser, Miete und das normale Essen, keine Sonderwünsche ..."

Er meinte, dann müsse ich aber von den 250 € auch seine Hörgerätebatterien zahlen und Duschzeug, Zahnpasta und Deo. Ich sagte: „Nein, das ist so nicht ausgemacht gewesen. In keiner Miete sind solche Sonderausgaben drin".

Außerdem meinte er, dass er auch was zu essen mitbringe. Ja, er ging für das Kinderheim in einem großen Supermarkt kostenlos abgelaufene Sachen abholen. Und davon brachte er von Zeit zu Zeit für uns etwas mit. Das verursachte ihm aber keine Kosten. Wogegen ich das Essen, welches ich aus dem Kindergarten mitbrachte, voll bezahlen musste, geschweige denn die alltäglichen Einkäufe, die ich bis dahin auch alle bezahlte.

Nach einigem Hin und Her zahlte er dann ab August zähneknirschend monatlich 250 €. Wir waren nun mal zu diesem Zeitpunkt nicht verheiratet und hatten auch keine gemeinsame Haushaltskasse. Es gab keine Gütergemeinschaft und keine Gütertrennung. Dann sollte jeder von uns auch für die anfallenden Kosten aufkommen. Er hatte damals schon Einnahmen von 6 Mietwohnungen und sein Gehalt vom Kinderheim. Später beschwerte er sich noch jahrelang und immer wieder, dass er Tanyas Fernsehkonsum hatte mitfinanzieren müssen, weil er an den Stromkosten beteiligt gewesen war.

Mein Resümee:

Heute weiß ich, Geld ist für ihn das Allerwichtigste auf der Welt. Er gönnt sich nichts, kauft in der Regel hauptsächlich abgelaufene Lebensmittel und tut so, als ob er alles, was er bisher erreicht hat, allein aufgebaut und geschaffen hat. Er erzählt aber in der Regel nicht, dass er die erste Wohnung von seinen Eltern geschenkt bekommen hat. Diese Wohnung hat er in zwei Teile geteilt und ein Teil davon ist jahrelang schwarz vermietet gewesen. So hat er für diese Wohnung, wenn überhaupt, kaum Kosten gehabt. Nicht jeder hat das Glück, so reiche Eltern zu haben, von denen alle drei Kinder zu Lebzeiten der Eltern schon eigene Wohnungen geschenkt bekommen.

Das jedenfalls ist nicht sein Verdienst. Dann hat er auch einige Zeit bei seiner Schwester Brigitte gelebt und sich dort aus dem Kühlschrank bedient. Brigitte hat mir selbst erzählt, dass er in dieser Zeit, wenn er etwas gekauft hat, nur das billigste vom billigen wieder in den Kühlschrank gelegt hat.

Bei mir hat er für ganze 250 Euro gelebt ... inklusive Verpflegung. Und das war ihm zu viel. Im Grunde hat er sich damals schon wie ein Schmarotzer/Parasit verhalten ... ich habe es leider mit meiner rosaroten Verliebtheitsbrille nur nicht erkannt.

Aber genau das, nämlich Schmarotzertum, warf er anderen vor, z. B. meinen Kindern, wenn sie mich besuchten. Wenn meine Kinder da sind, halte ich nicht die Hand auf, damit sie dafür bezahlen, bei mir essen zu dürfen. Es sind meine Kinder. Die gehören zu mir, egal was da kommen mag. Genauso hielten sie nicht die Hand auf, wenn wir, also auch Martin, einmal bei meinen Kindern zu Besuch waren und dort mitaßen.

Für mich ist das eine Selbstverständlichkeit, die ich mir nicht bezahlen lasse. Und wie oft saß er gerade in den letzten Jahren am Tisch meiner Tochter Tanya und langte außerordentlich gut zu!

12) EIN FLOHMARKTBESUCH

An einem Wochenende gingen wir auf den Flohmarkt. Ich bin ein begeisterter Flohmarktgänger. Wir schlenderten so durch die Gassen und entdeckten einen Stand, an dem neue Handtücher mit aufgesticktem Sternzeichen verkauft wurden. Martin fragte nach dem Preis. Die Dame wollte 2,50 € pro Stück. Er handelte die Frau auf 2 € das Stück runter und kaufte einige Handtücher. Wir gingen weiter. Irgendwann kam mir die Idee, dass ich eines der Handtücher für jemanden aus dem Bekanntenkreis als Geschenk gebrauchen könnte, und sagte zu ihm, dass er mir eines verkaufen könnte. Er sagte ja, das könne er machen, er bekäme dann 2,50 € von mir ...

Ich war so geschockt, dass ich nichts mehr sagen konnte. Heute weiß ich, es war purer Egoismus. Geld ist sein Ein und Alles, auch wenn es nur 50 Cent sind.

13) DAS ZUSAMMENLEBEN

Eines Tages fand er dann endlich eine Wohnung in Bad – Kreuznach. Sie war aber noch vermietet. Erst meinte er, er kündige dem Mieter. Dann aber, weil er sich so gut mit dem Mieter verstand, sagte er, er ließe den Mieter in der Wohnung und bliebe einfach bei uns. Er habe ja genug Platz, ihm reiche das. Da ich die 250 Euro gut gebrauchen konnte (ich musste meine Wohnung ja schließlich noch abzahlen), willigte ich ein. Nur leider störte es ihn zunehmend, wenn Tanya auf der Toilette mal etwas länger brauchte. Da er scheinbar eine sehr kleine Blase hat, musste er halt sehr oft auf die Toilette.

Dann wurden die Bettgehzeiten von Tanya ein Problem. Da er arbeiten ging und völlig andere Arbeitszeiten als ich hatte, blieb er vormittags zu Hause, während ich auf der Arbeit und Tanya in der Schule war. Er war dann von mittags bis meistens um 21.30 Uhr auf der Arbeit und kam so gegen 22 Uhr nach Hause. Wenn Tanya dann noch nicht im Bett war oder ich einen Film zu Ende schauen wollte, gab es zunehmend Probleme. Einmal wollte ich einen Krimi zu Ende schauen, er legte sich ins Bett, welches ich schon gemacht hatte (wir schliefen auf einer Bettcouch, die zum Schlafen immer umgebaut werden musste). Plötzlich kam von ihm: „Jetzt weiß ich, was ich dir wert bin." Ich fragte, was das solle, der Film ginge doch nur noch ein paar Minuten. Normalerweise ging ich ja mit ihm zusammen zu Bett. Schließlich musste ich am nächsten Tag auch wieder früh aufstehen, während er weiterschlafen konnte.

Es wurde wieder einmal eine Diskussion daraus. Es wurden immer mehr Punkte, über die wir uns wegen Nichtigkeiten stritten. Aus Mücken wurden von ihm Elefanten gemacht.

Mein Resümee:

Es ging ihm gut bei mir in meiner kleinen Wohnung. Er hatte kaum Kosten. Er wurde gut versorgt. Er bekam regelmäßig sein Essen. Er konnte so gut wie immer, wenn er wollte, Sex haben. Er brauchte sich um sonst nichts zu kümmern. Und zum guten Schluss wollte er dann auch noch Einfluss auf die Erziehung meiner Tochter. Er verhielt sich oftmals sehr egoistisch. Warum sollte er den Mieter aus der Wohnung werfen? Er hätte dann doch, wenn er selbst in dieser Wohnung gelebt hätte, zum einen einen weiteren Fahrweg zu seiner Arbeit und damit höhere Kosten gehabt, zum anderen sich selbst versorgen müssen und nicht so regelmäßig Sex haben können. Dass er sexsüchtig ist, wurde mir immer mehr klar.

Wahrscheinlich verwechselte er Sex mit dem Gefühl von Liebe. So denke ich heute. Damals war mir das alles noch nicht so klar.

Dass das Zusammenleben in so einer kleinen Wohnung von knapp 50 m² auch Nachteile mit sich bringt, war ihm scheinbar nicht klar. Zum Beispiel, dass man mal warten muss, wenn das Bad besetzt ist, weil am Wochenende alle zuhause sind. Leider hatte ich nun mal nur diese eine Toilette, aber genau das wurde Tanya später auf der Insel zum Verhängnis.

14) DER BESUCH BEI MEINEM BRUDER JO, DIE AUTOFAHRT

Mein Bruder Jo ist Kunstschmied von Beruf und arbeitete zu dieser Zeit in einem Heim für schwer erziehbare Jungs. Dort gab er u. a. Schweißkurse. Nun war eine Jahresfeier angesagt und er lud uns zu diesem Fest ein. Es interessierte mich als Erzieherin, wie die Arbeit dort in einem solchen Heim aussieht. Dieses Fest fand in Trier statt. 150 km von dem Ort in Rheinland-Pfalz entfernt, wo wir wohnten. Wir fuhren mit Tanya nach Trier zu diesem Fest. Martin fand es auch sehr interessant, sich einmal ein Heim für schwer erziehbare Jungs anzuschauen.

Als wir dann nach ein paar Stunden wieder nach Hause wollten, fragte Tanya mich auf dem Weg zum Auto: „Wie lange fahren wir jetzt?" Sie war 13 Jahre alt, war müde vom langen Herumlaufen und sie wollte am liebsten schon zuhause sein. Ich antwortete: „Ich weiß es nicht, es kommt auf den Verkehr an, ich denke aber so 1 ½ Stunden bis 2 Stunden."

Wir stiegen ins Auto und Martin fuhr los. Auf der Autobahn fuhr er immer aggressiver ... ich fragte ihn, was los sei, er solle doch bitte etwas langsamer fahren. Er reagierte aber nicht. Oft fuhr er bis auf wenige Zentimeter an den Vordermann heran, um ganz abrupt auszuscheren und zu überholen. Ich bremste auf meiner Seite bei jeder seiner Aktionen mit und bekam Panik, dass er am Ende noch einen Unfall bauen würde. Ich bat ihn mehrmals, bitte langsamer zu fahren. Es nützte nichts ... er fuhr stur wie ein Panzer so aggressiv weiter.

Als wir dann endlich und zum Glück unbeschadet von der Autobahn abfahren konnten, sagte er plötzlich, ich habe doch die Zeit vorgegeben und er nur versucht, sich an meine Vorgabe zu halten. Schließlich habe ich gesagt, dass wir in 1 ½ bis 2 Stunden zu Hause sein müssten. Ich fasste mir an den Kopf und sagte, das sei eine Antwort auf die Frage meiner Tochter gewesen, aber doch keine Zeitvorgabe. Er beharrte darauf, dass es eine Zeitvorgabe meinerseits gewesen sei und er sich nur darangehalten hätte.

Mein Resümee:

Auf dieser Fahrt setzte er meines Erachtens nach mehrmals unser aller Leben aufs Spiel und gefährdete damit auch andere Autofahrer. Es ging am Ende zu unser aller Glück gut aus, aber es hätte durchaus anders enden können. Vorsichtiges, vorausschauendes Fahren war es keinesfalls. Er fuhr absolut rücksichtslos, nur, weil ich zu Tanya gesagt hatte, wir würden 1 ½ bis 2 Stunden brauchen, bis wir wieder zuhause seien. Er fährt heute manchmal noch sehr rücksichtslos und vor allem verantwortungslos ... er überholt vor unübersichtlichen Kurven, fährt viel zu dicht auf den Vordermann auf. Und was seine Spezialität ist, wenn er meint, es kommt ihm keiner entgegen, weil er den Überblick über die Straße hat, dann schneidet er die Kurven. Viele meiner grauen Haare kommen daher ...

Heute, gesehen unter diesem Aspekt, war es kein Wunder, dass er damals diesen schweren Autounfall gebaut hatte. Die Tatsache, dass er 40 m in den Wald hineingeflogen war, spricht für sich allein. Er war auf jeden Fall viel zu schnell unterwegs gewesen.

Und dass er von einem anderen Autofahrer geschnitten worden sein soll, das glaube ich ihm heute nicht mehr. Ich nehme eher an, dass er sauer über etwas war, was im Kinderheim passierte, und er deshalb einfach zu schnell unterwegs war. Aber das ist nur eine Annahme meinerseits, nach 20 Jahren Beziehung mit ihm ...

15) MEINE NEUE SACHBEARBEITERIN

Nachdem ich im Kindergarten von halbtags auf ganztags gewechselt hatte, bekamen wir im Personalbüro eine neue Personalsachbearbeiterin. Sie bestellte mich eines Tages in ihr Büro, um mir zu eröffnen, dass ich zu viel Gehalt ausgezahlt bekommen hätte.

Ich bekam ein Ganztagsgehalt von etwa 1.200 € plus Ortszuschlag. Da Tanya noch bei mir lebte, stand mir auch der Ehegattenzuschlag zu, obwohl ich mittlerweile geschieden war. Das waren zusammen 1.500 €. Tanya bekam ihr Kindergeld, Unterhalt und Ortszuschlag und dieser Betrag durfte 650 € nicht überschreiten. Jetzt sagte mir diese Dame, sie sehe doch auf meinem Gehaltszettel, dass ich mehr als 650 € verdiene. Sie kapierte einfach nicht, dass das eine mein Gehalt war und das andere der Betrag, der Tanya insgesamt zustand, letzterer aber die 650 € nicht überschreiten durfte. Der Betrag, den Tanya vom Vater als Unterhalt bekam, war zu diesem Zeitpunkt sowieso niedriger. Wir diskutierten darüber lange hin und her, doch sie konnte oder wollte die Sachlage nicht verstehen. Ich war total verzweifelt, denn sie wollte mir den von ihr als zu viel gezahlt angesehenen Betrag von meinem nächsten Gehalt abziehen. Der Betrag, der übrig geblieben wäre, wäre dann sogar noch unterhalb der Summe gewesen, den ich als Halbtagsangestellte bekam.

Als ich nach Hause kam und Martin alles erzählte, sagte er: „Pass auf, mach einen neuen Termin aus und wir gehen da gemeinsam hin. Du stellst mich der Dame als Doktor vor. Mal sehen, ob sie die Rechnung versteht, wenn ich es ihr erkläre." So machte ich es.

Als wir zu dem Termin kamen, stellte ich Martin als Doktor vor. Sie wurde etwas blass um die Nase und Martin erklärte ihr nochmal den Sachverhalt. Plötzlich fiel bei ihr der Groschen, wie man so schön sagt. Nur leider hatte sie schon die Anweisung erteilt, mir weniger Gehalt zukommen zu lassen. Das musste sie nun wieder ändern. Ein paar Tage später telefonierte ich mit ihrem Chef in der Sache und er sagte zu mir: „Sie hätten ja nicht gleich mit ihrem Anwalt auftauchen müssen."

Ich lachte und klärte ihn auf, dass Martin mein Lebensgefährte und Doktor der Psychologie sei … da war am anderen Ende der Leitung erst mal Stille. Das war endlich einmal ein Erlebnis, wo der Doktortitel von Martin etwas Positives gebracht hatte …

16) TANYAS SCHRANK

Runas Schrank stand noch in Tanyas Zimmer. Runa wollte ihn zuerst nicht haben, deshalb war der Schrank mit in die kleine Wohnung umgezogen und stand nun in Tanyas Zimmer. Eines Tages wollte Runa den Schrank doch haben. Ich schlug ihr vor, ihr einen neuen Schrank zu kaufen und ihren Schrank in Tanyas Zimmer stehenzulassen. Wir waren erst vor einem Dreivierteljahr von der großen in die kleine Wohnung gezogen. Runa wollte aber unbedingt ihren Schrank wiederhaben. Sandro und sie kamen und bauten den Schrank ab. Jetzt brauchte Tanya wieder einen neuen Schrank. Ich fuhr in verschiedene Möbelgeschäfte und fand einen Schrank, der fast genauso aussah wie der von Runa. Ich kaufte ihn. Als der geliefert wurde, musste ich allerdings arbeiten gehen und Martin hatte frei. Ich sagte zu ihm, dass wir den Schrank bitte gemeinsam aufbauen, sobald ich abends wieder zu Hause sei.

Als ich nach Hause kam, stand der Schrank. Martin meinte freudestrahlend, dass die Türen zwar nicht richtig schlossen, aber dafür müsse man die Türen einfach etwas absägen. Ich sagte, dass ich bei einem neuen Schrank doch nicht hingehe und die Türen absäge?! Warum er nicht gewartet habe mit dem Aufbau. Er sagte, er wollte mich überraschen. Na ja, die Überraschung war ja gelungen.

Wir bauten den Schrank wieder ab und bauten ihn richtig wieder auf. Das ging natürlich nur unter Gezeter von Martin und er war sauer, dass ich seine Überraschung nicht zu würdigen wusste. Aber ganz ehrlich, ich hatte keine Lust, an einem neuen Schrank herumzusägen, für den ich gerade 450 Euro von meinem sauer verdienten Geld ausgegeben hatte. Hätte Martin gewartet, so wie es ausgemacht war, hätten wir den Schrank in Ruhe aufbauen und uns das Gezeter von ihm sparen können.

17) DER CAMPINGPLATZ

In der Nähe meiner Wohnung, auf der anderen Seite der Bahnschienen, befindet sich ein Campingplatz. Dort wurde eines Tages ein mit Holz umbauter Campingwagen zum Dauercamping verkauft. Wie sahen uns den Platz an. Er war wunderschön. Von außen sah der Platz aus, als sei das Ganze ein Holzhaus mit Veranda. Es gab ein Stück Grünfläche mit einem kleinen Teich. Es war wirklich idyllisch. Martin und ich kauften den Platz gemeinsam für 12.000 Euro. Für diesen Platz hatte ich mein bisher komplett gespartes Geld aufgebraucht.

Ich kümmerte mich gleich um eine Haftpflichtversicherung. Der Versicherungsvertreter war sich aber nicht sicher, ob wir eine Gebäudeversicherung abschließen mussten, da es sich um einen umgebauten Campingwagen handelte, oder ob eine andere Versicherung in Frage komme. Er wollte sich ein paar Tage später noch einmal melden.

An einem nachfolgenden Nachmittag fuhr ich mit einer Arbeitskollegin zusammen in einen Zirkus. Als wir danach fast wieder bei meiner Wohnung angekommen waren, wurden wir mit Sirenengeheul von der Polizei überholt. Sie fuhren in meine Straße ein. Wir lachten noch und wunderten uns, was wohl passiert sein könnte. An meiner Wohnung ließ meine Kollegin mich aussteigen. Der Nachbarsjunge schaute aus dem Fenster und sagte mir, unten auf dem Campingplatz brenne es. Ich lief in die Wohnung und fand Martin am Computer sitzend. Aufgeregt klärte ich ihn auf, dass ich runter zum Campingplatz laufen würde, um zu sehen, ob mit unserem Platz alles in Ordnung sei und lief los. Leider waren die Bahnschranken unten und ich musste warten, genauso wie die 3 Löschfahrzeuge, die voll beladen vor den Schranken warteten.

Unter den Schaulustigen traf ich eine meiner anderen Kolleginnen aus dem Kindergarten. Sie erzählte mir, sie hätten das Feuer von ihrer Wohnung aus gesehen und wollten nur mal schauen …

Als dann die Schranken endlich hochgingen, lief ich los, denn der Rauch kam genau aus der Ecke, in der unser Platz lag. Ich kam um die Kurve und sah gerade noch Martins Campingbus in die Luft fliegen. Er hatte ihn auf dem Parkplatz vor unserem Platz abgestellt. Unser Haus brannte lichterloh …

Später kam heraus, dass im Nachbarhaus Brandstiftung stattgefunden hatte. Weil die Löschfahrzeuge vor den Schranken hatte warten müssen, hatte der Wind 9 weitere Häuser angezündet. Das war ein kurzer Traum gewesen. Zum Glück hatte ich meinen Hund Lucky, das Meerschweinchen und den Hasen von Tanya noch nicht in dem Garten gelassen, so wie ich es eigentlich vorgehabt hatte.

Martins Versicherung zahlte für den Camper noch 12.000 Euro. Er gab mir nach einigen Diskussionen die Hälfte davon ab. Es war schließlich nicht meine Schuld gewesen, dass die Versicherung noch nicht gegriffen hatte, nur, weil der Versicherungsvertreter unsicher gewesen war, welche Versicherung wir hatten abschließen müssen. Einen Tag nach dem Brand rief der Versicherungsvertreter tatsächlich bei mir an und meinte, wir müssten eine Gebäudeversicherung abschließen. Ich sagte ihm, dass ich sie jetzt nicht mehr bräuchte, das Ganze sei letzte Nacht den Flammen zum Opfer gefallen.

Dass Martin mir die Hälfte des Geldes, was er für seinen Camper bekommen hatte, schließlich abgab, war echt in Ordnung von ihm, aber er tat es sehr ungern. Den Campingplatz hatten wir ganze 3 Wochen gehabt, es war ein kurzer Traum gewesen. Leider wurde die Brandstiftung niemals aufgeklärt.

18) DIE PIZZAGESCHICHTE

Tanya war an einem Nachmittag bei einer Freundin. Die beiden backten zusammen Pizza. Ein Stück brachte sie mit nach Hause, denn sie wollte es am nächsten Morgen mit in die Schule nehmen. Natürlich vergaß sie die Pizza im Kühlschrank, weil sie, wie immer, auf den letzten Drücker zur Tür rausging, um den Zug zur Schule zu bekommen. Sie war damals 13 Jahre alt.

Ich ging ganz normal zur Arbeit. Martin hatte an diesem Tag wieder frei. Als ich abends nach Hause kam, saßen die beiden sich gegenseitig ankeifend wie zwei Kampfhähne am Esstisch gegenüber. Jeder der beiden wollte mir seine Version der Geschichte zuerst erzählen.

Es ging darum, dass Martin die Pizza im Kühlschrank entdeckt und sie gegessen hatte. Als Tanya aus der Schule gekommen war, hatte sie ihre vergessene Pizza essen wollen und sie war nicht mehr da gewesen. Das hatte sie verständlicherweise sehr geärgert. Martin hatte zugegeben, sie gegessen zu haben. Jetzt stritten sie, weil es Tanyas Pizza gewesen war und Martin sie gegessen hatte. Martin war aber der Meinung, dass alles, was im Kühlschrank sei, allen gehöre, schließlich zahle er doch auch dafür.

Das Ganze war so was von kindisch. Bei Tanya konnte ich das ja verstehen, sie war erst 13 Jahre alt. Aber Martin war der Erwachsene. Die zwei Personen, die mir da gegenübersaßen, verhielten sich wie zwei Teenager. Er verhielt sich einfach nicht erwachsen, er war 35 Jahre alt und stritt sich wegen einem Stück Pizza mit einer 13-Jährigen.

Mein Resümee:

Nach einem anstrengenden Kindergartentag kam ich erschöpft nach Hause und fand zwei pubertierende Kampfhähne vor. Ich erklärte Martin später, wie ich als Erwachsener in dieser Situation reagiert hätte. Ich hätte so reagiert: „Oh Tanya, das tut mir aufrichtig leid, aber weißt du was, wenn die Mama nachher kommt, gehen wir runter in die Pizzeria und wir essen alle gemeinsam eine Pizza. Was hältst du davon?" Und ich bin der hundertprozentigen Überzeugung, dass das Thema dann vom Tisch gewesen wäre. Er aber bestand leider darauf, dass er seinen Anteil zahle, und nicht einsehe, dann zu dritt Pizza essen zu gehen und dass er das dann noch zu bezahlen hätte.

Ja, er zahlte 250 Euro dafür, dass er mit uns in meiner Wohnung lebte. Wir waren nicht verheiratet und hatten keine gemeinsame

Kasse. Bis auf die 250 Euro gingen alle anderen Kosten von mir ab. Ich hätte auch gerne nur Kosten von 250 Euro im Monat gehabt und hätte den Rest meines Gehaltes in den Sparstrumpf/Sparschwein stecken können. Dann hätte ich heute auch ein dickes Konto. Billiger ging es für ihn nicht mehr.

Und er beschwerte sich immer wieder, dass Tanya den Fernseher zu lange laufen ließe oder dass sogar beide Fernseher liefen (was normalerweise nur der Fall war, wenn wir beide, Tanya und ich fernsahen und dann hatten wir beide Kopfhörer an). Was das für eine Stromverschwendung sei, zwei Fernseher zur gleichen Zeit. Er übernehme schließlich ein Drittel der Kosten. Das bekam ich noch Jahre später zu hören.

19) TANYAS BETTGEHZEITEN

Ein weiterer anstrengender Streitpunkt war, dass Tanya nicht rechtzeitig genug für ihn ins Bett ging. Eines Tages schlug er vor, sich an Tanyas Taschengeld zu beteiligen. Zuerst wollte er, dass das, was er Tanya zahlen wollte, von den 250 Euro gezahlt werde. Er versuchte immer zu sparen, aber darauf ließ ich mich nicht ein. Ich ließ mich darauf ein, dass er Tanya Taschengeld zahlen wollte, zusätzlich zu dem, was sie von mir bekam … einen Versuch war es wert.

Aber von jetzt an wurde es ganz schlimm. Er entwickelte ein Punktesystem. Und alle „Vergehen" von ihr wurden nach diesem Punktesystem abgehandelt. War sie nur eine Minute zu spät im Bett, gab es Punkteabzug, verhielt sie sich ihm gegenüber nicht so, wie er es erwartete, gab es Punkteabzug, schaute sie Fernsehen und er wollte seine Ruhe, gab es Punkteabzug … sie konnte in der Zeit eigentlich NIE etwas richtigmachen. Er fand immer einen Grund für Punkteabzug. Er führte sogar eine Strichliste über ihre „Verfehlungen". Taschengeld gab es demzufolge von ihm nie. Er hätte es ja auch aus der eigenen Tasche zahlen müssen.

Nach kurzer Zeit setzte ich diese Vereinbarung wieder aus, es war ja nicht zum Aushalten. Daraufhin war er ziemlich beleidigt, denn er fand, dass es doch gut funktionierte. Aber ich wollte mein Kind nicht mit Erpressungen erziehen. Das hatte ich selbst als Kind mitmachen müssen. Für mich ist so etwas kein Verständnis von Erziehung.

20) TANYAS KLASSENAUSFLUG

Tanyas Klasse wollte einen Klassenausflug machen, also fuhr ich sie zum Treffpunkt. Martin wollte mitfahren, um sie zu verabschieden. Beim Einsteigen, ich hatte einen Polo, einen Dreitürer, passierte Folgendes: Tanya stieg mit ihrem Rucksack hinten ein, und Martin setzte sich vorne auf den Beifahrersitz. Er machte die Tür zu, aber Tanya war noch dabei, ihren Rucksack zwischen ihren Beinen zu verstauen, und die Tür knallte gegen ihr Knie. Er drehte sich zu ihr um und sagte: „Da bist du selbst schuld, du hättest dein Bein ja wegstellen können."

Ich war fassungslos ... kein Wort, dass es ihm leidtat, keine Entschuldigung, nichts, nur der Vorwurf, sie sei selbst schuld. Tanya weinte im Auto, ich stieg aus und sah nach ihr. Das Knie war rot, sie hatte eine Prellung. Meine Güte, das kann mal passieren, aber als anständiger Mensch entschuldigt man sich doch, wenn so etwas passiert.

Ich sagte zu ihm, dass er sich doch wenigstens entschuldigen könne, aber er meinte, dass sie doch ihr Bein hätte wegnehmen können. Ich fuhr Tanya zum Treffpunkt, sonst wäre der Bus noch ohne sie weggefahren. Dort angekommen, verabschiedete sie sich von mir. Martin strafte sie mit Nichtachtung. Was wiederum dazu führte, dass wir auf der Rückfahrt darüber stritten, weil er sich darüber beschwerte, dass Tanya sich noch nicht einmal von ihm verabschiedet hatte. Ich machte ihm klar, dass ich mich in Tanyas Situation auch nicht verabschiedet hätte. Was er in keinster Weise verstehen wollte.

So allmählich wuchs in mir wieder der Wunsch, mich wieder von ihm zu trennen ...

Mein Resümee:

Er hatte wieder mal völlig emotionslos reagiert. Wie kann man jemandem das Bein einklemmen und dann sagen, er/sie sei selbst schuld?

Als meine Kinder noch klein waren, gingen wir einmal mit der Familie meiner Schwägerin essen. Ich fuhr mit den Kindern im Auto meiner Schwägerin mit. Meine Schwägerin selbst hatte damals noch keine Kinder. Nach dem Essen wollten wir wieder nach Hause fahren. Runa war so etwa 7 Jahre alt und Tanya 1 Jahr. Meine Schwägerin stieg ins Auto, ich schnallte Tanya hinten noch im Kindersitz an, und Runa stieg hinten auf der anderen Seite des Autos ein. Sie schlug die Tür zu.

Während ich Tanya noch anschnallte, fuhr meine Schwägerin schon los. Sie hatte nicht mitbekommen, dass ich mit Tanya noch nicht fertig war. Sie hatte nur eine Tür zuschlagen hören und ging davon aus, dass alle im Auto saßen. Ich rief: „Stopp!" Sie bremste und blieb genau mit dem Hinterreifen auf meinem linken Fuß stehen. Dann sagte ich zu ihr: „Bitte fahr jetzt ganz langsam zurück, du stehst mit dem Hinterreifen genau auf meinem Fuß. Sie bekam einen Riesenschreck, rollte langsam zurück und hat sich bis heute bestimmt schon 20-mal dafür entschuldigt.

Ich gab weder ihr noch mir die Schuld, es war einfach passiert. Aber zu sagen „du bist selbst schuld", ist völlig empathielos und rücksichtslos.

21) SEIN UNFALL, 2001

An einem Abend im Dezember 2000 hatten wir einen obszönen Anruf. Es rief ein Mann an, der mich fragte, ob wir ein Zimmer zu vermieten hätten. Er verwickelte mich in ein Gespräch.

Während dem Gespräch fiel mir auf, dass er so komisch atmete. Dann fragte er mich plötzlich, ob mir klar sei, was er hier mache. Mir wurde schlagartig klar, dass er dabei war, sich selbst zu befriedigen. Mit den Worten „du Schwein" knallte ich den Hörer auf die Gabel.
Ich sagte Tanya Bescheid, falls nochmal jemand anrufen würde, solle sie mich zuerst ans Telefon lassen.

Dann am 14.12. klingelte um 21.15 Uhr wieder das Telefon. Tanya, die gerade am Computer neben dem Telefon saß, ging ran, ehe ich etwas sagen konnte. Sie meldete sich mit ihrem Namen und hörte kurz zu. Dann legte sie den Hörer wieder auf die Gabel, schaute mich (ich stand mittlerweile neben ihr) nachdenklich an und meinte dann: „Da war ein Mann dran, aber der hat nur gestöhnt. Und dann war das Gespräch schon weg. Das war total komisch, denn es hat sich auch irgendwie, wie Martin angehört ..."

Martin musste aber normalerweise noch auf der Arbeit sein. Ich sagte zu ihr: „Wenn es nochmal klingelt, lässt du mich bitte rangehen, vielleicht war das ja derselbe Typ wie vor ein paar Tagen."

Kurz danach klingelte das Telefon tatsächlich wieder und ich ging ran. Ich hörte nur Atmen und Stöhnen, aber es war ein anderes Stöhnen als vor ein paar Tagen. Ich fragte: „Martin, bist du das?" Da war das Gespräch schon wieder weg. Ich überlegte, was ich jetzt machen sollte. Ich entschloss mich, bei Martin auf der Arbeit anzurufen. Ich sprach mit seiner Mitarbeiterin, die mir mitteilte, dass Martin vor 15 Minuten das Haus verlassen habe. Ich erzählte ihr von dem merkwürdigen Anruf, bedankte mich und wir legten wieder auf.

Ich war mittlerweile total aufgeregt und zitterte am ganzen Körper. Ich überlegte, was jetzt zu tun sei. Wenn Martin wirklich einen Unfall gehabt haben sollte, dann musste ihm schnellstens geholfen werden. Ich rief bei der Polizei an und erklärte, dass mein Freund wahrscheinlich einen Unfall gehabt, und versucht habe, bei uns anzurufen. Aber er habe nicht sprechen können, sondern dass er nur gestöhnt habe. Erst fragten sie, mit was für einem Auto Martin unterwegs sei. Ich sagte mit einem türkisfarbenen Opel Corsa, aber ans Nummernschild konnte ich mich nicht erinnern. Dann sagte der Polizist, mit dem ich telefonierte, es tue ihm leid, aber die Polizei sei dafür nicht zuständig. Ich müsse bei der Autobahnpolizei anrufen. Er gab mir die Telefonnummer.

Ich rief dort an. Die ganze Prozedur fing von vorne an. Ich konnte mich noch immer nicht an das Kennzeichen erinnern. Tanya, welche die ganze Zeit neben mir stand, konnte sich auch nicht erinnern. Ich sagte dem Polizisten noch, dass Martin zwischen Hessen und Rheinland-Pfalz unterwegs sein müsste. Er versprach mir, dass sie die Strecke mit Suchscheinwerfern abfahren würden. Sie würden mir dann Bescheid geben.

Von da an zog sich die Zeit wie Gummi. Ich rief meine Freundin Ella an, die sofort kam. Sie sagte: „Wenn die Polizei sich meldet und sie ihn gefunden haben, fahre ich dich ins Krankenhaus. In deinem Zustand lass ich dich nicht Auto fahren."
Kurz nach 22 Uhr bekam ich Bescheid, sie hätten ihn gefunden. Er sei von der Straße aus nicht zu sehen gewesen. Nur mit Hilfe der Suchscheinwerfer hätten sie ihn gefunden. Wie schwer verletzt Martin sei, konnte mir der Polizist am Telefon nicht sagen. Aber die Feuerwehr und der Notarzt seien verständigt. Er müsste aus dem Wrack herausgeschnitten werden.

Nun mussten wir wieder warten, bis er aus dem Wrack herausgeschnitten war. Gegen 22.45 Uhr kam der erlösende Anruf, er sei jetzt im Krankenwagen und werde ins nächste Krankenhaus gebracht. Wie schwer er verletzt war, konnte mir noch immer niemand sagen.

Ella, Tanya und ich fuhren auch ins Krankenhaus, wo wir noch weitere 2 Stunden warten mussten, bis der Arzt zu mir kam. Er rief mich ins Behandlungszimmer, wo er mir erklärte, dass Martin nicht einen, sondern eine ganze Horde von Schutzengeln bei sich gehabt haben musste, denn außer einer Brustkorbprellung und einem fast abgetrennten Ohr habe er keine weiteren Verletzungen. Das Ohr sei wieder angenäht worden, man müsse abwarten, ob es anwachse.

Ich sprach kurz mit Martin, dann wurde er in ein Zimmer verlegt und wir fuhren erleichtert nach Hause. Am nächsten Tag fuhren wir ihn besuchen, er konnte sich überhaupt nicht daran erinnern, uns angerufen zu haben. Er erzählte, er sei geschnitten worden und gegen die Leitplanken gestoßen. An mehr konnte er sich nicht mehr erinnern.

Die Polizei sagte mir später, er sei zuerst gegen die Leitplanken gestoßen, dann habe er einen Brückenpfeiler wie eine Skischanze genommen und sei daran mit dem Auto hochgerutscht und auf dem Dach liegend, die Spitzen der Bäume abrasierend, gut 40 Meter in den Wald hineingeflogen. Zum Schluss sei das Auto auf dem Dach gelandet.

Ein paar Tage später fuhr ich zum Schrotthändler, der den Wagen abtransportiert hatte. Ich brauchte die Papiere, um das Auto abmelden zu können. Außerdem wollte ich noch Privates aus dem Auto holen, bevor es verschrottet wurde. Als ich das Auto sah, war ich total geschockt.

Es lag eine Plane auf dem Dach des Wrackes. Auf der Plane war eine leichte Schneedecke. Ich fragte den Schrotthändler erschrocken, ob die Feuerwehr das Dach habe abtragen müssen, als sie Martin herausschneiden mussten. „Nein", sagte er. „Schauen Sie sich das selbst an. Dass ihr Freund darin überlebt hat, grenzt an ein Wunder ..." Er zog die Plane weg. Das Dach war so eingedrückt, dass das Lenkrad oberhalb der Windschutzscheibe herausschaute. Er hatte im Fußraum überlebt. Und das heruntergedrückte Dach hatte ihm lediglich das Ohr bis runter zum Ohrläppchen abgetrennt.

Er hatte 5 Handys dabei. 4 davon waren wohl während seines Flugs herausgefallen, denn ich fand sie nicht im Auto. Eines hatte er im Rucksack auf der Beifahrerseite. Damit rief er uns an.

In der Nacht des Unfalls waren es -14 °C. Er wäre eindeutig erfroren, hätten wir keine Hilfe organisiert. Das Wrack war, wie gesagt, nicht von der Straße aus zu sehen. Der Unfall wäre erst am nächsten Tag bei Helligkeit entdeckt worden oder vielleicht auch erst Tage später ... er lag ja 40 m tief im Wald.

Wenn ich zuerst am Telefon gewesen wäre und nur Gestöhne gehört hätte, hätte ich sofort aufgelegt. Ich hätte mir gar nicht erst die Zeit genommen, zuzuhören. Beim zweiten Anruf wäre ich gar nicht mehr ans Telefon gegangen.

Er wäre in dieser Nacht elendig erfroren.

Ich betone das deshalb, weil er es bis heute nicht anerkennt, dass durch Tanyas Geistesgegenwart sein Leben gerettet wurde.

Er sagt heute noch, da sei jemand gewesen, der ihm die Hand hielt. Das war sicherlich einer der Polizisten, der Notarzt oder jemand von der Feuerwehr. Die aber wären nicht vor Ort gewesen, hätten wir keine Hilfe organisiert, wenn Tanya ihn am Telefon nicht erkannt hätte. Bis heute hat er sich bei Tanya nicht einmal bedankt! Und das, was er Tanya danach noch alles antat, ist an und für sich unverzeihlich. Gut, verzeihen soll und kann man, aber nie mehr vergessen. Ich habe jetzt, wo ich dies schreibe, schon wieder Tränen in den Augen.

Das ist das verunfallte Fahrzeug. Unter dem Lenkrad, im Fuß-raum überlebte er. Das ist die Stelle am Auto, die am tiefsten ein-gedrückt war! Die Horde Schutzengel, die bei ihm waren, kann man gar nicht zählen, so ein Glück hat er gehabt!

Mein Resümee:

Nachdem der Unfall passiert war und ich Martin am nächsten Tag im Krankenhaus besucht hatte, wusste er nicht mehr, dass er bei uns angerufen hatte. Er bestreitet es bis heute. Feuerwehr und Polizei haben ihn nur gefunden, weil wir ihnen gesagt hat-ten, wo sie suchen sollen. Er hat sich bis jetzt, wo ich das schrei-be, 21 Jahre später, nicht ein einziges Mal bei Tanya für seine Lebensrettung bedankt ...

Es kann ja durchaus sein, dass er durch den Schock alles ver-gessen hat. Aber es würde von Anstand zeugen, sich in so einer Situation auf die Aussagen derer zu verlassen, die die Rettung organisierten.

Ich sagte ihm im Krankenhaus noch: „Der liebe Gott hat dich noch nicht gewollt, du hast scheinbar auf dieser Welt noch et-was zu lernen."

Ja, seinen Narzissmus abzulegen, wenn er das noch kann, und endlich wenigstens einmal aufrichtig seiner Retterin zu danken.

22) DAS OHR

Eigentlich war ich, wie gesagt, vor seinem Unfall schon wieder so weit gewesen, dass ich mich von ihm trennen wollte. Zu anstrengend und belastend waren diese ewigen Streitereien und Diskussionen wegen Nichtigkeiten. Aber jetzt brauchte er meine Hilfe, ganz klar!

Das abgetrennte Ohr war zwar wieder angenäht worden, aber es war unklar, ob der Körper es im Endeffekt nicht wieder abstoßen würde. Die Bergung hatte doch einige Zeit in Anspruch genommen. Mit der Zeit sah man, dass es wohl absterben würde. Es wurde immer schwärzer und es fing fürchterlich an zu stinken. Es war fast unerträglich, neben ihm im Bett zu liegen. Es wurde offensichtlich, dass das Ohr abgenommen werden musste.

Ich kann heute gar nicht mehr sagen, worüber wir uns dann kurz vor Abnahme der Ohrmuschel noch stritten, aber ich war so sauer, dass er allein ins Krankenhaus fahren musste, um sich das Ohr abnehmen zu lassen ...

Er ist bis heute noch ein Spezialist darin, aus einer Mücke einen waschechten Elefanten zu machen.

23) TANYA UND PUTZEN

Tanya sollte das Bad putzen und die Wohnung staubsaugen. Das musste ja nicht immer ich machen. Sie hatte schulfrei an dem Tag. Ich war auf der Arbeit und Martin musste wieder gegen Mittag weg. Als ich nach Hause kam, glänzte das Bad und ich lobte sie.

Später nahm Martin mich beiseite und er zeigte mir ein Dreckhäufchen hinter der Badezimmertür. Er sagte mir, dass habe er dort deponiert, um zu sehen, wie sauber Tanya putze.

Ich wurde ziemlich sauer, da ich genau das im Internat und auch bei meinem Vater selbst erlebt hatte ... die Nonnen im Internat waren immer mit einem weißen Tuch hinter uns her. War es nicht sauber genug, musste man nochmal von vorne anfangen. Genauso machte es auch mein Vater. Als ich alt genug war, musste ich immer unser Bad putzen. Er kontrollierte das mit einem weißen Tuch, ob ich auch sauber genug geputzt hatte. Ich fand das als Jugendliche schon erniedrigend und mein Kind sollte nicht dasselbe erleben müssen.

Also verbat ich ihm solche Aktionen und sagte ihm, wenn es ihm nicht sauber genug sei, dann solle er selbst anfangen zu putzen. Bis dato hatte er nicht ein einziges Mal den Putzlappen in die Hand genommen!

24) DIE EIGENE WOHNUNG

Die Beziehung ging also weiter. Er blieb, aber es änderte sich im Grunde nichts ... es gab immer wieder Diskussionen über Kleinigkeiten. Vor allem ging es immer wieder um die Erziehung Tanyas. Mal war der Fernseher zu laut oder es waren zwei Fernseher an. Wobei ich es nie erlebte, wenn ich zuhause war, dass beide Fernseher an waren und Tanya sich auf beiden Fernsehern das gleiche Programm ansah, wie Martin immer behauptete. Wenn beide Fernseher gleichzeitig an waren, sah ich mir etwas an und Tanya sah sich auf dem anderen Fernseher etwas Anderes an. Aber dann hatte immer wenigstens einer von uns beiden Kopfhörer an. Wenn Martin zu Hause war, hatten wir beide Kopfhörer auf, wenn wir etwas anschauten und er an seinem Computer war.
  Es stand ein größerer Röhrenfernseher im Wohn-/Schlafzimmer für alle, und wenn Tanya sich etwas anderes anschau-

en wollte, hatte sie noch einen kleinen Fernseher in ihrem Zimmer an der Wand.

Ein ganz beliebtes Thema von Martin war die liebe Toilette. Tanya brauchte ihm oft zu lange. Es war nur immer interessant, meistens musste er ausgerechnet auf Toilette, wenn Tanya oder ich im Bad waren. Das wurde mir aber erst Jahre später wirklich bewusst, als sich dieses Verhalten auf der Insel wiederholte!

Ein anderes beliebtes Streitthema waren Runa oder Sandro ... er fand, wenn er in der richtigen Stimmung war, eigentlich immer einen Grund zum Diskutieren oder um sich künstlich aufzuregen.

Klar, es gab auch Situationen, wo er absolut im Recht war, z. B. als Runa und Sandro sich von ihm Geld leihen wollten. Die Situation lief aus dem Ruder und wir gingen zum Schluss. Sandro war einfach nur unverschämt. Er machte, während wir uns darüber unterhielten, wie wir ihnen helfen könnten, den Teletext vom Fernseher an, um nach dem nächsten Kredithai zu suchen ... uns wollte er dann rausschmeißen, weil wir nicht so funktionierten, wie er sich das vorstellte. Nämlich ganz einfach die Geldbörse aufmachen und seine Schulden bezahlen. Fertig! In der Situation war Martin absolut im Recht. Irgendwann hatten wir genug und gingen einfach. Mit Runa hatten wir dadurch nur noch sporadischen Kontakt, sie war einfach „von Sandro geprägt". Ansonsten ging es bei den ganzen Streitereien meistens nur um Kleinigkeiten.

Mittlerweile, durch die ganzen Streitereien um Tanyas Erziehung, verbot ich Martin, sich in ihre Erziehung einzumischen. Seine Ansichten waren einfach zu krass. Letzteres führte dann natürlich zu noch mehr Diskussionen. Dann erfuhr ich, dass die Wohnung nebenan verkauft werden sollte. Es war ein Apartment von 28 m². Ich sagte ihm, es ginge so nicht weiter, er solle sich die Wohnung bitte anschauen, vielleicht sei das ja die Lösung.

Wir lebten nun schon mehr als drei Jahren in meiner kleinen Wohnung. Er schaute sich die Nachbarswohnung an. Er war zwar nicht begeistert, dass ich wollte, dass er bei mir auszieht. Doch das Bad war neu gefliest, alle Leitungen waren neu gelegt worden, schlussendlich passte auch der Preis. Er kaufte dieses Apartment und zog schmollend um.

Für Tanya und mich war das wie ein Befreiungsschlag. Er kaufte sich einen Zweiplattenkocher und holte sich eine Matratze vom Sperrmüll. Dann durchbohrte er die dicke Wand zwischen unseren beiden Wohnungen, und zog ein Kabel durch, damit er den gleichen Internetzugang nutzen konnte, wie wir! Als er mir dann stolz seine neue Wohnung zeigte und ich als einziges Möbelstück die versiffte Matratze sah, sagte ich zu ihm: „Glaub doch nicht, dass ich auf dieser Matratze vom Sperrmüll schlafen werde, das kannst du vergessen. Du musst es dir hier schon etwas wohnlich machen, sonst wirst du mich hier nie sehen."
    Er war eingeschnappt, machte sich aber dann ein paar Wochen später an die Arbeit. Ich muss sagen, er machte wirklich ein Schmuckstück aus der Wohnung. Da seine Schwester 6 Kinder hatte, baute er, falls Brigitte mit den Kindern einmal kommen sollte, in dieser Wohnung von 28 m² 6 Schlafplätze ein, die man auf den ersten Blick gar nicht sah. Darin war und ist er wirklich ein Genie! Platzsparend bauen, das kann er!

Mein Resümee:

Mit dem Wissen von heute, sage ich, er hatte sich bei mir in der Wohnung eingenistet wie eine Made im Speck. Wo kann man für 250 Euro leben, essen, wohnen? Und hat außer diesen 250 Euro keine weiteren Kosten? Und wer kann dann den beiden anderen Bewohnern das Leben auch noch schwer machen, wenn alles nicht so läuft, wie man es sich vorstellt?

Er hatte ja immer noch die Wohnung in Bad – Kreuznach, die er vermietet ließ. Dadurch hatte er zusätzlich eine weitere Mieteinnahme, die wesentlich höher war als die 250 Euro, die er bei mir zahlte. Zusätzlich zu den 6 Mietwohnungen, die er auch noch hatte, kam noch sein Gehalt. Ich verdiente 1.500 € ganztags und zahlte alle weiteren anfallenden Kosten. Tanya bekam 650 € Unterhalt zum Schluss. Strom, Wasser und Müll wurden durch drei Personen geteilt. Er brauchte von allem nur ein Drittel zu zahlen.

Jetzt hatte er die Wohnung nebenan gekauft und eine Matratze vom Sperrmüll geholt. Er wollte mir damit lediglich demonstrieren, wie arm er doch im Grunde war. Dadurch, dass ich zu ihm sagte, dass ich mich kaum in so einer spärlich eingerichteten Wohnung aufhalten werde, geschweige denn auf einer alten vom Sperrmüll geholten Matratze schlafen werde, baute er die Wohnung aus. Plötzlich ging es. Und er machte ein richtiges Schmuckstück aus der Wohnung.

25) SVEN, 2002

Ja, Sven war ein spezieller Fall. Er war damals 17 Jahre alt, wohnte im Kinderheim und hatte sich in ein auch in diesem Kinderheim wohnendes Mädchen verliebt. Das ging in einem von Nonnen geleiteten Kinderheim natürlich gar nicht. Er war ein ganz normaler junger Mann mit ganz normalen Problemen in diesem Alter. Er war auf der Suche nach sich selbst.

Da Sven der Rausschmiss aus dem Kinderheim drohte und Martin jemanden brauchte, der ihm half, seine Wohnung auszubauen, nahm er ihn mit zu sich. Sven half dann wochenlang Martin dabei, die Wohnung auszubauen. Martin hatte ihn überall dabei.

Er aß auch bei mir mit. Natürlich ohne Extrakosten. So kamen sich Tanya und er näher. Sie verstanden sich einfach gut. Eines Tages machten wir einen gemeinsamen Ausflug in einen Kletterwald. Es war ein wirklich schöner Tag. Auf der Rückfahrt fiel eines der Hörgeräte von Martin aus. Er bat mich, während er Auto fuhr, eine Batterie aus seinem Geldbeutel zu nehmen und die Batterie zu wechseln. Ich hatte das zuvor noch nie gemacht. Ich klopfte die Batterie aus dem Hörgerät in meine hohle Hand, so wie er es immer tat. Dann nahm ich die neue Batterie aus dem Batteriespender, zeigte sie ihm, und fragte, ob sie so richtig herum sei. Er bejahte und ich steckte sie in das Batteriefach des Hörgerätes. Dieses ließ sich aber daraufhin nicht schließen und ich sagte ihm, dass ich ein Problem habe. Er sah zu dem Hörgerät, wurde wütend und beschimpfte mich mit: „Wie blöd muss man den sein, die Batterie ist falsch herum drin, du hast doch gesehen, wie herum sie drin war ..."

Nein, das hatte ich nicht, ich hatte die Batterie in die hohle Hand geklopft und als sie rausgefallen war, hatte ich nicht mehr erkennen können, wie herum sie im Hörgerät gesteckt hatte. Außerdem machte ich dies ja jetzt zum ersten Mal.

Während seines Wutanfalls sah ich kurz nach hinten zu Sven, der hinter Martin im Auto saß. Ich werde nie den erschrockenen Blick von Sven vergessen,, mit dem er mich ansah.

Sven half, wie gesagt, Martin beim Ausbau seiner Wohnung. Eines Tages wollte Sven auf eine Party. Ich glaube, es war eine Abschiedsparty eines der Jugendlichen aus dem Kinderheim. Martin fuhr ihn hin und holte ihn wieder ab. Nur hatte Sven zu viel getrunken und auf der Rückfahrt musste er sich übergeben. Er hatte das Fenster runtergelassen und erbrach sich während der Fahrt in Martins neues Auto durch das offene Fenster. Leider floss dabei etwas in den Schlitz zwischen dem geöffneten Fenster und der Türdichtung. Martin fuhr auf den nächstgelegenen Parkplatz und rief mich gegen 22 Uhr abends wutentbrannt an. Er war so wütend, als er in den Hörer schrie, er lasse Sven jetzt auf diesem Parkplatz sitzen, er habe genug von ihm.

Ich erklärte ihm, dass er das so nicht machen könne, der Junge sei minderjährig und außerdem habe er die Verantwortung für ihn übernommen ... er solle ihn wieder ins Auto setzen und mit ihm nachhause fahren, ich helfe ihm, das Auto wieder sauber zu machen. Er meinte, in diesem Gestank könne er nicht nachhause fahren. Ich sagte ihm, er müsse jetzt da durch. Das tat er dann auch, und als er ankam, rief er mich an, und ich ging hoch zu den beiden.

Sven saß nur in nasser, stinkender Unterwäsche auf einer Betonmauer und zitterte am ganzen Leib. Es war schließlich noch Winter. Martin meinte zu mir, dass der Junge da sitzen bleibe, bis wir fertig seien mit dem Auto. Ich erklärte ihm wieder, dass er das nicht machen könne, der Junge hole sich ja den Tod. Ich brächte ihn jetzt in seine Wohnung, sorge dafür, dass er dusche und stecke ihn dann ins Bett. Dann käme ich wieder und helfe ihm, das Auto sauber zu machen.

Als ich wieder zu Martin hochkam, hatte er schon die Verkleidung der Autotür ausgebaut und wir reinigten das Auto. Es dauerte gar nicht so lange. Allerdings war der Geruch sehr hartnäckig. Er war noch Wochen nach dem Vorfall zu bemerken. Martin brachte Sven wieder ins Kinderheim. Was aus ihm wurde, haben wir leider nie erfahren.

Mein Resümee:

Er hatte Sven nicht aus Mitgefühl aus dem Heim mit zu sich genommen, sondern nur, weil er jemanden brauchte, der ihm beim Ausbau seiner Wohnung half. Da kam ihm die Situation, dass Sven der Rausschmiss aus dem Kinderheim drohte, gerade recht. Die Tatsache, wie er Sven behandelte, nachdem der sich in seinem Auto erbrochen hatte, zeugt von seiner Verantwortungslosigkeit.

Es handelt sich bei einem Auto um einen Gebrauchsgegenstand, auch wenn das Auto neu war, bei Sven aber um einen lebenden, fühlenden Menschen. Dass er ihn auf dem Parkplatz in der Eiseskälte sitzen lassen wollte, nur mit nasser Unterwäsche bekleidet, zeugt von seiner Unfähigkeit, sich in andere Menschen hineinzudenken und hineinzufühlen.

Damals hielt ich dieses Verhalten für Verzweiflung, da es sich um sein heiliges neues Auto handelte welches er sich nach seinem Autounfall gekauft hatte.

Heute sehe ich es dieses Verhalten aus einem anderen Blickwinkel. Er hätte vollkommen verantwortungslos gehandelt, wenn ich ihm nicht eindringlich gesagt hätte, dass er Sven so nicht behandeln dürfte. Er hatte schließlich die Verantwortung für Sven übernommen.

26) RUNAS HOCHZEIT, 2003

Eines Tages kam Runa vorbei, wir hatten ja leider nur sporadisch Kontakt, und sie sagte mir, dass sie und Sandro heiraten wollten. Sie fragte mich, ob ich ihr bei den Vorbereitungen helfen würd, sagte aber auch dazu, dass sie Martin nicht einladen wollten. Ok, sagte ich, dass sei ihre Entscheidung. Das beste Verhältnis hatten sie ja nun wirklich nicht zu Martin. Es war leider von Auseinandersetzungen beiderseits geprägt.

Ich sagte dies Martin, er war natürlich nicht begeistert von dieser Neuigkeit. Er lebte aber nun schon seit einiger Zeit in seiner eigenen Wohnung, und so konnte ich in Ruhe zusammen mit Runa mit den Vorbereitungen für die Hochzeit beginnen. Da sie nur standesamtlich heiraten wollten, hielten sich die Vorbereitungen in Grenzen.

Am Tag vor der Hochzeit backte ich mit Runa den Hochzeitskuchen. Unsere beiden Wohnungen, Martins und meine, lagen im Souterrain/Kellergeschoss gleich nebeneinander. Martin kam ans Fenster und begann, mit Runa wegen der nicht erfolgten Einladung zu diskutieren. Mich versuchte er zu überzeugen, dass ich Runas Meinung ändern müsse. Ich erklärte ihm, das sei nicht meine Hochzeit und deswegen liege es auch nicht in meiner Macht, darüber zu entscheiden, wer eingeladen werde und wer nicht. Er solle es doch bitte akzeptieren wie es ist.

Meine Mutter und meine älteste Schwester Lisbeth waren auch eingeladen. Lisbeth brachte meine Mutter aus Trier mit. Als die beiden am Tag der Hochzeit ankamen, kam Martin auch in meine Wohnung und klagte ihnen sein Leid, dass er nicht eingeladen sei und dass er das unfair finde. Er bedrängte meine Mutter und Lisbeth regelrecht. Als er von den beiden die gleiche Antwort erhielt, wie schon Tage zuvor von mir, zog er sich beleidigt in seine Wohnung zurück.

Die Hochzeit fand im Gemeindesaal statt. Nach der Trauungszeremonie gab es einen Sektempfang, den Runas Vater spendiert hatte. Nach dem Essen wollte ich nochmal eine Runde mit meinem Hund Lucky gehen. Martin fing mich ab. Jetzt gingen auf der Runde mit dem Hund die Diskussionen schon wieder von vorne los. Am Ende ließ ich ihn einfach stehen und fuhr zurück zur Hochzeit.

Ich war in den Jahren, die wir bis dahin zusammen gewesen waren, nie auf eine Geburtstagsfeier seiner Eltern oder Geschwister eingeladen gewesen. Ich hatte mich nie so angestellt wie er. Ich nahm es so, wie es war! Er war immer allein dorthin gefahren, hatte nicht mal einen Gedanken daran verschwendet, wie ich mich dabei fühlte. Ich hatte aber weder ihm noch seiner Verwandtschaft dies jemals übelgenommen. Sie wollten mich nicht dabeihaben, okay, passt. Ich dränge mich niemandem auf!

Mein Resümee:

Er konnte es nicht ertragen, dass er nicht auf Runas Hochzeit eingeladen war. Es war ein schweres Vergehen an ihm aus seiner Sicht.

Schließlich hatte er mir einmal in einem seiner Briefe vor fast 30 Jahren geschrieben, wenn er mich nicht bekommen könne, warte er auf Runa. Damals hielt ich diese Aussage von ihm auch für Verzweiflung, weil seine Eltern so sehr gegen unsere Beziehung waren. Aber heute – aus der Sicht eines Narzissten – kann ich es eher verstehen. Wenn ich die Mutter nicht haben kann, angle ich mir halt die Tochter. So sieht die Liebe eines Narzissten aus.

27) TANYAS „FAULHEIT"

Einmal wollten wir mit Tanya wandern gehen. Sie hatte aber schon den ganzen Morgen über Rückenschmerzen geklagt. Martin meinte aber, das ginge schon weg, wenn wir erstmal unterwegs seien. Unterwegs klagte sie immer wieder über Schmerzen im unteren Rückenbereich. Ich dachte, es läge vielleicht daran, dass sie ihre Periode bekäme ... aber das war's nicht.

Martin meinte auf der ganzen Wanderung immer wieder, sie solle sich nicht so anstellen, sie habe bloß keine Lust zum Wandern. Es entwickelte sich eine total miese Stimmung!

Als wir dann endlich gegen Nachmittag wieder zuhause waren, zog Tanya sich gleich in ihr Zimmer zurück und legte sich ins Bett. Am Abend hatte sie erhöhte Temperatur, welche sich bis zum Morgen in hohes Fieber verwandelte.

Daraufhin ging ich am Vormittag mit ihr zum Arzt. Der stellte eine akute Nierenbeckenentzündung fest und wies sie gleich in ein Krankenhaus ein. Das war also Tanyas „Faulheit" gewesen.

Mein Resümee:

Er verhielt sich auf der ganzen Wanderung völlig empathielos Tanya gegenüber. Er konnte sich nicht in sie hineinversetzen und glaubte ihr nicht, dass sie solche Schmerzen hatte. Auch als wir zuhause waren, glaubte er ihr immer noch nicht. Erst als sie anfing, Fieber zu entwickeln, hörte er mit seinen höhnischen Bemerkungen auf. Ganz still war er, als sie ins Krankenhaus musste. Als ich ihm später meine Meinung sagte, reagierte er mit Unverständnis.

28) GLEICH

Da er jetzt eine eigene Wohnung hatte, hielten wir uns abends, wenn wir allein sein wollten, meist dort auf. Diesmal wollten wir uns einen Film anschauen. Er hatte sich einen Beamer angeschafft und alles zum Filmschauen vorbereitet, als Tanya mich anrief und meinte, sie habe ein Problem.

Ich sagte zu Martin: „Ich lauf schnell rüber und bin gleich wieder da." Es dauerte doch etwas länger. Als ich nach etwa 40 Minuten wieder zu ihm in die Wohnung kam, ging der Streit los. Nun wisse er, was das Wörtchen „gleich" bedeute. Es sei ein sehr dehnbarer Begriff. Warum ich nicht gleich gesagt habe, dass ich so lange wegbleibe.

Okay, sagte ich, es habe länger gedauert als gedacht, aber ich gehe den ganzen Tag arbeiten, komme um 17 Uhr nach Hause und sei oft abends bei ihm in der Wohnung. Und wenn Tanya mal ein Problem habe, sei ich selbstverständlich für meine Tochter da. Sie sei schließlich erst 15 Jahre alt und ich sei ihre Mutter. Und gerade in diesem Alter brauche sie mich besonders. Wenn sie mich bräuchte, sei ich für sie da, ganz einfach. Da gäbe es gar kein Vertun ...Da brauchte ich gar nicht drüber zu diskutieren!

Ein Gedicht von Tanya, das sie in dieser Zeit geschrieben hat:

Hände packen mich
Ziehen mich runter
In die Tiefe
In die Dunkelheit
Immer weiter
Ich bekomme keine Luft
Versuche verzweifelt zu rufen
Nach dir
Denn ich brauche dich
Nur du kannst mir helfen
Doch DU
Du bist es, der mich runterzieht
Du ziehst, zerrst, reißt
Nur auf dich bedacht

Meine Bitten überhörst du
Meine Schreie ignorierst du
Denn du brauchst mich, ja
Hauptsache du hast mich
Doch was ist mit mir?

Tanya

Der Abend ging in Diskussionen unter und ich ging bald wieder rüber in meine Wohnung, um diesem sinnlosen Streit zu entgehen, wo ich dann auch endlich meine Ruhe hatte.

Mein Resümee:

Danach gab es immer wieder Auseinandersetzungen wegen dem Wörtchen „gleich" ... oder anderen Nichtigkeiten. Zum Glück hatte ich meine eigene Wohnung. Wenn es mir zu viel wurde, dann konnte ich mich dorthin zurückziehen. Es sei denn, er kam mir hinterher und wollte am Fenster weiter diskutieren, was leider ziemlich oft geschah. Dann ließ ich, wenn er gar nicht aufhören wollte, wieder kein Ende fand, und es mir zu viel wurde, einfach den Rollladen herunter, damit endlich Ruhe war. Er war und ist bis heute ein großer Meister darin, aus einer Mücke einen Elefanten zu machen. Und wenn es nur um so etwas ging, wie herum man einen Besen aufbewahrt ...

29) ABITUR: JA ODER NEIN

Tanya ging auf eine integrierte Gesamtschule. Sie wollte unbedingt nach der mittleren Reife von der Schule abgehen. Martin überredete sie dazu, doch das Abi zu machen. Er versprach Ihr, dass, wenn sie das Abi macht, sie von ihm zum Abschluss 10.000 DM bekomme. Es war kurz vor der Einführung des Euro ...

Das war natürlich ein Anreiz für sie. Sie entschied sich dazu, nun doch das Abi durchzuziehen.

Ich weiß beim besten Willen nicht mehr, warum, aber in dieser Zeit trennte ich mich mal wieder zum x-ten Mal von Martin. Wir hatten tatsächlich ein halbes Jahr Sendepause.

Als er uns dann einmal besuchen kam, war er der liebste Mensch auf Gottes schöner Erde. Er versprach mir, dass er sich geändert hätte. Da er Psychologe sei, habe er eine Selbsttherapie gemacht und er meinte, sie habe Erfolg gezeigt. Er habe hart an sich gearbeitet und sich geändert. Ich ließ mich wieder auf ihn ein ...

Tanya schloss ihr Abitur ab und bekam das versprochene Geld ... nie. Seine Ausrede war, schließlich hätten wir uns zwischenzeitlich getrennt. Deswegen brauche er sich nicht mehr an das Versprechen von damals zu halten. So viel dazu, dass er sich geändert hätte. Aber er hatte mich ja wieder ...

Mein Resümee:

Es war nicht das erste Versprechen, was er nicht einhielt ... und leider auch nicht das letzte!

30) DER TOD MEINER MUTTER

Meine Mutter lag, nachdem sie gestürzt war, in einem Krankenhaus in Trier. Martin und ich hatten an diesem einen Abend mal wieder eine Riesenauseinandersetzung in meiner Wohnung. Er fühlte sich nicht genügend gesehen und beachtet, seitdem er in seiner eigenen Wohnung wohnte. Ich konnte mich aber nicht zweiteilen, schließlich hatte ich noch Tanya, die mich brauchte. Und jetzt kam meine Mutter dazu ... sie lag im Sterben.

Nachdem Martin weg war, bekam ich einen Anruf von einer meiner Schwestern, dass es wohl bald zu Ende sei. Wenn ich sie nochmal lebend sehen wolle, solle ich bald kommen. Es hatte geradefrisch geschneit und ich glaube, Tanya war an dem Wochenende bei ihrem Vater.

Da ich gerade wieder einmal einen furchtbaren Streit mit Martin gehabt hatte, wollte ich ihn nicht um Hilfe bitten. So rief ich Noah an, ob er Lucky nehmen könne. Ich wusste ja nicht, wie lange ich weg sei und über Nacht wollte ich den Hund im Winter nicht im kalten Auto lassen.

Als Noah hörte, weshalb ich nach Trier fahren wollte, beriet er sich mit seiner Frau wegen Lucky. Als er zurückrief, sagte er mir dann am Telefon, dass er mich bei dem Wetter nicht selbst Auto fahren lassen wolle. Es habe frisch geschneit. Er fahre und hole mich auch wieder ab. Das nenne ich einen Freund! Also brachte ich Lucky zu seiner Frau und Noah fuhr mich zu meiner sterbenden Mutter.

Dort angekommen, waren meine Geschwister alle schon da. Wir standen und saßen die ganze Nacht abwechselnd bei ihr am Bett. Irgendwann gegen Morgen rief Martin mich an. Er hatte gemerkt, dass ich nicht zuhause war. Ich erklärte ihm die Sachlage. Er fing wieder an, mit mir zu diskutieren, warum ich Noah angerufen hatte und nicht mit ihm nach Trier gefahren sei. Ich sagte zu ihm, wenn ich mit ihm gefahren wäre, hätten wir nur die ganze Fahrt über die vorangegangene Diskussion weiterführen müssen, weil er nie ein Ende finde. Außerdem sei ich jetzt im Krankenzimmer meiner Mutter und könne und wolle nicht telefonieren. Das ging einige Zeit so.

Bevor die Diskussion weitergehen konnte, kam meine Schwester Lisbeth, nahm mir das Handy aus der Hand und sagte zu Martin, er solle aufhören zu diskutieren, unsere Mutter sei am Sterben und er solle mich jetzt in Ruhe lassen. Dann legte sie kurzerhand auf. Ich war ihr dankbar, denn Martin war, wenn er erst mal in Fahrt war, kaum zu stoppen.

Kurz darauf verstarb meine Mutter. Noah und seine Frau kamen mich gemeinsam wieder abholen.

Mein Resümee:

Martin war nach unserem Streit in seine Wohnung gegangen, und war sauer, weil ich ihm nicht Bescheid gegeben oder ihn gar gebeten hatte, mich nach Trier zu fahren. Ich weiß beim besten Willen nicht mehr, worum es bei unserem Streit ging, außer dass er sich nicht genügend beachtet fühlte, seitdem er seine eigene Wohnung hatte. Aber es war wieder einmal sehr heftig gewesen und das wegen irgendeiner Lappalie. Ich war jedenfalls so sauer auf ihn, dass ich nicht mit ihm gemeinsam nach Trier fahren wollte.

Deswegen wandte ich mich an Noah. Zum einen war Martin eifersüchtig auf Noah, weil ich mit Noah nach Trier gefahren

war, und zum anderen sauer, weil Lisbeth einfach das Telefongespräch abgebrochen hatte. Er verhielt sich wieder einmal komplett rücksichtslos, obwohl er informiert war, dass ich mich im
Krankenzimmer bei meiner sterbenden Mutter befand. Ich bat
ihn mehrmals, uns die Diskussion verschieben zu lassen, aber
er wollte nicht aufhören. Er war völlig empathielos ... sah nur
sich und sein Problem.

Deshalb ging meine Schwester Lisbeth dazwischen und legte
einfach auf.

31) UNSER GEMEINSAMES WOCHENENDE
MIT NOAH UND SEINER FRAU

Noah machte eines Tages den Vorschlag, dass wir zwei Pärchen
doch mal ein gemeinsames verlängertes Wochenende in Hamburg verbringen könnten. Das war ein super Vorschlag. Wir
planten, an diesem Wochenende in ein Musical zu gehen und
Helgoland zu besuchen.

Gesagt, getan. An einem Wochenende, an dem Tanya wieder bei
ihrem Vater war, fuhren wir mit Noahs Auto nach Hamburg,
machten gemeinsam einen Stadtbummel, gingen an der Elbe
spazieren und übernachteten in einem Hotel. Am Montag wollten wir mit dem Schiff nach Helgoland übersetzen.

An diesem Morgen klopfte Noah aber sehr früh an unserer Zim-
mertür, es ging seiner Frau nicht gut. Ich ging mit Noah in ihr
Zimmer und bemerkte, dass sie wohl einen Herzanfall hatte.
Wir sagten an der Rezeption Bescheid. Von dort aus wurde ein
Krankenwagen gerufen. Als der Krankenwagen da war, stellte
der Notarzt einen Herzinfarkt fest. Noah fuhr im Krankenwagen mit seiner Frau ins Krankenhaus. Martin und ich fuhren
mit Noahs Auto hinterher.

Um 9 Uhr legte unser Schiff nach Helgoland ab. Da wir aber mit dem Auto von Noah mit ins Krankenhaus fuhren, fiel die Fahrt nach Helgoland natürlich ins Wasser. Mir war es wichtiger, einem Freund in einer Notsituation beizustehen, als nach Helgoland überzusetzen. Im Gegensatz zu Martin. Er war total sauer auf mich, dass wir nicht trotzdem nach Helgoland fuhren.

Nach einer Weile bekam Noah vom Arzt die Nachricht, dass seine Frau etwa eine Woche zur Beobachtung im Krankenhaus bleiben müsse. Und so stand nun noch fest, dass Martin und ich mit dem Zug zurückfahren mussten. Auf dem Weg zum Bahnhof bekam ich Einiges zu hören. Aber auf der ganzen 4-stündigen Zugfahrt sprach er kein einziges Wort mit mir.

Mein Resümee:

Martin wäre lieber mit seinem Auto gefahren. Wir fuhren aber mit Noahs Auto, darin war mehr Platz für vier Personen. Als dann die Sache mit Noahs Frau passierte und wir zum einen nicht nach Helgoland übersetzen konnten und zum anderen mit dem Zug nach Hause fahren mussten, war er stinksauer. Er ließ es mal wieder an mir aus, weil ich gesagt hatte, dass ich jetzt nicht nach Helgoland fahren werde, wenn Noah meine Hilfe brauche.

Ich hatte Martin angeboten, er könne die Tour auch allein machen. Aber das wollte er nicht. Das hätte dann doch Noah gegenüber so ausgesehen, als ob er egoistisch sei.

Noah hatte mir bei meinem Umzug so viel geholfen und auch beim Tod meiner Mutter ... ich kann das nicht, einen Freund im Stich lassen, wenn er mich braucht. An dieser Stelle bedanke ich mich bei dir noch einmal ganz herzlich für deine Hilfe, Noah! Auch wenn du nicht mehr auf dieser Welt bist. Wir sehen uns wieder!

32) UMBAU TANYAS BETT, 2005

Tanya hatte ein Schrankbett in ihrem Zimmer. Wenn das Bett hochgeklappt war, drehte man es vertikal um und es kam eine Bücherwand zum Vorschein. Ging sie abends ins Bett, drehte sie das Bett vertikal wieder um und das Bett kam zum Vorschein und sie konnte es dann wieder herunterklappen.

Irgendwann beschwerte sie sich, dass sie jeden Tag ihr Bett hoch und wieder herunterklappen musste. Martin bekam das mit und er meinte, dass er das Bett so umbauen könne, dass sie ein Hochbett habe. Das war eine sehr gute Idee, denn dann konnte sie auch tagsüber in ihrem Bett liegen und lesen oder fernsehen oder was auch immer sie wollte.

Martin machte eine Skizze, wie er sich das vorstellte, und Tanya willigte ein.

An dem Tag, an dem er den Umbau vornehmen wollte, sagte er morgens zu ihr, dass sie heute Abend schon in ihrem neuen Bett schlafen könne. Er klappte das Bett herunter und wollte die Feder lösen, die das Bett am Tag in der richtigen Stellung hielt. Die bereitete ihm aber Schwierigkeiten und er musste alle Kraft aufwenden, um sie zu lösen. Als das Bett nun quer im Zimmer stand, schickte er mich los, um etwas zu holen, wo man das Bett draufstellen könne. So komme er besser an die Feder ran und könne diese besser abschrauben.

Ich war noch keine 5 Meter weit gekommen, als ich etwas krachen hörte. Ich erschrak mich furchtbar, rannte zurück und fragte mich, was um Himmels Willen passiert sei. Ich kam an und sah, dass Martin die Feder einfach abgetreten hatte. Ich fragte ihn, warum er das gemacht habe? Er meinte, dass ich ihm zu lange gebraucht habe, um etwas zu suchen.

Er war mal wieder völlig im Stress und konnte nicht warten, bis ich im Keller gegenüber von meiner Wohnung etwas geholt hatte. Der Tag verlief auch weiterhin ziemlich stressig, weil er nicht so vorankam, wie er sich das gedacht hatte.

Zwischendurch mussten wir in den Baumarkt, um noch etwas zu kaufen, was er für den Umbau brauchte. Tanya sollte in der Zeit das Werkzeug aufräumen. Als wir zurückkamen, schnauzte er sie an, weil sie noch nicht mit dem Aufräumen des Werkzeugs so weit war, wie er es erwartet hatte. Außerdem brauchte er das Werkzeug doch wieder. Abends um 21 Uhr war er fertig. Das Hochbett war super geworden, die Fläche der abgetretenen Feder sah man nicht mehr. Was mich aber einfach störte, war die Ungeduld, mit der er arbeitete, und die schlechte Laune, die er währenddessen verbreitete. Außerdem wäre ich mit einem seiner Möbelstücke so rücksichtslos umgegangen, es hätte einen riesigen Stress gegeben und er hätte verlangt, dass ein solches Verhalten unterbleibt.

Mein Resümee:

Er hatte die Zeit selbst vorgegeben, dass Tanya abends im neuen Bett schlafen könne und sich dadurch selbst unter Druck gesetzt. Keiner von uns erwartete, dass sie wirklich schon am Abend im neuen Bett schlafen könne ...

Er verbreitete deshalb eine derart schlechte Stimmung, dass alle darunter litten. Ich sagte ihm zwischendurch, wenn er nicht fertigwerde, sei das auch kein Problem. Aber er wollte unbedingt fertigwerden und zog das durch ...

Wenn er sich etwas in den Kopf gesetzt hatte, musste das so gemacht werden. Egal um welchen Preis.

33) MALTA-URLAUB

Ja, der Malta-Urlaub hat bleibende, positive Erinnerungen hinterlassen. Auf einer unserer Touren auf dieser Insel entdeckten wir, dass man dort mit Delfinen schwimmen konnte.

Martin überredete mich, das zu machen. Es war eines der schönsten Erlebnisse, die ich in meinem Leben hatte. Ich musste einen Ganzkörper-Neoprenanzug anziehen und ging mit den anderen Teilnehmern zu den Delfinen ins Wasser.

Bei den Delfinen handelte es sich um wildlebende Delfine, die verletzt aufgefunden und gesund gepflegt wurden. Sie konnten aber jederzeit ins offene Meer zurückschwimmen. Wenn sie freiwillig in der Auffangstation blieben, wurden sie trainiert.

Als Erstes kam ein Delfin zu uns und wir durften ihn streicheln. Er drehte sich sogar auf den Rücken und präsentierte seinen Bauch, an dem er gekrault werden wollte. Es war ein so unfassbar schönes Erlebnis. Ich hatte die ganze Zeit nur Tränen in den Augen, weil ich diesen wunderbaren Tieren so nah sein durfte. Dann schwamm ein Teilnehmer nach dem anderen in die Mitte des Beckens und man sollte die Arme ausbreiten. Einer der Delfine kam zu dem Schwimmer und steckte seine Schnauze in die hohle Hand und wirbelte den Schwimmer im Kreis herum. Auf einen Pfiff des Trainers hin ließ der Delphin vom Schwimmer ab und zog sich zurück.

Dann war ich endlich an der Reihe. Ich schwamm in die Mitte des Beckens und der Delphin kam zu mir. Er wirbelte mich im Kreis herum. Als der Trainer pfiff, ließ der Delfin aber von mir nicht ab, sondern drehte noch ein paar Extrarunden mit mir. Es war gerade so, als ob der Delfin merkte, dass ich ein paar zusätzliche Runden gut gebrauchen könne. Erst nach dem dritten Pfiff des Trainers zog er sich zurück.

Als Nächstes sollten wir uns am Rand des Beckens aufhalten und wenn der Delfin zu uns kam, sollte man sich an der Rückenflosse des Delfins festhalten. Er zog den Schwimmer dann auf die andere Seite des Beckens.

Es war so wunderbar, diesen Tieren so nah sein zu können und das Vertrauen dieser Tiere in den Menschen zu spüren. Obwohl sie im kalten Wasser leben, fühlen sie sich so warm an wie frisch gewachstes Leder. Nachher vollführten sie noch die tollsten Sprünge und man konnte die Lebenslust, die aus ihnen herausprudelte, regelrecht spüren.

Ich fand es schade, dass Martin sich dieses Erlebnis nicht auch gönnte. Es wäre für ihn sicherlich sehr lehrreich gewesen, was das Thema Empathie angeht, denn Delfine sind sehr empathische Wesen.

34) DER CHINA-URLAUB, 2006

Eines Tages kam Martin mit einem Prospekt über China nach Hause. Er wollte mit mir allein 3 Wochen China besuchen. Ich sagte zu ihm, dass das wohl die einzige und zugleich letzte Möglichkeit für mich sei, mit Tanya zusammen einen Urlaub zu machen. Ich machte den Vorschlag, zu dritt nach China zu fliegen.

Tanya hatte seit der Scheidung von Jakob immer mit ihm Urlaub gemacht, da ich meine Wohnung noch abzahlen und erst mal etwas ansparen musste. Jetzt war Tanya schon fast 18 Jahre alt. Ich sah nun endlich die Gelegenheit, wenigstens einmal mit ihr zusammen Urlaub machen zu können, bevor sie volljährig wurde. Sie hatte die letzten Jahre immer zurückstecken müssen. Nach einigen Diskussionen ließ er sich darauf ein. Wir buchten diesen Urlaub für 3 Personen. Die Kosten für Tanyas Urlaub übernahm Martin sogar zur Hälfte. Wir hatten jeweils ein Doppelzimmer und Tanya ein Einzelzimmer für die jeweiligen Hotels gebucht. Es sollte eine Rundreise quer durch China sein. Innerhalb von China waren nochmal 2 Flüge gebucht.

Etwa 3 Wochen vor Reiseantritt bekam Martin plötzlich einen Hörsturz und musste ins Krankenhaus. Nun war es fraglich, ob er die Reise überhaupt antreten konnte.

Ehrlich gesagt, glaubte ich ihm den Hörsturz nicht wirklich. Er erzählte mir einmal, dass er sogar bei den Hörkurven beim Akustiker schummelte, um die besseren Hörgeräte zu bekommen. Und ich weiß, dass er Probleme mit den Kindern und den Mitarbeitern im Kinderheim hatte. Er hatte nun mal ganz besondere Ansichten, was Erziehung anging. Doch durch den im Krankenhaus diagnostizierten Hörsturz und den darauffolgenden Krankenhausaufenthalt konnte er nun die Frührente beantragen. Zum Glück wurde er rechtzeitig aus dem Krankenhaus entlassen. Wir flogen los.

Dort angekommen, bekam ich regelrechte Elefantenbeine, wohl ausgelöst durch den langen 10-stündigen Flug. Da wir mit einer Reisegruppe unterwegs waren, lieh mir eine Mitreisende Stützstrümpfe. Diese und die Auseinandersetzung mit meinen Selbstheilungskräften ließen die Beine wieder abschwellen. Mit dem Bus fuhren wir nun mit der Reisegruppe von Stadt zu Stadt.

Jedes Mal im Bus wechselte ich mich ab, mal neben Tanya und das nächste Mal neben Martin zu sitzen. Tanya konnte die Reise auch genießen, wenn ich neben Martin saß. Aber saß ich neben Tanya, wurde Martins Gesicht immer länger. Er wollte mich ganz für sich!

Spätestens dieser Urlaub hätte mich das wahre Gesicht von Martin erkennen lassen müssen, aber ich war wohl noch nicht so weit ... immer wieder gab es in den Hotelzimmern end- und sinnlose Diskussionen.

Als wir dann einmal mit einer Schnellbahn fuhren, die bis zu 300 km/h schnell war, standen wir gemeinsam in einer Warteschlange mit unserer Reisegruppe. Es ging langsam voran. Auf einmal war Martin verschwunden und ohne etwas zu sagen, war er weg. Ich suchte ihn, fand ihn aber nirgendwo.

Also blieben wir bei unserer Reisegruppe. Dann stiegen wir alle in die Bahn und Martin war noch immer nicht wiederaufgetaucht.

Nach etwa einer Stunde Fahrt stiegen wir mit der Reisegruppe wieder aus und Martin kam aus der hinter uns liegenden Kabine raus. Er machte uns sofort die größten Vorwürfe, wo wir denn gewesen seien und schrie wie blöd herum. Wir waren bei der Reisegruppe geblieben. Er war verschwunden! Aber, wie immer, wir waren wieder einmal schuld. Es folgte deswegen im Hotelzimmer ein unfassbarer Streit.

In Shanghai, einer Millionenstadt, hatten wir dann ein paar Stunden zur freien Verfügung. Martin meinte, er wolle mit mir allein die Stadt besichtigen. Ich fragte ihn, warum wir das nicht gemeinsam machen könnten, schließlich seien wir zu dritt. Er meinte, Tanya könne doch auch mal allein etwas besichtigen. Ich sagte ihm, Tanya sei zwar schon 18 Jahre alt, aber andererseits auch nicht älter. Sie sei zwar schon volljährig, aber ich ließe sie in so einer Millionenstadt auf gar keinen Fall allein durch die Straßen ziehen. Wir gingen gemeinsam weiter und plötzlich war er erneut verschwunden.

Es war zum Verzweifeln. Wir schlossen uns dann ein paar anderen Frauen aus unserer Reisegruppe an, die zufällig vorbeiliefen. Martin wusste ganz genau, dass ich Orientierungsprobleme hatte und habe. Ich sagte immer zu ihm, er könne mich in einem Wald aussetzen, ich finde nie wieder nachhause. Deswegen gehe ich ungern allein irgendwo hin, wo ich mich nicht auskenne. Und dann verschwindet plötzlich in so einer Millionenstadt der Lebensgefährte. Auf einmal war er weg. Und überall wimmelte es auf den Straßen von Menschen, Autos, Bussen, Rikschafahrern, Motorradfahrern, Fahrradfahrern, Fußgängern.

Eben hatte ich mich noch mit ihm unterhalten und im nächsten Moment war er verschwunden.

Als wir uns am Bus später wieder trafen, sagte er, er habe sich etwas angeschaut, Fotos gemacht und plötzlich seien wir weg gewesen. Das ging die ganzen drei Wochen so. Ständig brauchte er eine Extrabehandlung, wir stritten uns unablässig. Die anderen aus der Reisegruppe fingen schon an, die Köpfe zu schütteln.

Er drehte es immer so, dass Tanya und ich schuld waren. Einen eigenen Anteil an Schuld sah er nie ein.
Er machte uns diesen Urlaub wahrlich zum Horrortrip. Es gab zwar dann auch noch schöne Situationen, z. B. als wir auf eigene Faust einen Kindergarten besichtigten. Eine Fahrt in einer Rikscha, eine Bootsfahrt. Es war durchaus interessant, China einmal zu besichtigen und zu sehen, wie die Menschen dort leben.

Wären nur diese ständigen Streitereien wegen Nichtigkeiten nicht gewesen. Ich habe nun mal keinen Reißverschluss in meiner Mitte, so dass ich mich aufteilen könnte. Ich wollte, dass Tanya auch etwas von dem gemeinsamen Urlaub hatte, stattdessen musste sie die ständigen Streitereien aushalten.

Ich sehe gerade ein Bild von mir vor meinem geistigen Auge, Tanya machte es, als wir gerade über die chinesische Mauer gingen. Es war Martins 40. Geburtstag. Ich gehe nach vorn gebeugt und sehe auf dem Bild aus wie eine alte Frau. Und so fühlte ich mich aber auch. Ausgelaugt und völlig kraftlos. Es war so anstrengend, bei sich zu bleiben. Diese 3 Wochen Kampf raubten mir meine ganzen Kräfte. Dabei sollte ein Urlaub doch ein bisschen entschleunigen. Aber davon war in unserem Fall nichts zu bemerken. Im Gegenteil, auf der Chinesischen Mauer ging Tanya zuerst mit einer anderen Familie mit, die zwei Töchter hatte. Mit den beiden Mädels hatte Tanya sich angefreundet. Plötzlich kam sie zu uns gelaufen und weinte bitterlich. Auf meine Frage, was denn los sei, wollte sie zuerst nicht antworten. Als sie dann in meinem Arm lag, flüsterte sie mir ins Ohr, sie habe es bei der anderen Familie nicht mehr ausgehalten, weil die alle zusammen so glücklich seien.

Diese Erfahrung hätte ich Tanya von Herzen gerne erspart. Ich hatte mir diesen Urlaub auch ganz anders vorgestellt.

Als wir wieder zu Hause waren, entdeckte Martin die Insel. Er wollte nun wieder mit mir dort hinfliegen, aber ich wollte nicht mehr. Erstens hatte der Chinaurlaub ein großes Loch in meine Finanzkasse gerissen und zweitens wollte ich mit ihm so schnell nicht nochmal wegfliegen. Der Chinaurlaub war zu anstrengend gewesen. Ich brauchte erst einmal Erholung. Als er mich diesmal nicht überzeugen konnte, flog er mit seinem Vater dorthin.

Nachdem er dann zurückgekommen war, begann er mich zu bearbeiten. Er wollte unbedingt mit mir auf eine bestimmte Insel fliegen. Ich wollte aber nicht. Es ging über Monate, bis er mich endlich so weit hatte, an meinem Geburtstag im Februar 2007 hatte er mich dann so weit. Er wollte unbedingt auswandern und hatte schon mit einem Makler auf der Insel Kontakt aufgenommen. Diesmal zahlte er die Flüge und Unterkunft für uns beide. Wir flogen auf die Insel. Tanya war bei ihrem Vater und den Hund hatte ich Noah gegeben für diese Zeit.

Mein Resümee:

Ihm war es nicht recht, dass ich Tanya in diesem Chinaurlaub dabeihaben wollte. Da ich es mir aber nie vorher hatte leisten können, mit ihr in den Urlaub zu fahren, war das für mich die erste und wahrscheinlich gleichzeitig die letzte Möglichkeit, mit ihr gemeinsam einen Urlaub zu verbringen. Außerdem störte es ihn, wenn ich im Bus neben Tanya saß. Er wollte mich die ganze Zeit für sich allein haben. Er wollte meine uneingeschränkte Aufmerksamkeit! Er fühlte sich in solchen Situationen, wenn ich neben Tanya saß, außen vor. Obwohl ich mir alle Mühe gab, mich auf die beiden aufzuteilen. Tanya, die ja nun einige Jahre jünger ist als er, kam damit zurecht, er nicht.

Diese ganzen Szenen, die er aufführte, passierten allein aus Eifersucht. Er hatte seine Gefühle absolut nicht im Zaum.

Indem er zweimal verschwand, wollte er mir Angst machen. Gerade weil ich oft Schwierigkeiten habe, mich zu orientieren, und das weiß er auch ganz genau. Wenn ich irgendwo fremd bin, ist diese Unsicherheit besonders schlimm. Außerdem spreche ich kein Chinesisch und Englisch kann auch nicht jeder Chinese.

Er kam mir in dieser Zeit wie ein Energievampir vor. Er saugte alle Kraft durch seine fast täglich stattfindenden Diskussionen aus mir heraus. Aber damals hatte ich leider noch nichts von Narzissmus gehört. Ich hielt ihn einfach nur für äußerst anstrengend.

35) DIE INSEL, 2006

Wir landeten im März 2006. Es regnete in Strömen. Der Vermieter unserer Unterkunft erwartete uns schon am Flughafen. Dann nahm Martin Kontakt mit dem Makler auf und wir schauten uns in dieser Woche Ruine um Ruine an. Es regnete fast die ganze Zeit. Auf der Insel wächst eine Pflanze, die die Portugiesen Yams nennen, sie hat riesige Blätter. Ich nahm mir eines dieser Blätter und setzte es mir verkehrt herum auf den Kopf. Das war wie ein lebendiger Regenschirm. Wir gingen auch viel wandern. Die Insel war wirklich schön, ruhig, idyllisch, romantisch ...
Unsere Vermieter waren Deutsche. Abends saßen wir öfter zusammen und sie erzählten, wie sie vor 12 Jahren auf der Insel gelandet waren.

Am letzten Tag vor unserem Abflug bekam der Makler ein weiteres Grundstück ins Angebot, was wir uns dann auch noch anschauten. Der Ausblick war gigantisch ... und Martin sagte zu, dass er dieses Grundstück kaufe. Und der Vertrag wurde von ihm unterschrieben. Er war entschlossen, hierhin auszuwandern. Ich wollte nicht und er sagte, dann ginge er halt allein.

Mir war das zu weit weg und ein fremdes Land ... ich hatte meine Kinder in Deutschland. Ja, mit Runa und Sandro gab es zwar immer wieder Probleme, aber sie war und bleibt mein Kind.

Tanya fing nun auch an. Sie wollte sich für Karneval von ihrem Unterhalt rote Kontaktlinsen für 60 € kaufen. Ich sagte ihr, das sei doch verrückt. Ich ginge für 1.500 € im Monat den ganzen Tag arbeiten und da sei alles schon drin enthalten, wie Kindergeld und Ortszuschlag/Ortstaxe. Sie bekam 650 € Unterhalt und sie wollte sich so einen teuren Mist kaufen. Ich sagte ihr, sie solle lieber so etwas wie Miete zahlen. Daraufhin sagte sie zu mir, dass ihr Papa gesagt habe, dass der Unterhalt für sie zum Leben sei. Ich erklärte ihr, dass das Leben aber auch einen Anteil von Miete enthalte. Wir stritten ziemlich über dieses Thema. Bis sie mir sagte, sie ziehe aus und bei einer Freundin ein. Die Eltern hätten gesagt, dass sie für 50 € bei ihnen wohnen könne. Dies ließ sie aber am Ende doch, weil bei den Eltern der Freundin andere Vorstellungen vom Zusammenleben vorherrschten.

In der Arbeit gab es immer mehr Probleme. Es häufte sich zu dieser Zeit einfach alles an ...

Als wir dann wieder im Flieger sitzend über die Insel hinwegflogen, hatte Martin Tränen in den Augen, weil ihm der Abschied von der Insel so schwerfiel. Zurück zu Hause hatte er nur noch eines im Kopf. Er wollte auf diese Insel! Er kaufte Fliesen, machte Pläne, wie er ein Haus bauen wollte, besorgte alles, was er brauchen konnte. Da er seit einiger Zeit alle paar Wochen nach Tirol gefahren war, weil er bei seinem Schwager in der Baufirma das Controlling machte, nahm er so nach und nach alles mit, was er mittlerweile in seiner Wohnung für die Insel gesammelt hatte. Bei seinem Schwager wollte er einen Container packen. Am liebsten hätte er auch schon die Sachen von mir mitgenommen, aber ich wollte noch immer nicht mit auf die Insel.

Mein Resümee:

Er hatte sich in die Insel verliebt. Es war, und ist immer noch, ein traumhaft schöner Fleck Erde. Er brauchte nach der Arbeit im Kinderheim eine neue Aufgabe, einen Neuanfang. Bei seiner Arbeit im Kinderheim hatte er sich nie wirklich wohl gefühlt und ich glaube, er ist auch das eine oder andere Mal durch seine Art, mit den Kindern umzugehen, negativ aufgefallen. Dann hatte er zum Schluss diesen Hörsturz. Durch den Hörsturz bekam er schließlich seine Frührente genehmigt. Wegen seines Hörproblems konnte er nicht mehr in seinem Beruf als Pädagoge arbeiten. Er war 40 Jahre alt, als er die Rente bekam. Nun brauchte er eine neue Aufgabe.

Ich war aber noch nicht so weit, meine Kinder alleinzulassen, meine Arbeit aufzugeben, denn ich arbeitete seit 13 Jahren in dieser Kindertagesstätte und nach 15 Jahren wäre ich unkündbar gewesen. Außerdem hatte ich mir dort einen Ruf gemacht. Die Eltern mochten mich, ich konnte gut mit den Kindern umgehen, auch mit den „schwierigen". Ich war beliebt ...

36) MEINE ARBEIT IM KINDERGARTEN

Ich bekam immer mehr Arbeit von meiner Chefin aufgehalst. Anfangs hatten wir jeweils in jeder der 3 Gruppen 2 Wickelkinder. Als ich einmal nach der Pause wieder in den Garten rauskam, saß meine „Lieblingskollegin" mit dem Rücken zu mir auf dem Sandkastenrand, tippte ihrer Praktikantin auf die Schulter und sagte zu ihr, sie solle mal bei einem ihrer Wickelkinder die Windel wechseln, die würde ja schon über. Die Kleine hatte offenbar Durchfall und die Praktikantin antwortete mit nein, sie habe keine Lust. Daraufhin wieder meine Kollegin: „Ach, dann drehen wir uns um und haben es nicht gesehen, die Kleine wird ja sowieso gleich abgeholt." Sie drehte sich um und sah mich. Ich fragte sie, ob das ihr Ernst sei?! Sie machte die Kleine dann noch ganz schnell frisch.

Beim nächsten Teamtreffen, welches einmal in der Woche stattfand, sprach ich die Sache an und es wurde beschlossen, dass ich, da ich ja die einzige Kinderpflegerin in der Einrichtung sei, alle Wickelkinder in die Gruppe bekomme. Ich habe doch sowieso am wenigsten Kinder in der Gruppe. Mit den 6 Wickelkindern hatte ich von nun an 15 Kinder in meiner Gruppe. In der mittleren Gruppe waren 13 Kinder und ganz vorne in der Gruppe bei meiner „Lieblingskollegin" 10 Kinder. Irgendwie konnten meine Kolleginnen alle nicht zählen, aber na ja, so war das halt. Es hieß, wenn ich Hilfe brauche, solle ich einfach jemanden rufen. Doch wenn ich jemanden rief, stellten alle Kolleginnen ihre Ohren auf „Durchzug", und meine Chefin saß wie immer in ihrem Büro.

Dann reduzierte meine Gruppenkollegin noch auf halbtags. Da meine Chefin offiziell auch in meiner Gruppe arbeitete, sich aber die meiste Zeit im Büro aufhielt, waren wir offiziell 2,5 Arbeitskräfte in meiner Gruppe. Man kann sich vielleicht vorstellen, was da los war. Außerdem bekam ich alle Besuchskinder in meine Gruppe geschickt und meine „Lieblingskollegin" schickte mir zwischenzeitlich ihre schlimmen Jungs, mit denen sie nicht klar kam. Das Burnout war unausweichlich. Außerdem hatte ich zusätzlich die privaten Probleme.

Da im Ort ein zweiter Kindergarten eröffnet worden war, hatte ein Kollegenwechsel stattgefunden. Den neuen Kolleginnen konnte man nichts mehr zumuten und den neuen Praktikantinnen genauso wenig. Meine Gruppenkollegin hatte die Arbeitszeit, wie gesagt, reduziert und meine Chefin, die auch in meiner Gruppe sein sollte, saß nur noch im Büro, sie war kurz vor der Rente, und ihr Lieblingsspruch war: „Wir kriegen unser Geld, ob wir was tun oder nicht."

Alle schwierigen Kinder, Besuchskinder und meine Gruppenkinder, ich war so gut wie jeden Nachmittag allein. Vormittags war meine Gruppenkollegin noch da. Aber das hält kein Mensch auf Dauer aus.

„Rosemarie macht das schon", hieß es dann immer von meiner Chefin.

Eines Tages (ich hatte mal wieder, wie so oft, an einem Freitag Spätdienst) sollte ich mit der Praktikantin allein den Dienst übernehmen. Der Kindergarten befand sich in einer Apfelgegend und von den umliegenden Bauern bekamen wir hin und wieder Äpfel geschenkt. Bei meiner „Lieblingskollegin", die ich an diesem Tag ablöste, durften die Kinder während des Spielens Äpfel essen. Mir war es aber lieber, wenn die Kinder dabei am Tisch saßen. Wir machten also die Übergabe und meine „Lieblingskollegin" ging nach Hause. Ich war allein mit der Praktikantin und forderte die Kinder auf, wer noch einen Apfel esse, solle sich bitte an den Tisch setzen.

Auf dem Weg zum Tisch fing einer der Buben plötzlich an, zu husten. Er hatte ein Stück Apfel im Hals stecken und bekam keine Luft mehr. Mein Alptraum war wahr geworden. Ich fackelte nicht lange, hob ihn an den Beinen hoch und klopfte ihm kräftig auf den Rücken. Da der Apfel nicht rauskommen wollte, schüttelte ich ihn zusätzlich und klopfte stärker auf seinen Rücken. Der Apfel kam endlich raus. Ein Glück!

Der Tag ging zu Ende. Der betreffenden Oma, die den Buben abholen kam, sagte ich, was passiert war. Am kommenden Montag wurde ich ins Büro der Chefin zitiert. Dort wurde mir von der Chefin gesagt, die Praktikantin habe sich derart erschrocken darüber, wie ich mit dem Buben umgegangen sei. Sie behauptete, ich hätte den Buben geschlagen. Ich fragte die Chefin, was ich ihrer Meinung nach hätte tun sollen. Ein bisschen Rückenstreicheln hätte in diesem Fall nicht geholfen. Das Stück Apfel habe im Hals festgesessen. Sie meinte, ich hätte den Krankenwagen rufen sollen. Als ich ihr sagte, dass der Junge erstickt wäre, bis der Krankenwagen im Kindergarten gewesen wäre, meinte sie, das wäre aber die richtige Vorgehensweise gewesen. Dazu fehlen mir heute noch die Worte.

Allmählich verstand ich die Welt nicht mehr. Man ist ein Held, wenn man den Krankenwagen ruft und seelenruhig zuschaut, wie ein Kind langsam erstickt, während man auf den Krankenwagen wartet. Und man ist ein Verbrecher, wenn man einem Kind das Leben rettet, indem man dafür sorgt, dass der Apfel aus dem Hals raus kommt. Ich hatte ihn nicht geschlagen, ich hatte ihm kräftig auf den Rücken geklopft und Erfolg gehabt. In so einer Situation hat man schließlich auch eine gewisse Panik.
Diese Arbeit machte mir langsam wirklich keinen Spaß mehr.

Ein Horrorbeispiel: Meine „Lieblingskollegin" ließ ihre Praktikantin z. B mit 12 Kindern alleine im Turnraum turnen. Sie selbst saß mit nur noch einem Kind in der Gruppe … kurz vorher hatten meine Chefin und die Stellvertreterin die Betten der Kinder platzsparender aufgestellt. Dabei war ein Rollbett übriggeblieben, dieses hatten sie einfach ungesichert auf einen unbenutzten Stapel Betten gelegt, mit den Rollen nach oben zeigend. Die Praktikantin turnte wie gesagt alleine mit den Kindern. In dem gleichen kleinen Raum wie die Betten stand auch der Schrank mit den ganzen Turnmaterialien.

Nach dem Turnen sollten die Kinder aufräumen, die aber machten sich einen Spaß daraus, die Turnmaterialien einfach herumzuwerfen. Einiges landete dabei auf den Betten. Ein Bub kletterte jetzt auf den Stapel, auf dem das ungesicherte Rollbett lag, dieses begann zu rutschen, fiel herunter und eine Rolle traf einen Buben am Kopf, der unter dem Stapel gerade etwas aufhob. Der Turnraum lag schräg gegenüber von meiner Gruppe, meine Gruppenraumtür war offen und ich sah die Praktikantin um Hilfe schreiend an meiner Gruppe vorbeilaufen, den Buben, dem das Rollbett auf den Kopf gefallen war, hinter sich herziehend. Ich sah, wie das Blut aus dem Hinterkopf des Buben herausquoll. Die Praktikantin schrie um Hilfe, und ich rannte zu ihr. Sie war vollkommen überfordert mit der Situation. Ich nahm als Erstes ein paar Papierhandtücher und drückte diese auf die Wunde, damit es aufhörte zu bluten. Die anderen Kolleginnen, die dazu gekommen waren, standen nur um mich herum und schauten. Ich beauftragte eine Kollegin, Verbandsmaterial aus dem Erste-Hilfe-Kasten zu holen. Sie kam ewig nicht wieder. Als sie endlich kam, sagte sie, es sei kein Verbandsmaterial da, und wollte mir den dreckigen, gebrauchten Spüllappen geben, damit ich die Blutung stillen konnte ... ich konnte es nicht fassen. Als endlich feststand, dass wirklich kein Verbandsmaterial da war, lief eine andere Kollegin zu ihrem Auto und holte von dort den Verbandkasten. So konnte ich wenigstens einen frischen Verband machen. Unsere Chefin hatte an diesem Tag frei. Am nächsten Tag kam heraus, dass sie vergessen hatte, neues Verbandmaterial zu bestellen.

Ein anderer Fall, eines meiner Wickelkinder hatte freitags hochgradigen Durchfall und Fieber. Ich rief die Mutter vormittags an, sie solle die Kleine doch bitte abholen kommen. Sie kam zur regulären Abholzeit um 17 Uhr. Bis dahin hatte ich die Kleine mindestens viermal umgezogen. Wir hatten für solche Fälle immer Ersatzwäsche da. Jetzt tat ich die Schmutzwäsche in eine Plastiktüte und bat die Mutter, die Wäsche mit nach Hause zu nehmen und gewaschen wieder mitzubringen. Das war so üblich bei uns. Sie nahm die Tasche nicht mit. Als ich montags zur Arbeit kam, hing die Tasche noch an der Garderobe der Kinder. Als die Kleine wiedergebracht wurde, bat ich die Mutter erneut, sie möge doch bitte die Schmutzwäsche mitnehmen. Dienstags hing die Tasche immer noch an der Garderobe der Kinder. Ich bat die Mutter wieder, mittlerweile stank die Tasche erbärmlich. Mittwochs hing die Tasche immer noch an der Garderobe. Nun ging ich hin und knotete die Tasche an die Kindergartentasche der Kleinen. Jetzt musste die Mutter die Tasche bemerken. Am nächsten Tag, donnerstags, fragte ich die Mutter, als ich sie traf, ob sie die Tasche gefunden habe. Sie reagierte sehr ungehalten und meinte, die Tasche sei ja wohl nicht zu übersehen gewesen. Ich antwortete ihr und da standen ein paar Kolleginnen dabei, unter anderem auch meine Chefin: „Das war auch so beabsichtigt. Wir sind hier ein Kindergarten, und wenn so eine Tasche länger hier herumhängt, besteht einfach die Möglichkeit, dass andere Kinder auch krank werden." Als die Mutter weg war, sagte meine Chefin: „Das hast du richtig gemacht." Am nächsten Tag allerdings rief sie mich ins Büro und hielt mir eine Standpauke, dass ich mich bei der Mutter entschuldigen solle, wir seien schließlich ein Dienstleistungsbetrieb. Ich entschuldigte mich nicht bei dieser Mutter.

Ich hatte mittlerweile schon seit mindestens einem halben Jahr die Woche über Durchfall und am Wochenende war alles gut. Wir hatten einen neuen Lieferanten für das Kindergartenessen bekommen und ich dachte, dass ich vielleicht das neue Essen nicht vertrage. Von Psychosomatik hatte ich damals noch keine Ahnung.

Irgendwann stand dann ein Vater mit seinem volljährigen, an Tourette erkrankten Sohn bei uns im Kindergarten und wollte mit der Chefin sprechen. Nachdem die beiden wieder weg waren, kam meine Chefin zu mir und meinte, ich bekomme einen Praktikanten in meine Gruppe. Alles klar. Da dieser junge Mann aber durch seine Tics in der kommenden Woche mehrmals Kinder mit der Hand traf (natürlich aus Versehen), sagte ich meiner Chefin, dass der junge Mann durch seine Krankheit meiner Meinung nach nicht in einem Kindergarten arbeiten sollte. Ich hatte immerhin 6 Wickelkinder in der Gruppe. Da sagte sie zu mir, dass ich mich als Mutter eines Behinderten behindertenfeindlich benehme. Das traf mich doch sehr. Es wurde ein Riesending daraus gemacht, ob dieser junge Mann ein einjähriges Praktikum bei uns in der Einrichtung machen könne oder nicht. Es fehlte nur noch die Zustimmung des Bürgermeisters ... und der Bürgermeister sagte am Ende auch nein.

Es hat nichts mit Behindertenfeindlichkeit zu tun. Ein kleines Kind, welches – auch wenn es nur aus Versehen geschieht –

plötzlich eine Hand in den Rücken geschlagen bekommt oder an der Schulter getroffen wird, erschreckt sich und versteht das nicht! Und am Ende beschweren sich die Eltern noch. Damit ist keinem geholfen.

Bei einem befreundeten Elternpaar passte ich ab und zu auf den Sohn auf, wenn sie ausgehen wollten. Der Kleine war damals 4 Jahre alt und ging in die gleiche Kindertagesstätte. Eines Tages kam der Vater abends zu mir nach Hause und erzählte mir ganz aufgeregt, dass er gerade aus dem Krankenhaus komme. Der Kleine habe einen Jeansknopf im Popo gehabt. Er fragte mich, ob ich etwas mitbekommen habe. Nein, an diesem Tag hatte ich Frühdienst gehabt und war um 14.30 Uhr nach Hause gefahren. Spätdienst hatten meine Chefin und meine „Lieblingskollegin" mit einer Praktikantin gehabt.

Am nächsten Tag kam der Vater in die Kindertagesstätte und fragte die Chefin, wie so etwas habe passieren können. Sie versuchte, sich herauszureden. Sie seien alle am Nachmittag draußen im Garten gewesen und hätten das nicht bemerkt. Die Kinder müssten sich heimlich ins Haus geschlichen haben. Keiner von den Erzieherinnen habe die Schreie des Kleinen gehört, als er von zwei großen Jungs festgehalten worden sei und der dritte dem Kleinen den wohl irgendwo gefundenen Knopf in den Popo gesteckt habe. Es ist nie geklärt worden, wie dies hatte passieren können. Ich kann nur sagen, dass ich froh war, an diesem Tag Frühdienst gehabt zu haben, denn das war definitiv am Nachmittag passiert. Das stand fest.

Solche Sachen passierten in den letzten 5 Jahren in dieser Einrichtung öfter, nachdem ein Teil des Personals gewechselt und meine Chefin ihren Lieblingsspruch geäußert hatte: „Wir kriegen unser Geld, ob wir was tun oder nicht!"

Dann irgendwann brach ich zusammen, als ich nach der Arbeit nach Hause kam. Ich weiß noch, dass ich dachte, super, jetzt bekommst du einen Herzkasper und kein Mensch ist da. Martin war nicht da, und Tanya bei einer Freundin.

Als Martin abends kam, bestand er darauf, dass ich am nächsten Tag zum Arzt ginge. Ich wäre wieder arbeiten gegangen. Der Arzt schrieb mich aber als Erstes sofort für 6 Wochen krank.

In dieser Zeit stellte ich bei der Pensionsversicherung einen Antrag auf eine Kur ... die wurde prompt abgelehnt. Daraufhin schrieb ich einen Widerspruch, wie krank eine alleinerziehende Mutter in Deutschland eigentlich sein müsse, um eine Kur genehmigt zu bekommen ...

Nach den 6 Wochen Krankenstand sollte ich eine Wiedereingliederung im Kindergarten machen. Das Ganze war ein so tragikomisches Trauerspiel. Ausgerechnet, die beiden von der „Knopfsache" sollten mich beurteilen. Meine Chefin rief meine „Lieblingskollegin", wenn sie aufs Klo musste, oder die Kollegin rief die Chefin. Sie hatten wohl Angst, mich allein in der Gruppe zu lassen. Ich machte nichts anders, als vorher, außer, dass ich keine Verantwortung trug. Am Ende der Woche wurde ich zum Personalchef gerufen. Der sagte mir, meine Chefin sei bei ihm gewesen, sie habe den Eindruck, dass ich noch nicht wieder arbeitsfähig sei. Ich solle einen Termin bei einem Psychologen machen. Okay, etwas Besseres konnte mir gar nicht passieren.

Ich fand zum Glück relativ schnell eine Psychologin, die mir einen Termin gab, weil ich zustimmte, dass eine Praktikantin bei dem Gespräch anwesend sein durfte. Nach diesem Gespräch (ich erwähnte auch die abgelehnte Kur und meinen Widerspruch) sagte die Psychologin, sie fahre jetzt erst einmal für 3 Wochen in den Urlaub. So lange schreibe sie mich erst mal weiter krank. Danach würden wir weitersehen. Sie könne mich nach ihrem Urlaub auch direkt in eine psychosomatische Klinik einweisen, wenn sich die Pensionsversicherung bis dahin nicht gemeldet habe.

Nach den 3 Wochen hatte ich wieder einen Termin bei ihr. Da wir bis dahin nichts von der Pensionsversicherung gehört hatten, wies sie mich in eine psychosomatische Klinik ein. Als der Termin feststand, fuhr ich dorthin. Tanya übernahm unseren Hund Lucky und lernte in diesen 3 Monaten viel darüber, wie es ist, Verantwortung zu tragen. Ich hatte jetzt 3 Monate Zeit, um mich zu regenerieren.

Währenddessen hatte Martin den ersten Container gepackt und flog auf die Insel, um anzufangen, sein Haus zu bauen. Ich hatte mich immer noch nicht dazu entschieden, mit ihm auf die Insel auszuwandern.

Als ich seit 3 Tagen in der Klinik war, kam ein Schreiben von der Pensionsversicherung zu uns nach Hause, meine Kur war doch genehmigt worden. Ich rief an und sagte, dass ich mittlerweile in eine psychosomatische Klinik eingewiesen worden war.

In der psychosomatischen Klinik lernte ich sehr viel über mich selbst, nahm auch an einer Schmerztherapie teil und fand heraus, woher meine jahrelangen Ohrmuschelschmerzen rührten. Ich nahm an Vergebungsritualen meinen Eltern gegenüber teil und arbeitete an meinem Selbstbewusstsein. Martin und ich telefonierten in dieser Zeit sehr viel. Er baute auf der Insel sein Haus. Tim, ein Freund von ihm, kam extra auf die Insel, als der Dachstock gemacht werden musste, und half beim Einbau von Fenstern und Türen.

Während der Zeit in der Klinik lernte ich, dass ich meinen Kindern zwar das Leben geschenkt hatte, sie aber auch von nun an selbst verantwortlich für ihr Leben waren. Runa war 24 Jahre alt und verheiratet. Tanya war 18 ½ Jahre alt.

Am Ende der 3 Monate beschloss ich, dass ich doch mit Martin zusammen auf die Insel auswandern würde. Tanya, die ja ausziehen wollte, konnte mietfrei in meiner Wohnung bleiben.

Sie brauchte nur die anfallenden Kosten, wie Strom, Wasser etc., zu zahlen. Ich war einfach am Ende meiner Kräfte und dachte, ich hätte nun auch mal das Recht, an mich zu denken. Ich wollte als Selbstversorger neu anfangen.

Als ich dann aus der Kur zurückkam, teilte ich meinen Kindern meine Entscheidung mit und sagte ihnen, dass Martin einen weiteren Container packen und meine wichtigsten Sachen holen und einpacken würde. Wir würden im Januar auf die Insel fliegen und dort heiraten. Dann würde ich wiederkommen und den Rest packen. Martin würde mich im März 2007 mit den 2 Katzen und dem Hund abholen.

Auf der Arbeit ließ ich mich für ein Jahr beurlauben. Als ich mich im Kindergarten verabschieden ging, kam mir eben dieser „Apfeljunge" entgegengelaufen und rief: „Oh Rosemarie, da bist du ja endlich wieder. Weißt du, was meine Oma sagt? Sie sagt, es wird Zeit, das du wiederkommst, du bist die Einzige, die mich richtig erziehen kann!" Er fiel mir in die Arme und drückte mich ganz fest an sich. Meine „Lieblingskollegin" saß gerade an ihrem Schreibtisch und bekam im wahrsten Sinne des Wortes den Mund nicht mehr zu. Dieser Ausspruch dieses Jungen und zu sehen, wie meine „Lieblingskollegin" darauf reagierte, war Balsam für meine Seele.

Später erzählte mir meine Gruppenkollegin, mit der ich heute immer noch Kontakt habe, dass meine Chefin wieder notgedrungen vermehrt Gruppenarbeit machen musste. Und sie fragte meine Gruppenkollegin einmal: „Wie haben wir das früher nur geschafft?" Und da antwortete meine Gruppenkollegin ganz cool: „Da war Rosemarie noch da!"
Es ist wie überall im Leben, erst wenn etwas, was gut war, wegfällt, fängt man an, es zu vermissen.
Im zweiten Jahr meiner Freistellung bekam meine Chefin ein Jahr vor ihrem Rentenbeginn eine neue Leitung vor die Nase gesetzt. Sie musste ihr ach so beliebtes Büro räumen und wieder normale Gruppenarbeit leisten. So viel zu „wir kriegen unser Geld, ob wir etwas tun oder nicht". Es muss für sie sehr hart ge-

wesen sein, das der Elternschaft zu erklären. Sie war als Leitung einer Kindertagesstätte schon lange nicht mehr tragbar gewesen.

13 Jahre war ich in dieser Einrichtung beschäftigt. Aber die letzten 5 Jahre waren nach dem Personalwechsel einfach nur noch furchtbar. Daher auch der Ausdruck „Lieblingskollegin" ...

37) DIE INSEL, 2007

Wir flogen im Januar 2007 auf die Insel, um dort zu heiraten.

Ich dachte allen Ernstes, dass, wenn ich ihn heiratete, er keinen Grund mehr hätte, so furchtbar eifersüchtig zu sein. Außerdem war Tanya nun erwachsen. Von nun an konnte sie in meiner Wohnung ihre eigenen Erfahrungen machen. Meine Hoffnung war sehr groß, dass wir endlich in Ruhe unser Leben leben könnten. Ich flog kurz nach der Hochzeit zurück, um meine Sachen zu packen, die ich mit auf die Insel nehmen wollte. Martin kam ein paar Wochen später nach. Meine Sachen wurden in einen Container gepackt und im März wanderten wir letztendlich aus.
Ich besorgte für Lucky eine große Transportkiste. Martin montierte Rollen daran und wir übten mit Lucky von nun an im Keller das „Fliegen". Er war schon 10 Jahre alt und hatte im letzten Jahr eine erst spät erkannte Borreliose überstanden, wovon er einen Tumor an der Milz bekommen hatte. Der Tierarzt riet mir davon ab, Lucky mit auf die Insel zu nehmen. Er hätte ihn am liebsten eingeschläfert, aber das wollte ich nicht. Ich wollte es Lucky zuliebe probieren. Schließlich hatte er keine Schmerzen, sondern nur diesen Tumor und der war mit Flüssigkeit gefüllt. Er drohte dann zu platzen, wenn Lucky mit dem Bauch irgendwo gegenprallte. Und dafür konnte man sorgen, dass das nicht passierte. Ich ging das Risiko ein.

Als wir im März endlich im Flieger saßen (Lucky war gut verstaut, die Katzen hatten wir im Handgepäck dabei), kam die

Stewardess und wollte die Tickets sehen. Sie fragte ganz beiläufig: „Wandern Sie aus?" Ich sagte: „Ja." Sie schaute sich um, strich sich ihr Kleid schnell glatt und meinte: „Und wo sind die Kameras?" Ich lachte und sagte: „Wir wandern ohne Kameras aus, die brauchen wir nicht dazu."

Als wir dann nach mehr als 3-stündigem Flug in Lissabon landeten, mussten wir mit dem Bus zu einem anderen Terminal fahren. Als wir ankamen, holte ich die Katzen aus der Transportbox und wollte ein frisches Handtuch hineintun. Die in der Box waren nass vom Pippi. Martin hielt den Kater Tiger und Lucky an der Leine, ich hatte Kyo, die 2. Katze, an der Leine und war gerade dabei, ihr das Geschirr zu richten, da sie sich halb daraus befreit hatte. Doch plötzlich entlüftete der Bus seine Bremsen und es gab ein laut zischendes Geräusch. Tiger erschrak sich, sprang in die Luft und Martin hatte keine Chance, ihn zu halten, so schnell hatte er sich aus dem Geschirr herausgewunden und rannte blindlinks weg. Ich steckte Kyo schnell wieder in ihre Box und lief hinterher. Tiger versuchte immer wieder, an dem Zaun hochzuspringen, der um den Flughafen herum gespannt war. Jedes Mal, wenn ich ihn fast wiederhatte, rannte er weiter und plötzlich war er verschwunden. Da waren Büsche, unter denen er sich versteckt haben konnte. Ich fand ihn nicht mehr. Ich suchte alles ab, rief ihn, ging später mit Lucky, den Tiger sehr geliebt hatte, nochmal die Strecke entlang, aber er war nicht zu finden. Wir gaben dem Zivilschutz des Flughafens Bescheid und ich rief bei Tasso an, wo Tiger registriert war. Die Beamten vom Zivilschutz des Flughafens waren sehr hilfsbereit. Der ganze Flughafen, es war mittlerweile dunkel geworden, wurde mit Suchscheinwerfern abgesucht. Doch Tiger blieb verschwunden. So mussten wir am nächsten Morgen leider ohne Tiger weiterfliegen. Ich war am Boden zerstört. Ich hoffte, dass er über Tasso gefunden würde, aber ich habe leider nie mehr etwas von ihm gehört.

Auf der Insel angekommen, musste das ganze Haus geputzt werden. Da es sich bei Martins Haus um einen Neubau handelte, der jetzt ein paar Wochen geschlossen gewesen war, hatte sich an den Schränken überall Schimmel gebildet. Da wartete jetzt erst einmal viel Arbeit auf uns ...

Teil 2

38) DAS LEBEN AUF DER INSEL, 2008

Unser neues Leben fing an. Da wir Selbstversorger sein wollten, fing ich an, die Ländereien umzugraben. Ich pflanzte To-
maten, Paprika, Gurken, Kürbisse, Melonen, Salate aller Art,
Kohl, Kohlrabi, Blumenkohl, Erdnüsse, Pastinaken, Mangold,
Spinat, Mais, Süß – Lupinen, Fenchel, Kartoffeln, Porree, Knol-
lensellerie, Radieschen, Feldsalat, Knoblauch, Zwiebeln, Rüben,
Zucchini, Kraut, Pfefferkraut, Zitronenmelisse, Zitronen, Ver-
bene, Pfefferminze, Schnittlauch, Schnittknoblauch, Majoran,
Oregano, Bärlauch, Beifuß, Basilikum, Beinwell, Borretsch, Cur-
rykraut, Dill, Liebstöckel, Ringelblumen, Salbei, Stevia, Zistro-
se, Thymian und noch viel mehr an...

Es war sehr viel Arbeit, bis alles mal so wuchs, dass man davon
leben konnte. Außerdem bekamen wir zwei Ziegen. Schwänli,
eine weiße Ziege, war 3 Monate alt, und Bärli, eine schwarze
Ziege, war 5 Monate alt, als wir sie bekamen.

Das erste Jahr verging auch nicht ganz ohne Auseinandersetzungen, aber das waren im Gegensatz dazu, wie sich das Leben
in den folgenden Jahren entwickelte, waren das nur „Peanuts".

Wenn ich z. B. etwas trank und das Glas nicht leer getrunken auf
dem Tisch stehen ließ, trank Martin es einfach aus, um es wegzuräumen. Ich verlor den Überblick, wie viel ich getrunken hatte. Es störte ihn scheinbar, wenn ein Glas auf dem Tisch stand.
Nach einer Weile stieg ich auf eine Sodaflasche um und bat ihn,
nicht auch noch daraus zu trinken. Ich trank einfach zu wenig
und brauchte einfach einen Überblick, wie viel ich trank. Es
funktionierte zwar nicht immer, aber immer öfter. Auch Martin hatte sich eine Flasche geholt und trank seinen Tee daraus,
wenn er draußen baute.

Wenn wir nun irgendwo hinfahren wollten, suchte ich oft meine Handtasche. Dabei hatte Martin sie schon mit ins Auto ge-

nommen, ohne mir Bescheid zu sagen. Meine Konten hatte er auf seinem Computer installiert, weil ich ja keinen Computer hatte. Und mit Internetbanking kannte ich mich sowieso nicht so gut aus. Um mir zu zeigen, wie das funktionierte, hatte er einfach keine Geduld. Er machte von nun an alles selbst. Ich muss zugeben, für mich war es am Anfang großartig, dass er den Schreibkram übernahm. Und so vergaß ichvieles von dem, was ich früher selbst gemacht hatte. Vor allem vergaß ich mit der Zeit auch meine Pins. Ich widmete mich ganz der Gartenarbeit, kochte gerade in den ersten 2 Jahren vieles ein. Die Arbeit machte mir Spaß und ich ging ganz darin auf.

Da ich gerne filze und die Schafwolle auf der Insel leider Müll ist, bekam ich von den portugiesischen Bauern die Schafwolle geschenkt, die ich wusch, kämmte und zum Filzen verwendete. Mein Leben war ausgefüllt. Ich fing an, mich wohlzufühlen.

Mein Resümee:

Er fing schon zu Beginn an, mich zu kontrollieren. Mir war das anfangs gar nicht bewusst. Ich hielt es für zuvorkommend. Ich hatte gerade das Burnout hinter mir und machte den Fehler, da ich mich auf dem Computer nicht so gut auskannte, ihm meine Konten zu überlassen. Er ist auch ein Genie in Sachen Computer. Er musste z. B. die ganzen Mieteinnahmen der Münchener Wohnungen am PC kontrollieren. Er hatte jeden Monat eine lange Liste, die er akribisch abarbeitete. Genauso war es, wenn wir irgendwo hinflogen, er machte eine Liste für die jeweilige Reise, in der genau stand, wann wir wo sein würden. Mit Zeit und Adressangaben. Er brauchte diese Kontrolle wie die Luft zum Atmen. Und so übernahm er auch meine Konten. An und für sich war ich froh darüber, denn die Arbeit im Garten wurde nicht weniger, da ich alles alleine machen musste. Er meinte immer, sobald er fertig sei mit dem Bauen, helfe er mir.

39) MEIN TEPPICH

Nach den ersten paar Wochen auf der Insel kam der Container auf der Insel an und musste ausgeräumt werden. Das hieß, zwischen dem Hafen und unserem Dorf immer hin- und herzufahren. Wir hatten zwei Wochen Zeit, um den Container leerzuräumen. Da wir das alles allein machten, war das schon heftig.

Meinen großen Perserteppich wollte ich in Martins Haus im Wohnzimmerbereich auslegen. Wir schleppten ihn runter ins Haus. Ich wollte schnell noch den Boden wischen, damit wir den Teppich auslegen konnten. Martin meinte, ich müsse doch erst mal oben putzen, bevor ich den Boden hier unten putze. Ob ich noch nie etwas davon gehört habe, wie man richtig putze. Meine Wohnung sei auch immer dreckig gewesen.

Ich hatte den ganzen Tag diesen blöden Container ausgeräumt und wollte zum Abschluss nur noch diesen Teppich auslegen. Ich wollte nicht damit anfangen, das ganze Haus von oben bis unten zu putzen. Ich wollte nur diesen Teppich auslegen, und dann für diesen Tag Schluss machen.

Wie sonst entstand eine Diskussion daraus. Ich ließ Martin zum Schluss einfach stehen. Mir war das einfach zu blöd. Sollte er doch mit sich allein weiter diskutieren.

Als ich wiederkam, lag der Teppich da, wo er hinsollte. Dass Martin das Haus von oben bis unten geputzt hatte, wage ich zu bezweifeln. Oder ob er gar nichts getan hatte, und nur den Teppich ausgelegte hatte, weiß ich bis heute nicht. Es hatte mich auch nicht mehr interessiert.

Mein Resümee:

Die Tatsache, dass er damals Dreck hinter der Badezimmertür versteckte, um zu kontrollieren, ob Tanya ordentlich putzte, hatte ich vollkommen vergessen und verdrängt. Bis zu diesem Augenblick.

Selbst nahm er in den 3 Jahren, in denen er bei mir wohnte, kein einziges Mal einen Putzlappen in die Hand. Jetzt kam er mir mit der Tour, meine Wohnung sei immer dreckig gewesen.

Ich ärgerte mich über diesen Ausspruch so sehr, dass ich ihn deswegen einfach stehen ließ. Sollte er doch selbst putzen. Ich musste mir das nach einem Tag Container ausräumen gewiss nicht mehr antun!

40) SEIN UNFALL AUF DER INSEL

Da durch das Aufbauen unseres ersten Gästehauses auch wieder Schutt entstanden war, wollte er eines Tages den Schutt noch „schnell" mit Hilfe von Manuel zur Müllhalde bringen. Er fuhr mit dem Jeep und einem vollen Anhänger los.

Etwa eine Stunde später kam Manuel zu mir und sagte, dass die beiden einen Unfall gehabt hätten. Sie hätten sich überschlagen. Manuel zeigte mir eine Verletzung am Rücken. Es sei aber sonst nichts passiert und Martin ginge es gut. Ich solle zur Unfallstelle fahren, um Martin abzuholen.
Ich holte mir das Quad aus der Garage und fuhr zu ihm. Als ich ankam, war kurz vor mir ein Mann mit einem großen Pick-up an der Unfallstelle vorbeigekommen. Die beiden Männer hatten mit vereinten Kräften das Auto wieder auf die Räder gestellt.

Martin erzählte mir dann, wie es zu dem Unfall gekommen war. Sie hatten den Schutt abgeladen und waren auf dem Weg zurück, als die Zigaretten von Manuel, die auf der Konsole gelegen hatten, in einer Kurve aus dem offenen Fenster zu fallen drohten. Martin hatte danach gegriffen und dabei das Steuer verrissen. Da er einen Anhänger dabeihatte, waren sie daraufhin ins Schleudern geraten, und zwischen zwei großen Moospolstern in den Graben gefahren und hatten sich überschlagen.

Ihr Glück war, dass da rechts und links von diesen Moospolstern große Steine gelegen hatten und sie genau zwischen den beiden großen Steinen in den Moospolstern gelandet waren und nicht gegen einen dieser Steine geprallt waren. So waren die beiden noch einmal glimpflich davongekommen.

Mein Resümee:

Ich denke, er war wieder einmal zu schnell unterwegs. Was mich verwunderte, war, dass Martin als vehementer Nichtraucher nach Zigaretten griff und dadurch diesen Unfall verursachte. Zum Glück war weiter nichts passiert.

41) DIE SALATSÄULEN

Wir wollten Selbstversorger sein und hatten uns diverse Bücher über dieses Thema angeschafft. In einem dieser waren Salatsäulen abgebildet. Das waren dicke Plastikrohre, die einen Meter tief eingegraben werden mussten. In diese Plastikrohre waren in verschiedenen Abständen Löcher gefräst.

In diese konnte man, wenn die Rohre mit Erde gefüllt waren, Salatpflanzen setzen. Das war praktisch, platzsparend und rückenschonend zugleich. Wie entschlossen uns, solche Salatsäulen im Garten zu bauen. Wir besorgten uns alles, was wir an Material brauchten.

Da Martin aber nur billiges Gartenwerkzeug, z. B. Gartenkrallen zum Graben, aus China bestellt hatte, brachen die Zinken der Gartenkrallen eine nach der anderen ab und Martin fluchte wie ein Rohrspatz. Er schickte mich dies holen, jenes holen, das holen und, und, und ...

Wir wollten 4 Salatsäulen bauen, das hieß, viermal ein 1 m tiefes Loch zu graben, im Durchmesser der Plastikrohre. Sobald ich wegging, weil ich nur danebenstand und nichts machen konnte, um z. B. Unkraut zu jäten, rief er mich gleich wieder zu sich. Er brauchte angeblich meine Hilfe oder er brauchte in dem Moment genau das Werkzeug, welches ich in der Hand hatte. Und zu zweit an einem Loch von ca. 30 cm Durchmesser zu graben, war unmöglich. Wir hatten nicht genug Werkzeug, so dass jeder von uns ein Loch hätte graben können. Also musste ich die meiste Zeit neben ihm stehen, um gleich zu springen, falls er etwas brauchte und natürlich, um mir sein Gefluche anzuhören.

Als die Säulen endlich standen, fing er an, die Löcher für die Salatpflanzen zu fräsen. Da er alles, was er machte, unter Stress zu tun schien, arbeitete er ziemlich schnell. Plötzlich, als er die Bohrmaschine mit der Fräse aus einem fertigen Loch ziehen wollte, löste sich die Fräse und fiel in die Säule hinein. Da lag sie jetzt gut einen Meter tief in der Säule, wo man nicht mehr herankam. Wieder ging das Wutgeschrei los. Er fluchte und schrie: „Scheiße!"

Ich kam auf die Idee, dass die Fräse vielleicht magnetisch sein könnte, ging nach drinnen und suchte einen starken Magneten. Diesen befestigte ich an einem Seil und wir ließen den Magneten durch das Loch hinab in die Säule. Und siehe da, die Fräse war wirklich magnetisch. Und nach ein paar Versuchen hatten wir sie draußen. Jetzt konnte er weitermachen.

Als er endlich fertig war mit dieser Arbeit, befüllte ich die Säulen mit Erde und setzte die ersten Salatpflanzen. Die wuchsen darin wirklich prächtig.

Aber ohne Aggression und ohne seine Wutanfälle hätte es wesentlich mehr Spaß gemacht, diese Salatsäulen zu bauen.

Mein Resümee:

Er brauchte bei dieser Arbeit jemanden, der ihn bewunderte. Deshalb ließ er mich nicht von seiner Seite weichen. Er brauchte mal dies, mal jenes ... damit er nicht jedes Mal selbst aufstehen musste, sollte ich bei ihm bleiben. Letzteres konnte ich noch verstehen, aber diese ganze Flucherei machte es für mich nicht leicht, bei ihm zu bleiben oder ihn gar zu loben.

Ich war an diesem Tag einfach nur froh, als er endlich fertig war. Als ihm die Fräse in die Salatsäule fiel, war er so wütend, dass er nicht einmal mehr nachdenken konnte. Mit ihm zusammen zu arbeiten, wurde für mich immer mehr zur Qual.

42) LUCKYS TOD

Meinen Hund Lucky nahmen wir mit 10 Jahren und einer überstandenen Borreliose auf die Insel mit. Lucky meisterte den Flug ganz souverän. Auf der Insel lebte er noch ungefähr 9 Monate. Er liebte es, draußen auf der Terrasse zu sitzen und aufs Meer hinauszublicken. Er konnte seine letzten Monate noch so richtig genießen. Es sah wirklich oft so aus, als koste Lucky den Ausblick aufs Meer mit vollem Herzen aus.

Dem Tierarzt, der ihn hatte einschläfern wollen, schickten wir eine Postkarte mit Luckys Foto, wie er auf der Terrasse saß, aufs Meer schaute. Als ich Jahre später nochmal zu dem Tierarzt kam, hing das Foto von Lucky immer noch an seiner Pinnwand.

Als es mit Lucky zu Ende ging, konnte er nicht mehr laufen und Martin meinte, er stinke. Ich musste ihn auf die Terrasse tragen, aber es fing an zu regnen. Statt auf die Terrasse brachte ich ihn in den späteren Pferdestall. Dort konnte ich aber nicht die ganze Zeit bei ihm bleiben. Also schleppte ich ihn gegen Martins Willen wieder ins Haus und legte ihn dort neben meinem Schreibtisch auf Decken. Da lag er dann und ich konnte immer wieder nach ihm schauen. Gegen Mittag schlief er ein. Ich war bei ihm, als er starb.

Er war ein so toller Hund gewesen, das hatte er nicht verdient, irgendwo allein sterben zu müssen. Wir haben ihn im Garten bei

Martins Haus mit Blick auf sein geliebtes Meer begraben. Dabei hatte Martin sich einigermaßen im Griff und fluchte nicht ganz so viel wie sonst. Nur einmal, als er auf einen Stein stieß ... aber diesmal hielt sich seine Flucherei wirklich in Grenzen.

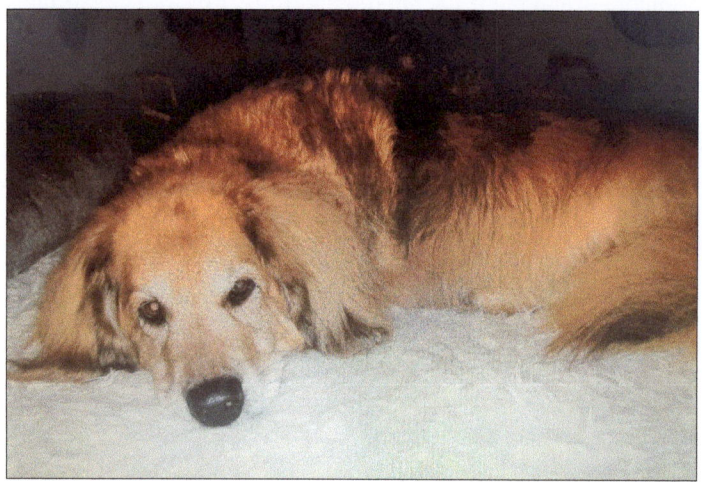

43) FLIESEN DER TERRASSE

Martin flieste seine Terrasse und ich sollte die Fugen machen. Da ich aber so etwas noch nie gemacht hatte, zeigte er mir, was ich zu tun hätte. Wir fingen an und ich machte diese Arbeit so gut, wie ich konnte und wie ich dachte, es sei richtig.

Als er aber sah, was ich gemacht hatte, fing er gleich wieder an, mich zu beschimpfen und zu beleidigen. Ich hatte noch nie in meinem Leben etwas verfugt. Ich machte es ihm einfach nicht gut genug.

Es machte wirklich keinen Spaß, mit ihm zusammen eine Arbeit zu erledigen. Er hatte immer etwas an der Arbeit von anderen auszusetzen. Nach Martins Ansicht konnte keiner die Arbeit gut genug, schnell genug und ordentlich genug machen, nur er selbst konnte das! Es artete immer in Negativstress aus.

44) DER EINGANG

Genauso war es, als er den Eingang seines Hauses mit Steinen fliesen wollte. Er hatte alles vorbereitet. Ich sollte ihm die Steine in der Reihenfolge reichen, wie er sie vor den Eingang hingelegt hatte. Doch er arbeitete so schnell, dass ich mit den Steinen gar nicht nachkam. Er fluchte wieder nur.

Und irgendwann, verunsichert durch seine ständige Flucherei, kam ich mit den Steinen durcheinander, was alles noch schlimmer machte. Er konnte und kann auch heute noch nichts mit Ruhe erledigen. Es artete immer in Stress aus.

Mein Resümee:

Er war anfangs der Meinung, dass wir alles gemeinsam machen sollten. So auch bei der Kräuterschnecke, die er baute. Er schleppte und rollte riesengroße Steine heran und war der Meinung, dass ich ihm dabei helfen müsse. Die Steine waren allerdings so groß und so schwer, dass ich diese mitnichten bewegen konnte. Da er wieder nur fluchte, zog ich mich zurück und ließ ihn das allein erledigen. Außerdem erklärte ich ihm, dass diese Steine einfach zu schwer für mich als Frau seien ...

Es gab so viele Männer im Dorf, die gerne geholfen hätten. Zum Beispiel Manuel. Er war ein bisschen gehbehindert und hatte für Martin die Mauern rund um sein Haus gesetzt. Manuel arbeitete ihm aber zu langsam ... Martin machte leider immer wieder den Fehler, dass er sich selbst als Standard betrachtete. Er verlangte von allen anderen, dass sie genauso schnell oder schwer arbeiteten, wie er. Manuel hatte wirklich gute Arbeit geleistet. Damals versuchte ich noch, Martin zu erklären, dass er andere nicht mit sich vergleichen könne. Vor allem nicht Frauen mit Männern. Frauen sind anders gebaut als Männer. Männer bekommen ja auch keine Kinder. Er wollte das aber nicht einsehen.

Und von wegen alles zusammen machen. Beim Gemüseanbau hätte er heute noch das erste Unkraut zu zupfen. Wir sind ausgewandert, um Selbstversorger zu werden. Das war unser Anliegen ... und nicht, um Touristenhäuser zu bauen. Aber der Gemüseanbau rückte mit den Jahren immer mehr in den Hintergrund. Er hatte sich das nun einmal in den Kopf gesetzt, die Häuser für die Touristen in den Vordergrund zu stellen. Die Arbeit damit hatte am Ende wieder ich. Die Häuser mussten nach jedem Wechsel der Touristen geputzt werden und die Wäsche frisch gewaschen. Alles musste neu bezogen werden. Man glaubt nicht, welche Schweine es unter den Menschen gibt. Da sind echte Schweine so manches Mal noch sauber dagegen ...

Martin meinte, er schwitze zu schnell. Das stimmte auch, es war unhygienisch, wenn er die frisch bezogenen Betten schon beim Beziehen vollschwitzte. Was mich störte, waren seine in der Zukunft immer öfter wiederholten Aussagen, dass meine Arbeit weniger wert sei als seine. Meine Arbeit war seiner Meinung nach, egal ob es sich um Gartenarbeit handelte oder die Arbeit mit den Touristen (ich kochte auch für viele der Touristen), nicht so viel wert wie der Aufbau der Häuser. Ich habe ja schließlich keine Steine geschleppt. Man muss sich das mal vorstellen. Das waren keine Ziegel oder kleine Steine ... nein, es waren gerade bei der Kräuterschnecke richtige Granitblöcke, so wie sie vor Tausenden von Jahren aus dem Vulkan geschleudert worden waren. Ich als Frau konnte die wahrlich nicht bewegen.

Außerdem aß er das selbst angebaute Gemüse und auch den selbst gemachten Käse sehr gerne, den ich aus der Ziegenmilch und der frischen Kuhmilch, die wir von den Bauern bekamen, herstellte.

Es verletzte mich mit den Jahren zunehmend, dass er meine Arbeit als geringer wertig ansah als seine Arbeit. Die Diskussionen darüber fingen mit der Zeit an sich zu häufen.

45) MALUKA, 2008

Martins Vater besuchte uns und wir mussten noch Besorgungen machen. Derweil setzten wir Holger irgendwo ab, denn er wollte ein bisschen Wandern gehen. Wir verabredeten uns mit ihm an einem Aussichtsplatz, wo wir gemeinsam etwas essen wollten.

Auf dem Weg zum Aussichtsplatz sahen wir 3 Pferde auf einer Wiese stehen, 2 Palominos und einen braunen Hengst. Ich sagte zu Martin: „Mensch, schau dir mal diese beiden hübschen Pferde an." Es waren 2 bildschöne Tiere.

Als wir ein paar Tage später zu Marina fuhren, sie war unsere Trauzeugin gewesen, hatte sie ihr Pferd im Garten stehen. Das erinnerte mich sehr an die Geschichte von Pippi Langstrumpf und ich sagte zu ihr, dass sie es guthabe, weil sie wie Pippi Langstrumpf ein Pferd im Garten stehen habe. Sie fragte mich, ob ich auch ein Pferd haben möchte. Da hinten auf der Weide stünden 2 Palominos und der Besitzer wolle eines davon verkaufen. Ich erzählte ihr, dass es schon seit Kindertagen mein größter Traum sei, ein eigenes Pferd zu besitzen.

Wir fuhren direkt zu dem Besitzer. Marina hatte uns gesagt, wo wir ihn fänden,. Aber leider sagte er uns, das Pferd sei schon verkauft. Ich sagte so zu mir, okay, dann solle es wohl nicht sein. Ich dachte nicht weiter darüber nach.

Etwa 3 Wochen später trafen wir Adam, den Freund von Marina, und er erzählte uns, dass der Besitzer des zu verkaufenden Pferdes und der potenzielle Käufer sich gestritten hätten. Das Pferd sei wieder zu haben. Wir fuhren nochmal zu dem Besitzer, der es bestätigte. Gemeinsam fuhren wir auf die Weide. Ich sollte mir eines der beiden Palominos aussuchen. Es waren Mutter und Tochter.

Als ich die Weide betrat, lief die Tochter sofort weg, die Mutter aber kam vertrauensvoll zu mir und beschnüffelte mich. Wir waren gleich gute Freunde! Das Pferd hatte mich ausgesucht. Ich fragte, wie sie heiße, und er sagte, das sei Maluka.

Wir wurden uns einig, er wollte 750 Euro für sie haben. Ein paar Tage später brachte er uns Maluka. Ich war so happy. Sie war 5 Jahre alt und eine Schönheit! Ich ging viel mit ihr spazieren. Unsere Dorfbewohner bestaunten das neue Pferd im Dorf und ich wurde gefragt, wie sie denn heiße. Ich sagte: „Maluka." Da fingen die Leute an zu lachen und es dauerte ein bisschen, bis sie mir mit Worten und Handbewegungen erklärt hatten, was Maluka auf Portugiesisch bedeutet. Es bedeutet „die Verrückte". Wir mussten alle so sehr lachen. Von da an war ich bekannt als die Deutsche, die mit der Verrückten spazieren geht. Aber es war liebevoll gemeint. Ich habe noch nie ein Volk kennengelernt, das so hilfsbereit und Ausländern zugewandt ist, wie diese Menschen auf dieser Insel!

Adam zeigte mir, wie man die Hufe schneidet, denn einen Hufschmied gab es nicht auf der Insel.

Am selben Tag, an dem Maluka bei uns ankam, wurde im Dorf auch ein zweites Pferd angeschafft, namens Velja. Sie war schon über 20 Jahre alt. Ich fragte den Bauern, der Velja gekauft hatte, ob wir die beiden Pferde nicht zusammen auf einer Weide halten könnten. Pferde sind Fluchttiere und sind allein oft unsicher, aber leider war er nicht damit einverstanden. Also wieherten sich unsere beiden Pferdemädels oft nur gegenseitig an. Mal brach Velja aus ihrer Weide aus und besuchte Maluka und mal brach Maluka aus ihrer Weide aus und besuchte Velja. Doch trotz der gegenseitigen Besuche war der Bauer nicht umzustimmen, die beiden Pferde zusammenzuhalten.

Brigitte, Martins Schwester, hatte sich für einen Besuch auf der Insel angekündigt. Sie kam mit ihrem Mann und 4 Kindern zu uns. Die Kinder waren begeistert von dem Pferd und ich war viel unterwegs mit ihnen und Maluka. Als sie nach 10 Tagen wieder abreisten, sagte Martin zu mir, jetzt könnten wir das Pferd wieder verkaufen.

Ich schaute ihn entsetzt an und dachte mir, jetzt spinnt der total. Ich hatte mir gerade einen Kindheitstraum mit diesem Pferd erfüllt. Hatte er dem Kauf wirklich nur zugestimmt, um seiner Schwester zu imponieren? Zu sehr liebte ich Maluka bereits, um sie jetzt einfach wieder herzugeben.

Maluka war dann letztendlich 10 Jahre meine treue Begleiterin und eine sehr gute Freundin. Dann musste ich sie leider schweren Herzens abgeben, weil ich selbst krank wurde und operiert werden musste. Martin war so oft eifersüchtig auf sie, wenn ich sie mal knuddelte und küsste. Ich hatte ihr beigebracht, „Küsschen" zu geben. Wenn Martin das mitbekam, sagte er allzu oft: „Das Pferd knutschst du ab und wo bleibe ich?"

Mein Resümee:

Er wollte mit Maluka vor seiner Familie nur angeben. Sie ist ja auch eine Schönheit. Er wollte mit ihr nur zeigen, was er sich alles leisten konnte. Aber da hatte er die Rechnung ohne mich gemacht. Ich ließ mich nicht darauf ein, das Pferd nur vorzuführen und es einfach wieder abzustoßen. Ich denke, Martin weiß bis heute nicht, was wirkliche Liebe ist.

Mit ihr ist mein Kindheitstraum erfüllt worden, ein eigenes Pferd zu haben. Und ich erinnere mich heute noch sehr gerne an die Ausritte, die ich mit ihr erlebte. Ich hatte die Verantwortung für sie übernommen und fühlte mich ihr gegenüber auch dementsprechend verpflichtet.

Ich hatte schon immer eine besondere Beziehung zu Tieren. Die Tiere nahmen und nehmen mich so, wie ich bin, ohne irgendwelche Bedingungen an meine Liebe zu knüpfen. Ich liebe sie einfach und werde zurückgeliebt. Ich war da, behandelte sie ordentlich. Sie liebten mich, weil ich gut zu ihnen war.

Martin war immer eifersüchtig auf meine Tiere. Egal ob Hund, Katze oder Maluka oder Mulata oder irgendein anderes Tier, welches ich besonders ins Herz geschlossen hatte. Ich hatte auch Hühner und ein paar dieser Seidenhühner waren richtige Kuscheltiere. Sie liebten es, gestreichelt zu werden.

Das kam später bei den Touristen gut an, aber wenn meine Enkelin Rafaela, als Tanya mit ihr auf der Insel war, sich mal so ein Huhn schnappte, musste von Martin wieder gemeckert werden. Dann ließe meine Tochter zu, dass Tiere „gequält" werden …
   Die Touristen durften das wohl, das waren ja zahlende Kunden und da durfte man nichts sagen. Aber beim eigenen Enkelkind war das anscheinend etwas Anderes. Unbegreiflich.

 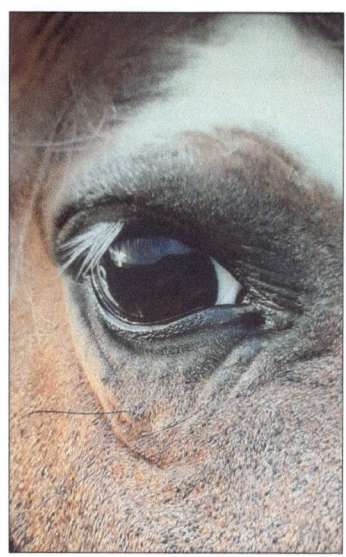

46) FIPS

Ja, etwa ein Jahr später kam Fips im Alter von 3 Wochen zu uns. Ich konnte es kaum glauben, als der Portugiese, der ihn uns schenkte, sagte, dass er erst 3 Wochen alt sei. Er war der Meinung, dass der Hund alt genug sei, er fresse schließlich selbst.

Na gut, andere Länder, andere Sitten, heißt es ja so schön. Jetzt hatten wir wieder einen Hund. Fips sah aus wie ein kleiner, batteriebetriebener Spielzeughund und lief auch genauso. Natürlich war er noch nicht sauber und immer wieder fand man kleine Pfützen oder Häufchen.

Eines Tages fand Martin wieder ein Häufchen und schnappte sich, ehe ich was sagen konnte, Fips und schmiss ihn mit Schwung raus auf die Terrasse. Fips schlitterte bestimmt 3–4 Meter auf dem Bauch über die Terrasse. Wieder hatten wir einen Grund zum Streiten. So eine Behandlung eines Tieres akzeptierte ich nicht. Das ist und bleibt für mich reine Tierquälerei. Martin hatte leider Erfolg damit, Fips machte danach nie mehr einen Haufen ins Haus. Ich finde aber trotzdem, dass das nicht in Ordnung ist, wenn man so mit einem Tier umgeht.

Ohne Fips hätte ich die Beziehung zu Martin schon viel früher beendet. Fips war oft der psychische Prellbock während Auseinandersetzungen und Streit. Es ging dann, „Fips, sag deinem Herrchen" oder „Fips, sag deinem Frauchen". Und er schaute immer von einem zum anderen, so als ob er uns verstehe. Er spielte wirklich oft den Vermittler. Ohne meine Tiere wäre ich viel früher gegangen bzw. hätte ich diese Beziehung gar nicht so lange ausgehalten.

47) FRALIX

Martin bekam Fralix von einem befreundeten Pärchen zum Geburtstag geschenkt. Er nannte den kleinen Kater Fralix, abgeleitet von Franz und Felix, den Zwillingen der beiden.

Am Anfang durfte Fralix mit Fips zusammen am Esstisch sitzen und die beiden bekamen auch mal ein Leckerli. Wenn die Katzen auf den Esstisch sprangen, hatte ich eine Blumenspritze, mit der ich sie dann nass spritzte, um ihnen das abzugewöhnen. Wasser ist bei Katzen ein gutes Erziehungsmittel und vor allem tut es ihnen nicht weh. Aber eines Tages, als Fralix wieder einmal auf den Tisch sprang, schnappte Martin sich den Kater, hielt ihm die Blumenspritze direkt vor das Gesicht und spritze ihm das Wasser mehrfach direkt ins Gesicht. Ich fand das unmöglich. So geht man einfach nicht mit einem Tier um.

Nachdem Fralix allerdings ein paar Wachteln getötet hatte, was zum ganz natürlichen Jagdinstinkt einer Katze gehört, durfte er nicht mehr ins Haus. Martin jagte ihn, wo immer er ihm auch begegnete. Fralix brauchte nur noch seine Stimme zu hören, dann lief er schon weg.

Außerdem war ich nicht unschuldig am Tod der Wachteln. Ich hatte eine Klappleiter offen neben dem Wachtelstall stehen gelassen und einen Spalt zwischen den Gitterstäben übersehen, durch den die Wachteln ihren Kopf stecken konnten. Fralix kam dadurch, dass die Klappleiter direkt vor dem Käfig stand, überhaupt erst an die Wachteln heran. Bis ich den Spalt schließlich entdeckte, hatte er schon 3 Wachteln den Kopf abgebissen. Für meinen Fehler musste der arme Kater büßen. Martin schnappte sich Fralix sogar einmal, als er verbotenerweise bei mir im Haus war. Er bekam ihn am Schwanz zu packen und schleuderte ihn regelrecht aus dem Haus. Das war dann schon wieder ein Grund für Diskussionen, denn für mich war das eine eindeutige Tierquälerei. Ich kann und will so etwas nicht akzeptieren!

Später zog Fralix dann zu Tanya R. Er hielt es bei uns nicht mehr aus, was ich vollkommen verstehen konnte. Zu mir kam er immer noch, aber war Martin in der Nähe, nahm er Reißaus ...

Mein Resümee:

Martins Eifersucht auf alle Geschöpfe dieser Erde, denen ich meine Aufmerksamkeit widmete, war schon außergewöhnlich abartig. Er versuchte in seinem Eifersuchtswahn immer wieder, seinen Frust an den Tieren abzulassen. Doch genau das führte immer wieder zu neuen Auseinandersetzungen.

Gerade bei Fralix, den er geschenkt bekommen hatte und den er doch im Grunde gar nicht wollte. Ausgerechnet auch noch geschenkt von einem Pärchen, bei denen wir öfter waren, wenn wir wieder einmal Beziehungsprobleme hatten. Letztere gab es leider viel zu oft. Dieses Pärchen hatte nie zu ihm gehalten, sondern sie hatten beide immer wieder versucht, ihm zu erklären, wie eine Beziehung auf Augenhöhe funktioniere. Martin hörte zwar zu, war aber nie imstande, das Gesagte in die Tat umzusetzen.

Egal, was er in all den Jahren an Abstrusitäten gebracht hatte, es war für jeden anderen absolut unverständlich, wie er sich mir oder meinen Kindern oft gegenüber verhielt. Mit diesem Pärchen, es waren auch Deutsche, verstand ich mich sehr gut. Leider wohnten sie auf der anderen Seite der Insel ... und waren demnach in akuten Krisensituationen für mich unerreichbar.

48) TANYAS AUSZUG AUS MEINER WOHNUNG, 2009

Mittlerweile hatten wir das erste Gästehaus fertig. Es war ein alter Stall, in dem einmal der Stier des Dorfes gelebt hatte. Martin hatte eine alte Plakette mit einer Nummer darauf gefunden und unsere Bürgermeisterin gefragt, ob das früher mal die Hausnummer gewesen sein könnte. Sie erkundigte sich bei den älteren Leuten und einer von ihnen erklärte ihr, dass das wohl einmal der Stall für den Stier des Dorfes gewesen sei. Diese Plakette habe der Stier um den Hals gehabt.

Mittlerweile hatte Martin diese Plakette an der Haustür seines Hauses befestigt. Als die Bürgermeisterin eines Tages zu uns kam, um uns diese Geschichte zu erzählen, stand sie vor der Haustür und lachte herzhaft darüber, dass die Plakette an seiner Haustür hing. Sie sagte zu Martin, er solle diese Plakette lieber wieder wegmachen, sonst hielten ihn die Leute noch für den „Stier des Dorfes". Sie kam aus dem Lachen gar nicht mehr heraus ...

Diesen Stall hatte Martin zu einem schönen kleinen Gästehaus umgebaut. Dort besuchte uns Gerald mit seiner Frau, ein alter Klassenkamerad von Martin, den ich damals schon bei dem Abschlussfest von Martins Erzieherausbildung kennen gelernt hatte. Er blieb für zwei Wochen als erster zahlender Gast bei uns.

Eigentlich hatten wir das Gästehaus für Verwandtschaft gebaut, falls mal meine Kinder oder Verwandtschaft uns besuchen wollten. Nun war Gerald mit seiner Frau da. Wir verbrachten schöne Tage zusammen und an einem Tag wollten wir die wunderschöne Königswegwanderung machen.

Tanya rief mich an diesem Morgen an und sagte mir, dass sie aus meiner Wohnung aus- und in eine WG einziehen wolle. Wir, Martin und ich, dachten zwar, dass sie länger in meiner Wohnung bliebe, aber es war nun mal so. Es war ihre eigene Entscheidung.

Nach dem Gespräch mit Tanya erzählte ich Martin ganz unbedarft, dass Tanya aus meiner Wohnung in Rheinland-Pfalz ausziehen wolle. Da fing er urplötzlich an, herumzubrüllen, das sei so nicht ausgemacht gewesen. Wenn er sie in die Finger bekomme, mache er sie fertig. Als Gerald und Brigita zu uns kamen, war ich schon in Tränen aufgelöst und mit den Nerven am Ende, weil ich sein Verhalten in keinster Weise verstehen konnte. Natürlich bekamen sie das Ganze mit und versuchten, Martin zu beruhigen, damit wir losmarschieren konnten. Martin schimpfte aber noch den ganzen Hinweg der Wanderung nur über Tanya. Immer wieder kam die Aussage: „Ich mach sie fertig, ich mach sie fertig, ich mach sie fertig ...“

Allein diese Aussage dauernd zu hören, machte mich fertig. Warum um Himmels Willen regte er sich so sehr darüber auf. Es war doch meine Wohnung, aus der meine Tochter auszog. Auf halber Strecke angekommen, machten wir eine Rast. Ich zog mich mit Brigita an einen Bach zurück, während Gerald mit Martin redete. Sie sagte zu mir, dass Gerald ihr einiges von Martin erzählt habe und dass Martin noch nie mit Frauen habe umgehen können. Dass es total unfair sei, wie Martin gerade mit mir umginge.

Als wir weitergehen wollten, entschuldigte ich mich bei Gerald und Brigita und sagte ihnen, unter diesen Umständen, die derzeit herrschten, denn Martin hatte sich noch immer nicht beruhigt, ich ziehe es vor, zurückzugehen, um ihnen nicht den Tag zu vermiesen. Ich wünschte ihnen noch einen schönen Tag und machte mich auf den Weg zurück.

Nach ein paar Minuten hörte ich hinter mir ein Geräusch. Ich drehte mich um und sah Martin. Ich sagte zu ihm, er solle mich in Ruhe lassen und mit Gerald und Brigita die versprochene Wanderung zu Ende bringen. Er antwortete aber, er wolle mich nicht allein lassen. Gerald und Brigita machten die Wanderung jetzt allein weiter. Ich betonte wieder, dass ich jetzt allein sein möchte, aber er ließ nicht von mir ab.

Ich ging weiter, er ging weiter, ich blieb stehen, er blieb stehen, so ging das eine ganze Weile. Ich war wütend und enttäuscht von ihm, und beschimpfte mich selbst als dumm, dass ich mit ihm auf diese Insel ausgewandert war. Ich konnte sein Verhalten einfach nicht verstehen. Ich fühlte mich sogar von ihm bedroht, da er mich so penetrant verfolgte. Ich erinnere mich auch noch daran, dass er einen ganz merkwürdigen Gesichtsausdruck hatte.

Leider hatte ich ihm seine Worte wieder einmal geglaubt, als er mir versichert hatte, er habe an sich gearbeitet und solche „Ausraster" kämen nicht mehr vor. Es hatte ja diesmal auch eine ganze Zeit so ausgesehen, als sei da etwas dran …

Jetzt verfiel er wieder in sein altes Verhaltensmuster. Ich konnte es gar nicht fassen, es war wirklich unglaublich, was da wieder abging. Das alles passierte allerdings nur in meinen Gedanken, während ich diesen Weg zurückging und er mich verfolgte.

Er verfolgte mich immer noch penetrant. Ich blieb wieder stehen, diesmal bemerkte er es zu spät, und er stand plötzlich neben mir. Er stand mit dem Rücken zum Abgrund. Einen Meter zurück und es ging mindestens 30 m tief steil runter auf spitzes Lavagestein. Einen winzig kleinen Augenblick kam mir der Gedanke, ihm jetzt einfach einen Stoß zu versetzen, dann wäre ich dieses Problem endlich los.

Ich erschrak über meine eigenen Gedanken. Aber ich behielt mich unter Kontrolle. Ich wollte mich nicht auf sein Niveau herunterlassen. Wegen ihm wollte ich nicht auch noch zum Mörder werden. Es war schon genug, dass ich die Kontrolle über mein Leben verloren hatte … dumm wie ich war!

Aber in diesem Moment wurde mir klar, wie schnell man die Fassung verlieren und wie schnell so etwas wie ein Mord im Affekt passieren kann. Wenn man so sehr und bis aufs Blut, so unfassbar penetrant von seinem Gegenüber provoziert wird und man am Ende keinen anderen Ausweg mehr sieht …

Und das alles nur, weil Tanya aus meiner Wohnung ausziehen wollte.

Mein Resümee:

Ich kann sein Verhalten bis heute nicht wirklich nachvollziehen. Ich weiß nicht, warum er so extrem reagierte. Er hatte keinen

Vorteil davon, wenn Tanya in meiner Wohnung blieb, geschweige denn einen Nachteil, wenn sie auszog.

Ich denke, da reichten sich einfach mal wieder „Dr. Jekyll und Mr. Hyde" die Hand und wechselten sich ab. Es war ein für mich so unfassbar schwieriger Tag, aber ich hatte nun auf dieser Insel schon viel zu viel investiert. Noch dachte ich nicht daran, sie zu verlassen ...

Es war ja das erste Mal, dass er so krass ausrastete. Von da an war ich auf der Hut und ich war über mich selbst furchtbar entsetzt, weil mir, wenn auch nur für einen Augenblick, der Gedanke gekommen war, ihm einfach einen Stoß zu geben. Damit er endlich aufhörte. Damit er endlich Ruhe gab.

Aber im Nachhinein bin ich dem Universum gerade für diese Erfahrung sehr dankbar. Denn diese Erfahrung hat mich gelehrt, nicht allzu voreilig über meine Mitmenschen zu urteilen. Denn morden kann jeder von uns. Es kommt darauf an, wie man mit seinen negativen Gefühlen umgeht. Ich habe es geschafft, diesen negativen Gefühlen nicht nachzugeben. Das hat mich innerlich stärker gemacht.

Er hatte ja in Deutschland schon so manche Exzesse gebracht. Zwischenzeitlich hatte er mehrere Selbsttherapien gemacht. Ich sagte mir, er ist doch Psychologe. Scheinbar nützten diese Selbsttherapien allesamt nicht allzu viel. Zu sehr kann man sich selbst belügen. Man braucht ein echtes Gegenüber, jemanden, der einem auch mal sagt, dass man gerade auf dem falschen Weg ist. Dieses Gegenüber konnte nicht ich sein. Er brauchte eine echte Therapie.

In einer Partnerschaft emotionale und verbale Misshandlung ertragen zu müssen ist wie eine Art Mobbing in der Ehe. Diese Art der Gewalt macht den Partner unsicher in seinem Verhalten und raubt ihm jedes bisschen Selbstbewusstsein. Erst mit der Zeit wird einem bewusst, dass man gewaltvoll und hinterhältig manipuliert, belogen und betrogen wird.

49) DER VERKAUF MEINER WOHNUNG
UND MEIN COMPUTER

Meine Nachbarn wollten nun meine Wohnung für ihre Tochter kaufen. Also flog ich nach Deutschland, um sie zu verkaufen. Martin hatte auch ein Ticket für einen Hin- und Rückflug für Runa gebucht. Da sie Probleme mit Sandro hatte, wollte ich sie für 3 Wochen mit auf die Insel nehmen, damit sie einmal auf andere Gedanken käme. Ich bekam 45.000 € für meine Wohnung.

Tanya hatte sich gerade erst einen Laptop gekauft, weil ihr Vater wollte, dass sie Portugiesisch studiert. Sie brach das Studium allerdings ab und verkaufte mir ihren fast neuen Laptop. Sie spielte mir auch noch ein paar Hörbücher drauf. Ich weiß noch, welche Angst ich auf dem Rückflug am Flughafen in Ponta Delgada deswegen hatte, wenn das entdeckt werden sollte. Denn ausgerechnet bei meinem Laptop wurde am Flughafen ein Drogentest gemacht. Es wurde mir aber erst später bewusst, dass das ein Drogentest gewesen war. Ich hatte solches Herzklopfen ...

Heute kann ich nur noch lachen darüber. Ich sehe jedoch daran, wie unsicher ich durch die ganzen emotionalen Angriffe von Martin mittlerweile doch innerlich war. Ich ließ mich zwar nie ganz unterkriegen, meine kämpferische Löwin war immer noch schwach am Leben, aber es war doch so, dass mein Selbstbewusstsein, welches ich mir einmal schwer erarbeitet hatte, durch die ständigen Kämpfe mit ihm ziemlich angeknackst war.

Runa war bei meinem Rückflug dabei. Es lagen 3 Wochen auf der wunderschönen Insel vor ihr ... dachte ich.

Als wir auf der Insel ankamen, musste ich mir die größten Vorwürfe von Martin anhören, weil ich ohne sein Einverständnis Tanya den Computer abgekauft hatte. Er weigerte sich sogar, mir zu helfen, wenn ich Probleme damit hatte. Doch zum Glück war Runa ja da, die mir in diesen Situationen half.

Mein Resümee:

Er war wieder mal stinksauer, weil ich ohne sein Einverständnis den Computer meiner Tochter abgekauft hatte. Ich hatte den Computer aber von meinem eigenen Geld gekauft. Ich musste ihn doch nicht erst um Erlaubnis fragen.

Meine Eigenmächtigkeit ärgerte ihn so sehr, dass er mir noch nicht einmal helfen wollte, den Computer einzurichten, wie ich es brauchte. Er hatte sowieso nie die nötige Geduld, um mir etwas zu erklären. Aber dass er sich gänzlich weigerte, war neu. Er weigerte sich sogar, mir meine Konten auf meinem Computer einzurichten, damit ich wieder selbst über mein Geld hätte verfügen können.

50) RUNA AUF DER INSEL, 2011

Ich war gerade nach Deutschland geflogen. Runa hatte mich donnerstags noch zur Zulassungsstelle gebracht, um mein Auto abzumelden. Freitagabend bekam ich dann einen Anruf von ihr, sie habe eine Dummheit gemacht und aus Verzweiflung wegen einem Streit mit Sandro Tabletten geschluckt. Sie habe versucht zu erbrechen, aber es funktioniere nicht.

Ich ließ mir Sandro geben. Ich fragte ihn, was los sei. Er sagte, sie habe sich nach einem Streit ins Bad eingeschlossen und die Tabletten geschluckt. Ich sagte ihm, er müsse Runa so schnell wie möglich ins Krankenhaus bringen. Er meinte, ich wisse doch, dass er keinen Führerschein habe. Ich sagte: „Du bist jetzt so oft ohne Führerschein gefahren und hier ist Gefahr im Verzug, wenn du sie nicht ins Krankenhaus bringst, zeig ich dich wegen unterlassener Hilfeleistung an: „Danach rief ich meine Nachbarin an und lieh mir ihren Roller. Damit fuhr ich auch ins Krankenhaus. Dort angekommen erkundigte ich mich nach meiner Tochter. Ich lief zu ihr. Sie war in der Notaufnahme in einem Behandlungszimmer, wo sie gerade einen Liter Kohle trank, um die Tabletten zu neutralisieren. Das war das Ergebnis ihrer Affekthandlung. Es sei gut gewesen, dass sie sich nicht habe erbrechen können, denn die Tabletten hätten ihr sonst die Speiseröhre verätzt, sagte die Ärztin. Sandro stand während der ganzen Zeit mit verschränkten Armen und gespreizten Beinen in der Tür, so wie ein Türsteher vor einer verruchten Bar.

Runa gab mir ihre Tasche, in der auch ihr Personalausweis war. Den brauchten wir am kommenden Dienstag, denn da ging unser Flug. Sie sagte zu mir, ich solle die Tasche mit nachhause nehmen. Als Runa die Kohle ausgetrunken hatte, wurde sie zur Beobachtung auf die Intensivstation gebracht.

Ich wollte nachhause fahren, aber Sandro stand immer noch wie ein Rammbock in der Tür und streckte nur die Hand aus, als ich an ihm vorbei wollte, und sagte: „Tasche." Ich sagte zu ihm, dass Runa wolle, dass ich die Tasche mitnehme. Er sagte: „Meine Frau, meine Tasche." Er riss mir die Tasche aus der Hand.

Da ich in diesem Moment nichts Anderes machen konnte, überließ ich ihm die Tasche und fuhr nach Hause. Am nächsten Tag rief ich ihn an und sagte, Runa brauche ihre Tasche im Krankenhaus. Er sagte, er habe die Tasche im Auto vergessen, ich solle den Schlüssel fürs Auto hoch in die Wohnung holen kommen. Dann könne ich die Tasche aus dem Auto holen. Er meinte, ich solle mit der Tasche nochmal hoch in die Wohnung kommen, wenn ich den Schlüssel zurückbringe. Er müsse noch etwas rausholen.

Meine liebe Nachbarin Hannah, die mittlerweile schon verstorben ist, fuhr mich zu ihm hin. Ich ging den Schlüssel holen. Als ich oben ankam, fragte er mich tatsächlich, ob ich nicht für einen Kaffee reinkommen wolle. Ich erwiderte, dass das unter den gegebenen Umständen wohl keine gute Idee sei.

Ich ging runter ans Auto, wo ich als Erstes Runas Personalausweis und die 100 Euro, die noch in ihrer Geldbörse waren, herausholte. Dann ging ich mit der Tasche nochmal hoch zu Sandro, gab ihm den Autoschlüssel zurück und ging wieder. Er hatte sonst nichts zu mir gesagt, hatte nicht daran gedacht, dass er noch „irgendetwas" aus Runas Tasche holen wollte.

Als ich fast wieder bei Hannah am Auto war, ging oben in der Wohnung das Fenster auf und Sandro rief, ich solle nochmal hochkommen, er habe vergessen, etwas aus der Tasche zu holen. Ich rief zurück, dass ich eben oben gewesen sei, er hätte ja daran denken können. Jetzt fahre ich ins Krankenhaus zu Runa. Was auch immer er aus der Tasche holen wolle, er könne es bei Runa im Krankenhaus holen. Darauf schrie er, ich solle sofort hochkommen, er hätte nichts mehr zu essen imHaus …

Ich stieg aber seelenruhig ins Auto von Hannah, ließ Sandro einfach weiterkeifen und wir fuhren zum Krankenhaus.

Im Krankenhaus angekommen, erzählte ich, wie Sandro sich verhalten hatte. Sie erzählte mir, dass sie von ihrem Vater 200 € für den Urlaub auf der Insel bekommen habe und Sandro schon 100 € aus der Geldbörse genommen habe. Na, dann war es ja gut, dass er die Tasche erstens im Auto vergessen hatte, zweitens, er wohl zu faul war, selbst noch ans Auto zu gehen, um das restliche Geld auch noch aus der Geldbörse herauszuholen, und drittens, dann auch noch vergessen hatte in der Tasche nachzuschauen, als ich ihm den Schlüssel vom Auto wieder hochbrachte. Deshalb war er so wütend gewesen, weil er das Geld aus Runas Geldbörse holen wollte.

Martin hatte, damit Runa auf die Insel kommen dürfe, zur Bedingung gemacht, dass sie einen Eigenanteil von 100 € abgebe.

Jetzt hatte sie gerade noch 100 € in der Geldbörse und ich sagte ihr, dass ich das Problem mit Martin schon regle und erließ ihr die 100 € Eigenanteil eigenmächtig, ohne vorher mit Martin zu sprechen. Das war ein folgenschwerer Fehler von mir in Martins Augen, wie ich bald erfahren sollte.

Ich dachte, schließlich hatten seine beiden Schwestern, als sie bei uns auf der Insel gewesen waren auch keinen Eigenanteil zahlen müssen. Für mich war das auch ganz neu, dass Familienmitglieder etwas zahlen mussten, wenn sie uns besuchen kamen. Außerdem hatte ich gerade meine Wohnung verkauft, und wenn er darauf bestand, zahlte ich die 100 € von meinem Geld. Fertig. So etwas Unverschämtes wie einen Eigenanteil verlangte er nur von meinen Kindern oder von mir!

Runa musste noch eine Nacht im Krankenhaus bleiben, am nächsten Tag sollte eine Psychologin kommen und beurteilen, ob sie, da sie ja die Tabletten geschluckt hatte, selbstmordgefährdet sei.

Ich war zur Sicherheit am nächsten Tag im Krankenhaus, um auch mit der Psychologin zu sprechen zu können und um ihr das schon gebuchte Flugticket von Runa zu zeigen.

Die Psychologin sprach zuerst mit Runa und dann mit mir. Und schließlich ließ sie sich darauf ein, dass ich Runa aus ihrer schwierigen Situation heraus mit auf die Insel nehmen konnte, damit sie endlich einmal auf andere Gedanken kam. Ich musste der Psychologin versprechen, dass ich sie nach dieser Affekthandlung wirklich mitnahm auf die Insel. Ich erklärte ihr sogar noch, dass mein Mann Psychologe sei, und sie war beruhigter ... wer konnte ahnen, was noch passieren würde.

Wir konnten am kommenden Dienstag losfliegen. Montags nach der Entlassung fuhren wir in Runas Wohnung und packten die Sachen, die sie mitnehmen wollte. Sandro war zum Glück auf der Arbeit. Wir fuhren mit dem Zug nach Frankfurt und flogen los. Bis auf die eine Sache in Ponta Delgada verlief die Reise reibungslos.

Auf der Insel angekommen, holte Martin uns ab und wir fuhren nachhause. Dort angekommen, zeigte ich ihr, wo sie wohnte. Dann ging ich runter zu Martin ins Haus. Wir hatten zwar zwischenzeitlich telefoniert, und er wusste, was mit Runa passiert war, aber ich hatte ihm noch nichts von dem von mir erlassenen 100 € Eigenanteil erzählt.

Nachdem ich ihm das gesagt hatte, ging es aber los. Wie könne ich nur hinter seinem Rücken, ohne mit ihm Rücksprache zu halten, so eine Entscheidung treffen? Runa sei ein Schmarotzer, sie lebe kostenlos bei uns, aber rauchen könne sie und dafür habe sie das nötige Geld.

Die ganzen 3 Wochen, in denen Runa bei uns war, war er so etwas von unhöflich zu ihr. Mich schrie er aus allen möglichen nichtigen Gründen laufend an.

An ihrem vorletzten Tag stritten wir wieder mal. Das Fenster zur Terrasse stand offen und er schrie mich wieder lauthals an. Ich sagte nur ganz ruhig zu ihm, dass er sich wieder mal mir gegenüber im Ton vergreife. Runa kam, um ihre Wäsche abzuhängen, die sie bei uns auf der Terrasse aufgehängt hatte. Er meinte, er schreie mich nicht an, sondern rede ganz normal.

Runa kam ans Fenster und meinte: „Ich will mich ja nicht einmischen, aber du vergreifst dich wirklich im Ton Mama gegenüber.“

Da sprang er von seinem Stuhl auf, stürmte zum Fenster, wo ich gerade stand, und gab mir einen Stoß vom Fenster weg, so dass ich gegen den Tisch prallte. Und dass nur, um an Runa ranzukommen. Er sah so aus, als wollte er ihr durch das offene Fenster eine Ohrfeige geben.

Außerdem brüllte er sie an, sie solle sich da raushalten, sie sei ein Schmarotzer und nicht einmal den Dreck unter seinen Fingernägeln wert. Da ich durch seinen Stoß gegen den Tisch geprallt und beinahe hingefallen war, wollte Runa, die das Ganze von draußen mit angesehen hatte, mir zu Hilfe eilen.

Ich hatte mich wieder aufgerappelt und schaute zur Tür. Kaum war sie durch die Terrassentür ins Haus gekommen, da hatte Martin schon ihren Arm im Mund und biss zu ...

Im ersten Moment konnte ich gar nicht glauben, was ich da sah. Runa schrie und trat ihm mit aller Kraft in die Weichteile, aber er ließ sie einfach nicht los. Er war in diesem Augenblick wie ein durchgeknallter Kampfhund, der sich festgebissen hatte und nun nicht mehr lockerließ.

Ich schrie ihn an, er solle Runa loslassen, aber er reagierte gar nicht. Erst nachdem ich ganze 3-mal auf ihn einschlagen hatte, ließ er von ihr ab. Durch meine Schläge war seine Brille sogar durchs Zimmer geflogen. Als er Runa endlich losließ, lief ihm ihr Blut rechts und links am Kinn runter. Er sah aus wie ein Vampir in einem Psychothriller. Seine Zähne waren blutverschmiert und er grinste uns böse an. Es war unfassbar, was da gerade passiert war.

Runa stürzte nach diesem Anschlag weinend aus dem Haus und ich lief ihr hinterher. Wir versorgten die Wunde und konnten es beide nicht fassen, was da gerade passiert war. Später, sehr viel später kam Martin dann zu Runa ins Gästehaus. Er wollte sich entschuldigen. Aber da gab es nichts zu entschuldigen. Sein Verhalten war unentschuldbar! Er hatte 500 € dabei und wollte Runa dieses Geld als Entschädigung geben. Eine Bedingung hatte er allerdings: Runa dürfe in Deutschland nicht zum Arzt gehen.

Sie wollte das Geld nicht annehmen. Ich nahm es an mich, bevor er es wieder im Tresor verschwinden lassen konnte und sagte zu ihr, ich nähme das Geld in Verwahrung. Wenn sie es doch irgendwann haben wolle, überließe ich es ihr. In dieser Nacht schlief ich bei Runa im kleinen Gästehaus.

Am nächsten Tag fuhr ich sie zum Flughafen. Ich sehe noch vor mir, wie ich auf der Straße stand, sie beim Einsteigen in das Flugzeug beobachtete und ihr zum Abschied zuwinkte. Ich hatte ein total schlechtes Gewissen ihr gegenüber, denn es hatte ein Urlaub für sie sein sollen, indem sie mal ihre ganzen Probleme beiseitelegen konnte. Wenigstens für ein paar Wochen.

Stattdessen hatte Martin sie die ganze Zeit wie Dreck behandelt und sie am Ende auch noch verletzt ... und das als studierter Doktor der Psychologie!

Er hatte durch sein Verhalten alles nur schlimmer gemacht. Später erfuhr ich, dass ein Menschenbiss sogar gefährlicher ist als ein Hundebiss. Ein Hundebiss kostet den Besitzer schon bis zu 2700 €. Da möchte ich gar nicht wissen, was er hätte zahlen müssen, wäre Runa doch in Deutschland zur Polizei gegangen ...

Mein Resümee:

Das, was Martin Runa angetan hatte, belastete unsere sowieso schon angeschlagene Beziehung noch mehr. Ich hatte seitdem immer den schaurigen Anblick seines blutverschmierten Gesichtes vor meinen Augen.

Ich konnte diesen Anblick einfach nicht mehr vergessen.

Wie oft hatte ich Martin schon gesagt, dass er eine Therapie machen soll, und sein inneres Kind heilen müsse. Diesmal war es eindeutig, dass sein verletztes Kind aufgeschrien hatte. Er war eifersüchtig auf die Zuwendung, die ich Runa gab.

Diese Eifersucht trieb ihn dazu, mich laufend anzuschreien. Das wiederum führte dazu, dass ich mich noch mehr um Runa kümmerte, weil auch ich nicht wie Dreck behandelt werden wollte. Am Ende hielt er es nicht mehr aus. Sein kleines verletztes Kind von 3/4 Jahren hatte zugebissen.

Das soll keine Entschuldigung sein, nur weil man eine schwierige Kindheit hatte, sollte man sich als erwachsener Mensch unter Kontrolle haben. Aber heute weiß ich, dass Narzissten eben das nicht können. Das macht sie so gefährlich, wie ich es am eigenen Leib noch spüren sollte.

Als Erwachsener sollte man sich im Griff haben! Ist das nicht der Fall, so sollte man sich Hilfe suchen.

Heute weiß ich, spätestens jetzt wäre der richtige Moment gewesen, abzuspringen. Aber es steckten schon viel zu viel Geld und Arbeit von mir in diesem Projekt auf der Insel. Mein ganzes Hab und Gut waren auf der Insel. Ich hatte gerade meine Wohnung verkauft. Nochmal ein Neuanfang in Deutschland schien mir auch nicht die richtige Entscheidung zu sein. Außerdem war da mein geliebtes Pferd Maluka. Heute weiß ich mit Sicherheit, ich hätte uns allen viel Leid erspart, hätte ich mich in dem Moment von Martin getrennt.

Es war eigentlich schon genug passiert, was mich hätte aufmerksam werden lassen müssen, aber leider hatte das „Kind" noch immer keinen Namen. Ich hoffte immer noch, dass er mal so wie sein Vater würde. Es heißt doch so schön: „Der Apfel fällt nicht weit vom Stamm." Aber leider zog ich immer nur den Vergleich zu seinem gutmütigen Vater. Zu spät zog ich den Vergleich zu seiner Mutter, die, wie mir heute klar ist, auch eine Narzisstin ist. Es mussten noch Jahre ins Land ziehen und ich viele Leute kennen lernen, bis ich dem Thema Narzissmus wirklich auf die Spur kam und mich ausgiebig damit beschäftigte.

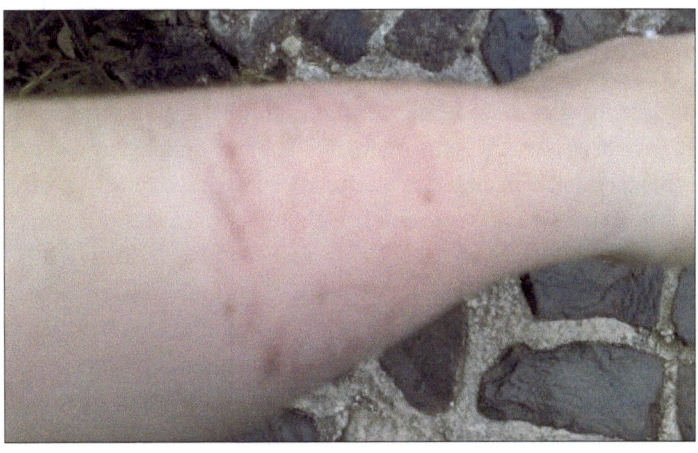

51) DIE LEBENSVERSICHERUNGEN MEINER KINDER

Ich hatte 2004 noch in Deutschland Lebensversicherungen für meine Kinder abgeschlossen. Als wir auf der Insel waren und Martin irgendwann so meine Dokumentenmappe durchschaute, fragte er mich, warum ich ihn nicht als Bezugsberechtigten in den Lebensversicherungen eintragen ließe. Wir seien schließlich mittlerweile verheiratet und er habe für sich auch eine Lebensversicherung abgeschlossen, in der ich als Bezugsberechtigte eingetragen sei.

Ich sagte ihm, dass ich die Lebensversicherungen für meine Kinder abgeschlossen habe. Ich hoffe nicht, dass mal etwas passiert, aber wenn, bin ich als Bezugsberechtigte eingetragen und das Geld kommt meinen Enkelkindern zugute! Wenn die Versicherung ausläuft und alles ist gut gegangen, bekommen meine Kinder das Geld.

Meine Eltern hatten damals für mich auch eine Lebensversicherung abgeschlossen, die ausgezahlt wurde, als ich 18 Jahre alt war. Doch das Geld behielten meine Eltern. Es war zwar nicht viel Geld, aber ich hätte es gut gebrauchen können.

Als ich die Versicherungen für meine Kinder abschloss, schwor ich mir, dass, wenn das Geld zur Auszahlung komme, die Kinder es bekommen würden.

Martin fragte mich mehrmals danach, aber ich änderte meine Meinung und die Versicherung nicht. Etwas Anderes wäre es gewesen, wenn wir für mich eine Lebensversicherung abgeschlossen hätten, aber das wollte ich zu dem Zeitpunkt nicht, denn ich musste ja von meinem Geld noch, wer weiß wie lange, leben. Es kam ja kein neues Geld rein. Zu der Zeit, als wir auswanderten, hatte ich etwa 35.000 € auf meinen Konten … dazu kam nun das Geld vom Verkauf der Wohnung.

Außerdem hatte ich die Lebensversicherung, die er angeblich abgeschlossen hatte, in der ich als Bezugsberechtigte drinstehen sollte, nie zu Gesicht bekommen.

52) MALUKA UND DER ZIEGENBOCK

Da wir von unseren Ziegen auch Milch haben wollten, überlegten wir uns, einen Ziegenbock auszuleihen. Der Mann, von dem wir uns den Ziegenbock ausleihen wollten, kam eines Tages mit einem wunderschönen Tier. Da der Ziegenbock sich mit Maluka so gut verstand und der Besitzer des anderen Pferdes im Dorf noch immer dagegen war, die beiden Pferde gemeinsam zu halten, kauften wir dem Bauern den Ziegenbock ab. Von nun an waren der Ziegenbock und Maluka immer zusammen. Der Ziegenbock liebte Maluka. Er war leider immer an einem Seil befestigt, sonst hätte er alle anderen Ziegen oder Schafe auf den umliegenden Grundstücken begattet. Abends legte sich Maluka immer neben ihn, um zu schlafen. Die beiden wurden ein eingespieltes Team.

Einmal bat ich Martin, mir zu helfen, um die beiden auf ein anderes Grundstück zu bringen. Ich musste immer zweimal den Weg zu einer anderen Weide gehen, denn die beiden Tiere zusammen auf eine andere Weide zu bringen, war unmöglich. Martin kam mit und wir gingen los. Da der Bock es gewöhnt war, von mir geführt zu werden, probierte er nun aus, wie weit er bei Martin gehen konnte. Er hüpfte immer wieder hoch und stieß Martin in die Seite. Martin schimpfte mit ihm. Ich ging mit Maluka hinter Martin und sie bekam das ganze Geschehen mit. Da Martin immer lauter und ungeduldiger wurde und auch mal feste am Seil zog, wurde sie ganz unruhig.

Da war jemand, der sich mit ihrem geliebten Ziegenbock zankte. Als Martin nur noch mit dem Ziegenbock rumschrie, riss Maluka sich los. Ich fiel fast hin und konnte sie nicht mehr halten. Sie stürmte auf Martin und den Ziegenbock los. Sie wollte den Ziegenbock retten. Da das Ganze auf einem schmalen Weg passierte, konnte ich Martin nur noch zurufen, dass er auf die Seite springen solle. Da galoppierte sie auch schon an ihm vorbei. Der Ziegenbock riss sich auch los und beide rannten auf die nächste Weide. Sie wussten ja, wo sie hingehörten.

Es hätte auch anders ausgehen können. Martin war absolut kein Tierversteher. Von da an ging ich die Wege lieber immer zweimal, um so etwas nicht wieder erleben zu müssen. Daran sieht man, was Ungeduld bei Tieren auslösen kann.

53) MULATA, MEINE ALTE ESELIN

Bei Mulata, meiner alten Eselin, wurde mir einmal voll bewusst, wie sehr die Tiere mich liebten. Ich nahm sie zu mir als Begleittier für Maluka, nachdem der heiß geliebte Ziegenbock gestorben war. Mulata konnte damals, als ich sie zu mir nahm, kaum laufen, da eine ihrer Hüften ziemlich dick angeschwollen war.

Bei dem Bauern, von dem ich sie abgekauft hatte, hatte sie nach dem Tod ihres Besitzers nur mit den Kühen auf der Weide gestanden.
Der Bauer sagte zu mir, er wisse nicht, seit wann Mulata humpelte. Ihre Hufe waren in einem katastrophalen Zustand, sie waren teilweise schon verfault. Aber bei mir brauchte sie nichts mehr zu leisten, sie sollte Maluka die nötige Ruhe vermitteln und noch ein paar schöne Jahre zum Leben haben. Ich pflegte sie gesund und nach einem Jahr galoppierte sie sogar wieder auf der Weide.

Eines Tages brachte ich die zwei, Maluka und Mulata, auf eine andere Weide. Ich brauchte sie nicht anzubinden, die Bindung zu mir war groß genug, dass sie freiwillig hinter mir herliefen. Fast angekommen, trat Mulata in ein Erdloch. Sofort hielt sie mir ihr Bein entgegen, so als wollte sie sagen, schau mal, ich habe mir wehgetan, hilf mir.

Ich behandelte sie als Erstes gleich mit Prana, Energieübertragung, und dann lief ich nach Hause und nahm mir aus dem Garten Beinwellblätter, die ich mit dem Nudelholz walkte, um ihr damit einen Umschlag um das verletzte Kniegelenk zu machen. Sie blieb vertrauensvoll die ganze Zeit stehen, bis ich fertig war. Sie kannte diese Art der Behandlung zur Genüge, denn ich hatte sie schon mehrfach bei ihrer Hüfte gemacht. Das Ganze wiederholten wir mehrmals am Tag und nach ein paar Tagen konnte sie wieder normal auftreten. Sie war die letzten 7 Jahre ihres Lebens bei mir. Ich glaube, sie hat den Rest ihres Lebens bei mir noch genießen können.

Mein Resümee:

Als Mulata leider im Alter von etwa 35 Jahren starb, war sie die Tage vorher schon sehr verschmust gewesen. Sie kam immer wieder zu mir, rieb ihren Kopf an mir, wollte gedrückt und gestreichelt werden, schmiegte sich an mich. Sie verabschiedete sich regelrecht von mir. Ich verstand ihr Verhalten aber erst wirklich, als sie kurz danach starb.

Maluka bekam, als Mulata tot auf dem Boden lag, wieder einen Schock. Sie wollte es gar nicht zulassen, dass Mulata begraben wurde. Ich versuchte mehrfach, sie auf eine andere Weide zu bringen, doch jedes Mal riss sie sich wieder los und rannte unter dem Stromkabel durch, bevor ich überhaupt die Chance bekam, den Strom anzumachen, zu Mulata zurück. Sie galoppierte rasend schnell wieder auf die Weide zurück, auf der Mulata lag. Einmal musste Josef, unser Angestellter, der das Grab allein aushob, regelrecht zur Seite springen, denn Maluka galoppierte genau auf ihn los. Sie wollte Mulata schützen und hatte Angst, dass er ihr etwas antun wollte. Sie wollte nicht akzeptieren, dass Mulata tot war. Als ich nach mehreren Versuchen, Maluka auf eine andere Weide zu bringen, merkte, dass es keinen Sinn ergab, weil sie unbedingt bei Mulata bleiben wollte, blieb ich mit ihr auf der Weide, auf der Mulata begraben wurde. Ich begann, Maluka herumzuführen, und sprach beruhigend auf sie ein, damit sie genau beobachten konnte, was mit Mulata geschah, während Josef das Grab weiter aushob. Auf der Insel dürfen die gestorbenen Tiere noch auf der Weide begraben werden.

Als Mulata begraben war, Martin und Josef hatten sie zusammen in das Grab gerollt, wollte Maluka sie zuerst wieder ausgraben. Sie war so verzweifelt. Sie stand auf dem Grab und scharrte mit den Hufen, um an Mulata heranzukommen.

Ich beruhigte sie und wollte sie auf eine andere Weide bringen, aber sie ließ sich nicht dazu bewegen. Sie stand mit gesenktem Kopf an Mulatas Grab. Sie trauerte. Ich ließ sie. Sie musste Abschied nehmen. Ich blieb noch eine Weile bei ihr, um sicherzugehen, dass sie nicht wieder versuchte, Mulata auszugraben. Dann ließ ich sie für 2 Stunden allein.

Als ich wiederkam, lag sie auf Mulatas Grab. Jetzt konnte ich sie ohne Schwierigkeiten auf eine andere Weide bringen. Sie hatte die Zeit gebraucht, um von Mulata Abschied zu nehmen. Da soll mir noch einer sagen, dass Tiere keine Gefühle haben. Das war für mich ein Beweis wahrer Liebe.

Um Mulata ins Grab zu rollen, musste ich Martin holen. Er kam nur, um Mulata ins Grab zu rollen, und ging dann wieder seiner Arbeit nach.

54) DER SCHAFBOCK

Meine Ziegen standen auf einer Weide, knapp einen Kilometer von Martins Haus entfernt. Ich wollte sie melken gehen und entdeckte einen fremden Schafbock auf der Weide bei meinen Ziegen. Er hatte sich irgendwo losgerissen und zog das Seil hinter sich her.

Er wollte sich wohl mit den Ziegen vergnügen. Ich ging auf die Weide und machte einen großen Bogen um den Schafbock, um an meine Ziegen zu gelangen, da ich sie melken wollte. Der Schafbock aber griff mich unvermittelt an und stieß mich kurzerhand kraftvoll über eine Mauer. Ich war so perplex, was er für eine Kraft hatte. Er ließ mich partout nicht an meine Ziegen.

Also ging ich unverrichteter Dinge wieder zurück und bat Martin, mich zu begleiten, damit wir den Schafbock von den Ziegen wegbekämen. Martin war aber mitten in einer Arbeit und wurde wieder einmal sauer, dass ich ihn mit so einem Problem belästigte. Als er dann so weit fertig war, gingen wir los. Er schimpfte die ganze Zeit über vor sich hin. Unterwegs brach er einen Ast ab und meinte: „Dem blöden Vieh werde ich es zeigen."
Ich bezweifelte aber, dass der Ast bei dem Schafbock wirklich etwas bewirken würde, denn ich hatte seine Kraft am eigenen Leib zu spüren bekommen.

Wir kamen bei den Ziegen an, wo der Bock sich schon mit einem seiner Hörner im Seil meiner Bärli verfangen hatte. Martin fackelte nicht lange, schmiss den Ast weg und warf sich mit seinem ganzen Gewicht auf den Schafbock, der unter ihm zusammenklappte und nur noch „Mumpfs" machen konnte. Es war ein Bild für die Götter.

Ich befestigte schnell das Seil, welches der Schafbock hinter sich hergezogen hatte, mit einem mitgebrachten Pflock in der Erde. Dann befreite ich Bärli und machte sie an einer anderen

Stelle der Weide fest. Ich glaube, der Bock hatte den Schock seines Lebens erfahren, denn er war die nächsten Tage ganz zahm. Er blieb fast eine Woche bei mir auf der Weide, bis der Besitzer ausfindig gemacht war.

Das war ausnahmsweise mal eine lustige Geschichte, aber auch sie zeigt, dass Martin viel zu oft eine furchtbar schlechte Laune hatte.

55) MALUKA UND DIE HÄUSER

Wir hatten immer wieder Streit wegen Maluka. Eines Tages ging es erneut darum, wie viel meines Geldes in Maluka und die Grundstücke für unsere Ziegen geflossen sei. Und wie viel meines Geldes in den Aufbau der Häuser. Er behauptete, dass all mein Geld in Maluka geflossen sei. Sie selbst hatte ich für 750 € gekauft. Die Grundstücke für sie und die Ziegen hatten höchstens 25.000 bis 30.000 € gekostet.

Dort weideten aber auch die Ziegen, die jahrelang die Milch für den selbstgemachten Ziegenkäse gaben, den Martin immer sehr gerne aß. Er behauptete immer wieder, er allein habe die Kosten für den Aufbau der Häuser getragen. Alles gehöre ihm. Wo der Rest meines Geldes geblieben sei, konnte er nicht sagen. In seinen Augen war es immer Maluka. Sie habe mein Geld gefressen …

Da waren noch der Rest der Erbschaft meiner verstorbenen Mutter, das zurückgehaltene Geld für die Sanierung meiner Zähne sowie die Auszahlung einer Versicherung und Gespartes. Alles zusammen machte mit dem Verkauf meiner Wohnung etwa 85.000 € aus. Ganz abgesehen von meinem Hausrat, meinem Teppich, der allein 7.000 Euro wert war, und meinem Auto. Maluka habe alles gefressen.

Dieser Streit artete so aus, dass das Einzige, was er mir noch an Eigentum zugestand, mein eigenes Auto war, welches ich mit auf die Insel gebracht hatte und welches draußen vor der Tür stand. Wir hatten es, wie meinen Hausrat, im zweiten Container mit auf die Insel genommen.

Da er sich wieder mal festgebissen hatte in seiner Diskussionswut und nicht aufhören wollte (der Schaum stand ihm in den Mundwinkeln, ein typisches Merkmal, dass er einen ungezähmten Wutanfall hatte) stand ich auf, schnappte mir die Schlüssel meines Autos und wollte mit „meinem Eigentum" zu dem Pärchen fahren, von denen er Fralix geschenkt bekommen hatte. Die Situation war einfach unerträglich. Ich wollte nur noch weg, einfach nur raus aus dieser Diskussion und weg. Er fand wieder einmal kein Ende!

Er kam mir nach und diskutierte vor dem Auto stehend weiter. Ich bat ihn, mich endlich fahren zu lassen. Er weigerte sich und schimpfte immer weiter. Ich ließ den Motor an und gab ein wenig Gas, in der Hoffnung, dass er auf die Seite gehe, aber er ließ mich partout nicht wegfahren. Schließlich legte er sich vor das Auto und rief: „Wenn du wegfahren willst, musst du mich schon überfahren." Er war total außer sich, völlig verrückt geworden.

Schließlich stieg ich aus und ging zurück ins Haus. Seine übliche Bemerkung nach solchen Attacken war: „Ich würde mich ja entschuldigen, aber du nimmst die Entschuldigung ja sowieso nicht an."

Mein Resümee:

Er war immer furchtbar eifersüchtig auf Maluka, aber gleichzeitig hatte er Angst vor ihr. Er hätte sich niemals getraut, ihr wehzutun. Dafür war sie zu groß, sie hätte sich wehren können und sie war definitiv stärker als er. Also musste er sich wohl oder übel eine andere Strategie überlegen, wie er mir zum einen Maluka madig machen und zum anderen weismachen konnte, dass das Pferd mein ganzes Geld gekostet habe.

Diese Diskussionen über das Geld, was er und ich mit in die Ehe gebracht hatten, führten wir absurd oft und mit der Zeit in immer kürzeren Abständen. Immer wieder versuchte er mir einzureden, dass ich kein Geld mehr habe.

Klar war, mein Geld floss mit in den Bau der Touristenhäuser, deshalb hatte ich kein Geld mehr und aus diesem Grund konnte ich ihn auch nicht einfach so verlassen. Das war mein größtes Problem. Mein Geld war in die Häuser investiert. Alles lief anders, als wir es vor der Auswanderung geplant hatten. Wir hatten als Selbstversorger leben wollen, aber davon war bei Martin schon lange keine Rede mehr. Mein Gemüseanbau, die Herstellung von Käse, Kochen, das seien doch alles meine Hobbys.

In Deutschland hatte ich nichts mehr. Alles, was ich besaß, war jetzt auf dieser verfluchten Insel, es steckte in den Häusern und in den Grundstücken. Taschengeld bekam ich von ihm keines, obwohl mir das als Ehefrau, ohne eigenes Einkommen, zugestanden hätte. Zumindest in den ersten 5 Jahren unserer Ehe, in denen wir keine Einnahmen durch Touristen hatten. Aber wenn ich Taschengeld bekommen hätte, hätte er mich nicht mehr so unter Kontrolle halten können, wie er es letztendlich tat. Ich sprach dieses Thema Taschengeld immer wieder an. Aber das hätte ich mir auch sparen können. Er sagte dann immer: „Was brauchst du Geld, du hast doch alles, was du brauchst, und wenn du sonst etwas brauchst, kaufen wir es.

Das verdammte Geld. Er hatte immer alles unter Kontrolle. Er versuchte, mich krampfhaft kleinzuhalten. Nur ja keine Selbstständigkeit zulassen… und so einfach konnte ich diese Insel nicht verlassen. Es waren bis zum Festland in Portugal 2000 km und bis Amerika 4000 km. Die schwimmt man nicht eben mal so einfach. Blieb nur das Flugzeug und dafür brauchte man Geld, was ich nicht hatte. Ich war seine Gefangene.

56) AUTO FAHREN

Normalerweise, wenn wir irgendwo hinwollten, fuhr er. Wenn ich das ausnahmsweise einmal tat, kamen Kommentare wie „fahr nicht so schnell", „fahr nicht so langsam", „fahr nicht so weit links", „fahr nicht so weit rechts", „schüttele mich nicht so durch" usw. Die Straßen waren zu dieser Zeit, zumindest in den ersten 3, 4 Jahren, nicht die besten. Wenn irgendwo ein Loch war, wurden diese mit dem von den portugiesischen Straßenarbeitern vor Ort angerührtem Zement ausgefüllt und mit der Schaufel glatt geklopft. Der nächste Autofahrer hinterließ dann seine Spuren im feuchten Zement. Die Portugiesen sahen das nicht so eng und dementsprechend sahen die Straßen aus. Das änderte sich erst mit Zuschüssen der EU 2012/13.

Wenn ab und zu so ein negativer Kommentar fällt, ist das ja nicht so schlimm. Aber Martin machte das grundsätzlich immer, wenn ich Auto fuhr! Bis zu einem gewissen Punkt ist das Ok. Aber er trieb es bis zum Exzess ... einmal, es war das letzte Mal, als ich auf der Insel Auto fuhr, wenn er dabei war, blieb ich stehen und sagte ganz ruhig zu ihm: „Entweder bist du jetzt still oder du gehst zu Fuß weiter."

Zum Glück waren wir in meinem Auto unterwegs und das war ja laut ihm mein Eigentum! Von da an weigerte ich mich, wenn er dabei war, Auto zu fahren.

Das passte ihm aber auch nicht immer in den Kram. Wenn wir irgendwohin zum Essen fuhren, dann konnte ich z. B. immer ein Glas Wein trinken und er nicht. Das fand er nicht immer lustig und fing an, mich als Alkoholikerin zu beschimpfen.

Mein Resümee:

Ich verstehe, dass man Ängste entwickelt, wenn man so einen Auto Unfall erlebt wie er. Aber so, wie er reagierte, war das echt kontraproduktiv.

Er hätte besser eine Traumatherapie wegen seines damaligen Unfalls gemacht. Dann wäre sein Narzissmus womöglich schon viel früher entdeckt worden ... das wäre auch nicht optimal für ihn gewesen. Dann hätte er schon viel früher eine echte Therapie machen müssen, statt seiner vielen unnützen Selbsttherapien, die er machte, und die nichts brachten.

57) DER NÄCHSTE CONTAINER

Nachdem wir auf die Insel ausgewandert waren, packte Martin noch 2 Container voll mit Baumaterial. Man bekam lange nicht alles auf der Insel und auf manche Sachen mussten wir sehr lange warten, z. B. die Duschkabine für das erste Gästehaus. Auf diese Duschkabine warteten wir ein halbes Jahr.

Da nun noch ein Haus dazugekommen war, brauchten wir wieder Material. Martin hatte mir mal den Weg zu einer Weide frei geschlagen, damit ich mit Maluka darauf kam, und dabei eine alte Ruine entdeckt. Vollkommen zugewachsen mit Bambus, innen und außen nur bis zu 5 m hoher Bambus. Die Außenmauern standen aber noch und waren in einem guten Zustand. Der Blick aufs Meer war gigantisch von dieser Ruine.

Er bekam heraus, wem das alte Gebäude gehörte, und wir kauften es. Es wurde unser nächstes Gästehaus. Martin hatte inzwischen beim ersten Gästehaus einen Anbau gemacht, dort wollte er einen Spa-Bereich einrichten. Mit Infrarotsauna, einer Sprudelbadewanne und Duschkabine. Das war neben viel Baumaterial im dritten Container verladen. Dafür war er alleine extra 5 Wochen nach Österreich geflogen.

Ich war allein auf der Insel geblieben, denn die Tiere mussten versorgt werden. Ich hatte 5 traumhaft ruhige Wochen! Ich genoss es, bis tief in die Nacht filzen zu können, und dass keiner da war, der meckerte, wenn ich länger aufblieb.

Eines Nachts krachte es an der Terrassentür. Ich erschrak mich fürchterlich. Es war ein junger Gelbschnabel-Sturmtaucher, der wohl seine ersten Flugversuche gemacht hatte, und dann angezogen vom Licht gegen die Terrassentür geflogen war. Er war nur benommen. Ich nahm ihn auf, nie in meinem Leben hatte ich vorher solch ein flaumiges Federkleid angefasst. Es war herrlich. Ich setzte ihn auf einen Zaun, und später flog er wieder in Richtung Meer davon.

Als Martin dann nach 5 Wochen wiederkam, dauerte es bis zu 4 Wochen, bis der Container landete. Jetzt kamen Freunde, um uns zu helfen, den Container auszuladen. Die schwere Infrarotkabine trug ich mit Udo zusammen nach unten vor das Haus ... sie war so schwer, dass ich immer wieder absetzen musste. Beim letzten Anheben krachte es plötzlich in meinem Körper. Irgendwas war kaputtgegangen. Ich hatte plötzlich Schmerzen vom Becken abwärts bis runter ins rechte Bein. Aber ich musste weitermachen, die Sachen mussten verräumt werden. Kein Arzt konnte mir später sagen, was kaputtgegangen war. Von da an hatte ich ständig Schmerzen. Etwa 2 Jahre hielten sie an. Stolperte ich oder trat falsch auf, schoss der Schmerz wie Feuer durch meinen Körper.

Von da an weigerte ich mich, solche schweren Sachen zu transportieren. Wenn ich heute etwas Schweres hebe, kommt der Schmerz noch zum Vorschein ... 8 Jahre danach.

Martin verbaute alles, was er für den Spa-Bereich mitgebracht hatte. Die anderen Sachen, die er zum Bauen verwenden wollte, wurden zwischengelagert.

Anfangs benutzten wir den Spa-Bereich häufiger, aber immer nur, wenn Martin wollte. Alles andere wäre reine Verschwendung gewesen. Es wäre unmöglich gewesen, dass ich alleine das Wasser für ein Bad verbraucht hätte ...

Dann bekam ich bei einer ärztlichen Untersuchung die Diagnose, dass ich akut thrombosegefährdet sei, und von da an mied ich den Spa-Bereich. Danach ging auch Martin nicht mehr, höchstens mal in die Sauna. Doch er konnte allen sagen, dass wir einen Spa-Bereich hätten.

Im ersten Jahr hatte ich es ein paarmal nachts, wenn ich nicht schlafen konnte, gewagt, die Badewanne in seinem Haus zu benutzen. Ich glaube, als ich das dritte Mal drin war, musste er auf die Toilette und beschimpfte mich, als Egoistin, weil ich allein badete ... schließlich müsse er die Gasflaschen schleppen. Von da an ließ ich das Baden und ging nur noch duschen.

Mein Resümee:

Er machte mir das Leben sehr schwer. Ich musste mich selbst fast aufgeben, um neben ihm noch weiter existieren zu können.

Kurz danach machten wir die selbstständige Arbeit in Salzburg weiter, die einmal im Jahr erledigt werden musste. Ich erinnere mich, dass ich diesmal vor lauter Schmerzen vom Tragen dieser Infrarotkabine kaum im Auto sitzen konnte. Egal, wie ich saß, der Schmerz war permanent vorhanden. Machte ich außerhalb des Autos einen falschen Schritt, fuhr der Schmerz durch meinen Körper, bis ins Bein hinunter.

Er nahm aber auch das nicht wirklich wahr, denn als Tanya kurze Zeit später auf die Insel kam und auf seinen Vorschlag hin ein Praktikum bei uns absolvierte, war es ihm egal, dass ich solche Schmerzen hatte. Oder er nahm mich einfach nicht ernst.

Denn in dieser Zeit erwartete er von uns beiden, dass Tanya und ich ein Grundstück rodeten, welches er ohne meine Zustimmung für Maluka gekauft hatte. Dieses Grundstück war im Nachhinein nur für die Ziegen zu gebrauchen, da Maluka dieses Grundstück gar nicht hätte betreten können, ohne Gefahr zu laufen, sich die Beine zu brechen.

Dazu muss man wissen, dass auf der Insel alle Grundstücke durch Steinmauern getrennt sind. Eingänge werden mit Palletten abgesperrt, damit die Tiere auf der Weide bleiben. Und manchmal gibt es größere Höhenunterschiede von einem zum anderen Grundstück, weil es früher andere Zugänge gab. Dennoch hatte Martin dieses Grundstück gekauft und einfach eine

Mauer zu einem Grundstück eingerissen, welches ich schon länger besessen hatte. Die Steine der eingerissenen Mauer hatte er einfach am Boden verteilt. Darüber konnte ich nur die Ziegen, ohne Gefahr, dass sie sich die Beine brachen, laufen lassen. Für ein Pferd war dieser Zugang viel zu gefährlich.

58) TANYAS PRAKTIKUM AUF DER INSEL, 2011

Dieses Kapitel fällt mir besonders schwer zu schreiben, da so viel Negatives in dieser Zeit passierte ...

Ich kann mich an einen Tag erinnern, nach einem dieser im Folgenden beschriebenen Situationen, ich wollte, da er Tanya ja nicht in seinem Haus haben wollte, hoch in die Außenküche gehen, um dort zu kochen. Ich hatte kaum noch die Kraft, die Treppe hochzukommen, so ausgelaugt und emotional erschöpft fühlte ich mich. Tanya musste mir die Treppe hochhelfen. Ich hatte das gleiche Gefühl wie damals in China, als wir über die Chinesische Mauer gegangen waren. Ich fühlte mich, als ob ich eine alte Frau sei. Völlig Saft und kraftlos. Energielos vom vielen Streiten über Nichtigkeiten ...

Da Tanya nach der Ausbildung als Landschaftsgärtnerin nicht wusste, was sie machen sollte, kam Martin auf die Idee, sie möge doch ein Praktikum bei uns auf der Insel machen. Dort könne sie ihr erworbenes Wissen gleich einsetzen und uns beraten. Denn er wollte aus der alten Ruine, die sich noch auf seinem Grundstück befand, einen Schwimmteich machen.

Außerdem hatten wir gerade eine andere Ruine gekauft, die nun als zweites Gästehaus ausgebaut werden sollte. Er meinte, Tanya könne uns auch beraten, wie man die Grundstücke am besten gestalte. Sie fand diese Idee großartig, zumal sie dann Zeit mit mir verbringen konnte. Wir einigten uns darauf, dass sie für ein halbes Jahr auf die Insel komme.

Tanya hatte aber kurz vorher ihren Freund Ralf kennen gelernt. Er war Polizist und traurig, dass Tanya für so lange Zeit weg sein würde, doch er akzeptierte es.

Da Tanya zu diesem Zeitpunkt keine Kreditkarte besaß, streckte Martin die Kosten für ihren Flug vor und Tanya sollte ihm das Geld dann zurücküberweisen. Zum gleichen Zeitpunkt starb aber auch Runas Katze plötzlich und Tanya fuhr zuerst zu ihr, um sie zu trösten. Das zu überweisende Geld kam ein paar Tage später als vereinbart. Tanya erklärte Martin zwar am Telefon, warum das Geld später kam, allerdings akzeptierte er dies nicht und war sehr verärgert.

Viel später kam heraus, dass er Tanya in der Zeit auf der Insel sehr schlecht behandelt hatte, weil er sich zurückgesetzt gefühlt hatte. Er, Tanya nicht so viel wert war, dass Tanya ihm das Geld zuerst überwiesen hatte, bevor sie zu Runa fuhr, um diese wegen der verstorbenen Katze zu trösten...Tanya hatte Runa bevorzugt. Ihm vorgezogen... Das war unter anderem einer ihrer Fehler gewesen.

Als Tanya nun auf der Insel ankam, zog sie in dem kleinen Gästehaus ein. Die ersten Tage ging alles gut. Dann aber, als sie einmal bei uns im Haus war, ich kochte gerade, musste sie auf die Toilette. Sie fragte, ob sie auf die Toilette dürfe. Ich sagte: „Ja, klar." Doch Martin sagte: „Nein!" Sie habe oben in ihrem Haus eine eigene Toilette und er gehe ja auch nicht hoch dafür.

Ich erklärte ihn für verrückt. Es gab wieder mal Streit, weil es für mich absolut unverständlich war, dass Tanya die Toilette nicht benutzen sollte.

Im Nachhinein gesehen, durfte jeder andere auf seine „heilige Toilette". Seine Schwester, die uns nach Tanya auf der Insel mit den Kindern besuchte, durfte diese Toilette benutzen, obwohl auch sie in einem Haus von uns wohnten und dort eine „eigene" Toilette hatten. Seine Mutter, sein Vater ... jeder andere, der zu uns zu Besuch kam, durfte diese Toilette benutzen, nur meine Tochter nicht. Das war absurd!

Tut mir leid, aber das ging mir einfach nicht in den Kopf und das begreife ich bis heute nicht ... für mich war das die reine Schikane.

Warum auch immer er das machte, es hatte für mich nicht mehr das Geringste mit einem normalen Umgang mit anderen Menschen zu tun. Er entwickelte sich immer mehr zu einem Diktator ... zu einem Tyrannen ...

Tanya ging nach oben in ihr Haus auf die Toilette und fragte in dieser ganzen Zeit auf der Insel nie mehr, ob sie die Toilette in seinem Haus benutzen dürfe.

Dann wollte sie irgendwann, verständlicherweise, mit Ralf übers Internet telefonieren und ihm schreiben. Wir hatten zu diesem Zeitpunkt nur unten in Martins Haus Internetempfang. Sie durfte sich allerdings in seinem Haus nicht aufhalten, um ins Internet zu gehen. Er verbot es ihr. Als Grund nannte er, dass er in seinem Haus seine Ruhe haben wolle. Also lief sie bei jedem Wetter, und auf der Insel konnte es um diese Jahreszeit, im Juni, ziemlich starke Stürme geben und massiv regnen, runter ins Dorf, um vor dem Gemeindehaus das öffentliche Internet zu benutzen.

Eines Tages bekam sie heraus, dass sie auch oben im Gewächshaus Internetempfang hatte und sie ging eine Zeitlang dort ins Internet. Als es aber zunehmend regnete und da das Dach im Gewächshaus nicht dicht war, den Pflanzen tat das ja gut, aber Tanyas Laptop nicht, fragte sie Martin, ob sie schauen dürfe, ob sie in seiner hinter dem Gewächshaus liegenden Werkstatt Internetempfang hätte.

Er war einverstanden. Tanya probierte es aus und fand tatsächlich einen Platz, an dem sie Internetempfang hatte. Sie fragte Martin nochmal, ob sie sich dort einen Platz einrichten dürfe. Er war wieder einverstanden. Also stellte sie sich dort einen Stuhl auf, hatte einen trockenen Platz und ging eine Zeitlang dort ins Internet.

Doch eines Tages kam er nach der Arbeit wohl in die Werkstatt, Tanya erzählte es mir später und wusch am Waschbecken sein dreckiges, verschwitztes T-Shirt aus, wrang es aus und schüttelte es dann absichtlich über ihr und ihrem Laptop aus. Nachdem Tanya mir das erzählt hatte, fragte ich ihn, ob das so war und wenn das so war, warum er das getan hatte. Er sagte nur: „Es hat doch niemand gesagt, dass sie dasitzen muss, wo ich mein T-Shirt ausschüttele."

Ich begriff ihn absolut nicht mehr ... sein Verhalten war absolut nicht nachvollziehbar.

Dann war da die Situation, als Tanya ihre Unterwäsche im Gästehaus zum Trocknen aufgehängt hatte. Martin hatte ihr verboten, in diesem Haus Wäsche aufzuhängen. Aber hier handelte es sich um ein paar Stringtangas. Und sie wollte nicht, dass jeder ihre Unterwäsche begutachten konnte. Was ich wiederum gut verstehen konnte. An dem Tag saßen wir in ihrem Gästehaus zusammen auf Tanyas Bett und unterhielten uns. Plötzlich wurde die Tür aufgerissen. Ohne anzuklopfen, kam Martin in Tanyas Gästehaus gestürmt. Er wollte irgendetwas von Tanya, sah allerdings die Unterwäsche auf dem kleinen Wäscheständer und fing gleich an zu brüllen. Er habe ihr doch gesagt, dass sie keine Wäsche im Haus aufhängen solle, in 5 Minuten sei die Wäsche draußen. Er stürmte wieder raus und knallte die Tür zu.

Wir sahen uns total geschockt an, was war denn das jetzt schon wieder gewesen. Wir waren gerade dabei aufzustehen, als die Tür schon wieder aufgerissen wurde. Es waren höchstens 2 Minuten vergangen. Er kam wieder reingestürmt, schnappte sich den Wäscheständer, um ihn aus der Tür herauszuschmeißen. Tanya sprang zu ihm, wollte mit Martin sprechen, ihn beruhigen und erklären, warum diese paar Stringtangas im Haus hingen. Aber da sie ihm im Weg stand und dadurch verhinderte, dass er den Wäscheständer einfach zur Tür rausschmeißen konnte, ergriff er sie am Arm und schleuderte sie nach draußen gegen den vor dem Haus stehenden gemauerten runden Tisch. Und den Wäscheständer gleich hinterher. Dann stürmte er davon, kümmerte sich nicht um die verletzte Tanya. Sie hatte sich an der Hand verletzt und blutete. Sie zitterte am ganzen Körper. Ich kümmerte mich erst einmal um meine Tochter, wir standen da, hielten uns in den Armen und weinten beide.

Geschockt von seinem Verhalten hob ich später die Wäsche auf, die eh schon fast trocken war. Das ist ja kein Wunder bei einem Stringtanga.

Als ich mit Martin darüber reden wollte, gerieten wir so in Streit, dass ich aus dem Haus wollte, hoch zu Tanya. Er aber wollte mich nicht gehen lassen, hielt mich fest am Arm gepackt, während ich versuchte mich loszureißen ...
    Als wir am Rand der Terrasse angekommen waren, bekam ich plötzlich einen Stoß von ihm und fiel rückwärts hinunter in den Garten. Er hatte mich die Treppe runtergestoßen. Es waren zwar nur 3 Stufen, aber das waren riesige Steine, die da verbaut sind. Ich hätte mir die Knochen brechen können. Als ich unten lag, sagte er eiskalt: „Du wolltest doch da runter ..." Ja, ich wollte darunter gehen, aber nicht gestoßen werden.

Beim Aufbau der neuen Ruine half Tanya fleißig mit, der ganze Bambus musste rausgehackt werden. Die Rhizome sollten ausgebuddelt werden, denn im Haus und um das ganze Haus herum stand alles mit Bambus voll. Das musste alles entfernt werden. Ich glaube, sie tat dabei sogar mehr als Martin. Sie war so verbissen, sie musste an irgendetwas ihren erlebten Frust auslassen. Und das ließ sie lieber am Bambus aus, als einen anderen Menschen psychisch oder körperlich zu verletzen. So wie Martin das getan hatte. Dann wurde der Sand geliefert, den wir brauchten, um mit dem Aufbau fortzufahren. Es waren 3 LKW-Ladungen voll Sand, die der Lieferant auf den Straßenrand gekippt hatte.
    Martin meinte zu mir, jedes Mal, wenn Tanya hoch zur Ruine gehe, könne sie ja 2 Eimer Sand mitnehmen, dann sei der Sand

schnell oben am auszubauenden Haus. Ich weiß nicht, wie viel Kubikmeter Sand eine LKW-Ladung hatte, aber es war schon eine gewaltige Menge! Ich stellte mir meine Tochter vor, wie sie Sandeimer für Sandeimer dort hochschleppen sollte und sagte zu Martin, jetzt sei er komplett übergeschnappt. Es waren etwa 80 Meter den Berg hoch und ein kurzes Stück über einen unebenen Wanderweg bis zu der Ruine. Und meine Tochter sollte 3 LKW-Ladungen voll Sand da hoch schleppen??? Für wen hielt er sich eigentlich, dass er so etwas von einer jungen Frau verlangen wollte. NEIN, damit war ich nicht einverstanden! Es gab natürlich wieder Streit, aber in diesem Fall setzte ich mich durch, diese Forderung war ja wohl so etwas von absolut bescheuert!

Dann erfuhren wir, dass man sich einen Kran borgen konnte, mit dem man das ganze Material hoch zum Haus schaffen konnte. Wir machten einen Termin aus, an dem die notwendigen Ziegel geliefert wurden. Der ganze Sand, die Ziegel und die notwendigen Steine waren in etwa 3 Stunden oben am Haus, ohne dass sich jemand dafür die Knochen kaputtmachen musste. Das kostete zwar 800 €, aber das war die Aktion wert.

Allein die Idee von Martin, Tanya könnte den ganzen Sand per Hand dort hochschaffen, grenzte an Wahnsinn. Ich finde einfach heute noch keine Worte dafür! So etwas von einer jungen Frau zu erwarten. Wir leben doch nicht mehr im Mittelalter.

Der ganze herausgehackte Bambus und die Rhizome mussten vernichtet werden. Wir warfen alles in den alten Schweinestall neben der Ruine und Martin machte ein Feuer. Er hielt es am Laufen und wir schafften den ganzen Bambus heran.

Es konnte nicht schnell genug gehen. Er verursachte Stress ohne Ende. Martin fluchte wie ein Weltmeister, wir kamen nicht nach mit dem Heranschaffen von dem Bambus, obwohl wir zu zweit waren.

Auf einmal hörten wir einen Schrei: „Scheiße ..." Ich rief: „Was ist denn passiert?" Martin rief zurück: „Meine Brille ist ins Feuer gefallen." Tja, die konnte er wohl vergessen.

Heute würde ich mich fragen, was weigerte er sich denn zu sehen, weil ihm die Brille ins Feuer fiel ...

Eines Tages besuchte Ralf Tanya auf der Insel. Ich lieh Tanya mein Auto, damit sie ihn vom Flughafen abholen konnte. Als sie zurückkamen, kam sie beim Einparken an eine Mauer, es waren nur Kratzer, nichts Schlimmes.

Aber als Martin das erfuhr, machte er wieder einen Riesenaufstand und schrie wieder, wie irre herum, während Tanya wie eine arme Büßerin dastand und die Schimpftirade über sich ergehen ließ. Und das alles, während Ralf danebenstand (im Grunde war er Tourist, denn Martin hatte darauf bestanden, dass er seinen Aufenthalt bezahlte). Martins Verhalten war so beschämend und für Tanya sehr erniedrigend. Ich schämte mich so sehr vor Ralf über Martins Verhalten. Was musste Ralf für einen ersten Eindruck von uns bekommen. Selbst als ich Martin gegenüber einwarf, die ganzen Beulen und Schrammen, die mein Auto mittlerweile habe, stammten alle von Martin, fand er kein Ende. Es war unglaublich. Er regte sich unwahrscheinlich über diese Kratzer auf, dabei war es doch mein Auto.

Für die Zeit, in der Ralf bei Tanya war, hatte sie vorgearbeitet, damit sie Zeit für ihn hatte. Trotzdem musste sie ab und zu noch helfen. Auch Ralf half Martin beim Einbau der Eingangstür im neuen Gästehaus.

Als er nach zwei Wochen Aufenthalt zurückflog, sagte er am Flughafen zu mir beim Abschied: „Für dich steht meine Tür immer offen, aber nicht für deinen Mann, der ist mir zu heftig drauf." So eine Aussage von einem Polizisten.

Dann war noch die Geschichte unseres gemeinsamen Backens. Tanya wollte einen Kuchen backen, ich Brot. Damit es sich auch lohnte, da die Touristen mein Brot sehr gerne kauften, machte ich immer gleich den Teig für 10 Brote und fror die fertigen ein. Wir standen am Tisch, ich wollte den Teig für das Brot machen,

Tanya stand mir gegenüber und wollte den Teig für den Kuchen machen. Wir machten es auch deshalb zur gleichen Zeit, weil Martin nicht wollte, dass Strom verschwendet wird.

Brot und Kuchen wollten wir nacheinander in den Ofen tun, damit der Herd nicht zweimal aufgeheizt werden musste. Also, so wie von Martin vorgegeben, stromsparend arbeiten. Dann kam Martin überraschend ins Haus, sah uns beide in der Küche stehen und war sofort sauer, weil er wohl wieder einmal seine Ruhe haben wollte. Ich hatte ihm aber morgens Bescheid gesagt, dass ich Brot backen wollte und ob Tanya in der Zeit zusätzlich einen Kuchen backte, war ja wohl nicht relevant. Im Gegenteil, es sollte eine Bereicherung sein. Es störte ihn einfach, dass sie in seinem Haus war und er maulte wieder rum und schrie, ob das jetzt sein müsse. Wir sollten schauen, dass wir fertig würden.

Er machte uns beide mit seiner unnützen Schreierei komplett konfus. Die Zutaten fürs Brot und den Kuchen standen gemeinsam auf dem Tisch, so dass wir nun, da wir uns ja beeilen mussten, ohne es zu bemerken, Zucker und Salz vertauschten ... Tanya machte Salz in den Kuchen und ich Zucker ins Brot ...

Nachdem alles gebacken war, wollten wir den Kuchen gemeinsam mit Martin essen. Also, wir saßen gemeinsam am Abendbrottisch und bissen freudig in den Kuchen und merkten in diesem Moment, dass wir Salz und Zucker vertauscht hatten. Der Kuchen war so was von salzig und Martin wurde nur noch wütender.

„Welche Verschwendung von Lebensmitteln", rief er und bestand darauf: „Das wird jetzt gegessen. Es gibt nichts Anderes zu essen, bis dieser Kuchen aufgegessen ist." Der Abend war wieder einmal gelaufen. Der kleine Bruder von Hitler war wieder erwacht, so wurde er einmal von einem Bekannten bezeichnet. Seinen eigenen Anteil daran, dass wir Salz und Zucker verwechselt hatten, weil er uns so angebrüllt hatte, sah er natürlich nicht.

Zum Frühstück gab es am nächsten Tag nur diesen Kuchen. Zum Mittagessen gab es nur diesen Kuchen. Martin war schon zum Frühstück nicht gekommen, also stellte ich ihm seine selbst verordnete Portion auf den Tisch. Unsere gab ich den Hühnern. Als Martin oben bei den Häusern arbeitete, kochte ich Nudeln und die aßen Tanya und ich heimlich 2 Tage lang mit Ketchup. Während Martin sich tapfer an die selbst verordnete Strafe hielt und nur diesen Salzkuchen aß. Ich machte ihm jedenfalls nichts Anderes zum Essen! Diese Geschichte ist heute noch ein Lacher zwischen Tanya und mir.

Falls ich das Buch wirklich veröffentliche und Martin diesen Teil liest, bekommt er bestimmt wieder einen Wutanfall, weil ich ihn „hinterging" und unseren Anteil vom Kuchen den Hühnern gab. Welch eine Verschwendung! Er hat sich diese Strafe doch selbst verordnet. Wenn ich einen Fehler beim Backen mache, muss ich mich doch nicht zweimal bestrafen, indem ich es auch noch esse. Die Hühner freuten sich und es gab gute Eier.

Tanya hatte eines Tages zum Frühstück total Lust auf eine Dose Thunfisch. Ich holte eine aus dem Vorrat und stellte sie auf den Frühstückstisch. Als wir fertig waren mit Tischdecken, rief ich Martin zum Frühstück. Als er an den Tisch kam, fiel ihm die Dose Thunfisch auf und er fragte, was ich damit vorhabe. Ich sagte ihm, dass Tanya sich eine Dose fürs Frühstück gewünscht habe.

Er fing sofort wieder an zu meckern, es sei genug Anderes auf dem Tisch, er akzeptiere nicht, dass hier nach dem „Lustprinzip" gelebt würde. Wir durften diese Dose Thunfisch nicht aufmachen.

Ich brachte Tanya später eine Dose in ihr Häuschen. Aber es schmeckte ihr bestimmt nicht so gut, wie es ihr ohne dieses ganze Theater geschmeckt hätte. Es war einfach ein negativer Beigeschmack dabei. Leider war es unvorstellbar, wie er manchmal reagierte. Ob er auch so reagiert hätte, wenn es seine Schwester gewesen wäre, mit einem Sonderwunsch, der 0,99 Cent gekostet hätte? Ich glaube nicht, das hätte er sich nicht getraut. So behandelte er nur meine Kinder und mich.

Heute weiß ich, dass ein Narzisst etwa 4 Personen hat, die er verbal misshandelt und missbraucht. Und alles geschieht hinter verschlossenen Türen. Dem Rest der Welt kann er als ein total liebevoller Mensch erscheinen.

Tanya müsste ihn heutzutage, wo sie eine eigene Familie hat, und er an ihrem Tisch sitzt, einmal so behandeln, wie er das mit ihr getan hatte. Ich bin überzeugt davon, dann würde er aber dumm aus der Wäsche schauen. Nach dem Lustprinzip leben, so ein Schwachsinn. Und was haute er immer rein, wenn wir bei Tanya zu Besuch waren. Das kostete sicherlich mehr als so eine Dose Thunfisch.

Er war so etwas von eifersüchtig, wenn ich meine Aufmerksamkeit auf einen anderen Menschen lenkte oder auf eines meiner Tiere, und Tanya zusätzlich verursachte wohl in seinen Augen, dass ich ihm noch weniger Aufmerksamkeit schenkte.

Tanya kochte kurz vor ihrem Abflug noch für uns. Auch das wurde, als danach Brigitte, Martins Schwester, uns mit Mann und Kindern besuchte, so hingestellt, als ob Tanya sein Cerankochfeld versaut hätte.

Brigitte kochte auf diesem Herd ein Gulasch, der mindestens 3 bis 4 Stunden vor sich hin köchelte. Und sie schüttelte den Topf auf dem Herd öfter hin und her, damit nichts anbrannte. Danach hatte das Ceranfeld einen silbrigen Schimmer, der aber von Martin wiederum als Fehler meiner Tochter Tanya dargestellt wurde. Dieser Schimmer sei erst da, seitdem Tanya auf diesem Herd gekocht habe.

Ich machte den Herd Tag für Tag sauber und dieser Schimmer war erst aufgetaucht, nachdem Brigitte das Gulasch gekocht hatte. Es war doch nicht schlimm, es ging auch mit der Zeit wieder weg.

Schlimm fand und finde ich noch heute, dass für alles Tanya verantwortlich gemacht werden musste. Ob es nur die Toilette war, die sie in seinem Haus nicht benutzen durfte, weil sie als Teenager für ihn zu lange auf der Toilette in unserer Wohnung war, oder das Internet oben in der Werkstatt oder der Herd ... egal, es war immer Tanyas Schuld. Er ließ kein gutes Haar an ihr. Tanya durfte dies nicht oder dass nicht ..., was bei seiner Verwandtschaft aber ganz normal war, wenn die uns besuchte. Ich hätte mich ein einziges Mal seiner Verwandtschaft gegenüber so aufführen müssen ... aber das ist nicht meine Art, mit Menschen umzugehen.

Martin war in der gesamten Zeit, in der Tanya bei uns auf der Insel war, so unfreundlich zu ihr, dass sie, statt nach einem halben Jahr zurückzufliegen, ihr Ticket umbuchte, damit sie schon nach 5 Monaten zurückfliegen konnte. Sie hielt es nicht mehr aus.

Sie bemerkte vor lauter Frust und Traurigkeit noch nicht einmal, dass der umgebuchte Flieger an meinem Geburtstag abflog.

Das Geld für die Umbuchung hatte sie von Ralf überwiesen bekommen. Denn Martin behauptete schon zu dieser Zeit, dass Maluka all mein Geld aufgefressen habe, und Taschengeld bekam ich ja – wie schon erwähnt – keines. Er weigerte sich strikt nach wie vor, mir Taschengeld zu zahlen. Also hatte ich kein eigenes Geld, von dem ich meinen Kindern hätte aushelfen können. Damit hielt er mich klein und unter seiner Kontrolle.

Zum Schluss hin, Tanya war kurz vor ihrer Abreise, wurden wir noch von Freunden eingeladen, an einem Kinoabend teilzunehmen. Allein wegen Tanya sagte ich dieser Einladung zu. Tanya sollte wenigstens einen schönen Abend auf der Insel in Erinnerung behalten.

Jeder sollte zum Gelingen dieses Abends etwas zu essen mitbringen. Wir fuhren gemeinsam dorthin. Es waren so um die 15 Leute da und Tanya verstand sich super mit der Gastgeberin.

Nach dem ersten Film wurde gegessen. Nachdem sich Martin den Bauch vollgeschlagen hatte, wollte er um 22 Uhr nach Hause. Ich sagte ihm: „Ich kann dich gerne nachhause fahren, aber Tanya und ich werden noch bleiben." Er verabschiedete sich von allen und wir gingen hoch zu meinem Auto, stiegen ein und los ging schon wieder die Diskussion.

Ich sei egoistisch, wir seien doch schon lange genug dageblieben. Außerdem sei das Ganze eine reine Benzinverschwendung, wenn ich ihn jetzt nach Hause fahren würde und dann wieder zurück zu dem Kinoabend führe. Es handelte sich um eine Entfernung von 7 km. Da ich nicht einsichtig war in seinen Augen, stieg er wutentbrannt wieder aus meinem Auto aus. Zum Glück waren wir mit meinem Auto diesmal unterwegs. Ich blieb nach den ersten paar Metern stehen, nachdem die Diskussion losgegangen war. Er meinte im Aussteigen, dann laufe er eben zu Fuß nach Hause. Ich rief ihm hinterher, das sei seine Entscheidung und parkte das Auto wieder ein. Er hatte wohl erwartet, dass ich ihm hinterherfahre. Aber das tat ich nicht.

Ich hatte die Nase gestrichen voll von seinen Bevormundungen. Ich ging zurück zu der Feier. Gegen Mitternacht machten Tanya und ich uns auch auf den Heimweg. Sie ging in ihr Häuschen und ich runter in Martins Haus. Ich machte kein Licht, um ihn nicht zu stören und erneut eine Diskussion hervorzurufen und machte mich bettfertig.

Als ich ins Bett gehen wollte, bemerkte ich, dass Martin gar nicht da war. Also zog ich mir wieder etwas über und suchte ihn. In keinem der Häuser war er zu finden. Ich fragte Tanya, ob sie ihn gesehen habe. Sie verneinte und ich sagte ihr, ich fahre jetzt die Strecke nochmal ab und schaue, ob ich ihn finde. Also setzte ich mich wieder ins Auto und fuhr beide Möglichkeiten, nach Hause zu laufen, nochmal ab. Ich fand ihn nicht. So viel zur Benzinverschwendung.

Um 3 Uhr ging ich ins Bett mit dem Gedanken, dass, wenn er bis zum Morgen nicht da sei, ich ihn beim Polizeipräsidenten, der bei uns im Ort wohnte, als vermisst melden würde.

Um 5 Uhr morgens kam er und legte sich wortlos ins Bett. Auf meine Frage hin, wo er denn so lange gewesen sei, sagte er, er sei müde gewesen und habe sich irgendwo unter einem Gebüsch hingelegt und geschlafen.

Dann fing er plötzlich an, mir die größten Vorwürfe zu machen, ich sei verantwortungslos, hätte ihn mitten in der Nacht eine kaum beleuchtete Straße entlang nach Hause laufen lassen. Ich antwortete nur, es sei doch seine Entscheidung gewesen, zu Fuß zu laufen. Er sei für sich selbst verantwortlich und außerdem ein erwachsener Mann und kein Kleinkind mehr. Damit war dieses Thema für mich beendet. Ich drehte mich um und wollte schlafen.

Mein Resümee:

Das, was er mit Tanya machte, in dieser Zeit ihres Praktikums zeigt, wie rachsüchtig er ist. Sie durfte in seinem Haus nicht auf die Toilette, weil sie früher für sein Empfinden immer so lange im Bad gebraucht hatte. Er hatte sich bei mir öfter darüber beschwert in dieser Zeit. Alles, was er Tanya auf der Insel antat, stammte aus dieser Zeit, anders kann ich mir das nicht erklären.

Aber dieses Verhalten ist ein Armutszeugnis für einen Doktor der Psychologie, der sogar hätte praktizieren dürfen. Dieser Mann hätte andere Menschen behandeln dürfen, die eine Psychotherapie gebraucht hätten! Doch auch der Doktortitel schützt, wie man sieht, nicht vor Wahnsinn.

Die Aktionen, die er brachte, wie sich irgendwo in die Büsche zu legen, um mir vorzuwerfen, dass ich ihn diese dunkle Straße habe, allein nach Hause laufen lassen ... da kam zum einen sein inneres kleines Kind zum Vorschein, er war trotzig. Zum anderen wollte er mir ein schlechtes Gewissen einreden, weil ich einmal etwas gemacht e hatte, was ihm nicht passte.

Das, was Tanya in dieser Zeit auf der Insel von ihm gelernt hat, ist, wie sie ihr Leben ganz bestimmt nicht leben will! Daher erzieht sie ihre Kinder total gewaltfrei.

Emotionale und verbale Gewalt sind Worte oder Taten, die das Gegenüber meist vollkommen überraschend und völlig unberechtigt angreifen und verletzen. Es werden Tatsachen verdreht. Beides ist seelische Gewalt, die Betroffene innerlich zerstören kann.

59) UDOS GEBURTSTAG

Ein paar Monate später wurden wir zu Udos Geburtstag eingeladen. Wieder sollte jeder etwas zu essen mitbringen. Das Fest sollte unten am Hafen am Strand gefeiert werden. Dort stehen ein paar Hütten, in denen man feiern kann. Udo, der gerne kocht, hatte einen Riesentisch aufgebaut, auf dem jeder das mitgebrachte Essen abstellen konnte. Ich hatte einen Tsatsiki aus Ziegenkäse gemacht.

Hannes und Maria ein älteres Pärchen, welches wir ein paar Monate vorher kennen gelernt hatten, waren auch eingeladen. Als sie kamen und den Tsatsiki sahen, stürzten sie sich gleich darauf und lobten ihn in den höchsten Tönen. Es waren sehr nette Leute. Wir hatten uns schon gegenseitig besucht und saßen jetzt auch gemeinsam an einem Tisch. Etwas später kamen Segler mit zu uns an den Tisch, Hannes und Maria hatten sie kennengelernt und waren mit ihnen verabredet. Jetzt saßen wir zu sechst an diesem Tisch.

Mittlerweile hatte Udo auch einen großen Grill aufgebaut und wer etwas Fleisch mitgebracht hatte, grillte nun fleißig. Da wir seit geraumer Zeit kein Fleisch mehr aßen, hatten wir keines mitgebracht. Nun, da die Segler da waren, nahm Hannes Fleischspieße aus einer mitgebrachten Kühltasche und sie fingen an, diese zu grillen. Martin sagte zu mir, dass er dieses Verhalten unverschämt finde, jeder solle etwas zu essen mitbringen für die Allgemeinheit und Hannes und Maria hätten nur das Fleisch für sich und die Segler mitgebracht. Ich gab ihm Recht, aber sagte gleichzeitig zu ihm, wenn ihn das störe, solle er es doch direkt ansprechen. Was er nicht tat. Er ärgerte sich lieber den ganzen Abend darüber.

Wochen später besuchten Hannes und Maria uns überraschend. Martin saß gerade in der Küche am Tisch an seinem Computer. Er drehte sich nicht einmal herum, um die beiden zu begrüßen, ließ sie einfach links liegen. Ich begab mich mit den beiden auf die Terrasse und wir tranken einen Kaffee zusammen. Sie fragten mich natürlich, was Martin habe, ich sagte nur, dass er sich mal wieder selbst nicht leiden könne. Sie sollten ihn selbst fragen, wenn sie wissen wollten, was los sei. Hannes meinte aber, wenn jemand so eine Laune habe, lasse man ihn lieber in Ruhe. Als sie wieder gingen, verabschiedete Martin sich auch nicht von ihnen. Er ließ sie einfach links liegen, als seien sie Luft.

Später fragte ich ihn, warum er nicht angesprochen habe, was ihn störe, da sagte er nur, mit solchen Leuten wolle er nichts mehr zu tun haben.

Wer schlecht über andere spricht oder denkt, der vergräbt nur seinen eigenen Schmerz und verstärkt sein eigenes inneres Unglücklichsein.

Mein Resümee:

Er vergraulte immer alle Leute, sobald ihm irgendetwas nicht passte, und so hatten wir auch kaum Freunde auf der Insel. Und hauptsächlich war immer ich seinen Launen ausgesetzt.

Er ärgerte sich dermaßen über das Verhalten der beiden, war aber nicht willig, die Sache anzusprechen. Es wäre das Einfachste gewesen, dann wäre die Sache aus der Welt gewesen. Er bestrafte sie lieber mit Nichtachtung. Was natürlich am Ende dazu beitrug, dass wir immer weniger Freunde auf der Insel hatten. Mit mir kamen alle aus, doch mit Martin wollte kaum jemand noch etwas zu tun haben.

60) MEINE SCHWESTERN AUF DER INSEL

Meine beiden Schwestern Lisbeth und Monique kamen uns einmal besuchen. Sie wollten sehen, wie wir auf der Insel so lebten.

Lisbeth hatte ja beim Tod meiner Mutter Martin einmal die Meinung gesagt und das Telefongespräch unterbrochen. Das nahm er ihr immer noch schwer übel und ließ es sie spüren. Er unterhielt sich so gut wie ausschließlich mit Monique. Das war seine Art, mit Menschen umzugehen, die er nicht mochte. Da wir zu der Zeit, als meine Schwestern uns besuchten, kein freies Haus hatten (es waren viele Touristen auf der Insel), übernachteten sie bei der Nachbarin im Gästehaus. Aber sie kamen immer zu uns zum Frühstück. Auch da unterhielt sich Martin hauptsächlich mit Monique. Und wenn wir Ausflüge mit den beiden machten, beachtete er Lisbeth so gut wie nie.

Mein Resümee:

Wenn er jemanden nicht mag, ist er supergut im Ignorieren der betreffenden Person. Er würde das niemals zugeben oder ein bestehendes Problem offen ansprechen.

Das kann er nur bei mir, indem er mich runtermacht und abwertet, erniedrigt und beleidigt. Das macht er nicht, wenn andere dabei sind, sondern immer hinter verschlossener Tür. Sonst würde sein Narzissmus erkannt. Die einzige außenstehende Person, die viel mitbekam und so manches Mal darunter litt, war Tanya R. auf der Insel.

61) DAS CERANKOCHFELD

Martin hatte in seiner Küche ein Cerankochfeld. Über dem Cerankochfeld war ein Gewürzschrank, indem auch Gewürzgläser standen. Immer wieder ermahnte er mich, ich solle aufpassen, dass diese nicht auf das Cerankochfeld fällt und dieses dann kaputt geht. So ein Cerankochfeld gebe es hier auf der Insel nicht zu kaufen, sagte er immer wieder. Er nervte mich schon, so oft sagte er das.

Als er einmal wegen des oberhalb der Küchenschränke verlegten Stromkabels etwas nachschauen wollte, kletterte er auf der Arbeitsplatte herum und trat auch auf das Cerankochfeld, wodurch es am Rand einen Sprung bekam. Wäre mir das passiert, wäre das Geschrei wieder groß gewesen. So war er schuld und verlor kein Wort darüber.

Genauso ermahnte er mich immer, aufzupassen, dass ich meine Geldtasche nicht verliere. Verloren hatte er aber seine. Sie fiel ihm während des Einsteigens ins Auto aus der noch offenen Autotür. Er hatte Glück, dass sie von einem ehrlichen Finder gefunden wurde, denn zu diesem Zeitpunkt war viel Geld darin.

Auch seinen Schlüssel verlor er einmal und selbst der fand sich durch einen ehrlichen Finder wieder. Aus lauter Angst, dass ich etwas verlieren könnte, passierte es ihm selbst. Das nennt man eine sich selbsterfüllende Prophezeiung!

Mein Resümee:

Dabei handelt es sich einfach um Verlustängste. Er hat nach wie vor eine riesengroße Angst, etwas zu verlieren. Er überträgt das auf andere. Umso schlimmer die Angst, desto schneller verliert er selbst etwas, vor allem mich immer wieder, bis auf diese Zeit auf der Insel. Von dort konnte ich nicht so einfach weg.

Ich muss zu meiner Schande gestehen, dass ich die Beziehung zu Martin bis zum jetzigen Zeitpunkt 12 x abgebrochen habe. 5 x in der ersten Beziehung und 7 x in den letzten 20 Jahren, also in der letzten Beziehung. Damit liege ich absolut im Durchschnitt. Denn um aus einer toxischen Beziehung auszubrechen, brauchen die betroffenen Partner laut Psychologen in der Regel 7 Anläufe.

Leider dauerte es bei mir eine Zeitlang, bis ich ihn als Narzissten entlarvte und einsah, dass sich nie ändern würde!

Wegen eben dieser Verlustangst kontrollierte er mich auch so stark. Er hatte eine wahnsinnige Angst, mich zu verlieren. Gleichzeitig tat er alles, um mich zu verlieren. Auf der Insel versuchte er, mich in einen goldenen Käfig zu sperren. Er verstand einfach nicht, dass man Liebe nicht einsperren kann. Umso mehr ich eingeschränkt wurde, umso mehr kämpfte ich um meine Freiheit …

Die ersten 5 Jahre lief ich auf der Insel mit 20 € in der Tasche herum. Er zahlte immer, wenn wir irgendwo einkehrten oder etwas kauften. Später behauptete er, ich hätte in dieser Zeit nur auf seine Kosten gelebt. Wo mein Geld war, ist mir nach wie vor ein Rätsel, welches er mir nicht erklären konnte, denn Maluka hatte keine 85.000 € gefressen. Dass mein Geld für den Aufbau der Häuser verwendet wurde, stritt er leider immer wieder ab. Immer wieder war seine Aussage dass mein Geld von Maluka „gefressen" wurde. Alles andere gehöre nur ihm. Er machte mich psychisch mürbe mit dieser Aussage.

Meine Gläser trank er leer, meine Konten hatte er unter Kontrolle, meine Tasche nahm er mit ins Auto, während ich sie im Haus immer noch suchte. Wie oft hatte ich ihm gesagt, ich kümmere mich selbst um meine Tasche, er brauche sie nicht mit ins Auto zu nehmen. Doch es passierte immer wieder, jahrelang.

In meinem Auto hatte ich immer gewisse Sachen, wie Kuscheltiere, Taschentücher, Ersatzleine, Nasenspray etc. Was ich halt so brauchte. Nein, er konnte das nicht haben. Auf der Insel musste immer alles ausgeräumt werden, um wieder mit ins Auto zu nehmen, was man brauche. Alles „Unnütze" in seinen Augen musste raus. Ansonsten hatte er keine Kontrolle darüber, was ich dabeihatte. Es war zwar mein Auto, aber er bestimmte, was darin sein durfte und was „unnötig" in seinen Augen war.

62) TELEFONATE

Egal, mit wem ich wann auch immer telefonierte, er wollte während des Gespräches immer auf den neuesten Stand gebracht werden.

Besonders schwierig wurde es, wenn ich mit Touristen auf der Insel Telefonate führen musste und diese Telefonate noch in Englisch oder gar Portugiesisch waren. So gut kann ich beide Sprachen nicht, dass ein fließendes Gespräch möglich gewesen wäre. Also wurde viel nachgefragt und ich musste mich auf das Gespräch konzentrieren. Während Martin wartend oder sogar lautstark seine Kommentare abgebend danebenstand und wollte, dass ich ihn auf den neuesten Stand des Gespräches bringe. Wie ein Kleinkind, dass nörgelt, weil es seinen Willen nicht gleich bekommt.

Das war mir besonders unangenehm, wenn ich mit Touristen telefonierte. Er wurde teilweise so penetrant, dass ich mich zum Schluss weigerte, überhaupt noch ans Telefon zu gehen. Ich ignorierte es einfach, wenn dieses verdammte Telefon klingelte!

Telefonierte ich mit einem meiner Kinder, wollte er auch möglichst genau den Gesprächsinhalt erfahren. Sagte ich ihm dann das, was für ihn relevant war, bekam ich in der Regel zu hören: „Und dafür musst du eine Stunde lang telefonieren, wenn du mir das alles in 2 Minuten erzählen kannst."

Oder wenn ihm das Gespräch mit meinen Kindern zu lange dauerte, kam er oft und meinte vorwurfsvoll, wann ich denn wieder für ihn Zeit habe. Als ob ich jeden Tag stundenlang am Telefon gewesen wäre. Dabei vergingen oft zwei oder drei Wochen bis zum nächsten Gespräch mit einem meiner Kinder.

Er war nicht imstande, mir wenigstens diese Zeit zu gewähren, ohne dass er meckerte oder gar ausfällig wurde. Das ging so weit, dass ich anfing, ein schlechtes Bauchgefühl zu bekommen, wenn ich mit meinen Kindern telefonierte. Ich erwartete jeden Moment, dass er zu mir kommt und sich beschwert, weil ich zu lange telefoniere. Nur um Streit zu vermeiden, hielt ich diese Gespräche dann möglichst kurz, wenn er in der Nähe war.

Mein Resümee:

Er brauchte die totale Kontrolle. Egal, mit wem ich telefonierte, er wollte immer alles genau wissen. Anfangs erzählte ich ihm noch viel mehr. Aber ich merkte zunehmend, dass gerade, wenn es um meine Kinder ging, wurde das, was ich ihm erzählt hatte, dazu missbraucht, meine Kinder wieder in einem schlechten Licht dastehen zu lassen.

Telefonate mit den Touristen waren teilweise nur beschämend, weil er im Hintergrund herumbrüllte. Er meinte immer, da er schwerhörig sei, brauche er mich zum Telefonieren, weil er durch die Hörgeräte nicht alles verstehe. Komisch war nur, wenn er mit Banken oder Versicherungen telefonierte, klappte das Telefonieren immer ganz gut. Da wurde ich nie als Hilfe gerufen. Für solche Telefonate brauchte er meine Hilfe grundsätzlich nicht.

63) INS BETT GEHEN UND AUFSTEHEN

Bettgehzeiten waren immer ein Thema für Martin. Da er schwerhörig ist, wäre er am liebsten schon immer, sobald es dunkel wurde, ins Bett gegangen. Ich verstehe zwar bis heute nicht, was das mit seiner Schwerhörigkeit zu tun hat, aber er wollte das am liebsten so.

Sein Motto war: mit der untergehenden Sonne ins Bett gehen und morgens mit der aufgehenden Sonne aufstehen. Mir war das immer zu früh. Ich brauche nach wie vor nicht so viel Schlaf wie er. Vor allem im Winter, wenn es schon um 17 Uhr dunkel wurde. So früh gehe ich nicht ins Bett, tut mir leid! In seinem Haus auf der Insel war das aber leider nicht möglich. Es besteht aus einem großen Raum ohne Türen. Die einzige Tür in diesem Haus ist die Tür zum Bad. Wenn ich noch an meinem Schreibtisch sitzen wollte, störte ihn das Licht am Schreibtisch, wenn er schon im Bett war.

Vor dem Bett war zwar ein dünner Vorhang, aber da fiel zu viel Licht durch. Der Vorhang war ein billiges Werbegeschenk gewesen. Ich versuchte es mit einer dicken Wolldecke, doch selbst da störte ihn noch das Licht am Schreibtisch.

Also blieb mir meistens nichts Anderes übrig, als früh mit ins Bett zu gehen. Da wir einen Kompromiss ausgehandelt hatten, war das in der Regel um spätestens 21 Uhr der Fall. Es sei denn, wir saßen noch mit Touristen zusammen und er hatte jemanden, der an seinen Lippen hing. Denn das konnte er auch sehr gut, seine Geschichte erzählen, wie wir auf die Insel gekommen waren. Dann konnte er auf einmal viel später ins Bett gehen.

Da ich nachts oft nicht schlafen konnte, was leider sehr oft vorkam, gewöhnte ich mir an, Hörbücher zu hören. Das störte ihn nicht, weil er nachts die Hörgeräte auszog. Das machte ich jahrelang so, weil er nicht akzeptieren wollte, dass ich mal länger aufblieb.

Morgens das Gleiche. Er ist sexsüchtig und wollte so gut wie täglich Sex. Er konnte stundenlang im Bett liegen und brauchte das Streicheln wie die Luft zum Atmen. Mir wurde das schon zu viel. Aber stand ich mal früher auf, war ich ein Egoist!

Mein Resümee:

Alles musste sich nach ihm richten. Wenn das nicht der Fall war, rastete er aus oder wurde beleidigend. Er ist nun mal der König seines Universums, ein Egoist der Sonderklasse. Das weiß ich heute, eben ein psychopathischer Narzisst.

64) SANDRA, 2012

Ich wollte so viele verschiedene Hühner, wie es Eierfarben gibt, um den Frühstückstisch für die Touristen biologisch ein wenig bunter zu gestalten. Also bestellte ich im Internet immer wieder Bruteier in verschiedenen Farben. Die brütete ich dann im Brutkasten aus. Über das Eierbestellen lernte ich Sandra kennen. Sie verkaufte mir Grünlegereier.

Als die Küken geschlüpft waren, schickte ich ihr Bilder von ihnen. Wir waren bestimmt ein gutes halbes Jahr in Kontakt, ehe sie anfragte, ob sie mal bei uns Urlaub machen könne.

Als sie kam, verstanden wir uns super. Die Insel gefiel ihr sehr gut und sie überlegte sich, da ihr Lebensgefährte gestorben war, zu uns auszuwandern. Martin und sie unterhielten sich sehr viel darüber, wie das Leben dann aussehen würde, wenn sie auf die Insel auswandern würde. Mit Martin verstand sie sich am Anfang auch gut, alles passte.

Sie flog nach Deutschland zurück und wir erstanden unterhalb von Martins Haus eine Ruine, die komplett von einem Feigenbaum zugewachsen war.

Wir hatten schon im Vorfeld mit Sandra gesprochen, wie das Haus, in welches sie einziehen wollte, aussehen sollte. Den Innenausbau wollte sie selbst nach ihren eigenen Wünschen gestalten. Sie gerbte gerne Felle und legte auch großartige Mosaike aus Fliesen. Später wollte sie uns bei den Tieren helfen und im Tourismus mitarbeiten. Wir hatten mittlerweile das Pferd, eine Eselin, zwei Milchziegen, jede Menge Hühner, ein Truthahnpärchen, Wachteln und eine Fischzucht. Außerdem noch den Gemüseanbau. Es gab also genug Arbeit, die ich bis dahin allein gemacht hatte.

Jetzt kam der Tourismus vermehrt hinzu. Mittlerweile hatten wir 5 Gästehäuser in verschiedenen Größen. Und ich glaube, das sechste befand sich gerade zu dieser Zeit im Aufbau.

Für Sandra wurde nun das neue Haus aufgebaut. Innerhalb von, ich glaube, 3 Monaten zog Martin mit ein paar Männern des Dorfes den Rohbau hoch und als Sandra mit ihrer Katze auf der Insel ankam (sie hatte vorher ein Paar Pakete geschickt mit ihren wichtigsten Sachen), konnte sie in ihrem neuen Haus schon einziehen. Das Bad war so weit fertig. Sie wollte es selbst fliesen und den Boden wollte sie auch selbst verlegen.

Wir aßen und arbeiteten zusammen. Alles wäre gut gewesen, wäre nicht Martins Eifersucht wieder aufgekocht.

Sandras Sachen fingen durch die noch vorhandene Baufeuchte im neuen Haus an zu schimmeln. Da es zu der Zeit viel regnete, hatte das Haus kaum Zeit, komplett auszutrocknen. Sie stellte dann einen Teil ihrer Sachen in den Nebenraum eines Gästehauses. Leider kam sie nach Martins Meinung nicht schnell genug voran mit den Fliesenarbeiten. Außerdem meinte er, sei sie selbst schuld, dass es im Haus schimmle, da sie die Fliesen zu nass lege. Sie brauchte ihm zu lange für die Fensterbänke, da sie dort Mosaike legte. Es wurden immer wieder neue Streitpunkte gefunden.

Sandra war eine sehr hübsche Frau und wurde von einem verheirateten Portugiesen bedrängt. Sie beschwerte sich bei Martin, dass, wenn sie auf der Toilette sitze, der Typ genau in ihr Bad schauen könne, wenn er ums Haus schlich. Eine Tür zum Bad gab es noch nicht. Sie fragte Martin, ob man die Toilette nicht hätte, woanders hinsetzen können. Es gab immer mehr Diskussionen zwischen den beiden.

Sie machte mich als Erste darauf aufmerksam, wie Martin mich behandelte. Sie war vorher auch mit einem Narzissten zusammen gewesen und hatte bis zu seinem Tod unter ihm gelitten. Es war immer schlimmer zwischen den beiden geworden und eines Tages hatte es so gewaltig gekracht, dass Sandra einen gemeinsamen Freund angerufen hatte und ausgezogen war. Das wiederum nahm Martin diesem Freund so übel, dass er ihn nie mehr anschaute.

Sie ging dann wieder nach Deutschland zurück, wo sie einen kleinen alten Vierkanthof besaß. Die Katze und ihre Sachen konnte sie nicht mitnehmen, das hatte sie alles bei Bekannten untergestellt. Die Katze wurde später leider überfahren. Ich hatte danach auch leider keinen Kontakt mehr zu ihr, hörte aber, dass sie nochmal auf der Insel gewesen sei wegen ihrer Sachen. Doch das meiste musste sie auf der Insel lassen.

Mein Resümee:

Martin war schlicht und ergreifend eifersüchtig auf Sandra und Sandra ging dieser Portugiese auf die Nerven, da er ständig um ihr Haus schlich. Ich verstand mich mit ihr sehr gut. Leider war es nun wieder die Situation, dass Martin sich zwei Frauen gegenüber sah. Das wurde mir erst später bewusst. Außerdem war

Sandra ein Mensch, der sich nicht so leicht unterordnete, unbequeme Fragen und gleichzeitig Martins Arbeit in Frage stellte. Damit kam Martin überhaupt nicht zurecht. Und sie hatte Erfahrung mit Narzissten. Sie hatte mir einiges erzählt, was sie so erlebt hatte mit ihrem Lebensgefährten. Aber damals war ich noch nicht so weit, Martin als Narzissten zu erkennen und entlarven. Ich hoffte immer noch, dass er ruhiger werde, so wie sein Vater.

65) TANYAS NEUER FREUND, DARIO

Tanya hatte, nachdem sie wieder in Deutschland war, auf Anraten ihres Vaters ein Portugiesisch Studium begonnen. Über dieses Studium lernte sie einen Portugiesen kennen. Mit ihren Freund Ralf hatte sie die Beziehung mittlerweile beendet.

Sie schlug vor, dass wir uns einmal mit den beiden in Lissabon träfen. Sie wollte uns Dario unbedingt vorstellen. Also machten wir einen Termin aus und trafen die beiden in Lissabon.

Da die zwei knapp bei Kasse waren, übernachteten wir gemeinsam unter freiem Himmel auf Miradouros, das sind Aussichtspunkte. Wir suchten in den 3 Tagen immer welche aus, die Toiletten hatten. Es war ein Abenteuer. Ich wunderte mich, dass Martin das so mitmachte, aber okay ... heute weiß ich, warum. Er versprach sich einen Vorteil von Sabias neuem Freund.

In der letzten Nacht bevor wir nach Amarosa, von dort kam Dario, weiterfuhren, war es sehr kühl und Tanya und Dario hatten sich ins Auto verkrochen. Als Martin das mitbekam, wurde er wütend, denn er, als Älterer, habe draußen ausgeharrt und geschlafen und die Jungen verkrochen sich ins Auto. Das fand er unfair, außerdem störte es ihn maßlos, dass die Scheiben nun von innen beschlagen waren. Aber das war nur ein kleiner Wutausbruch. Ansonsten verlief die Zeit relativ ruhig und harmonisch.

Dario arbeitete damals bei einer Autovermietung. Er fand es sehr interessant, was wir auf der Insel machten. Er konnte sich vorstellen, auch auszuwandern. Martin schwärmte ihm vor, dass die beiden im Tourismus einen guten Verdienst erzielen könnten. Für den Anfang versprach er ihm einen Stundenlohn von 8,50 Euro und sie bekämen ein von uns kürzlich erworbenes Haus geschenkt. Sie überlegten es sich. Leider wurde nichts davon schriftlich festgehalten.

Wir fuhren mit ihnen weiter nach Amarosa. Wir lernten Darios Verwandtschaft kennen. Sein Vater ist Deutscher und lebte damals in Portugal. Seine Mutter ist Portugiesin und lebt heute noch mit ihrem neuen Partner in Deutschland.

Dort in Amarosa machte Dario Tanya einen Heiratsantrag und sie verlobten sich. In Porto aßen wir noch gemeinsam in einem Lokal, in dem man nach Zufriedenheit zahlte. Es war sehr interessant, was alles aufgetischt wurde. Ich glaube, das ist eine der wenigen bleibenden positiven Erinnerungen. Nach Amarosa flogen Tanya und Dario wieder nach Deutschland zurück. Nach ein paar Wochen bekamen wir die Antwort, dass sie zu uns auswandern wollten.

Mein Resümee:

Er manipulierte Tanya und Dario, indem er ihnen Versprechungen machte, die er im Nachhinein wieder einmal nicht einhielt. Ob er das damals schon vorhatte, kann ich nicht behaupten.

Aber allein die Tatsache, dass er keines der bis dahin gegebenen Versprechen jemals eingehalten hatte, lässt es mich heute vermuten. Er nutzte einfach die Gelegenheit. Dario war unzufrieden mit seiner Arbeit und er ist Portugiese. Martin versprach sich wohl davon, dass, wenn Dario auf die Insel käme, er jemanden hätte, der ihm mit der portugiesischen Sprache hälfe. Er bedachte allerdings nicht, dass Dario ein eigenständiger Mensch ist, der seine Entscheidung ändern kann, wenn er merkt, dass er nur ausgenutzt wird. Dieses Risikos war Martin sich wohl nicht bewusst.

66) DARIOS ELTERN

Als wir das nächste Mal in Deutschland waren, wurden wir von Darios Mutter und ihrem Lebensgefährten zum gegenseitigen Kennenlernen eingeladen. Sie hatten ein superleckeres Essen für uns aufgetischt und wir unterhielten uns lange. Dabei kam die Sprache auch darauf, dass wir in Portugal auf einer kleinen Insel lebten und Häuser für Touristen hatten.

Wir, ich glaube sogar, das ging auch von Martin aus, boten ihnen an, dass sie uns dort einmal besuchten. Wir waren öfter bei Ihnen zum Essen eingeladen und bei einem der nächsten Treffen fragten sie, wann und wie lange sie denn einmal kommen könnten. Es wurden Termine vorgeschlagen.

Martin meinte auf einmal, dass es ganz egal sei, wie lange sie kommen wollten. Es komme eher darauf an, wie lange sie sich so einen Urlaub leisten könnten. Er meinte, eine Übernachtung in einem unsere Häuser koste „so und so viel".
Mir blieb die Spucke weg! Wir, Tanya, Dario und seine Eltern sahen uns alle entsetzt an. Ich werde nie die darauffolgende Stille vergessen und die plötzlich umgeschlagene Stimmung. Ich fühlte mich auf einmal sehr unwohl in meiner Haut. Martin aß weiter, als sei nichts geschehen, und ließ sich weiter bedienen.

Später sprach ich mit ihm darüber, aber er hatte eine festgefahrene Meinung, dass sie, wenn sie bei uns Urlaub machen würden, sie diesen auch zu zahlen hätten. Ich erklärte Darios Eltern bei einem anderen Besuch, bei dem ich alleine mit Tanya und Dario dort war, dass diese Entscheidung nicht von mir stamme. Dieses Gespräch war mir sehr unangenehm, aber sie hatten sich das schon gedacht.

Mein Resümee:

Darios Mutter ist Putzfrau und der italienische Stiefvater war zu diesem Zeitpunkt Fahrer für eine Transportfirma. Dass diese einfachen Leute nicht das Geld haben, sich so einen Urlaub leisten zu können, liegt auf der Hand. Doch es sind Darios Eltern und ich hätte ihnen sehr gerne diesen Aufenthalt bei uns gegönnt.

Aber Martin war der Meinung, da Darios Stiefvater Raucher sei, brauche er nur auf die Zigaretten zu verzichten und dann hätte er das Geld, um sich einen solchen Urlaub leisten zu können. Ich persönlich finde diese Einstellung sehr anmaßend, überheblich und bewertend. Wenn ich so eine Meinung habe, biete ich so etwas wie einen Besuch gar nicht erst an!

67) TANYAS UND DARIOS HOCHZEIT, 2012

Eines Tages bekamen wir die Nachricht, dass Tanya und Dario heiraten wollten. Wir flogen zur Hochzeit nach Deutschland. Sie feierten in dem Gemeindesaal, wo auch Runa geheiratet hatte. Nach der Zeremonie wurde mit vielen Freunden gefeiert. Dort wurde ganz stolz von Dario verkündet, dass Tanya schwanger sei.

Bei der Ausstattung der Feier hatte Hannah sehr mitgeholfen. Sie war eine frühere Nachbarin von mir, bei ihr hatte ich filzen gelernt. Sie brachte eine Freundin mit, Tanya R.

Hannah und Tanya R. halfen fleißig mit beim Tischdecken, Abdecken, Spülen und was halt eben so anfällt auf einer Hochzeit. Martin half auch fleißig. Da wir seit neuestem in einem Touristenführer aufgeführt waren, hatte Tanya R. sich diesen gekauft und zeigte ihn überall herum. Sie war ganz begeistert, allein von den Bildern, die im Führer abgebildet waren. Sie wollte unbedingt einmal Urlaub machen auf der Insel.

68) DAS AUSRÄUMEN DER WOHNUNG VON TANYA UND DARIO

Da wir gerade wegen der Hochzeit in Deutschland waren und Tanya und Dario Miete sparen wollten, um ein bisschen Geld zu sparen für den Umbau und die Renovierung des von uns ihnen geschenkten Hauses auf der Insel, überlegten sie, ihre derzeitige Wohnung zu kündigen und, bis sie auswandern wollten, bei den Eltern von Dario zu wohnen. Der Container sollte erst in ein paar Monaten gepackt werden.

Martin schlug dann vor, ihre ganzen Sachen in seiner Wohnung in Rheinland-Pfalz zu lagern, die zu diesem Zeitpunkt sowieso leer stand. Es war die Wohnung, die er Tanya einmal geschenkt hatte, die sie aber nie bekam Daraufhin entschlossen sich die beiden, ihre Wohnung zu kündigen. Wir wollten, da wir noch ein paar Tage Zeit hatten, beim Ausräumen helfen.

Da das Ganze sehr kurzfristig war, musste Dario erst mal einen Transporter mieten. Wir verabredeten uns für diesen Tag bei ihnen in der Wohnung. Natürlich hatten sie noch nichts gepackt, da diese Entscheidung, die Wohnung zu kündigen und ihre Sachen bis zum Auswandern in Martins Wohnung zu lagern und bis dahin bei Dario Eltern zu wohnen, erst mal alles abgeklärt werden musste. Vor allem, ob das Vorhaben, bei Darios Eltern zu wohnen, auch funktionierte, denn die mussten ja auch einverstanden sein. Bisher war das ja nur eine Idee.

Dario klärte es ab, die Eltern waren einverstanden und die Sachen sollten in Martins Wohnung gelagert werden. Wir trafen uns zum verabredeten Zeitpunkt in ihrer Wohnung und Dario fuhr mit Tanya den Transporter holen, den er schon bestellt hatte. Wir warteten recht lange in ihrer Wohnung. Da Dario aber länger brauchte, wollte Martin schon anfangen, die Sachen in Kisten zu räumen. Ich versuchte, ihn davon abzuhalten, weil ich mir vorstellen konnte, dass Tanya und Dario dabei sein wollten, wenn ihre Sachen verpackt wurden. Allein um zu entscheiden, was sie noch brauchten und was eingepackt werden konnte. Schließlich war es noch eine Zeit lang hin, bis der Container gepackt werden sollte.

Aber Martin war nicht davon abzuhalten. Er fing einfach an, die Sachen vom, ich glaube, Büro einzupacken. Es scherte ihn nicht im Geringsten, ob da Sachen dabei waren, welche die beiden noch brauchten. Ich ging in die Küche, da konnte ich nicht viel verkehrt machen. Mit einer Stunde Verspätung kamen Tanya und Dario in ihrer Wohnung an und sie ärgerten sich fürchterlich, dass Martin inzwischen viele Sachen, die sie doch noch brauchten, einfach schon eingepackt hatte.

Also wurden die Kisten wieder durchsucht. Gewonnen war also durch Martins Aktion gar nichts. Als alles draußen im Transporter war, wurden die Sachen in Martins Wohnung in Rheinland-Pfalz gelagert. Die Sachen standen dort so lange, bis der Container im Mai oder Juni gepackt werden sollte.

Mein Resümee:

Martin war nicht bereit, abzuwarten, bis Tanya und Dario in der Wohnung ankamen. Weil sie nicht pünktlich waren, fing er an ihre Sachen einzupacken, ohne Rücksicht darauf, was sie in den nächsten Monaten noch brauchten.Er war rücksichtslos und übergriffig.

69) RUNA, 2013

Runa, die sich mittlerweile von Sandro getrennt hatte und bei ihrer Cousine untergekommen war, trafen wir auch auf der Hochzeit. Wir hatten sie lange nicht gesehen. Sie kam zu uns an den Tisch und wir sprachen eine Zeitlang darüber, wie es uns und ihr in der letzten Zeit ergangen war. Dann fragte sie Martin, ob er ihr seine Wohnung vermiete, wenn Tanyas und Dario Sachen rausgeräumt seien. Sie brauchte dringend eine eigene Wohnung. Martin war zuerst dagegen, lies sich aber dann doch darauf ein.

Bedingung war, dass, wenn wir nach Deutschland kämen, wir auch in dieser Wohnung übernachten könnten. Runa hatte eine Katze, die mit in diese Wohnung einzog. So kam es, dass Runa am gleichen Tag in die Wohnung von Martin einzog, wie die Sachen von Tanya und Dario aus der Wohnung ausgeräumt wurden.

70) DER CONTAINER WURDE GEPACKT, 2013

Es war schon eine logistische Aufgabe, diesen Container mit Baumaterial und Tanyas und Darios Hausrat zu beladen. Martin ist da wirklich ein Genie, das muss ich ihm lassen!

Er bestellte ganz viele Sachen, die er auf der Insel brauchen konnte, unter anderem Baumaterial, was noch genau an dem Tag geliefert wurde, an dem der Container geschlossen werden sollte.

Wir packten den Container auf dem Baugelände eines anderen Pärchens, die ein Haus auf der Insel haben und auch Sachen im Container mit einpacken wollten. Martin konnte den Lagerraum dort benutzen. Die ganzen Pakete, die er bestellt hatte, wurden in diese Lagerhalle geliefert und immer, wenn etwas Neues angekommen war, bekam er Bescheid, dass das Paket oder diese Lieferung angenommen wurde.

Als wir bei der Lagerhalle ankamen, musste alles aus den Paketen herausgeholt, platzsparend genau in der Höhe des Containers eingepackt und mit Folie umwickelt werden. Wir hatten ein Wochenende Zeit dafür.

Die Mitarbeiter des Pärchens, wo wir den Container packten, schlossen schon Wetten ab, ob wir das ganze Zeug in den Container reinbekommen würden. Zum Schluss war der Container gepackt, alles war reingegangen, bis auf ungefähr einen Meter einer Holzlatte, die Martin absägen musste, weil sonst die Tür des Containers nicht zugegangen wäre. Das war schon eine Präzisionsarbeit!

Man kann sich vorstellen, dass das Packen kein Zuckerschlecken war. Martin führte sich auf, als sei er der kleine Bruder von Hitler. Jeder wurde angeschnauzt. War Dario nicht gleich zur Stelle, wenn Martin ihn brauchte, fluchte er. Es war echt schlimm. Mir fielen im Container Holzlatten, die ich halten sollte, ins Gesicht. Ich konnte sie nicht mehr halten. Dabei splitterte mir das Porzellan von zwei meiner Vorderzähne ab.

Da Tanya schwanger war, konnte sie nicht viel helfen. Sie war mehr mit Trösten beschäftigt und bereitete das Essen vor. Ich war so froh, als endlich die Tür von diesem Container geschlossen werden konnte. Ich schwor mir, nie mehr einen Container mit Martin zu packen oder gar zu beladen.

Mein Resümee:

Martin war ein Genie im Planen und Umsetzen von solchen Aufgaben. Leider um den Preis der Menschenwürde. Jeder hatte Angst vor ihm, weil das, was Martin von anderen verlangte, gar nicht so schnell von denen umgesetzt werden konnte, wie er es erwartete. Kaum gesagt, sollte es auch schon umgesetzt sein. Es war ein Wochenende voller Negativstress. Er konnte und kann sich nach wie vor nicht in andere Menschen hineinversetzen. Außerdem war er uns allen gegenüber ungerecht und herabwürdigend. Vor allem, als mir die Bretter ins Gesicht fielen. Er zeigte keinerlei Empathie, sondern war völlig herzlos und machte einfach weiter.

71) RUNA IN MARTINS WOHNUNG

So kam es dann, dass Runa in Martins Wohnung einzog. Einmal machten wir einen Überraschungsbesuch bei meinen Kindern, schliefen aber in diesem Fall jedoch im Hotel. Das nächste Mal, als wir nach Deutschland flogen, kündigten wir uns vorher an. Runas Katze war aber krank. So schliefen wir wieder im Hotel.

Runa arbeite mittlerweile im Mieterbund als Sekretärin, wurde aber leider nach einem halben Jahr aus Kostengründen wieder entlassen und lebte seitdem von Hartz 4.

Ein Jahr später wurde die Jahresabrechnung der Wohnung fällig. Martin wollte die nicht machen, es sei zu viel Arbeit und er wollte ihr eine eventuelle Nachzahlung erlassen. Runa bestand darauf, weil sie diese Jahresabrechnung beim Amt vorzeigen musste. Es waren noch andere Kleinigkeiten abzurechnen und es kam zum Streit, weil Martin meinte, Runa sei kleinlich.

Martin hatte zu dem Zeitpunkt folgende Einnahmen: seine Frührente, die er seit seinem Hörsturz bezog, Mieteinnahmen aus 6 Wohnungen in München und unsere Einnahmen durch die Touristen auf der Insel. Runa lebte von Harz 4 und musste mit jedem Cent rechnen und es wurde um ein paar Euro gestritten! Da sie sich wegen ein paar Problemen in der Wohnung (kein FI-Schalter, deshalb Stromschwankungen und dadurch ging wohl der PC kaputt, Styroporplatten an der Decke – das war laut Mieterbund verboten) nicht einigen konnten. Nach einer vierstündigen Diskussion in einer Bäckerei, wo wir uns nach dem ersten Streit trafen, sagte Runa, dass von nun an alles was die Wohnung angeht, nur noch per „Sie" und alles nur noch schriftlich über die Bühne gehe.

Daraufhin gingen mehrere E-Mails hin und her, die von beiden Seiten aus nicht immer fair waren ... Immer wieder diese Auseinandersetzungen. Sie zog aus seiner Wohnung aus. Aber auch das war nicht ohne Komplikationen von Martins Seite aus möglich. Zum Glück hatte Runa ihren Vater in dieser Situation an ihrer Seite.

Runa hat sich aber seitdem sehr gut entwickelt. Sie ist eine starke Persönlichkeit geworden, von der Martin sich eine „dicke Scheibe abschneiden" könnte, wie man so schön sagt. Sie hat ihm auch längst diesen Biss verziehen, denn verzeihen heißt, loszulassen, was man nicht mehr braucht, auch wenn man es nicht vergessen kann. Man hegt keinen Groll mehr deswegen. Verzeihen heißt, freizulassen ...

Mein Resümee:

Das kann Martin nicht, er ist nach wie vor nachtragend. Die Aussage „von jetzt an nur noch alles per „Sie" und alles nur noch schriftlich ..." nahm er zum Anlass, nur noch über E-Mail mit ihr zu verkehren. Das ging so weit, dass er Runa, als wir in Deutschland waren und wir sie einmal zufällig im Zug trafen, links liegen ließ und kein Wort mit ihr sprach, obwohl sie uns gegenüber saß.

Bei ihrem Auszug, 2 Jahre nach ihrem Einzug, verhielt er sich unmöglich. Zum Glück hatte Runa ihren Vater als Zeugen dabei. Ich ging gar nicht mit, wollte mir den ganzen Zirkus nicht ansehen. Ich war froh, als es endlich vorbei war. Martin hatte nie ein gutes Haar an Runa gelassen. Auch danach hörte es nicht auf, bis ich ihm nichts Wichtiges mehr erzählte. Damit nahm ich ihm die Möglichkeit, über sie herzuziehen und sie weiterhin schlechtzumachen. Er fragte zwar immer wieder nach, doch mittlerweile war ich schlauer geworden. Entweder telefonierte ich mit Runa, wenn er nicht da war, oder, wenn er dabei war, erzählte ich auf Anfragen nur noch Banalitäten.

72) DARIO AUF DER INSEL, 2013

Kurz nachdem der Container unterwegs war, bekam Tanya die Nachricht, dass es sich bei ihr um eine Risikoschwangerschaft handelte. Sie durfte auf gar keinen Fall ein Flugzeug besteigen. Also kam Dario erst mal allein mit ihren beiden Katzen auf die Insel. Er wollte zur Geburt wieder nach Deutschland zurückfliegen und mit Tanya und dem Baby wiederkommen. So war der Plan.

Leider kam es mal wieder anders als geplant. Dadurch, dass Tanya nicht mitgekommen war auf die Insel, meinte Martin, sie habe die Vereinbarung, auf die Insel auszuwandern, einseitig gebrochen. Er fühlte sich nun auch seinerseits nicht mehr an seine mit den beiden ausgemachte Vereinbarung gebunden. Dario wurde mit 150 € Taschengeld abgespeist. Er bekam zwar, wie vereinbart, mein Auto, damit er seine Sachen aus dem mittlerweile angekommenen Container abholen und ins Haus bringen konnte. Doch das ausgemachte Gehalt bekam er nicht!

Aber das Haus renovieren mit 150 € Taschengeld war schier unmöglich. Als wir einmal mit Dario unsere ersten Vermieter besuchten, sah Dario dessen altes Auto. Laut Martin verkaufte der Vermieter das Auto Dario für 500 €. Dieses Geld und die Versicherung in Höhe von 200 € übernahm Martin. Er meinte, das sei Bezahlung genug. Da aber an dem Auto noch Reparaturen gemacht werden mussten, konnte Dario das Auto gar nicht nutzen. Von 150 € Taschengeld kann man auch auf der Insel kein Auto reparieren lassen. Übrigens, Dario sagte, dass unser Vermieter ihm das Auto sogar geschenkt habe, weil es kaputt gewesen sei. Ich weiß es nicht mehr genau, doch ich möchte beide Seiten in meine Erzählung aufnehmen.

Dann kam die Situation dazu, dass Hannah, meine ehemalige Nachbarin, uns auch zu dieser Zeit auf der Insel besuchte. Da wir kein Haus freihatten, hatte sie sich woanders eingemietet. Dario hatte versprochen, mit ihr eine Inselrundfahrt zu machen.

Doch Martin brauchte ihn an diesem Tag, um an einem Haus weiterzuarbeiten. Deshalb gab Dario Hannah das Auto, damit sie sich die Insel allein anschauen konnte. Es war schließlich sein Auto. Wir hatten es den beiden geschenkt.

Dummerweise sah Martin Hannah mit dem Auto wegfahren und hielt daraufhin Dario eine Moralpredigt, die es in sich hatte. Dario brach sogar in Tränen aus. Martin meinte, Dario falle uns als Vermieter im Tourismus in den Rücken. Wenn Hannah ein Auto brauche, solle sie genau wie die anderen Touristen dafür bezahlen usw. Dario versuchte, ihm zu erklären, dass er ihr das Auto aus Freundschaft und Dankbarkeit ihr gegenüber geliehen habe. Hannah habe bei der Hochzeit so viel geholfen und es sei nicht seine Absicht gewesen, uns in den Rücken zu fallen. Nach diesem Gespräch fing Dario an, depressiv zu werden. Er aß kaum noch etwas, machte zwar seine Arbeit und ging abends mit den anderen Arbeitern weg, aber er hatte sich alles ganz anders vorgestellt. Es war auch definitiv anders ausgemacht gewesen. Es war keine leichte Zeit für ihn. Er fühlte sich ausgenutzt und gedemütigt. Um etwas dazuzuverdienen, ging er zusätzlich noch mit unserem Baumeister an den Wochenenden arbeiten. Den größten Teil des dort verdienten Geldes sah er aber leider auch nie, weil der Baumeister wegen Steuerschulden fluchtartig die Insel verließ.

Wie rücksichtslos Martin sich verhielt, sah man auch daran, als unser größtes Gästehaus mit 90 m² innen verputzt wurde. Die Arbeiter, die Martin eingestellt hatte (Dario half auch mit), verputzten unten im Erdgeschoß, währenddessen legte Martin eine Etage höher, genau über den Arbeitern, den Holzboden im Schlafzimmer. Er sägte das Holz in die richtige Größe und kehrte die angefallenen Späne einfach auf die Arbeiter hinunter. Einmal rutschte er aus und fiel beinahe auf die Arbeiter herunter … einer der Arbeiter nannte das „er machte den Adler". War es da ein Wunder, dass er von nun an von den Arbeitern ausgelacht wurde?

Mein Resümee:

Dario kam unter anderen Voraussetzungen auf die Insel als vereinbart. Er dachte, er bekomme das von Martin versprochene Gehalt von 8,50 € die Stunde und davon hätte er in den nächsten 3 ½ Monaten sein Haus herrichten können. Er wäre dann zur Geburt nach Deutschland zurückgeflogen und mit Tanya und dem Baby wieder auf die Insel gekommen.

Martin fühlte sich absolut im Recht. Das Ganze lief leider nun ganz anders als Dario sich das vorgestellt hatte. Dario wurde mit der Zeit auf der Insel, immer depressiver. Ich war leider machtlos, da ich ja doch laut Martin selbst kein Geld mehr besaß. Von 150 € konnte Dario in dem Haus nichts ausrichten, nichts renovieren, geschweige denn, irgendetwas für das Baby herrichten. Außerdem machte Martin keinen Termin, um den beiden das versprochene Haus zu überschreiben. Obwohl ich ihn einmal darauf ansprach. Doch er meinte, dass wir das erst machen würden, wenn Tanya auf der Insel sei. Somit hatte er Zeit gewonnen.

Martin erniedrigte Dario wegen des Autos, welches er Hannah geliehen hatte. Er war nur daran interessiert, Geld zu bekommen. Dass es ein Freundschaftsdienst von Dario Hannah gegenüber war, konnte und wollte er nicht einsehen. Dafür hatte er keinerlei Verständnis. Er nutzte die Arbeitskraft von Dario schamlos aus und ließ Tanya und Dario dann zum Schluss völlig verantwortungslos im Regen stehen – im wahrsten Sinne des Wortes.

Emotionale und verbale Misshandlungen sind heimtückisch, manipulativ und im tiefsten Inneren zerstörerisch. Die Gefühle des Gegenüber werden missachtet. Das „Selbst" durch die empfundene Ungerechtigkeit zutiefst gedemütigt. Ihre Selbstachtung und das Selbstvertrauen verschwinden zunehmend. In ihrer Verzweiflung versucht das Gegenüber sein Verhalten der entstandenen Situation anzupassen. Das verursacht, dass leider viele Betroffene selbst psychisch erkranken.

73) DER SCHOCK MEINES LEBENS, 2013

Als Dario 3 ½ Monate später wieder zurückflog, bekam ich ein
paar Tage später einen Anruf von Tanya: Dario hatte sie verlassen! Er war der Meinung, dass Tanya unbedingt auf die Insel auswandern wollte, um bei mir zu sein. Dario wollte ihr dabei nicht im Weg stehen. Für ihn kam es absolut nicht mehr in
Frage, zu jemandem, der seine Vereinbarungen nicht einhielt,
auszuwandern. Tanya hatte nur noch 6 Wochen bis zur Geburt.
Ich mag mir gar nicht ausmalen, was sie und das Baby durch-
machen mussten. Und ich saß auf dieser blöden Insel fest. Da
Tanya bei den Schwiegereltern wohnte, weil die beiden Miete
sparen wollten, und diese aber nun umziehen wollten, stand
Tanya plötzlich vor dem absoluten Nichts. Bald sollte doch das
Baby kommen. Sie hatte nur ein paar Sachen dabehalten, die
sie für die erste Zeit für das Baby brauchte, bis sie auf die Insel
hätte nachkommen wollen. Alles andere befand sich schon bei
uns auf der Insel. Es war zum Verzweifeln.

Dann schrieb sie uns per E-Mail, dass sie doch nicht auswandern würden, und erklärte ihre Situation.

Daraufhin fing Martin damit an, dass sie, wenn sie doch nicht
kommen würden, nun für das (ihnen von uns geschenkte Haus)
Miete zahlen müssten. Das Haus sei mit ihren ganzen Sachen
darin nicht brauchbar für uns. Es ging hin und her. E-Mails wurden hin und her geschickt. Martin verhielt sich völlig empathielos. Gerade sich seiner Lebensretterin gegenüber so schändlich
zu verhalten ... das ging mir wirklich nicht in den Kopf!

Tanya musste sich ganz allein darum kümmern, dass sie Hilfe
bekam. Das Baby würde bald da sein, da war schnelle Hilfe an-
gebracht. Ich konnte nicht helfen, weil Martin mir ja schon seit
geraumer Zeit immer wieder an den Kopf warf, dass Maluka all
mein ganzes Geld aufgefressen habe. Obwohl wir seit geraumer
Zeit Einnahmen durch die Vermietung an Touristen hatten, behauptete er, ich habe kein Geld! Da Martin auch meine beiden

Konten unter Kontrolle hatte, konnte ich nichts machen. Tanya wandte sich an eine Hilfsorganisation für schwangere Frauen. In ihrer Situation bekam sie sofort Hilfe zugesagt.

Währenddessen gingen die E-Mails weiter. Martin war erbarmungslos. Er machte den beiden ein Angebot von 6.000 € für ihr ganzes Hab und Gut. Allein das Zurückschicken eines Containers hätte leider 5.000 Euro gekostet. Er schrieb in der E-Mail dazu, das sei ein einmaliges Angebot. Sie hätten nur jetzt die Möglichkeit, entweder Ja oder Nein zu sagen. Ein weiteres Angebot würde von ihm nicht kommen.

Was blieb ihnen anderes übrig, als darauf einzugehen. Sie handelten nach dem Motto, lieber den Spatz in der Hand als die Taube auf dem Dach. Sie hatten sonst nichts mehr.

Die Schwiegereltern zogen um und Tanya zog kurz vor der Geburt noch mit um. Sobald das Baby da sei, bekomme sie eine eigene Wohnung von dieser Hilfsorganisation gestellt und würde von dieser auch eine finanzielle Hilfe für sich und das Baby bekommen.

Ich wollte unbedingt zu Tanya und Martin buchte mir einen Flug, mit dem ich am 01.12.2013 in Deutschland ankam und am 08.12.2013 wieder zurückfliegen musste. Es war kein anderer Flug so kurzfristig zu buchen gewesen. Der errechnete Geburtstermin war der 08.12.

Ich hatte Runa informiert, dass ich komme. Die hatte Tanya unter einem Vorwand in ihre Wohnung bestellt. Runa wohnte zu dieser Zeit noch in Martins Wohnung. Der Nachbarssohn kam mich am Bahnhof abholen und half mir mit dem Koffer. Das war total süß!

Ja, dann klingelte ich bei Runa und sie öffnete mir die Tür. Tanya lag auf ihrer Couch mit dem Rücken zu mir. Ich ging langsam in die Wohnung und Runa sagte: „Schau mal, wer da ist." Mir laufen gerade die Tränen runter, wenn ich an diesen Augenblick zurückdenke. Tanya drehte sich um, schaute zur Tür und sprang mit ihrem dicken Bauch auf und stürzte sich in meine Arme. „Wo kommst du denn jetzt her?", rief sie und drückte mich so fest an sich, als wolle sie mich nie mehr loslassen. Als sie sich etwas beruhigt hatte, strich ich ihr über den Bauch und sagte zu dem kleinen Wesen da drin, (wir wussten, dass es ein Mädchen ist): „Hallo Süße, die Oma ist da, du kannst zur Welt kommen."

Ich hätte bei Runa schlafen können, aber Tanya ließ das nicht zu. Sie rief ihre Schwiegereltern an, die gerade in ihrem Schrebergarten waren, ob sie damit einverstanden seien, dass ich in dieser Nacht bei ihr im Bett schlafe. Die Schwiegereltern waren einverstanden und so fuhren wir mit dem Zug in die neue Wohnung der Schwiegereltern. Wir redeten noch eine ganze Zeitlang, doch irgendwann schlief ich ein und wurde gegen 2 Uhr wach, weil Tanya stöhnte. Die Wehen hatten eingesetzt. Aber sie wollte noch nicht ins Krankenhaus, sie sagte, die Hebamme habe gesagt, wenn die Wehen regelmäßig alle 5 Minuten kämen, sei noch Zeit genug. Um 6 Uhr legte sie sich in die Badewanne und rief die Hebamme an. Die meinte, sie habe noch Zeit ... dann rief sie Dario an, der sofort kam. Kaum war Dario angekommen, sie lag im Bett auf dem Rücken, wurde es plötzlich nass unter ihr. Die Fruchtblase war geplatzt. Jetzt durfte sie nicht mehr aufstehen, es ging los ...

Dario rief einen Krankenwagen. Ich rief in der Zeit Runa an, die sich gleich auf den Weg machte. Als der Krankenwagen etwa 20 Minuten später ankam, hatte Tanya schon Presswehen. Sie wurde in einem Stuhl in den Krankenwagen gebracht und Dario fuhr im Krankenwagen mit. Ich zog schnell noch das Bett ab, dann kam auch schon Runa und wir machten uns mit Bus und Bahn auf den Weg zum Krankenhaus. Dort angekommen, fragte ich auf der Geburtenstation nach Tanya. Die beiden Jungs aus dem Krankenwagen standen auch noch am Tresen und sie sagten zu mir, sie hätten Tanya gerade noch in den Kreissaal bringen können, das Baby sei schon da...

Ein neuer Stern am Himmel, Luisa, war geboren.

Nach einer Weile durfte ich zu Tanya ins Zimmer rein. Da lag die stolze, frischgebackene Mama mit ihrem Baby im Arm. Ich war so stolz auf sie! Es war ein wunderschöner Anblick. Luisa hatte sich wohl die Worte der werdenden Oma zu Herzen genommen und war doch noch während meiner kurzen Anwesenheit zur Welt gekommen. Meine kleine war Mama geworden und der stolze Papa war auch da.

Kurze Zeit später rauften die beiden sich dann doch wieder zusammen. Nachdem sie beide begriffen hatten, dass Tanya nur wegen Dario hatte auswandern wollen, weil sie gedacht hatte, er wolle unbedingt auf die Insel. Und Dario hatte gedacht, Tanya wolle unbedingt auf die Insel, weil sie bei mir sein wollte. Dieses Problem war nun gelöst.

Sie wohnten noch eine ganze Zeitlang im Gästezimmer bei den Schwiegereltern von Tanya, bis Dario wieder Arbeit gefunden hatte und sie sich eine eigene Wohnung leisten konnten.

Tanya wurde das gesamte erste Lebensjahr von Luisa noch von dieser Hilfsorganisation unterstützt. Trotzdem erlebte Luisa im letzten Drittel der Schwangerschaft wohl ein Trauma. Sie war nicht umsonst ein Schreikind und Martin war daran bestimmt nicht unschuldig. Doch leider hat er dahingehend kein Schuldbewusstsein.

Tanya und Dario sind heute, 9 Jahre danach, immer noch glücklich zusammen und Luisa hat mittlerweile ein Brüderchen von 4 Jahren. Den kleinen Raphael. Und Tanya ist nochmal schwanger. Das neue Baby wird im August 2023 zur Welt kommen.

Mein Resümee:

Was mir all die folgenden Jahre auf der Insel zu schaffen machte, war die Tatsache, dass Martin schon wieder einmal ein Versprechen nicht gehalten hatte. Die Tatsache, dass er die beiden mit 6.000 € abgespeist hatte, ist für mich heute noch ein unverzeihliches Verhalten.

Klar, es waren gebrauchte Sachen und sicher waren sie weniger wert, als wenn man alles neu kauft. Aber gerade innerhalb einer Familie verhält man sich normalerweise anders. Zumal die Sachen der beiden weit mehr Wert waren als diese läppischen 6.000 €.

Wenn ich an die Tatsache denke, dass er Tanya seit 21 Jahren sein verdammtes Leben zu verdanken hat, geht mir echt die Hutschnur hoch, ich finde es unerhört. Dafür behandelte er sie in den ganzen Jahren danach mehr als schäbig. Einem Lebensretter steht eigentlich eine ganz andere Behandlung zu. Aber es rächt sich alles im Leben. Vom Universum bekommt jeder irgendwann zurück, was er an andere ausgeteilt hat. Davon bin ich felsenfest überzeugt!

74) STINKER UND SIMBA

Stinker und Simba waren die beiden Katzen von Tanya und Dario. Dario hatte die zwei damals als Handgepäck mit auf die Insel gebracht. Stinker war Tanyas Katze. Er hieß Stinker, weil er im Alter von 6 Wochen in die offenstehende Toilette gefallen war. Er war der Sohn von Kyo, meiner Katze, die ich mit auf die Insel genommen hatte. Zum Glück war ich an diesem Tag zuhause, als Stinker in die Toilette fiel, denn ich hörte es plötzlich im Bad plätschern und wunderte mich über das Geräusch. Ich ging nachschauen und fand Stinker in der Toilette. Er war fast am Ertrinken, der kleine Kerl. Ja, so bekam der kleine Stinker seinen Namen.

Simba war Darios Katze, ein wunderschöner schokofarbener Kater, eine Europäische Kurzhaarkatze. Dario hatte immer Angst, dass Simba unter ein Auto geraten könnte. Und so hatten wir die beiden Katzen erst einmal im alten Hühnerstall untergebracht. Der war überdacht und in dem Heu, welches dort für Maluka gelagert wurde, konnten sie trocken liegen. Groß genug war der Stall auch. Da konnte ihnen nichts passieren.

Als aber jetzt Tanya und Dario doch nicht auswanderten, waren die beiden Katzen ja noch auf der Insel und ich wollte sie nicht dauernd eingesperrt lassen. Also ließ ich sie heraus. Unsere Straße, wo die Touristenhäuser stehen, ist selten befahren, und so konnte Simba sich daran gewöhnen, frei herumzulaufen. Am Anfang hatte er tatsächlich Probleme, über eine Mauer zu laufen. Er war es bei Darios Eltern gewöhnt gewesen, nur auf 4 m² im Flur auf ebener Erde zu laufen. Jetzt hatte er die große Freiheit vor sich und eroberte diese im Sturm. Er beobachtete die anderen Katzen, die wir hatten, vor allem Fralix, der sich im Schwimmteich auch mal einen Frosch fing. Simba versuchte das dann auch und brachte mir immer ganz stolz seine gefangenen „Wassersalate" und legte sie mir vor die Haustür. Das war immer zu putzig und ich lobte ihn ausgiebig für seinen erfolgreichen Fang!

Tja, jetzt hatten wir die beiden und als wir das nächste Mal nach Deutschland flogen, machte ich Martin den Vorschlag, die beiden Katzen wieder mitzunehmen. Ich wusste, wie sehr Tanya an ihrem Stinkepopo hing, und Dario hing sehr an Simba. Aber leider meinte Martin: „Nein, die haben wir mit abgekauft, die waren in dem Gesamtpaket drin."

Also mussten sie auf der Insel bleiben. Vor allem Tanya war sehr traurig darüber, denn sie hatte ihren Stinkepopo heiß und innig geliebt. Er erkannte sie später jedes Mal, wenn sie auf der Insel war.

Als ich das erste Mal mit Simba zum Tierarzt musste, meinte Martin zu mir, eigentlich müssten Tanya und Dario Unterhalt für die Katzen zahlen. Eigentlich gehörten sie ja den beiden. Da sagte ich nur zu ihm: „Ich dachte, die Katzen hast du mitgekauft. Warum sollten Tanya und Dario dann Unterhalt für die

Katzen zahlen?" Da war er schnell still und sagte nie mehr etwas in die Richtung.

Mein Resümee:

Er hatte Tanya und Dario alles abgekauft, außer den privaten Sachen, wie Klamotten, Unterlagen, Papiere usw. Die Computer, Festplatten, USB-Sticks und die Speicherkarten hatte er aber mitgenommen. Ich fand die Festplatten in seinem Büro und auch die USB–Sticks und die Speicherkarten.

Die nahm ich an mich und gab sie Tanya und Dario wieder beim nächsten Mal zurück. Diese Sachen waren meiner Meinung nach auch privater Besitz der beiden. Martin war natürlich anderer Meinung, denn für ihn wäre es interessant gewesen, darin zu stöbern. Irgendetwas herauszubekommen, was er gegen die beiden hätte verwenden können. Aber diese Sachen gingen ihn nichts an! Das war meine Meinung und da setzte ich mich nach langen Diskussionen auch durch!

Was die Katzen anging, wusste er genau, wie sehr Tanya an Stinker hing. Er war eifersüchtig und gönnte ihr den Kater nicht. Stinker hatte sicher ein schönes Leben auf die Insel, doch er war Tanyas Katze. Und Tanya war meine Tochter. Da kam seine Eifersucht wieder mit ins Spiel.

Übrigens, der Computer von Dario steht heute noch, nach 9 Jahren, unbenutzt im Büro. Martin bekam ihn nämlich nicht zum Laufen. Auch Darios Fotoausrüstung, die allein 3.000 € gekostet hatte, auch die gehörte für mich zum privaten Besitz, nahm Martin an sich. Später ließ ich sie dann verschwinden, weil ich sie immer an Dario zurückgeben wollte. Aber vor jedem Flug kontrollierte Martin meine Koffer, weil ich doch nicht so effizient packen könne wie er, sagte er dann immer. Allein flog ich so gut wie nie. So blieb diese Fotoausrüstung leider auf der Insel. Ich verstehe bis heute nicht, warum Martin so raffgierig ist. Wenn ich nur allein an seine Werkstatt denke, was er dort alles bunkert, das kann kein Mensch alleine gar nicht alles verbrauchen, in seinem ganzen Leben nicht.

Ich kann mir auch vorstellen, dass er die Rückgabe der Katzen aus Rache verhinderte, weil die beiden sich dazu entschlossen hatten, nach dieser Behandlung von ihm Dario gegenüber, doch nicht auf die Insel auszuwandern. Er verlor jemanden, von dem er sich erhofft hatte, dass er ihm hätte nützlich sein können, der ihn gerade bei Behördengängen in der portugiesischen Sprache in Sachen Behörden hätte unterstützen können. Aber Dario hatte sich durch die ihm von Martin zugekommene Behandlung zum Glück abschrecken lassen. Wer weiß, inwieweit diese kleine Familie noch unter Martin zu leiden gehabt hätte. Denn schließlich wären sie, genauso wie ich, finanziell von ihm abhängig gewesen, weil Dario und Tanya ja für Martin arbeiten sollten.

Das ist heute meine Meinung, damals war ich natürlich traurig darüber, dass sie nicht auf die Insel auswanderten.

75) KLOPAPIER

Martin hatte die Angewohnheit, wenn ich im Bad war, musste er meistens auf die Toilette. Das war mir immer sehr unangenehm und wenn es dann anfing zu stinken, bin ich meistens geflüchtet.

Er schaffte es in all den Jahren nicht, wenigstens vorher Bescheid zu sagen, damit ich vorher hätte rausgehen können. Aber es war ja auch seine Toilette … nur putzen musste ich sie immer.

Sich zu beherrschen, das kannte er nicht. Wenn er aufs Klo musste, musste man zur Seite springen. Konnte ich nicht schnell genug zur Seite springen, riss er die Haustür auf und pinkelte vor dem Haus gegen die Mauer. Wenn es ganz dringend war, scheute er sich auch nicht, ins Salatfeld zu pinkeln oder die Salate platt zu treten, um an dieser Mauer Wasser zu lassen. Oft, wenn ich gerade auf Toilette saß und er sah, wie viel Toiletten-papier ich benutzte, bekam ich auch da wieder meinen Rüffel. Ich verschwende Klopapier, das koste Geld. Selbst dort musste er mich kontrollieren.

Er ist ein Sparbrötchen der Güteklasse. Nur wenn es um ihn geht, z. B. den Belag auf seinem Brot, da konnte es nie genug sein. Manches Mal, wenn wir in einem Hotel übernachteten, schämte ich mich, wenn ich sah, wie viel er vom Buffet alles in sich reinstopfen konnte.

76) KAFFEE

Ab und zu, wenn ich nicht mehr schlafen konnte, machte ich mir morgens einen Kaffee und setzte mich auf die Terrasse oder an den Tisch, um den Tag gemütlich anzugehen. Als er einmal wach wurde und auch aufstand, beschimpfte er mich als Egois-ten, weil ich ihm keinen Kaffee gemacht habe.

Er schlief doch noch als ich aufstand. Seitdem, wenn ich mal wie-der früher aufstand, was selten genug vorkam, stellte ich ihm seine Kaffeetasse zurecht, schon mit Kaffeepulver drinnen. Da brauchte er nun wirklich nur noch heißes Wasser drüber zu gießen.

Er hätte mich am liebsten immer neben sich im Bett gehabt, wenn er aufwachte, um jederzeit über mich verfügen zu können. Denn wenn ich mal ohne ihn aufstand, war ich ja nicht verfügbar.

77) BADEN

Ganze dreimal wagte ich es in den 11 Jahren auf der Insel, mir nachts in seiner Badewanne ein Bad einzulassen. Ich konnte einfach nicht schlafen. Ich badete im Dunkeln, um ihn ja nicht zu stören. Beim dritten Mal „erwischte" er mich sozusagen, weil er auf die Toilette musste, und da wurde ich auf Übelste beschimpft, dass ich ein Egoist sei, der allein baden würde. Das koste schließlich Gas und die schweren Gasflaschen müsse er immer schleppen.

Danach benutzte ich die Badewanne nur noch zum Duschen. Wenn wir gemeinsam badeten, hatten wir beide nicht genug Platz darin, denn es war nur eine kleine Badewanne, und außerdem war sie sehr unbequem. Ich wollte auch mal etwas für mich alleine tun, aber das war bei ihm nicht möglich. Dann war ich immer gleich ein Egoist und wurde beschimpft.

Die große Ecksprudelwanne im Spa-Bereich, haben wir vielleicht fünf Mal benutzt, bevor ich die Diagnose bekam, dass ich Thrombosegefährdet sei. Als ich dann nicht mehr mit in die Sauna ging, blieb die Wanne trocken. Er hatte den Spa-Bereich wirklich schön mit farbigen Lichtspielen eingerichtet, nur war er leider zu geizig ihn zu benutzen.

Mein Resümee:

Er gönnte sich selbst nie etwas und gönnte demzufolge auch anderen nichts. Er hatte immer Angst um sein Geld, dass er zu viel bezahlen müsste.

Er sagte einmal zu mir, er habe nie geraucht, sich nie etwas gegönnt. Nur deshalb habe er seinen Wohlstand aufbauen können. Er hatte 6 Wohnungen in München und seit der Scheidung die 5 Häuser auf der Insel und eine Wohnung in Rheinland-Pfalz. Die Rheinland-Pfälzer Wohnung hat er mittlerweile verkauft. Hier in der Steiermark, wo ich derzeit lebe, hatte er auch 2 Wohnungen, die er mittlerweile wieder verkauft hat, und zwar mit enormem Gewinn.

Das ist ja alles schön, wenn man solche Werte anlegen kann, aber um welchen Preis er sich das leistet, bedenkt er nicht. Er lebte demzufolge nie, sondern existierte immer nur. Das erwartet er von allen seinen Mitmenschen. Er lebt wie auf der Flucht. Immer unterwegs.

Was ist, wenn er einmal alt und klapprig ist? Dann kann er von seinem vielen Geld eine Pflegerin bezahlen oder ein Altersheim, denn die Leute, die er so vor den Kopf stieß, werden sich sicherlich nicht um ihn kümmern.

Freunde machte er sich mit seinem Verhalten sicherlich nicht. Und das Leben genießen konnte er auch nicht. Er stieß alle Menschen, die sich jemals auf ihn einließen, früher oder später vor den Kopf und nutzte sie schamlos aus. Vor kurzem fand ich endlich einen Begriff dafür ... Future Faking ... Versprechungen machen und nicht einhalten.

Freunde hatte er nie lange. Wenn er mal einen Freund hatte, ging das nur so lange gut, bis der ihn durchschaut hatte. Er hatte im Grunde nur mich und versuchte unter allen Umständen, mich so umzupolen, wie er dachte, dass ich zu sein hatte. Aber ich wehrte mich vehement, ich bin ein eigenständiger Mensch und habe eigene Werte, die ich verwirklichen will, gerade, was den Kontakt zu meinen Kindern angeht, und das führte natürlich immer wieder zu Ausschreitungen. Ich ließ mich nie ganz unterkriegen. Es war ein verdammt anstrengendes Leben mit ihm dort auf der Insel.

Er dachte wohl nie darüber nach, dass das, was er alles mittlerweile so besaß, was er sich im Laufe der Jahre auch teilweise einfach nur angeeignet und andere dadurch ausgebeutet hat. Dass er dadurch andere Menschen, wie meine Tochter Tanya und Dario, auch Sandra und Tanya R., letztes Endes mich, ins Unglück stürzte, durch sein egoistisches, überhebliches, absolut verantwortungsloses Verhalten. Und dass das am Ende alles nur materielle Werte sind, die letztlich keiner irgendwann mitnehmen kann.

Geld beruhigt, ja, doch man kann es nicht essen.

Das letzte Hemd hat nun mal bekanntlich keine Taschen. Man nimmt nichts Materielles mit, wenn man diese Welt einmal verlässt, auch wenn man noch so viel an sich gerafft hat. Ich sehe immer das Bild vor mir von „Onkel Dagobert", wie er auf seinem Haufen Gold sitzt. Das ist Martin!

Das, was man mitnimmt, sind schöne Momente im Kreise seiner Mitmenschen, Momente, die man erlebte,. Schöne Augenblicke, Momente der Liebe. Anderen Menschen gegenüber, die in Not geraten sind, bedingungslos zu helfen. Seine Enkelkinder aufwachsen zu sehen. Man kann von Kindern so viel lernen. Kinder öffnen einem so manches Mal die Augen für das Wesentliche im Leben. Das, was man im Herzen trägt, das ist der wahre Schatz, den jeder von uns hat. Das alles kann einem niemand nehmen.

Ein Narzisst versteht das leider nicht. Er sieht nur in jedem Menschen, der ihm begegnet, was für einen Vorteil kann dieser Mensch mir bringen. Er saugt den Menschen dann aus, bis dieser Mensch ihm nicht mehr nützlich ist. Von da an wird er dann abgewertet und entwürdigt. Wenn er den Menschen wieder „gebrauchen" kann, folgt kurz eine Aufwertung, um wieder eine Abwertung folgen zu lassen. Das ist die Liebe eines Narzissten.

78) SEIN FREUND TIM

Martins damals jahrelanger bester und einziger Freund Tim kam, als Martin sein Haus soweit aufgebaut hatte, auf die Insel und half ihm, den Dachstuhl zu bauen und die Fenster und Türen einzubauen. Tim war, glaube ich, 3 Wochen auf der Insel und half ihm diese ganze Zeit beim Ausbau seines Hauses.

Als Tims Frau Jahre später nach der schwierigen Geburt ihres Kindes dringend Urlaub brauchte, verweigerte Martin ihr den Aufenthalt in unserem ersten Gästehaus. Ganz einfach aus dem Grund heraus, weil er diese Frau nicht leiden konnte. Sie war ihm unsympathisch.

Wir brachten sie bei Bekannten unter, aber dort fühlte sie sich nicht wohl. Dort ist es mehr städtisch. Sie rief mich an, ob ich nicht dafür sorgen könnt, dass sie doch in unserem Gästehaus bleiben könnte. Sie brauche Ruhe.

Das Dorf, in dem wir waren, liegt abseits und dort ist es wie im Dornröschenschlaf, wenn man nicht gerade einem Psychopathen ausgeliefert ist. Ich sprach mit Martin darüber, doch er war absolut dagegen, dass Tims Frau in unserem Gästehaus unterkam. Ich sagte zu ihm, dass er es seinem Freund allein schon deshalb schuldig sei, weil Tim ihm damals 3 Wochen lang beim Bau seines Hauses geholfen habe.

Daraufhin lenkte er ein und ich konnte sie abholen fahren. Sie war dann 2 Wochen in unserem Gästehaus. Aber Martin ließ sie die ganze Zeit links liegen und grüßte sie nicht einmal, wenn er ihr begegnete. Tim meldete sich daraufhin nie mehr, auch auf keine Mail von Martin antwortete er mehr. Wen wundert das?

Mein Resümee:

Es war tatsächlich so, dass er alle Leute irgendwann dermaßen vor den Kopf stieß, dass wir keine Freunde mehr hatten. Wenn, dann hatten die Leute noch Kontakt zu mir, aber ihm gingen sie, so gut es ging, aus dem Weg.

Auch Touristen hielten ihn so manches Mal für sehr unfreundlich, was ich damit erklären konnte, dass er in der Regel, wenn er arbeitete, keine Hörgeräte trug und demzufolge auch nichts hörte, wenn die Leute ihn grüßten und er mal wieder wortlos und nicht grüßend mit seinem „Arbeitseimer" in der Hand an den Touristen vorbeimarschierte.

79) MEIN WERKZEUGKOFFER

Als wir auswanderten, hatte ich einen prall gefüllten Werkzeugkoffer mit allem, was das Herz begehrte. Wenn ich etwas brauchte, wusste ich, wo es zu finden war.

Als Martin seine Werkstatt aufbaute und sie einrichtete, brachte er mir eines Tages meinen leeren Werkzeugkoffer mit in sein Haus und meinte, er habe alles eingeräumt.

Der Werkzeugkoffer habe immer im Weg gestanden. Er habe alles zu seinem Werkzeug getan, dort habe es jetzt seinen festen Platz. Vieles von meinen Sachen habe ich daraufhin nie mehr wiedergefunden und er wusste leider auch nicht, wo er sie hin geräumt hatte. Die würden sich schon wiederfinden.

Da waren Werkzeuge dabei, die ich noch von meinem Vater hatte, das waren unter anderem alte Erinnerungsstücke. Die sind leider nie mehr aufgetaucht. Ich weiß bis heute nicht, was er damit machte.

Mein Resümee:

Er hatte seine eigene Ordnung. Er war so ordentlich, dass er vieles von dem, was wir neu gekauft und was er weggeräumt hatte, später nie mehr wiederfand. Aber Hauptsache, es war in seiner Ordnung eingeräumt. Er hatte es gekauft, es war in seinem Besitz und er wusste, dass er es hatte ...

Wo es dann im Endeffekt war, war uninteressant. Wie oft schnauzte er mich an, wenn ich fragte, wo er dies oder jenes hin geräumt hätte.

Aber meine Ordnung konnte er mir nicht lassen, obwohl ich ihn gebeten hatte, meine Sachen in meinem Werkzeugkoffer zu belassen, damit ich immer das fand, was ich gerade brauchte. Nein, es musste immer nach seinen Vorstellungen gehen. Und so zog ich mich langsam, aber sicher immer mehr zurück.

80) DAS FLASCHENPROBLEM

Da Martin es nicht haben konnte, wenn ich meine halb vollen Gläser auf dem Tisch stehen ließ und sie daher immer leer trank, entschied ich mich, meinen Tee in Sodaflaschen abzufüllen und daraus zu trinken. Ansonsten hatte ich keinen Überblick, wie viel ich am Tag getrunken hatte. Ich bestand darauf, dass es meine Flasche war. Meistens hielt er sich von nun an daran.

Martin benutzte nun auch eine Sodaflasche, denn die konnte er gut mit zu den Häusern mitnehmen, wenn er baute. Ich benutzte dafür die Flaschen des Sodageräts. Ab und zu mussten diese Flaschen aber gereinigt werden, wenn der Tee sich an den Rändern absetzte oder die Flaschen vom Tee allmählich braun wurden. Dafür benutzte ich Kukident-Tabletten.

Als es mal wieder so weit war, dass die Flaschen gereinigt werden mussten, sagte ich ihm morgens Bescheid, dass in den Flaschen Reinigungsflüssigkeit drin sei. Er sah mich an und nickte. Für mich hieß das, er hatte es verstanden.

Ich ging meiner Arbeit nach, und als ich gegen Mittag wieder zurückkam, lag seine Flasche leer in der Spüle. Er war im Büro. Ich ging zu ihm und fragte, warum seine Flasche leer in der Spüle liege. Martin sagte, er habe sie ausgetrunken. Ich erwiderte daraufhin: „Ich habe dir doch heute Morgen gesagt, dass ich da eine Reinigungstablette reingetan habe. Jetzt sag bloß, das hast du getrunken?"

Er sprang wie von einer Tarantel gestochen aus seinem Stuhl und fauchte mich an: „Deshalb hat das so komisch geschmeckt." Ich fragte: „Wenn es komisch geschmeckt hat, warum hast du die Flasche denn leer getrunken?" Er antwortete: Weil ich Durst hatte." Jetzt wurde er richtig ärgerlich, urplötzlich bekam er Bauchgrummeln und fühlte sich ganz schlecht. Er meinte, ich solle die Giftnotrufzentrale anrufen und erfragen, was man jetzt tun könne.

Ich rief bei die Giftnotrufzentrale in Deutschland an und erklärte der Dame am Telefon unser Problem. Die Dame am anderen Ende der Leitung fing erst mal an, herzhaft zu lachen, als sie hörte, dass es sich bei dem Patienten um einen erwachsenen Mann handelte. Das Lachen war so ansteckend, ich musste einfach mitlachen.

Martin stand ganz unruhig neben mir und wollte endlich wissen, was man jetzt tun könne. Sie meinte, außer dass er vielleicht Durchfall bekäme, passiere nichts. Wir verabschiedeten uns.

Martin fing an zu wettern, ich habe es auf ihn abgesehen, ich habe ihn vergiften wollen. Ich konnte dagegen sagen, was ich wollte, er bestand noch Wochen danach darauf, ich habe das extra gemacht und ich hätte ihn vergiften wollen.

Das Ergebnis war, dass ich ihm sagte, er solle seine Flasche von nun an selbst sauber machen. Ich tat es von jetzt an jedenfalls nicht mehr.

Mein Resümee:

Es war mal wieder der kleine verletzte Junge herausgekommen. Es kann mir kein Mensch erzählen, dass er es nicht schmeckt, wenn er eine Reinigungsflüssigkeit trinkt. Es sei denn seine Geschmacks- und Geruchsnerven funktionieren nicht.

Aber bei Martin funktionierten diese einwandfrei. Das Wasser in der Flasche hatte eine bläuliche Färbung. Meines Wissens gibt es keine Teesorte, die sich blau verfärbt. Also hätte er es merken müssen. Er ist kein kleines Kind mehr, außerdem wusste er es. Oder er wollte mich nur provozieren und schüttete das Wasser weg, um einen Grund zu haben zum Streiten. Seine Flasche musste er jedenfalls von da an selbst reinigen und das tat er nicht sehr oft. Ich jedenfalls tat es nicht mehr.

Dieses Ereignis erinnerte mich schon sehr stark an Schizophrenie und Verfolgungswahn. Er warf mir noch Wochen später vor, dass ich ihn vergiften wolle. Schließlich habe ich mir im Fernseher schon mal die Folgen der „Gift Marie" angeschaut.

81) GÜRKCHEN

Als ich einmal einen Rindfleischsalat für 4 Personen machte, hatte ich urplötzlich solche Lust auf Gürkchen, dass ich zwei Gläser Gürkchen aus dem Vorrat holte. Wir hatte größere und ganz kleine Gläser Gürkchen im Vorratsraum stehen. Martin hatte sie in einem der Container mitgenommen, da es so was zu dieser Zeit auf der Insel nicht zu kaufen gab.

Während ich den Rindfleischsalat zubereitete, gönnte ich mir von Zeit zu Zeit aus dem kleinen Glas ein Gürkchen. Als ich fertig mit dem Zubereiten des Salates war, kam Martin ins Haus und sah die zwei leeren Gläser Gürkchen auf dem Tisch stehen. Er fragte: „Hast du beide Gläser Gürkchen in den Salat gemacht?" Ich antwortete: „Nein, nur das große. Das kleine habe ich leer gegessen."

Da beschimpfte er mich wieder, ich sei ein Egoist. Die Gürkchen habe er doch nicht einfach so zum Essen gekauft. Ich aß von da an nie mehr ein Glas Gürkchen. Es wäre einem Verbrechen gleichgekommen, so fühlte ich mich behandelt. Sein Verhalten mir gegenüber wurde immer schlimmer.

Mein Resümee:

Martin war neidisch, weil ich mir ein paar Gürkchen gegönnt hatte. Er hatte sie mir aber nicht gegönnt.

Nun versuchte er, mir ein schlechtes Gewissen einzureden, weil ich so unverschämt gewesen war, ein kleines Glas Gürkchen zu essen, ohne ihm etwas übrig zu lassen.

Er war aber zu geizig, ein neues Glas aus dem Vorrat zu holen, was in meinen Augen ein ganz normales Verhalten gewesen wäre. Jedenfalls wäre es eine bessere Alternative gewesen, als mich wieder einmal zu beschimpfen. Schließlich standen da mehr als 40 Gläser Gürkchen im Vorratsraum und ewig halten die auch nicht.

Es war einfach so, dass er mir diese Gürkchen nicht gegönnt hatte, anstatt froh zu sein, dass ich eine Riesenportion Rindfleischsalat zubereitet hatte, und sich darüber zu freuen. Nein, das konnte er nicht.

Er sah nur dieses eine Glas Gürkchen, was ich mir erlaubt hatte, allein zu essen. Der Rindfleischsalat war doch eine Selbstverständlichkeit!

82) ZOOBESUCH MIT LUISA, 2014

Bei einem unserer Besuche in Deutschland, Luisa war etwa anderthalb Jahre alt, wünschte sich Tanya, die selbst zu diesem Zeitpunkt kein Auto hatte, dass wir mit Luisa in einen Zoo fahren. Wir, Tanya, Luisa, Martin und ich, fuhren los.

Luisa weinte – wie immer – sehr viel während der Autofahrt. Das ging Martin – wie immer – ziemlich auf die Nerven.

Wir kamen bei dem Zoo an, doch der war leider geschlossen. Martin machte einen Riesenaufstand, weil Tanya sich nicht vorher erkundigt hatten, ob dieser Zoo auch wirklich geöffnet hatte. Zum Schluss weinte Luisa doppelt so schlimm, einmal, weil sie enttäuscht war, dass der Zoo geschlossen war, und zweitens, weil der Opa so schimpfte. Was sie überhaupt nicht verstehen konnte.

Die Situation hatte er mit seiner schlechten Laune und seinem Gemecker nicht verbessert.

Mein Resümee:

Wir hatten alle nicht daran gedacht, uns zu erkundigen. Wir waren alle davon ausgegangen, dass der Zoo an einem normalen Werktag offen hat. Nun wurden dort allerdings Reparaturarbeiten ausgeführt. Martin war stinksauer, weil wir umsonst dorthin gefahren waren, machte aber gleichzeitig Tanya die größten Vorwürfe, weil sie sich nicht vorher informiert hatte. Wir hätten uns alle vorher informieren können.

So fuhren wir mit einem schreienden Kind wieder nach Hause. Denn etwas Anderes wollte Martin als Ersatz nicht mehr machen.

83) TANYA UND LUISA AUF DER INSEL, 2014

Wir hatten mittlerweile Tanyas und Darios Sachen, die sie behalten wollten, in den Keller des Hauses, welches wir Tanya und Dario mündlich geschenkt hatten, umgeräumt. Das Haus wurde renoviert und an einen Portugiesen vermietet. Der Keller war zuerst nicht mit vermietet. In diesem Keller waren dann die Sachen von den beiden untergebracht.

Da es in diesem Keller etwas feucht war, bezahlte Tanya den Kauf eines Luftentfeuchters, den wir in den Keller stellten, damit ihre Sachen nicht anfingen zu schimmeln. Auch für den Strom, den dieser Entfeuchter verbrauchte, zahlte Tanya auf „Wunsch" von Martin eine gewisse Summe.
    Später fragte der Mieter Martin, ob er in diesem Keller einen Trockner aufstellen dürfte. Martin war einverstanden, wenn den Mieter die Sachen von Tanya und Dario nicht störten.

Einige Zeit später hatte Martin im Touristenhaus darunter ein Problem mit Feuchtigkeit. Er holte den Entfeuchter aus Tanyas und Dario Haus und stellte ihn vorübergehend ins untere Haus.
    Dort wurde der Entfeuchter dann „vergessen".
    Als Tanya im Dezember 2014 mit Luisa kam, um nach ihren Sachen zu schauen und was sie davon per Stückgutfracht wieder mit nach Deutschland nehmen wollte, war fast alles komplett verschimmelt. Auch bedingt durch den vom Mieter dort betriebenen Trockner.

Von dem von Tanya bezahlten Entfeuchter wusste Martin plötzlich nichts mehr, ebenso nicht von dem von Tanya für den Entfeuchter gezahlten Strom.

Zum Glück war zur selben Zeit Martins Vater bei uns auf der Insel. Dadurch konnte Martin seinen Narzissmus nicht ganz so schlimm ausleben. Wir fuhren alle ins Haus, um nach den Sachen von Tanya zu sehen.

Holger kümmerte sich in der Zeit liebevoll im unteren Haus um Luisa, die bald ein Jahr alt werden sollte. Leider mussten wir die meisten Klamotten entsorgen, so sehr hatte der Schimmel gewütet. Auch Dokumente mussten weggeschmissen werden, da sie kaum noch lesbar und voller Schimmel waren. Wir sortierten alles soweit und der Rest sollte in einem Stückgutpaket wieder nach Deutschland geschickt werden.

Martin hatte an diesen Tagen eine Laune zum Weglaufen oder wie man so schön sagt: zum Mäusemelken. Aber die Anwesenheit von Holger half uns durch diese Tage. Mein Schwiegervater sagte noch zu mir, ich müsse mir ein dickeres Fell zulegen. Damit allein war es jedoch nicht getan.

Luisa feierte auch ihren ersten Geburtstag bei uns auf der Insel. Ich backte einen Kuchen und wir trafen uns in einem der Häuser zum Feiern. Martin hatte Luisa auf dem Arm und spielte mit ihr, so, als ob er sie vom Arm fallen lassen würde. Es sah gefährlich aus, weil er so abrupte, abgehackte Bewegungen vollführte.

Ich sagte nur zu ihm: „Pass bitte auf, dass du sie nicht wirklich fallen lässt". Er schaute mich an und antwortete: „Wieso, dann kann man doch eine Neue machen?"

Ich sehe heute noch Holger vor mir, wie entsetzt er mich anschaute. Er schämte sich geradewegs für die Aussage, die sein erwachsener Sohn gerade getätigt hatte. Das sah ich ihm an. Tanya, die gerade spülte, hatte diesen Satz gar nicht mitbekommen. Hätte sie es mitbekommen, ich glaube, sie wäre total ausgeflippt. Ich

konnte daraufhin nur sagen: „Ich glaube, du spinnst ja wohl."
Ich nahm ihm Luisa aus den Armen.

Mein Resümee:

Ob er sich geärgert hatte, darüber, weil ich gesagt hatte, er solle
aufpassen, oder ob er einen anderen Grund dafür gehabt hatte,
so etwas zu sagen, weiß ich nicht. Jedenfalls war es respektlos
und emotionslos. Auf jeden Fall hatte jetzt auch Holger einmal
mitbekommen, wie sich Martin so manchmal verhielt.

Vielleicht fehlten Martin eigene Kinder. Als wir damals wieder zusammenkamen, war ich schon sterilisiert. Außerdem hatte ich schon 3 Kinder. Womit ich aber einverstanden gewesen
wäre, wäre eine Adoption, aber das wollte Martin nicht. Auch
hatte ich ihm vorgeschlagen, sich gegebenenfalls eine Leihmutter zu besorgen. Das Kind, sein Kind, hätte ich dann schon liebevoll aufgezogen. Eine künstliche Befruchtung hatte ich auch
vorgeschlagen, doch all das wollte er damals nicht.

Im Grunde können wir froh sein, dass wir es nie gemacht haben. Das betreffende Kind hätte mir leidgetan. Oder ich hätte
mich viel früher von ihm getrennt, weil ich es nicht zugelassen
hätte, dass auch das Kind unter ihm und seiner Vorstellung von
Erziehung leidet.

Ein paar Tage später holte ich Holger von einer seiner Wanderungen ab und erzählte ihm einige Ereignisse, die bisher auf der
Insel vorgefallen waren. Auch dass ich mit Geld so knapp „gehalten" wurde, nicht mal Taschengeld bekam und Martin der
Meinung war, alles gehöre ihm. Als Holger abflog, wollte er mir
Geld dalassen. Er hatte ein schlechtes Gewissen, weil sein Sohn
mich so herabwürdigend behandelte.

Ich sagte zu ihm: „Wenn du helfen willst, kannst du Tanya Geld
überweisen. Sie, Dario und Runa hatten den Schaden, ich komme schon zurecht." Er nahm mich in den Arm und antwortete:

„Rosemarie, du tust mir leid. Du musst stark sein." Später überwies er meinen Kindern tatsächlich einen Batzen Geld.

Kurz vor dem Abflug drückte er mir trotzdem noch 200 € in die Hand. Er meinte nur zu mir, Martin dürfe es nicht erfahren. Ob er Angst hatte, dass Martin ihn auch noch beschimpfen würde, so wie Madita, seine Frau? Ich weiß es nicht.

84) TANYA R., 2013 – AUSGEWANDERT, 2017

Tanya R. hatten wir auf der Hochzeit meiner Tochter Tanya kennen gelernt. Sie war so begeistert, dass wir auf einer Insel lebten. Sie wollte uns unbedingt einmal besuchen kommen. Das tat sie dann auch und kam uns mit einer ihrer Nachbarinnen besuchen. Als wir sie am Flughafen im September 2013 abholten und mit ihnen zu dem Miradouro (Aussichtspunkt) fuhren, von dem aus man das ganze Dorf sieht, sagte Tanya: „Hier will ich leben, es ist so, als ob ich nach Hause kommen würde."

Sie blieben 2 Wochen und Tanya verliebte sich vollends in die Insel. Da sie aber noch ein paar Jahre arbeiten musste, konnte sie noch nicht auswandern. Also flog sie zurück, mit diesem Traum im Gepäck. Sie kam insgesamt 5-mal zu uns auf die Insel, bevor sie schlussendlich auswanderte.

Martin bot ihr 2 Jahre vor ihrem Rentenantritt an, dass sie auch bei uns arbeiten könne, also uns helfen, die Häuser zu putzen, im Garten zu arbeiten usw., was halt so an Arbeit anfiel.
    Da sie gerne in Deutschland weiter krankenversichert bleiben wollte, bot er ihr an, ihr die Krankenkassenbeiträge für die Zeit, bis sie in Rente ginge, vorzustrecken.

Sie verliebte sich in ein Haus in unserem Dorf, welches schon seit Jahren leer stand. Aber der Besitzer wollte dieses Haus nicht verkaufen. So fanden wir ein anderes Haus, welches Tanya gut gefiel, und kauften es für sie. Sie hatte besondere Vorstellungen, wie sie das Haus fliesen wollte. Wir sagten ihr, nachdem das Haus saniert sei, zu, dass sie den Innenausbau ganz nach ihren Vorstellungen ausrichten könne. Ich sagte zu Martin noch, dass er Tanya die Zeit geben solle, die sie dafür brauche. Nicht, dass es so ausginge, wie bei Sandra damals.

Im April 2006 kam sie dann endgültig auf die Insel. Sie zog in das Haus ein, als es noch im Rohzustand war. Mittlerweile hatte ich meine zweite Thrombose im Bein gehabt und konnte kaum noch die Ziegen melken vor lauter Schmerzen. Daher hatten wir seit einiger Zeit einen Angestellten, Josef. Den hatten wir zwar für anfallende Bauarbeiten eingestellt, aber er kümmerte sich auch gerne für mich um die Tiere.

Ich kochte weiterhin für alle und wir aßen auch alle zusammen. Meine Auffassung war, wenn wir zusammenarbeiteten, und ich kochte sowieso täglich, also könnten wir auch alle gemeinsam essen. Bei Josef war das Essen in seinem Gehalt und Tanya zahlte einen geringen Betrag.

Josef war mittlerweile auch in eines unserer kleinen Häuser gezogen. Abends spielten wir am Anfang öfters Karten nach dem Essen.

Seit meiner Thrombose kümmerte sich Josef hauptsächlich um die Tiere: Pferd, Esel, Ziegen, Hühner, Wachteln, Fische und die Truthähne. Tanya und Josef wurden trotz der Sprachprobleme sehr gute Freunde.

An Weihnachten hatte Tanya ihr Haus soweit fertig und sie hatte vorgeschlagen, bei ihr die Bescherung zu machen. Sie hatte einen Weihnachtsbaum aufgestellt und wunderschön geschmückt. Ich kochte wieder für alle und nach dem Essen und Aufräumen, gingen wir rüber zu Tanyas Haus.

Sie hatte zwischenzeitlich auch einen alten Kater bei sich aufgenommen, der eines Tages mauzend vor ihrer Tür gesessen hatte.

Dieser begleitete sie überall hin, wie ein kleiner Hund. So dankbar war er ihr. Diesmal hatte sie ihn jedoch im Haus gelassen.

Als es um die Einrichtung von Tanyas Haus ging, schlug Martin vor, einen ziemlich großen Tisch, den wir jemand anderem abgekauft hatten, in das Haus zu stellen. Dann könne Tanya über kurz oder lang für die Touristen auch das Frühstück anbieten. Dieser Tisch und die dazugehörigen Stühle standen nun in ihrem Haus.

Wir gingen nach dem Essen zu Tanya rüber und betraten ihr Haus. Martin setzte sich gleich an den Tisch, während wir den wunderschön geschmückten Baum betrachteten. Plötzlich hörten wir es hinter uns knallen. Der alte Kater war wohl auf den Tisch gesprungen und hatte Martin, der ja schon am Tisch saß, begrüßen wollen. Der aber hatte ihn mit einem „Wisch" von „seinem" Tisch gefegt und der Kater war in der Ecke des Raumes gelandet.

Als wir begriffen, was gerade passiert war, standen wir zuerst wieder einmal sprachlos da. Wir schauten Martin alle an. Dann fragte Tanya, was passiert sei. Als Martin sagte, der Kater sei auf seinen Tisch gesprungen und er habe ihn nur runtergescheucht, da meinte sie, da sei wohl etwas mehr passiert als ihn nur vom Tisch runterzuscheuchen. Martin habe ihn ja wohl runtergeschmissen. Das sei ja wohl keine Art und Weise, wie man mit Tieren umgehe, geschweige denn mit so einem alten Tier. Meine Meinung dazu kannte Martin ja schon.

Martin gab es dann auch zu und meinte, er habe den Kater vom Tisch geschmissen, weil er Angst davor gehabt habe, er könne die Tischplatte verkratzen. Außerdem wolle er nicht, dass der Kater auf „seinem" Tisch herumlaufe.

Dieser Tisch besteht aus einer alten geschnitzten Tür, auf der eine Glasplatte liegt und darüber liegt noch eine dicke durchsichtige Plastiktischdecke. So viel zum Zerkratzen der Tischplatte. So scharfe Krallen hat so eine Katze nicht, dass durch eine Plastiktischdecke die Glasplatte verkratzt wird, geschweige denn, die geschnitzte Tür unter der Glasplatte.

Die beiden gerieten darüber derart in Streit, dass Tanya das Haus verließ. Zumal sich Martin darüber aufregte, dass Tanya im Haus geraucht hatte. Soweit ich weiß, hat kein Vermieter das Recht, seinem Mieter vorzuschreiben, wie er das gemietete Objekt zu bewohnen hat, solange das Objekt nach Auszug wieder frisch gestrichen ist. So ist es jedenfalls in Deutschland.

Das war unser erstes gemeinsames Weihnachtsfest auf der Insel ... unfassbar!

Ich ging später nochmal zu ihrem Haus, aber Tanya war nicht da und tauchte die ganze Nacht nicht wieder auf. Josef hatte sie auch nicht gesehen.

Am nächsten Morgen ging mein erster Weg zu ihr, sie saß mit den Nerven total fertig auf der Couch, das Gesicht verschwollen vom vielen Weinen. Sie hatte ein Blatt Papier und einen Stift vor sich liegen. Ich fragte sie, wie es ihr jetzt geht. Sie sagte zu mir, sie sei dabei, ihr Testament zu schreiben. Alles, was sie besitze, vermache sie mir und springe dann die nächste Klippe runter. Sie könne nicht nach Deutschland zurück, sie habe alles aufgegeben. Habe noch nicht mal mehr eine Adresse in Deutschland, da sie sich in Deutschland abgemeldet habe. Außerdem habe sie Angst, dass Martin sie aus dem Haus rausschmeiße. Ich beruhigte sie.

Tanya war diejenige, die mir über den Narzissmus von Martin am meisten die Augen geöffnet hatte, die mich darauf aufmerksam gemacht hatte, dass er sich teilweise nicht nur mir gegenüber, sondern auch anderen Menschen gegenüber vollkommen unverschämt und unverhältnismäßig verhielt. Er brüllte sogar

Josef oft an. Sandra hatte mich wachsam gemacht, Tanya öffnete mir die Augen.

Zwischen Martin und Josef gab es auch Sprachprobleme und Martin hatte nicht das Recht, sich einem älteren Menschen gegenüber derart aufzuführen. Josef sprach nur Portugiesisch und so gut, dass keine Missverständnisse entstehen konnten, sprach Martin auch kein portugiesisch. Aber darauf nahm Martin keinerlei Rücksicht. Ich sprach oft mit Tanya über Martins Verhalten und erzählte ihr einige Vorkommnisse aus der Vergangenheit. Ich fing damals schon an, mich zu belesen, und mich intensiv mit dem Thema Narzissmus auseinander zu setzen.

Ich setzte mich zu ihr und sagte, sie solle sich keine Sorgen machen, dass, was Martin mit meiner Töchtern, mit Dario und mit Sandra gemacht habe, das lasse ich bei ihr nicht mehr zu. So weit war ich mittlerweile.

Wenn es irgendwann zur Scheidung kommen sollte, denn darüber dachte ich seit geraumer Zeit nach, dann würde ich dafür sorgen, dass das Haus, welches sie bewohnte, mir zugesprochen würde. Sie hätte dann lebenslanges Wohnrecht und bräuchte keine Angst zu haben, dass sie jemals aus dem Haus raus müsste. Ich versprach ihr das in die Hand und ich sagte noch: „Wenn ich ein Versprechen gebe, dann halte ich das auch!" Falls mir vorher etwas passieren sollte, so habe ich diese Klausel sogar meinen Kindern gegenüber im Testament aufgenommen. Das Haus darf erst nach Tanyas Tod verkauft werden. Es sei denn, sie zieht vorher aus freien Stücken aus.

So kam es zum Schluss. Das Haus wurde mir nach der Scheidung zugesprochen. Tanya lebt heute noch in diesem Haus und fühlt sich wohl darin. Sie ist superglücklich, dass sie das Haus innen wie außen so gestalten kann, wie es ihr gefällt! Sie hat da ganz freie Hand. Sie ist eine Künstlerin und alles, was sie an dem Haus macht, vergrößert sogar noch den Wert des Hauses.

Mein Resümee:

Martin hatte mit Tanya probiert, was bisher bei all den anderen, die er bisher ins Unglück gestürzt hatte, gut funktioniert hatte. Sie ist aber eine starke Persönlichkeit. Damit hatte er nicht gerechnet.

Bei einer anderen Auseinandersetzung zwischen Tanya und ihm baute sie sich sogar vor ihm auf, wurde körperlich immer größer und sprach ihn mit ganz leiser Stimme an. Er wurde immer kleiner.

Dadurch, dass er ihr die Krankenversicherung und einiges andere vorgestreckt hatte, glaubte er, sie in der Hand zu haben und sie auch manipulieren zu können. Aber bei ihr funktionierte das nur am Anfang. Nachdem sie ihn durchschaut hatte, ließ sie sich nicht mehr manipulieren. Sie war und ist eine starke Frau und ein Vorbild für mich im Umgang mit ihm.

Außerdem brauchte er sie, um die Touristenhäuser zu putzen, denn allein schaffte ich die ganze Arbeit nicht mehr und er wollte noch mehr Ruinen kaufen und wiederaufbauen. Mittlerweile weigerte ich mich jedoch, noch mehr Ruinen mitzufinanzieren. Wir hatten bisher 8 Touristenhäuser und zwei kleine Palheiros (Ställe) zu Wohnzwecken umgebaut, plus Tanyas Haus und Martins Haus, das war wahrlich genug Arbeit.

85) DIE REPARATUR DES GEWÄCHSHAUSES

Nachdem der Sturm mal wieder im Gewächshaus gewütet hatte, musste das Dach wieder befestigt werden. Da das Dach auch nur aus Plexiglasplatten bestand, die Martin rund gebogen hatte, waren Schlitze zwischen den Platten, durch die der Wind eindringen konnte. Dadurch musste das Dach immer wieder nach jedem Sturm neu befestigt werden.

Martin ließ sich immer wieder neue Lösungen dafür einfallen. Wenn ich ihm half, rief er mir von außen seine Anweisungen zu, die ich drinnen ausführen sollte. Ich hasste diese Arbeiten, da er immer einen solch furchtbaren Befehlston an sich hatte. Wenn man nicht gleich verstand, was er wollte, wurde er ungeduldig und wütend.

Als er diese Arbeit einmal mit Josef, unserem Angestellten, machte, weil diesmal auch einige Seitenplatten gebrochen waren, hörte ich, wie er Josef anschrie. Josef ist etwa 10 Jahre älter als Martin. Zwischen den beiden bestanden Sprachprobleme und diese waren nicht gerade bedeutungslos. Als ich ihn darauf ansprach, dass er Josef respektlos und abwertend behandelt hatte, sah er sein Verhalten wieder einmal nicht ein. Er sah sich immer im Recht. Er sah seine Fehler nicht, aber die Fehler von anderen, die fielen ihm direkt auf. Diese Menschen wurden von ihm bewertet. Leider in der Regel negativ.

So hatten wir auch kaum Freunde auf der Insel, und lebten bis auf die Touristen, die in der Regel eine Woche da waren, sehr zurück gezogen.

Mein Resümee:

Martin ist ein sehr ungeduldiger Mensch, der leicht die Kontrolle verliert und dann seine Launen an anderen Menschen unverblümt und respektlos auslässt. Das tat er immer und immer wieder, trotz all seiner ganzen Selbsttherapien, die er als Psychologe mit sich selbst gemacht hatte.

86) MEINE VENEN-OP

Nach meiner ersten Thrombose hatte ich ständig Schmerzen im Bein und musste mir ein Stück einer Vene entfernen lassen, die sich leider durch die Thrombose verschlossen hatte. Diese Operation ließ ich in Tirol im Krankenhaus machen. Dort war sein Onkel, der Bruder seiner Mutter, unser Hausarzt.

Martins Schwester wohnte auch dort. So konnte Martin bei seiner Schwester übernachten. Nur leider kam er täglich mehrere Stunden ins Krankenhaus. Ich konnte nicht mal in Ruhe ein Buch lesen. Er kam morgens und ging erst abends wieder.

Es ist ja schön, wenn man Besuch bekommt, wenn man im Krankenhaus liegt. Doch er nahm mir regelrecht die Luft zum Atmen. Er war jede freie Minute präsent. Heute weiß ich, warum, so hatte er mich weiter unter Kontrolle.

Mein Resümee:

Heute weiß ich, dass aus spiritueller Sicht das Blut für Lebensenergie steht. Wenn die Lebensenergie blockiert ist, kommt ebenso das Blut zum Stocken. Der Lebensfluss ist gestört, das Blut verklumpt und es kommt zu einer Thrombose.

Noch dazu, wenn man unter permanentem psychischem Negativstress steht. Das heißt, das Blut ist teilweise verklumpt, weil schwere, dicke, ungelöste Lebensthemen sich in unserem Lebenskreislauf befinden und wir somit nicht im Fluss unseres Lebens sind.

Diese Themen müssen bearbeitet werden, sonst kommt es immer wieder zu Blockaden in Form einer Thrombose.

Das war bei mir der Fall, weil ich durch den ständigen psychischen Druck, den ich in der Beziehung mit Martin erlebte, nicht mein Leben leben konnte. Sondern mich in allem an Martin anpassen musste.

So entstanden auf diesem Weg die Blockaden. Nur war ich damals noch nicht so weit, das Ganze auch wirklich in Verbindung miteinander zu sehen.

87) KILOMETERSTAND DES AUTOS

Da Tanya nun bei uns wohnte und ab und zu mit dem Auto fuhr, führte Martin jetzt ein Fahrtenbuch ein. Dort musste jeder, der mit dem Auto fuhr, eintragen, wann, wohin und wie viele Kilometer er/sie gefahren war. Von jetzt an hatte er sogar das Autofahren unter Kontrolle.

88) GUMMIBÄRCHEN

Als wir einmal in München bei seinen Eltern waren, gingen wir einkaufen. Ich wagte es, eine Tüte Gummibärchen aufs Band zu legen. Als er das sah, fing er an zu toben, im Geschäft vor allen Leuten. Was ich mit diesem Dreckszeug wolle, er habe gedacht, dass ich abnehmen wolle. Auf der Insel habe ich noch jede Menge von diesem Dreckszeug."

Die Leute ringsherum blieben stehen und beobachteten diese Szene. Ich fühlte mich absolut unwohl in dieser Situation. Ja, ich hatte zugenommen, das war ja wohl auch kein Wunder bei diesem ganzen Stress, den er verursachte. Da musste man sich ein dickes Fell anlegen. Aber durfte ich mir nicht mal mehr einmal im Jahr eine Tüte Gummibärchen leisten?

Auf der Insel, ja, da hatte ich noch Gummibärchen. Meine Tanya hatte mir ein Päckchen geschickt, in dem auch Gummibärchen drin waren. Doch die waren 4000 km weit weg. Es war unfassbar, welchen Aufstand er in diesem Geschäft wegen einer Tüte Gummibärchen veranstaltete. Die Leute fingen an, die Köpfe zu schütteln. Es war mir so etwas von peinlich. Nicht wegen mir, sondern wegen ihm, weil er sich dermaßen unmöglich aufführte.

Ich brachte die Gummibärchen zurück, damit er endlich aufhörte zu toben. Als wir aus dem Geschäft heraus waren, sagte ich zu ihm, dass er sich unmöglich verhalten habe. Er meinte, dass er doch Recht gehabt habe, ich habe doch gesagt, dass ich abnehmen wolle. Ja, das hatte ich gesagt, aber es war kein Grund, uns lächerlich zu machen. Beziehungsweise, er hatte sich lächerlich gemacht, nicht mich.

Als Otto und Sabrina, die uns auf der Insel besuchten, uns mal 1 kg Schweizer Schokolade in kleinen Täfelchen mitbrachten, musste ich ein paar Täfelchen auf die Seite tun und sie vor Martin gut verstecken, damit ich überhaupt etwas davon abbekam. So schnell verschwanden sie in seinem Magen. Er genoss die Schokolade nicht, er fraß sie regelrecht. Innerhalb von ein paar Tagen war die ganze Schokolade verschwunden.

Da hätte ich mal etwas sagen sollen, denn er hatte auch nicht gerade abgenommen in den vergangenen Jahren.

89) SUSANNE, 2014

Susanne war das erste Mal mit Tanya R. auf der Insel. Sie war eine Nachbarin von Tanya und hatte, als sie hörte, dass sie auf die Insel fliegen wollte, gefragt, ob sie mitkommen könne. Es war auch ganz nett, als sie mit Tanya auf der Insel war.

Ein paar Monate nach ihrem Urlaub rief sie uns an, ob wir uns vorstellen könnten, dass sie eines unserer Häuser kostenlos bewohne, wenn sie dafür 4 Stunden am Tag für uns arbeiten würde. Ich besprach das mit Martin und wir gaben unser Okay. Sie hatte von 4 Wochen gesprochen, gebucht hatte sie aber am Ende 7 Wochen, ohne uns vorher zu informieren.

An dem Tag, an dem sie ankam, war ich ausgerutscht und schlimm gestürzt. Ich kam gerade von Maluka. Ich war mit dem Hinterkopf auf die unterste Stufe einer gemauerten Treppenstufe ge-

prallt und im ersten Moment fingen meine Hände an zu kribbeln. Ich dachte schon, dass ich mich schwer verletzt hätte. Zum
Glück hatte ich mir aber nur eine ca. 2 cm große Platzwunde am
Hinterkopf zugezogen. Das Kribbeln in den Händen hörte nach
ein paar Sekunden auf.

Da ich wusste, dass es, wenn Martin Susanne am Flughafen
abholte, gleich Ärger gäbe, weil er so ungeduldig war, fuhr ich
trotzdem zum Flughafen.

Susanne kam schließlich als Letzte aus dem Ankunftsbereich.
Sie hatte so lange warten müssen, weil ihr Koffer nicht mit angekommen war. Dafür hatte sie jetzt einen Gutschein von 50 €
von der Fluggesellschaft bekommen, damit sie sich fürs erste
mit dem nötigsten eindecken konnte.

Also fuhren wir zum größten Geschäft auf der Insel, indem es so
gut wie alles zu kaufen gab. Ich erzählte ihr noch auf der Fahrt,
dass ich wahnsinnige Kopfschmerzen hätte, da ich vor ein paar
Stunden gestürzt sei.

Beim Laden angekommen, schnappte sie sich einen Einkaufs-
wagen und suchte alle Regale ab. Der Wagen wurde immer voller. Ich saß auf einem Stuhl und wartete darauf, dass sie endlich fertig wurde. Zwischendurch fragte sie mich, ob ich noch
etwas brauche, dann würde sie das Mitkaufen, so als ob sie den
ganzen Laden leer kaufen könnte mit ihren 50 €.

Zwischenzeitlich war der Wagen so voll geworden, dass die
Rechnung garantiert, jetzt schon über 50 € zählte. Ich lehnte
dankend ab, bat sie aber gleichzeitig, sich ein wenig zu beeilen,
da ich wirklich starke Kopfschmerzen hatte.

Normalerweise bin ich nicht wehleidig, aber dieser Sturz hatte
es wirklich in sich gehabt. Sie untersuchte alles, was im Wagen
war, rechnete zusammen und musste mehr als die Hälfte wieder zurückbringen. Als sie endlich fertig war mit allem, gingen
wir schließlich zur Kasse. Die Rechnung betrug 50,40 €.

Sie fragte die Verkäuferin, die gleichzeitig die Chefin war, ob diese ihr die 40 Cent erlassen könne, sie habe doch nur einen Gutschein über 50 €. Die Chefin ließ sich verständlicherweise nicht darauf ein. Sie fragte Susanne, ob die Rechnung nur auf 50 € ausgestellt werden solle und Susanne bejahte. Als die Rechnung kam, sagte die Verkäuferin, dass sie von Susanne noch 40 Cent zu bekommen hätte. Susanne meinte aber, die Rechnung sei doch auf nur 50 € ausgestellt und feilschte weiter. So ging das ewig weiter.

Ich entfernte mich aus dem Laden und wartete draußen. Das Ganze wurde mir echt zu peinlich. Ich lebte immerhin hier und da kam so eine Touristin, die um 40 Cent feilschte. Es war wirklich einfach nur noch peinlich. Schließlich zahlte Susanne zähneknirschend die 40 Cent und wir konnten endlich nach Hause fahren. Diese Geschichte veröffentlichte einer der Söhne der Verkäuferin später sogar auf Facebook. Das wurde mir von einer Bekannten erzählt, die diese Geschichte dort gelesen hatte.

Auf der Fahrt nach Hause erzählte sie mir dann, dass sie zwar angeboten habe, 4 Stunden zu arbeiten, aber mit ihrem Behindertenstatus dürfe sie nur 3 Stunden arbeiten. Ob ich meine, dass das zu Problemen führe. Ich sagte zu ihr, das gebe Probleme, denn ich kannte Martin. So kam es dann auch. Als sie Martin mit der Geschichte kam, sagte der knallhart, dann müsse sie halt eine Stunde pro Tag dazu zahlen. Sie meinte dann, sie sei doch nur eine arme Rentnerin, doch da kam sie bei Martin an den Richtigen. Von nun an hatte er sie im Visier.

Sie sagte, dass sie aber nur ganz früh am Morgen arbeiten könne, sie würde die Sonne nicht vertragen. Im Regen könne sie auch nicht arbeiten. Wenn es stürme, hätte sie auch Probleme.

Sie wollte dann anfangen, das Unkraut zwischen den Steinen des Weges zu ihrem Haus auszurupfen.

Als Martin aber nach dem ersten Tag sah, was sie in drei Stunden geschafft hatte (sie hatte wohl jeden Grashalm einzeln ausgerupft), sagte er, dass ihre Arbeitszeit von 8 Uhr – 11 Uhr sei. Vorher dürfe sie nicht anfangen und er sage ihr, was sie an einem Tag zu tun habe, morgens an.

Sie sollte anfangen, das größte Touristenhaus zu putzen. Dieses Haus war gerade fertig gestellt worden. Sie war gegen 10 Uhr wohl gerade dabei, die Fenster zu putzen, als Touristen zur Rezeption kamen, ihre Wäsche aufhingen und ihr erzählten, dass sie heute in den Ort fahren würden, wo auch der Flughafen liegt. Sie fragte, ob sie mitfahren könne, da sie nach ihrem Koffer fragen wolle.

Husch, war sie verschwunden. Sie ließ alles stehen und liegen. Die Fenster waren noch offen und der Putzeimer stand voller Wasser im offenen Fenster. Martin wurde rasend, als er das herausfand.

Spät am Nachmittag kam sie erst wieder und es gab Zoff. Einerseits berechtigt, andererseits übertrieb Martin es auch. Von jetzt an gab es nur noch festgelegte Arbeitszeiten. Wenn sie die nicht einhalten konnte, musste sie sich abmelden bei ihm.

Als sie dann am nächsten Tag weiterputzte, hatte sie plötzlich einen riesengroßen Blutfleck auf der Rückseite ihrer Hose. Ich wies sie darauf hin, allein schon deswegen, weil Touristen jederzeit vorbeikommen konnten. Sie sagte, dass sie immer stark blute, wenn sie ihre Periode habe … und putzte seelenruhig in der blutigen Hose weiter.

Sie hatte in ihrem Haus alles, was man so braucht. Eines Tages fragte sie mich, ob ich nicht ein großes Glas habe, sie trinke lieber aus einem großen Glas. Also ging ich eines suchen. Irgendwann kam sie damit, ob ich eine größere Teekanne habe. Die Teekanne, die im Haus ist, sei so klein. Dann wegen einer großen Schüssel, in der sie ihre Füße waschen könne. Daraufhin sagte ich ihr aber, sie habe eine Dusche im Haus.

Beim nächsten Mal wollte sie Getreide für ihre arthritischen Fingerübungen. Getreide hatten wir zum Brotbacken. Martin hätte einen Wutanfall bekommen hätte ich ihr Getreide für ihre Fingerübungen gegeben. Wir hatten zwar im Haus unten noch mehr als 100 kg ... aber die waren nicht für arthritische Fingerübungen gedacht. Wenn Martin etwas kaufte, dann immer gleich in Riesenmengen. Ob das nun Homöopathie, Salben, Vaseline, Medikamente oder sonst etwas war. In großen Mengen war es billiger. Unmengen an Videos sind auch noch da ... wir hatten für die Touristen eine Bibliothek erstellt. Hauptsächlich mit den Büchern von meiner Tochter Tanya. Dazu hatte Martin unendlich viele Filme bestellt. Teilweise sind sie noch original verpackt ... nun vergammelt alles auf der Insel. Aber Tanya R verteilt es fleißig!

Dann sollte Susanne an einem Tag an einer Mauer das Efeu wegmachen. Sie fragte mich, als ich vorbeikam, ob wir eigentlich eine Versicherung für sie abgeschlossen hätten, wenn sie die Mauer herunterstürzen und sich verletzen würde. Es sei ja gefährlich, gleich an einer Mauer zu arbeiten, an der es 4 m hinunterginge. Ich antwortete ihr, dass wir keine Versicherung für sie abgeschlossen hätten. Wir hätten uns auf ihren Wunsch auf einen Urlaubstausch eingelassen. Arbeit gegen Wohnen und da brauche es keine zusätzliche Versicherung. Schließlich mache sie diese Arbeit freiwillig und könne dafür kostenlos wohnen. Außerdem solle sie das Efeu so entfernen, dass sie sich nicht in Gefahr begebe, dort hinunterzustürzen.

So ging das immer weiter. Sie war wirklich nervig.

Zum Schluss hin hatte sie sich einen Portugiesen an Land gezogen. Sie zog bei uns aus und bei ihm ein. Vorher krachte es zwischen ihr und Martin nochmal gewaltig.

Als sie weg war und ich das Haus, in dem sie gewohnt hatte, sauber machen wollte, zog ich das Bett ab. Es war ein riesiger Blutfleck auf der Matratze. Die konnten wir als Dank dann noch wegschmeißen.

Mein Resümee:

Ja, Susanne war anstrengend. Sie schob ihr Verhalten viel auf ihre schlimme Kindheit, die sie gehabt habe, und versuchte, sich irgendwie durchzumogeln. Ich hatte auch eine schlimme Kindheit, trotzdem weiß ich, wie man sich seinen Mitmenschen gegenüber richtig verhält. Aber so wie Martin sie behandelte, war es auch auf keinen Fall richtig. Einmal schrie er sie so an, dass sie auf der Straße anfing zu weinen. Ehrlich gesagt war ich froh, als sie weg war.

90) OMA SEI STILL, 2016

Wir waren wieder überraschend in Deutschland angekommen. Martin liebte das, andere, besonders Tanya, zu überraschen. Dann war die Wohnung nicht aufgeräumt und man konnte dann wieder sehen, dass auch Tanya „nichts auf die Reihe bekam".

Also, wir kamen bei Tanya an, doch sie hatte an diesem Tag einen Termin beim Frauenarzt. Da wir überraschend gekommen waren, fuhren wir sie dorthin. Wir hatten ausgemacht, dass wir hinterher gemeinsam in den Tierpark gehen könnten.

Martin fand aber nicht gleich einen Parkplatz beim Frauenarzt. Tanya stieg vor der Praxis aus und wir suchten weiter nach einem Parkplatz. Martin wurde sauer und fing an zu schimpfen. Luisa saß hinten im Auto und ich bat ihn, sich bitte wenigstens etwas zu beherrschen. Er aber fing an, lautstark zu streiten, warum wir Tanya hätten zum Arzt fahren müssen, sie hätte doch auch mit dem Bus und der Bahn fahren können usw.

Ich sagte, da wir doch nachher gemeinsam in den Tierpark wollten, ginge das doch in einem, und außerdem habe sie nicht mit uns gerechnet. So ging der Streit immer weiter. Martin wurde immer lauter.

Plötzlich kam von hinten ganz cool: „Oma, sei still!"

Ich drehte mich zu Luisa um und fragte sie, warum ich denn still sein solle. Da sagte sie ganz trocken: „Dann hört der Opa auch auf, zu streiten." Ich musste so lachen, sie hatte recht. Sie war damals gerade mal 3 Jahre alt und schon so weise. Ich sage doch immer, von Kindern kann man so viel lernen ...

91) EIN BESUCH IN DEUTSCHLAND, 2017

Bei einem unserer nächsten Besuche in Deutschland übernachteten wir wieder in Martins Wohnung. Wir waren gerade angekommen und saßen zuerst gemütlich bei einem Glas Wein zusammen. Plötzlich ging es wieder um diese verdammte Gütertrennung, die er seit einiger Zeit von mir verlangte, und darum, was mir auf der Insel zustehen würde. Seiner Meinung nach so gut wie nichts. Maluka habe all mein Geld gefressen ...

Dann fing er wieder an, über Runa herzuziehen. Runa bringe nichts zustande, außer Hartz 4 zu beziehen. Irgendwann ließ er, während dem Gespräch dann auch noch fallen, ich könne ja Runa fragen. Die wisse am besten, wie man den Staat ausnutze und sich auf Kosten von anderen bereichere. Schließlich würde sie sich mit Hartz 4 bestens auskennen. Sie könne mich bestimmt darin beraten, wie ich am besten an Hartz 4 herankomme.

Ich wurde so sauer, weil er immer wieder davon sprach, dass mir auf der Insel nichts zustehe und alles, was ich mit in die Ehe gebracht habe an Bargeld, für das Pferd draufgegangen sei. Dafür hatte ich auf der Insel nicht 10 Jahre lang geschuftet.

Ich wurde so sauer und machte etwas, was ich nie zuvor in meinem Leben gemacht hatte. Ich kippte ihm das halbvolle Glas Wein einfach, paff, ins Gesicht. Ich stand auf, griff nach meinem Koffer, der noch nicht ausgepackt war, und verließ seine Wohnung.

Er war wohl so überrascht von meiner Reaktion, dass er mir nicht gleich folgte. Ich war schon auf dem Weg zu Runas Wohnung, als ich bemerkte, dass er hinter mir war.

Von seiner Wohnung aus wohnte Runa zu der Zeit rechts die Straße runter ein paar Meter weiter und Tanya links die Straße rauf. Als ich nun merkte, dass er mir zu Runas Wohnung folgte, drehte ich um und lief in die entgegengesetzte Richtung zu Tanyas Wohnung. Es war nach 22 Uhr. Die Rollen meines Koffers machten einen Höllenlärm auf dem Asphalt. Wegen Luisa, die bestimmt schon schlief, wollte ich lieber zu Runa. Aber Martin verfolgte mich auch in der Richtung von Tanyas Wohnung.

Das ging ein paar Mal hin und her. Er verfolgte mich, egal in welche Richtung ich ging. Er ließ nicht locker. Wechselte ich die Richtung, wechselte er auch die Richtung. Wie damals, als er wegen des Auszugs von Tanya aus meiner Wohnung so ausgerastet war und mich auf dem Wanderweg verfolgt hatte.

Schließlich nahm ich mein Handy aus der Tasche und rief Runa an, sie solle mir bitte die Tür aufmachen. Als ich bei Runa ankam, stand sie schon an der Tür und wartete auf mich. Martin blieb dann vor dem Tor stehen.

In dieser Nacht schlief ich bei Runa und am nächsten Morgen ging ich zu Tanya rüber. Später kam Martin dann auch zu Tanya.

Luisa freute sich, ihn zu sehen, und sie fragte den Opa, wo er denn gewesen sei. Er antwortete blöd grinsend, er sei im Puff gewesen. Da war Luisa 4 Jahre alt ... einfach unglaublich.

Mein Resümee:

Damals dämmerte mir schon, dass ich es mit einem Narzissten zu tun hatte. Die Vermutung darüber wurde immer stärker. Wenn man in einer Beziehung zu einem Narzissten lebt, gehen die Auseinandersetzungen so weit, bis der Partner sich und sein Leben selbst fast aufgibt.

Aber so weit war ich noch lange nicht. Ich kämpfte weiter, um zu meinem Recht zu kommen. Es kostete mich noch viele Kämpfe und unsagbar viel Kraft. Narzissten nähren sich von emotionalen Ausbrüchen, wie weinen, traurig zu sein usw. Sie beleidigen und demütigen den Partner bis aufs Blut. Er war sehr gut darin. Dieses Spiel beherrscht er bis zur Vollkommenheit, er ist sogar ein Spezialist darin.

Deshalb sage ich heute, dass er sogar ein toxischer Narzisst ist. Gefährlich in der Hinsicht, dass er in jeglicher Situation absolut nicht einschätzbar ist und in extremen Situationen neben emotionaler Gewalt auch mittlerweile vor körperlicher Gewalt nicht zurückschreckte.

92) DER ÖSTEREICHURLAUB MIT TANYA, DARIO UND LUISA, 2017

Ich glaube, es war im Winter 2017, als wir mit Tanya, Dario und Luisa gemeinsam einen Österreichurlaub machten. Wir fuhren von Bauernhof zu Bauernhof und gingen zusammen viel wandern. Martin und Dario verstanden sich prächtig und waren auch mal alleine wandern. In Dario hatte Martin eine „männliche" Verstärkung. Wir waren zwei Wochen unterwegs.

Martin hatte für diese Zeit ein Auto gemietet, in dem wir alle Platz hatten. Im Großen und Ganzen war der Urlaub ja ganz schön, aber einige Ausrutscher hätten nicht sein müssen. Das schlimmste war, wenn Luisa weinte im Auto. Sie weinte bei Autofahrten eigentlich immer während der ersten Jahre ihres Lebens. Die Autofahrten waren immer lang für so ein Kind. Wir fuhren am Tag so 200 bis 250 km.

Luisa war von Geburt an ein Schreikind gewesen. Ich denke, das hängt mit dem Trauma zusammen, welches sie noch im letzten Drittel der Schwangerschaft im Mutterleib erfuhr, als die Auswanderung ihrer Eltern nach Portugal unschuldig platzte. Die ganze Situation, in die Tanya und Dario danach rutschten, waren für das Baby ein Trauma. Besonders, dass die Mama sich am Ende der Schwangerschaft solche Sorgen hatte machen müssen.

Dass Luisa dieses Problem hatte, wusste Martin von Anfang an. Er fing nur immer wieder an, zu meckern, was Luisa nicht geraderuhigte, sondern die Situation eher noch verschärfte.

Einmal, als Luisa sich gar nicht beruhigen wollte, fuhr er mitten auf der Landstraße einfach rechts ran, hielt das das Auto abrupt an, stieg aus, ließ den Schlüssel vom Auto zwar stecken und rief, er gehe jetzt zu Fuß weiter nach Hause. Es war nicht mehr weit, ungefähr noch 1 oder 2 km bis zu unserer Unterkunft.

Aber einfach auszusteigen und zu gehen, empfand ich als eine Unverschämtheit. Tanya und Dario waren auch total geschockt. Denn Martin hatte das Auto nicht gerade sanft abgebremst, sondern er war voll in die Bremsen getreten, so dass alle nach vorne geschleudert worden waren. Und bevor wir alle richtig erfasst hatten, was passiert war, war er schon weg.

Dario, der bei einer Autovermietung gearbeitet hatte, sagte „Und wer soll das Auto jetzt fahren? Martin ist derjenige, der als Fahrer angegeben ist. Wenn einer von uns jetzt das Auto fährt und es passiert etwas, haftet keine Versicherung." Zum guten Schluss fuhr ich das Auto zur Unterkunft.

Mein Resümee:

Er hat sich in solchen Situationen einfach nicht unter Kontrolle, rastet unvermittelt komplett aus. Hinterher war es Luisas Schuld, denn er habe dieses Geschrei nicht mehr ausgehalten.

Er hat aber als Einziger von uns den Vorteil, dass er, wenn ihn etwas stört, die Hörgeräte ausschalten kann. Das ist ein Knopfdruck am Ohr. Aber gerade das macht er grundsätzlich nicht, er ist der Meinung, warum soll ich die Hörgeräte ausmachen, sollen doch die anderen einfach leiser sein.

Das war auch so, wenn wir im gleichen Raum waren, z. B. in meinem Haus im Wohnzimmer. Wollte ich mir etwas auf dem Handy anhören und wenn es nur eine Sprachnachricht von einem meiner Kinder war, sollte ich mir Kopfhörer aufsetzen oder aus dem Raum gehen, damit er nicht gestört wird.

Im Grunde verhielt er sich in dieser Situation wieder komplett verantwortungslos. Uns alle dort mitten auf der Landstraße einfach so im Auto am Straßenrand sitzen zu lassen ...

Emotionale und verbale Gewalt treffen Betroffene wie ein Schlag aus heiterem Himmel. Sie kommt plötzlich und ohne jegliche Vorwarnung. Sie treffen die Betroffenen komplett unvorbereitet und erschüttern ihr Weltbild bis in die Tiefe ihrer Seele.

93) AFRIKAURLAUBE

Nach dieser Zeit flogen wir zweimal nach Afrika. Das erste Mal auf den Kapverden wurde ich gleich am zweiten Tag schon überfallen und mir wurde mein Handy entrissen. Der Typ kam von hinten angerannt und versuchte, mir meine Handytasche von der linken Schulter zu reißen.

Martin, der, wie meistens wieder einmal ein paar Meter vor mir gegangen war, bekam das Getümmel schließlich mit, kam zu mir gelaufen und riss an meinem rechten Arm, um mich von dem Dieb wegzubekommen, während der Typ an meinem linken Arm riss, um an die Handytasche zu kommen. Zum Schluss gab der Typ mir einen Stoß und ich prallte gegen Martin. Martin prallte mit dem Kopf voran gegen eine Mauer. Bei dieser Aktion riss das Band meiner Handytasche und der Typ verschwand damit.

Martin verfolgte ihn zwar noch ein Stück, aber der Dieb war längst über alle Berge. Zwei Frauen, die den Überfall beobachtet hatten, riefen die Polizei. Wir machten noch eine Anzeige, doch der Fall hat sich nie aufgeklärt.

Ab dem dritten Tag hatten wir ein Auto gemietet. Aber wir hatten beide den Rest des Urlaubes kein gutes Gefühl mehr. Beide hatten wir ständig das Gefühl, dass wir beobachtet würden. Gingen wir über einen Markt und Martin hatte sein Handy in der Hand, folgten die Blicke der Menschen dem Handy. Es war schon unheimlich. Überall waren junge, starke, durchtrainierte Männer.

Diesen Urlaub beendeten wir dann eine Woche früher als geplant, da wir uns beide nicht mehr sicher fühlten. Einmal warf ein etwa 5-jähriger Junge einen Stein in die Richtung unseres gemieteten Autos. Wir waren nun mal für die Einheimischen die reichen Touristen, die in Hotels mit fließendem Wasser wohnten. Sie, die Einheimischen, lebten in Slums, die so unglaublich schmutzig waren. Überall lagen Müll und Glasscherben. Plastiktüten, die sich in den Ästen der Bäume verfangen hatten, waren die einzigen Farbtupfer in der Landschaft. Unglaublich, in welchem Zustand dort die Menschen leben müssen. Für Wasser mussten sie bis zum nächsten Brunnen kilometerweit laufen. Wenn sie Glück hatten, besaßen sie einen Esel, damit sie das Wasser nicht selbst wieder kilometerweit auf dem Kopf zurückschleppen mussten.

Ich konnte die Verbitterung schon verstehen, deshalb musste ich auch da weg. Ich fühlte mich meines Lebens nicht mehr sicher. Selbst Martin fühlte sich dort nicht mehr wohl.

Als wir auf die Insel zurückkamen, war gerade eine Urlauberin bei uns zu Besuch, die Folgendes erzählte: Sie sei im gleichen Jahr auf den Kapverden gewesen und sei zu einem Fest der Einheimischen eingeladen gewesen. Dort habe sie einem der Einheimischen 20 € gegeben, damit er für alle Zigaretten holen gehen konnte. Dieser Einheimische sei auf offener Straße durch einen Kopfschuss niedergestreckt worden, der Schütze habe die 20 € an sich genommen und sei geflohen. Die daraufhin informierte Polizei sagte dann wohl zu ihr, sie als Touristin brauche keine Angst zu haben. Touristen würde höchstens in die Beine geschossen.

Ich kann mir gut vorstellen, dass diese Geschichte stimmt. Denn die Menschen dort leben in einer so unglaublichen Armut. Und wir, die Touristen, sind Eindringlinge, die alles haben, wofür die Einheimischen tagtäglich schwer kämpfen müssen. Und 20 € sind dort viel Geld.

Beim zweiten Urlaub waren wir mit einer Reisegruppe unterwegs. Diesmal ging es nach Südafrika. Wir gingen in Kapstadt am späten Nachmittag nochmal allein aus dem Hotel, weil Martin sich unbedingt die Gegend anschauen wollte. Alleine wollte er aber nicht gehen ...

Wir waren noch keine 200 Meter weit gekommen, als mir blitzschnell meine Kette vom Hals gerissen wurde. Mein T-Shirt war auch zerrissen. Martin war wie immer ein paar Schritte voraus, er bekam es erst mit, als andere Passanten etwas riefen.

Die Straßen waren voller Leute und ich sehe noch den Typen auf mich zukommen, dachte mir aber nichts dabei, weil er mich so ansah. Das Ganze ging blitzschnell ...

Die Kette war nicht besonders wertvoll, er hatte sowieso nur das Medaillon erwischt und die Kette war nur zerrissen. Aber das Medaillon war mein Taufmedaillon und gerade an dem hatte mein Herz gehangen. Ich hatte es seit Tanyas Geburt täglich getragen, zweimal verloren, doch es war immer wieder zu mir zurückgekommen. Ich hatte mir vor Tanyas Geburt schon geschworen, dass, wenn sie gesund auf die Welt käme, trüge ich dieses Medaillon bis an mein Lebensende. Es hatte für mich eine tiefe symbolische Bedeutung. Martin wusste das.

Nach diesem Vorfall gingen wir ins Hotel zurück. Ich war so geschockt über den Überfall und den Verlust des Medaillons, dass ich in Tränen ausbrach. Er machte mir Vorwürfe, dass ich mich immer wie ein Weihnachtsbaum mit Schmuck behängen müsse. Das stimmte gar nicht. Ich hatte nur diese Kette angehabt, die ich seit 25 Jahren täglich getragen hatte, ansonsten nur ein paar billige Ohrringe getragen und mehr nicht! Es kam kein Wort des Trostes von ihm, nur Vorwürfe.

Später nahm er mich dann noch in den Arm und meinte, er kaufe mir eine neue Kette. Aber darum ging es nicht, es ging darum, dass er so eiskalt reagierte, mir die Schuld für den Überfall gab ... er war so völlig verständnislos und abwertend, so völlig emotionslos und herzlos.

Mein Resümee:

Martin wollte unbedingt nochmal raus, obwohl wir von dem Reiseführer gewarnt worden waren. Martin ging wie immer voraus, ließ mich quasi allein auf der Straße gehen. Durch mein Thrombosebein war ich immer langsamer als er.

Für den Dieb war ich eine Frau, die allein auf der Straße unterwegs war, eine Touristin. Er hatte in dem Getümmel doch eine gute Chance, zu verschwinden.

Martin war es zuerst gar nicht aufgefallen, dass ich überfallen worden war. Er versuchte zwar noch, hinterherzulaufen, aber der Dieb war auch in diesem Fall längst über alle Berge.

Nachher diese unangebrachten Vorwürfe und das fehlende Verständnis, so verhält sich kein normaler Mensch.

Beide Male, wo ich überfallen wurde, war Martin ein paar Schritte vor mir. Eigentlich so wie immer, wenn wir unterwegs waren. Für die Diebe war ich eine Frau, eine Ausländerin, die sich bewusst der Gefahr aussetzte und allein auf der Straße unterwegs war. Daher war ich für den Täter ein potenzielles Opfer.

94) URLAUBE

Die anderen Urlaube, die wir machten, gingen z. B. nach Vilnius (Litauen), Kuba, Baltrum, Irland, Nordportugal, Südportugal ...

In diesen Urlauben war immer alles voll Friede und Freude ... teilweise sogar Harmonie. Da waren wir allein unterwegs und kein Hund, keine Katze, kein Pferd und vor allem kein Mensch war dabei. Auf den er hätte eifersüchtig reagieren können. Es gab schlicht und einfach keinen Grund dazu.

Wenn wir uns mal mit anderen Menschen unterhielten, war er im Vordergrund und ich hielt mich zurück. Er kann wesentlich besser Englisch als ich und Deutsche trafen wir in diesen Urlauben nie. Er hatte mich schlicht und einfach für sich allein. Meine ganze Aufmerksamkeit war auf ihn gerichtet. Er hatte, was er wollte.

95) NEUE HÖRGERÄTE

Bei einem Besuch in München bekam Martin neue Hörgeräte angepasst. Als wir wieder zurück auf der Insel waren, störte ihn jedes Geräusch.

Bisher hatte ich wenigstens auf der Insel noch Internetradio hören können, aber auch das störte ihn jetzt auf einmal. Alles war zu laut. Ich durfte nicht mehr singen oder pfeifen oder gar Mundharmonika spielen.

Einmal, als ich den Fußabtreter draußen an der Hauswand abklopfte, kam er wütend aus dem Büro gestürmt und meinte, was ich denn jetzt schon wieder machen würde. Das seien alles unbekannte Geräusche für ihn. Das ging ungefähr ein Jahr lang. Dass ich kaum etwas machen durfte, weil er die Geräusche nicht kannte. Ihn störte jedes Geräusch, was er nicht zuordnen konnte. Auch jedes andere Geräusch, was er zuordnen konnte, war ihm einfach zu laut. Ich wurde wegen jeder Kleinigkeit angeschrien.

Mein Resümee:

Ich kann ja verstehen, dass man sich erst an neue Hörgeräte gewöhnen muss. Doch man muss dafür nicht zum Tyrannen werden und seine Mitmenschen terrorisieren. Vor allem nicht, wenn man behauptet, sein Gegenüber zu lieben.

Ich ging nur noch wie auf Eierschalen durch sein Haus, um ihn ja nicht zu reizen. Ich wurde angeschrien wegen allem, was ihn störte. Ob im Haus, im Garten, im Miteinander mit Tanya und Josef oder den Touristen.

Er wurde immer unerträglicher.

96) FENSTER PUTZEN

Es hatte mal wieder gestürmt und geregnet auf der Insel. Der Salz Wind, der vom Meer herübergefegt war, hatte die Fenster von außen blind werden lassen. Also beschloss ich, die Fenster seines Hauses zu putzen. Ich machte in das Putzwasser einen kleinen Spritzer Reinigungsmittel und fing an, in der Küche das Fenster zu putzen.

Martin saß zu der Zeit in seinem Büro. Plötzlich kam er wie eine wild gewordene Tarantel aus dem Büro geschossen und schrie, was denn hier so stinkt. Ich entgegnete, dass ich am Fenster putzen sei. Er meckerte rum, von diesem Gestank bekomme er Kopfschmerzen, weil das Putzmittel so stinke. Ich solle gefälligst dann Fenster putzen, wenn er nicht im Haus sei. „Okay", sagte ich und ging ins Bad, wo ich das Putzwasser ausschüttete. Er kam hinterher und fragte: „Was machst du denn jetzt?" Ich sagte: „Ich schütte das Putzwasser aus." – „Warum denn das?", fragte er. „Weil du ab jetzt deine Fenster selbst putzen kannst", erwiderte ich.

Denn Tage vorher hatte ich mit dem gleichen Putzmittel die Badewanne und die Duschabtrennung sauber gemacht, und zwar mit dem puren Putzmittel. Ich hatte sie komplett eingerieben, da sie vom Duschen so furchtbar dreckig war.

Wenn Martin vom Bauen von draußen kam, war er oft sehr schmutzig. Wenn er dann duschte, machte er nie die Badewanne hinterher sauber und so sah sie danach wieder aus.

Ich trug das gleiche Putzmittel, wie ich es zum Fenster putzen verwenden wollte, pur auf und ließ es einwirken. Als er an diesem Tag ins Haus kam, wollte er gleich duschen, und ich sagte zu ihm: „Lass mich zuerst das Putzmittel abspritzen." Er sagte, es mache ihm nichts aus, er spritze die Duschabtrennung und die Badewanne, während er duschte, ab. Da störte ihn der Geruch des gleichen Putzmittels im unverdünnten Zustand nicht.

Mein Resümee:

Der Unterschied zwischen den beiden Ereignissen, die nur ein paar Tage auseinanderlagen, war, als er duschen wollte, hatte er gute Laune. Als ich die Fenster putzen wollte, war ihm wieder irgendeine Laus über die Leber gelaufen. Er meinte, er müsste seine Laune mal wieder an mir auslassen. Doch dieses Spiel machte ich nicht mehr mit, indem ich einfach das Putzwasser auskippte und meine Arbeit damit beendete. Von da an putzte ich in seinem Haus keine Fenster mehr.

97) TANYA UND IHR PORTUGIESE

Tanya, S. ich weiß, ich habe es mit dem Namen, aber sie heißt nun mal auch so. Wir lernten sie damals kennen, als wir das erste Mal auf der Insel waren. Sie war gerade dabei, mit ihrem damaligen Lebenspartner eine Ruine auszubauen. Mit der Zeit verliebte sie sich aber in ihren portugiesischen Baumeister und die Trennung von ihrem Lebenspartner verlief sehr unschön.

Sie zog zu dem Portugiesen in dessen Haus und die beiden bauten alles, was nicht niet- und nagelfest war, aus der Ruine wieder aus, was natürlich den Wert minderte.

Sie überschrieb dem Portugiesen alle Rechte ihrerseits an der Ruine, so dass der ehemalige Lebenspartner von Tanya von nun an nur noch mit dem neuen Lover sprechen und sich über den Verkauf der Ruine auseinandersetzen musste. Was wohl in dem Fall auch in handfeste Schlägereien ausartete.

Als der Portugiese sie Jahre später von heute auf morgen vor die Tür setzte, erzählte mir das ein Bekannter. Als wir, Martin und ich, eines Tages vom Einkaufen nach Hause fuhren, fiel mir die Geschichte wieder ein und ich erzählte sie Martin.

Es ergab sich wieder einmal eine Diskussion daraus. Es ging darum, dass der Portugiese Tanya einfach vor die Tür gesetzt hatte und Martin meinte, so etwas könne mir auch passieren. Schließlich würde ich auch in seinem Haus wohnen.

Ich weiß nicht mehr, was ich antwortete, jedenfalls trat er in dem Moment bei voller Fahrt auf die Bremse, so dass ich zuerst nach vorne flog und dann mit dem Kopf gegen die Tür des Autos knallte. Am nächsten Tag hatte ich eine dicke Beule am Kopf.

Mein Resümee:

Er war und blieb einfach unberechenbar. Noch nicht einmal unbedarft etwas erzählen konnte man ihm noch, ohne dass man ab sofort sogar Angst davor haben musste, dass er explodierte. Nicht nur das, sondern dass man dabei ab sofort noch Angst davor haben musste, zu guter Letzt auch noch verletzt zu werden.

98) ZWEITER BESUCH VON TANYA UND LUISA AUF DER INSEL, 2017

Tanya kam ein zweites Mal mit Luisa auf die Insel zu Besuch. Sie wollte gerne 6 Wochen bleiben und diskutierte am Telefon mit Martin über dieses Zeitfenster. Er wollte nicht, dass sie so lange bleibe. Schließlich ließ er sich darauf ein. Sie zog mit Luisa in das kleinste Häuschen, was wir hatten. Das war ungefähr einen Kilometer von uns entfernt.

Ich weiß noch, dass ich ihn inständig bat, nicht dafür zu sorgen, dass Luisa, die inzwischen 3 Jahre alt war, Angst vor ihrem Opa bekomme.

Er aber war von Anfang an unfreundlich zu den beiden und was mich sehr traurig machte, war, dass er auch Luisa ziemlich links liegen ließ. Sie war allerdings mittlerweile alt genug, um zu merken, wie sich der Opa ihr und ihrer Mama gegenüber verhielt.
Zu demselben Zeitpunkt war Christian da. Er wollte gerne zu uns auswandern. Auf der Insel ein neues Leben anfangen. Er machte erst mal 3 Wochen Urlaub bei uns, um uns kennen zu lernen.

Martin und ich hatten seit einiger Zeit Diskussionen über diese Gütertrennung. Er wollte seit 1 ½ Jahren unbedingt die Gütertrennung von mir, weil er nicht wollte, dass meine „bösen", unfähigen Kinder irgendwann nur einen Cent von ihm erben würden. Außerdem gingen die Diskussionen darüber, wie viel Wert meine Arbeit gewesen war und wie viel Wert seine Arbeit war, immer weiter.

Martin war der Meinung, seine Arbeit, die Häuser aufzubauen, sei wesentlich mehr wert als meine Arbeit im Garten, der Gemüseanbau, der Haushalt, die Tiere und die Arbeit mit den Touristen. Ich war der Meinung, dass unsere Arbeit gleichwertig sei. Aber das war ja nur meine Meinung, die zählte nicht. Außerdem ging es darum, was wem im Falle einer Scheidung zustehe und wie viel die jeweiligen Häuser wert seien. Es hatte in der vergangenen Zeit immer wieder ziemlich schwere und stundenlange Auseinandersetzungen deswegen gegeben.

Nun waren zusätzlich Tanya und Luisa zu Besuch, zwei weibliche Wesen, die ihm meine Aufmerksamkeit stahlen, und Christian als Anwärter, um bei uns dauerhaft zu wohnen. Ich kochte jetzt also für 7 Personen. Das machte mir nichts aus, ich kochte gerne und gut.

Da Luisa morgens länger schlief und abends nicht ins Bett wollte, entschuldigte sich Tanya, wenn sie nicht rechtzeitig zum Frühstück da sein konnte. Der Fußweg von ihrem Häuschen bis zu uns dauerte mit Kind auch immer so etwa 15 bis 20 Minuten. Das war immer wieder ein Streitpunkt zwischen Martin und mir.

Christian war beruflich ein psychologischer Berater und Mediator. Er hat in diesen 3 Wochen, in denen er bei uns auf der Insel war, stundenlange Gespräche mit uns geführt. Eigentlich verwendete er seinen ganzen Urlaub, um uns aus dieser misslichen Lage zu befreien. Im Endeffekt brachten die ganzen Gespräche aber leider nichts, da Martin seine festgefahrene Meinung hatte und keinen Millimeter davon abweichen wollte. Es gehöre alles ihm, Maluka habe meinen Anteil gefressen – fertig.

Tanya und Luisa konnten nichts richtig machen. Josef wurde dauernd angeschrien und Tanya R. hatte auch diverse Auseinandersetzungen mit Martin. Sogar so schlimm, dass sie anfing, Depressionen zu entwickeln. Alles in allem war er die ganze Zeit über einfach nur unausstehlich.

Tanya hatte zusammen mit Christian den Vor Teich unseres Schwimmteich von den allermeisten, mittlerweile sehr hoch gewachsenen, Pflanzen befreit. Dieser Vor Teich ist quasi ein Biotop, durch welches das Wasser fließt, bevor es im Schwimmteich ankommt. Es war mit den Jahren so zugewachsen, dass er seine Funktion gar nicht mehr erfüllen konnte. Jetzt, nachdem Tanya sich darum gekümmert hatte, war er wieder funktionstüchtig und das Wasser konnte nun wieder gefiltert werden.

Sie hatte auch ein kleines aufblasbares Boot für Luisa mitgebracht. An einem Nachmittag blies sie das Boot auf und Luisa paddelte so gegen 18 Uhr im Kinderbereich des Schwimmteiches damit herum. Alle standen drum herum, lachten und freuten sich.

Plötzlich kippte das kleine Boot um und Luisa fiel ins Wasser. Tanya sprang sofort hinterher und barg Luisa. Sie hatte sich so erschrocken, dass sie furchtbar weinte. Tanya beruhigte sie.

Alles war wieder gut. Ich brachte den beiden ein großes Badetuch. Tanya fragte Martin dann, da das Wasser doch sehr kalt gewesen war, ob sie sich mit Luisa in seinem Haus in seiner Badewanne kurz aufwärmen dürfe. Er sagte knapp: „Ja".

Wir gingen runter ins Haus. Mittlerweile war es etwa 19 Uhr und wir ließen Wasser in die Badewanne laufen. Tanya und Luisa blieben etwa 20 Minuten im warmen Wasser und zogen sich dann wieder an. Zwischenzeitlich musste Martin (typisch für ihn) auf die Toilette und wir machten die Duschabtrennung zu, damit er auf sein „heiliges" Klo gehen konnte.

Als sie fertig waren, ging Tanya noch mal zu ihm ins Büro, wo Martin am Computer saß, und bedankte sich bei ihm, dass die beiden sich kurz hatten aufwärmen durften. Seine knappe und absolut unfreundliche Antwort war: „Kurz ist für mich anders." Tanya schaute mich noch ungläubig und traurig an, dann gingen sie zurück in ihr Häuschen.

Sein Verhalten war einfach nur traurig und vollkommen unverständlich. In den nächsten Tagen fragte er Tanya auch noch vor allen anderen, warum sie Luisa eigentlich aus dem Wasser geholt habe. Sie wolle doch, dass Luisa natürliche Grenzen kennenlerne. Wasser sei doch eine natürliche Grenze. Wir konnten allesamt nur die Köpfe schütteln über so viel Herzenskälte und fehlende Empathie. Christian war vollkommen entsetzt und versuchte Martin zu erklären, dass, wenn ein Kind ins Wasser falle, es gar keine Diskussion über natürliche oder unnatürliche Grenzen gebe. Da gehe es um sofortiges Handeln. Er aber zuckte nur mit den Schultern.

Mein Resümee:

Martins Schwestern waren schon bei uns auf der Insel gewesen. Beide waren zweimal da gewesen. Brigitte mit 4 Kindern und Ehemann das erste Mal, das zweite Mal hatte sie noch Martins Mutter dabeigehabt.

Marion war zweimal mit ihrer Tochter da gewesen. Beide hatten zu mir gesagt, wenn Martin mal wieder „spinne", solle ich ihnen Bescheid sagen, sie holten ihn dann schon wieder runter auf den Boden der Tatsachen.

Auch Martins Vater hatte schon mitbekommen, wie Martin sich uns gegenüber verhalten konnte, und riet mir, mir ein dickeres Fell zuzulegen. Nur damit allein war es nicht mehr getan. Martins Mutter hingegen tat immer so, als ginge sie das alles gar nichts an.

In dieser Nacht schrieb ich an diese 4 Personen in einer Nachricht, was vorgefallen war, und dass ich Martin beim besten Willen nicht mehr verstehen könne. Es war ein Hilferuf an alle!!! Ich verstand ihn einfach nicht mehr! Und ich war schlicht und einfach auch fertig mit den Nerven!

Brigitte und der Vater gaben gar keine Antwort, seine Mutter schrieb, warum Luisa keine Schwimmflügel angehabt habe, aber Marion gab so richtig Gas. Sie beschimpfte mich als niederträchtig und gemein und warf mir vor, dass ich schlecht über meinen Mann spreche. Eine Frau müsse sich auch einmal unterordnen können, und auch einmal zu- und abgeben können usw.

Das war die Hilfe, die ich bekam, nämlich keine! Ich war im wahrsten Sinne des Wortes von dieser „Hilfe" geplättet. Von dieser Seite war keine Unterstützung mehr zu erwarten, das hatte ich nun endlich verstanden.

99) DER VORHANG

Ein anderes Mal waren Tanya und Luisa mit mir nach unten in Martins Haus gegangen, weil ich dort etwas holen musste. Wir waren vielleicht 2 Minuten im Haus, da kam Martin herein. Luisa war, wie gesagt, 3 Jahre alt und schaute sich gerade den Vorhang vor dem Bett an. Da sind ganz kleine gelbe Blümchen drauf.

Martin ging an uns vorbei ins Büro und im Vorbeigehen sagte er zu Luisa: „Du, Luisa, der Vorhang ist nicht zum Anfassen gedacht."

Mein Gott, sie hatte sich den Vorhang nur angeschaut. Sie hatte sonst nichts damit gemacht. Sie war ein kleines Kind und hätte diesen Vorhang, der sowieso nur ein billiges Werbegeschenk war, schon nicht kaputtgemacht.

100) MEIN HANDY

Wir aßen, weil wir so viele Personen waren, nun in der Regel immer gemeinsam in einem der Gästehäuser. Dort kochte ich mittlerweile auch für uns alle. Damit Martin in SEINEM Haus die scheinbar für ihn so wichtige ungestörte Rückzugsmöglichkeit hatte.

Ich wollte Luisa ein lustiges Video auf dem Handy zeigen. Dabei rutschte mir leider das Handy aus der Hand und fiel mit der Glasseite auf die Fliesen. Da ich nicht so etwas wie ein Panzerglas darauf hatte, war es leider kaputt. Es war ein billiges gebrauchtes Handy von EBay gewesen.

Als ich später runterging, um Martin zum Essen zu rufen, sagte ich ihm, dass mir mein Handy kaputtgegangen sei, ich brauche ein Neues. Er machte mal wieder einen Aufstand, es war unglaublich. Er wollte genau wissen, wie das passiert sei, und meinte dann noch: „Ja, wenn man einem Kleinkind ein Handy in die Hand gibt, ist man selbst schuld." Er machte mir die größten Vorwürfe.

Mein Resümee:

Das Handy war nicht Luisa, sondern mir aus der Hand gerutscht. Aber er hatte sich seine eigene Theorie zurechtgelegt und die stimmte. Fertig, aus! Da konnte ich sagen, was ich wollte …

101) DER RIESEN NICI

Wir hatten von Bekannten einen riesigen NICI (Kuscheltier) geschenkt bekommen. Den holte ich hervor, und Luisa spielte damit draußen vor unserem Imbisswagen. Bei schönem Wetter aßen wir dort.

Was machte Martin? Er nahm ihr den NICI wortlos ab und brachte ihn wieder in eines der Häuser. Andere Kinder durften damit spielen, wir hatten ihn ja extra für die Kinder in eines der Häuser getan, nur sein eigenes Enkelkind durfte das nicht.

Er war zwar nicht der leibliche Opa, denn das betonte er auch immer wieder, aber er war zu diesem Zeitpunkt der angeheiratete Opa. Und deswegen nicht weniger ein Opa als wie ein leiblicher Opa. Außerdem kennt Luisa ihn schon von Geburt an und liebte ihn immer noch, trotz all seines schlechten Verhaltens ihr gegenüber. Kinder verzeihen viel … doch nicht alles!

Egal, was Luisa machte, ob sie vorsichtig mit einem frisch geschlüpften Küken spielte, bei dessen Geburt sie dabei war, oder sich eines der erwachsenen Zwergseidenhühner schnappte, eines davon war ein richtiges Schmusehuhn, und es vorsichtig mit sich herumtrug … Martin fand immer etwas zum Meckern.

Mein Resümee:

Christian, der quasi seinen ganzen Urlaub mit Diskussionen wegen dieser Gütertrennung mit uns verbracht hatte, musste nachher sogar noch das Essen bezahlen. Denn Christian war auch jemand, der keine vollen Töpfe sehen konnte, genauso wie Martin. Da er öfter die Reste aus den Töpfen kratzte, was bis dahin immer Martin gemacht hatte, warf Martin ihm irgendwann vor, sich immer den Bauch vollgeschlagen zu haben. Christian hatte nur das gemacht, was Martin ansonsten tat ... und das passte Martin überhaupt nicht. Das war sein Part ... die Töpfe auszukratzen.

Außerdem hatte Christian nicht Martins Meinung beigepflichtet bei diesen ganzen Diskussionen und das musste „bestraft" werden. Am Ende kam er auch nicht auf die Insel, aus welchem Grund wohl?!

Martin war die ganzen 6 Wochen dermaßen unfreundlich zu Tanya und Luisa, hatte nie ein freundliches Wort für sie. Ich betone wieder: und das als studierter Doktor der Psychologie, der die Lizenz besaß, Menschen behandeln zu dürfen ...

Ich möchte heute gar nicht wissen, wie er die armen Kinder im Kinderheim behandelte, wenn er innerhalb der Familie schon so ein Scheusal war.

Er beachtete Tanya und Luisa entweder gar nicht oder, wenn er etwas sagte, nörgelte er nur und kritisierte alles, was nicht so funktionierte, wie er sich das vorstellte.

Seine Eifersucht erlaubte es ihm wohl nicht, wenigstens einmal nett zu Luisa zu sein. Tanya war dieses Verhalten ja schon von Kindheit an gewöhnt, leider.

Ich hatte ihn noch vor Ankunft der beiden gebeten, nicht dafür zu sorgen, dass Luisa am Ende noch Angst vor ihm habe. Er hatte es aber mittlerweile geschafft. Luisa hat Angst vor ihm. Für sie ist er mittlerweile nur noch der „Meckeropa". Eigentlich schade, wo man doch so viel von Kindern lernen kann.

102) DIE BADEWANNE

Die Erfahrung, dass von Martins Verwandtschaft keine Hilfe
zu erwarten war, hatte ich ja schon einmal gemacht. Als ich
mich einmal während einer Auseinandersetzung mit Martin,
die wieder einmal einfach nicht enden wollte, im Bad einschloss,
kam er und drohte mir, die Tür aus den Angeln zu schrauben.
Es sei denn, ich mache die Tür freiwillig auf. Er gab einfach
nicht nach, konnte mich nicht in Ruhe lassen, fand einfach
keinen Punkt in seiner Raserei. Letzten Endes schloss ich die
Tür dann auf. Ich wollte an ihm vorbei aus dem Bad gehen,
aber er stritt weiter.

Er gab mir einen dermaßen gewaltigen Stoß zurück ins Bad, dass ich rückwärts ins Bad hineinstolperte und beim Hinfallen etwa 10 cm unterhalb des Genicks voller Wucht gegen den Badewannenrand knallte. Mir blieb im wahrsten Sinne des Wortes erstmal die Luft weg. Danach saß ich mindestens 5 Minuten nur am Boden und schnappte nach Luft. Er schaute mir nur wortlos zu. Danach wollte er mir aufhelfen, doch ich wehrte ihn nur noch ab. Am liebsten wäre ich ganz weit weggelaufen …

Später wurde mir dann bewusst, dass, wäre ich einen Schritt früher, einen einzigen Schritt vorher, zu Boden gegangen, dann hätte ich mir mit aller Wahrscheinlichkeit das Genick gebrochen, so fest war ich gegen diesen Badewannenrand geprallt. Es hatte wahrlich nicht viel gefehlt.

Auch da hatte ich Brigitte um Hilfe gebeten und es war keine Antwort gekommen. Nichts, gar nichts war gekommen. Null Reaktion …
Ich hätte es eigentlich wissen müssen. Ein drittes Mal würde ich keinen von dieser Familie mehr um Hilfe bitten. Das stand fest. Da würde ich lieber die Scheidung einreichen.

103) TOURISTEN SPRACHEN MICH AN, 2017

Mitten im Sommer, als alle Häuser mit Touristen gefüllt waren, fauchte Martin mich auch einmal auf offener Straße wegen irgendeiner Nichtigkeit an. Und das wohl mehrfach, während eine Psychologin mit ihrer Familie in einem unserer Häuser Urlaub machte.

Am Tag ihrer Abreise, ich verabschiedete mich immer von den Touristen und wartete gegebenenfalls auch mit ihnen auf das Taxi, sprach sie mich an. Sie zog mich auf die Seite und sagte zu mir: *„Rosemarie, du bist so eine großartige Frau, du machst so viel, du kannst so viel … wieso lässt du dich von deinem Mann so behan-*

deln? Denk da mal darüber nach. Tu etwas für dich. Das ist mein Rat
an dich. Du bist viel stärker, als du glaubst."

Mir stiegen die Tränen in die Augen. Dann kam das Taxi, sie umarmte mich ein letztes Mal, zwinkerte mir noch zu und stieg ins Taxi. Ich glaube, das war der endgültige Wendepunkt, an dem ich immer mehr zu der Überzeugung kam, dass ich mein Leben wieder selbst in die Hand nehmen wollte und musste. Ich ließ mir von da an immer weniger gefallen. Es gab noch öfter Streit, weil ich nicht mehr immer alles so machte, wie Martin es sich vorstellte. Außerdem hatte ich bisher schon viele Hörbücher über psychische Erkrankungen gehört, und einiges über Narzissmus gelesen.

104) STEPHAN UND DANIELA

Sie waren ein Pärchen, schon älter, Daniela war Köchin, und Stephan Goldschmied von Beruf. Sie suchten auf der Insel ein ruhiges Plätzchen, um ihren Lebensabend genießen zu können.

Da Martin aber bestimmte Vorstellungen davon hatte, wie so ein Zusammenleben in einer Kommune von mehreren älteren Leuten aussehen sollte, schreckte er viele, die sich dafür interessierten, mit seinen „Regeln" ab, sich darauf einzulassen.

Er hatte bestimmte Vorstellungen davon und wer neu hinzukommen wollte, hatte sich seinen Vorstellungen unterzuordnen. So auch Stephan und Daniela. Wir waren im Moment zu viert. Martin, Josef, Tanya und ich. Martin schwebte vor, die Häuser als Altersruhesitz für Interessierte anzubieten.

Als Daniela und Stephan ein zweites Mal kamen, sagte Stephan zu mir, als Martin kurz weg war, er habe, was Martin angehe, ein schlechtes Bauchgefühl und bisher habe er damit immer Recht gehabt. Sie suchten sich lieber ein anderes Haus. Als ich ihm erzählte, dass wir schon über Scheidung nachdachten, bestätigte das sein Bauchgefühl. Eine Kommune hatte hier keine Zukunft mehr.

105) SCHUBLADE MIT PERLEN

Einmal bekamen wir uns über dieses Gütertrennungsthema derart in die Haare, dass Martin zu meinem Schreibtisch gestürzt kam, an dem ich gerade arbeitete, und aus dem Schubladenschränkchen unter meinem Schreibtisch sämtliche Schubladen herausriss und den Inhalt auf dem Boden ausschüttete. Meine ganzen Perlen und das ganze Kleinzeug, was ich zum Basteln brauchte, alles lag durcheinander und verstreut auf dem ganzen Wohnzimmerboden.

Ich wurde so sauer darüber, dass ich zu seinem Schreibtisch ging und auch eine Schublade herauszog und ausleerte ... leider waren dort nur Kugelschreiber drinnen.

Ich brauchte Stunden, bis ich all meine Bastelsachen und Perlen wieder aufgeräumt hatte.

Mein Resümee:

In dem Moment, wo ich seine Schublade auskippte, wurde mir klar, dass sich gerade in diesem Moment unsere beiden kleinen Kinder stritten.

Er hatte mit dem Auskippen aller meiner Schubladen in meinem Bastelschränkchen doch tatsächlich mein kleines, inneres Kind getriggert/hervorgerufen. Deshalb beließ ich es dann auch bei nur einer Schublade.

Mir war in diesem Augenblick etwas klar geworden, aber er tobte immer noch herum. Ich versuchte ihm das mit unseren inneren kleinen Kindern zu erklären, doch er fand mal wieder keinen Punkt.

106) OTTO UND SABRINA

Otto und Sabrina sind ein Schweizer Pärchen. Er ist ein Anwalt und kaufte auf der Insel ein Haus. Otto und Sabrina besuchten uns eines Tages überraschend, als sie mal wieder auf der Insel waren.

Wir saßen zusammen an einem Tisch, in einem der Gästehäuser und tranken etwas ... die Sprache kam – wie sollte es auch anders sein – auf die Gütertrennung, die Martin immer noch von mir wollte.

Weil er ja viel mehr Geld in den Aufbau der Häuser gesteckt habe als ich. Er wollte partout verhindern, dass meine „bösen" Kinder nur einen Cent von ihm erbten. Lieber spende er alles, was er besaß, irgendeiner Organisation. Am liebsten meinen Anteil auch. Da war ich entschieden dagegen. Ich wollte, wenn ich es nicht selbst verbrauchte, meinen Kindern schon etwas vererben können. Mit seinem Anteil konnte er machen, was er wollte, aber nicht mit meinem.

Zwischenzeitlich hatte ich ihm sogar einen Vorschlag gemacht, er solle mir 70.000 € auszahlen und seine Wohnung in Rheinland-Pfalz endlich Tanya überschreiben, denn mündlich geschenkt habe er sie ihr ja schon vor vielen Jahren. Und ich wollte ein Haus auf der Insel behalten. Dann würde ich die Insel verlassen und alles andere ihm gehören. Ich hatte allein 85.000 € an Bargeld auf meinen Konten und durch den Verkauf meiner Eigentumswohnung in Rheinland-Pfalz mit in diese Ehe gebracht. Ganz abgesehen von meinem Auto und ganzen Hausstand. Ein echter Perserteppich im Wert von 7.000 € war auch noch dabei. Mittlerweile lebten wir seit 10 Jahren auf dieser Insel und ich hatte in der Zeit alles andere als nur „Däumchen gedreht". Doch seine Antwort darauf war leider, wenn er mir 70.000 € geben würde, die Rheinland-Pfälzer Wohnung und das Haus auf der Insel, würde ich mich an ihm nur bereichern. Schließlich habe ich in den ersten 5 Jahren auf der Insel komplett auf seine Kosten gelebt. Erst danach hätten wir die Häuser im Tourismus gehabt und gemeinsames Geld verdient.

Von dem gemeinsamen Geld bekam ich aber nie etwas ab, noch nicht einmal in Form von Taschengeld. Es wurden weitere 2 Ruinen davon gekauft. Er wollte immer weiterbauen. Es war wie eine Sucht. Das Instandhalten der Häuser, die wir schon hatten, interessierte ihn weniger. Nur, wenn er etwas neu aufbaute, sah man, vor allem sahen die anderen Dorfbewohner und Touristen, was er alles leistete. Nur irgendwann machte ich dieses Spiel nicht mehr mit. Ich weigerte mich, dem Kauf von weiteren Ruinen zuzustimmen. Wir hatten da immer noch 2 Ruinen, die aufgebaut werden mussten.

Dass ich auch Geld mit in die Ehe gebracht hatte, fiel wie immer unter den Tisch. Maluka habe doch alles gefressen! Die Grundstücke, die wir für Maluka gekauft hatten, wurden auch von den Ziegen abgeweidet und den Käse, den ich aus der Milch der Ziegen machte, aß er sehr gerne. Ganz zu schweigen vom selbst angebauten Gemüse. Also musste noch Geld von mir da sein und er konnte nicht einfach behaupten, dass ich die ersten 5 Jahre komplett auf seine Kosten gelebt hätte. Unverschämtheit!

So gingen die Diskussionen weiter. Denn auf alles verzichten wollte ich auch nicht. Schließlich steckte meine 10-jährige Arbeit auch in diesen Häusern auf der Insel fest.

Jetzt war Ottos Rat als Anwalt gefragt. Otto sagte zu Martins Leidwesen, dass er die Arbeit eines jeden von uns als gleichwertig ansehe. Und da wir die letzten 10 Jahre in Gütergemeinschaft gelebt hätten, so sei er als Anwalt der Meinung, dass jedem von uns die Hälfte zustehe. Das sei nun mal das Gesetz. Daraufhin meinte Martin, dass er halt so blöd gewesen sei, eine Frau zu heiraten, die 3 Kinder habe. Er habe die Frau geheiratet, nicht die Kinder dazu.

Sabrina, deren Sohn mit 19 Jahren bei einem Autounfall ums Leben kam, sagte daraufhin, dass die Kinder nun mal ein Leben lang zu einer Frau gehören. „Damit wirst du leben müssen. Außerdem wusstest du doch von Anfang an, dass Rosemarie Kinder hat ..."

Die Diskussion ging weiter und da Martin seine Meinung so vehement vertrat, dass seine Arbeit wertvoller sei und mir im Grunde nichts zustünde, stand Sabrina abrupt auf, hielt Martin den Stinkefinger regelrecht ins Gesicht und sagte voller Inbrunst empört: „Ich habe noch nie in meinem ganzen Leben einen solchen emotionalen Krüppel wie dich kennen gelernt. Wie du mit deiner Frau umgehst ... unglaublich. Du solltest dich schämen. Mit so jemandem kann und will ich nicht länger an einem Tisch sitzen." Sie verabschiedete sich von mir und verließ das Haus. Otto, der mittlerweile auch aufgestanden war, sagte noch zu Martin: „Da ist nichts mehr hinzuzufügen, ich muss Sabrina leider Recht geben ..."

Er verabschiedete sich auch nur von mir und ging seiner Frau hinterher. Martin saß mit versteinertem Gesicht am Tisch und stierte danach nur vor sich hin. Er ließ keinerlei Reaktion erkennen.

Mein Resümee:

Es hatte ihn getroffen, dass ausgerechnet Otto und Sabrina so reagiert hatten. Mit Otto hatte er sich bisher immer sehr gut unterhalten können, aber an diesem Punkt schieden sich die Geister. Insgesamt quälte Martin mich mit diesem Thema der Gütertrennung 1 ½ Jahre.

Irgendwann gingen wir dann zum zuständigen Amt und erkundigten uns, wie und ob das mit der Gütertrennung funktionieren könne. Wir hatten in Portugal geheiratet, also galt das portugiesische Recht.

In Portugal ist das so: Wenn man bei der Eheschließung nichts anderes vereinbart, hat man automatisch die Gütergemeinschaft. Es sei denn, man besteht bei der Eheschließung schon auf Gütertrennung. Während einer aufrechten Ehe kann der Güterstand nicht geändert werden. Dazu muss man sich leider scheiden lassen.

Als die Dame uns das so erklärte, sagte Martin ganz locker mit einem Grinsen im Gesicht: „Na ja, dann lassen wir uns halt scheiden und heiraten dann wieder." Da zeigte ich ihm den Vogel und erwiderte: „Du glaubst doch wohl nicht, dass ich diesen Fehler ein zweites Mal machen werde? Wenn schon Scheidung, dann aber richtig." Nochmal heiraten, diesen Mann, nein, danke … das sagte ich ihm auch so.

Da er sich auf aber auf einmal auf keinen Fall scheiden lassen wollte, was mich nun wieder wunderte, ruhte das Thema eine Weile. Meine Papiere hatte ich aber alle schon zusammengesucht, als wir uns erkundigt hatten. Sie lagen jederzeit griffbereit neben meinem Schreibtisch.

107) ALZHEIMER

Ich hatte ein paar Wochen vorher erfahren, dass meine Schwester Babs an Alzheimer erkrankt war. Sie war erst 59 Jahre alt. Mein Schwager sagte, dass sie die aggressivste Form von Alzheimer habe. Das war sehr schlimm, besonders für die beiden.

Wir saßen gerade beim Frühstück, ich hatte wieder irgendetwas vergessen zu erledigen, und Martin sagte auf einmal zu mir, er mache sich ernsthaft Sorgen um mich. So allmählich bekomme er den Verdacht, dass ich auch an Alzheimer erkrankt sei, da ich so vergesslich geworden sei. Ich hatte zweimal den Herd vergessen auszumachen, das war der Grund. Zum einen war der Herd beide Male auf der niedrigsten Stufe eingestellt gewesen, weil ich das Essen nur noch warmhielt, bevor ich es hochtrug, und zum anderen vergisst man schon einmal etwas, wenn man ständig psychischem Disstress ausgesetzt ist. Dazu kam es dann letztendlich nur stress bedingt. Aber das ist noch lange kein Alzheimer.

Es ist sogar nachgewiesen, dass dauerhafter psychischer Disstress vergesslich macht, da man sich im Dauerstress befindet. Und das tat ich seit Jahren, weil ich nie wusste, wann geht Martin das nächste Mal in die Luft und schreit wieder sinnlos herum. Ich ging teilweise wie auf Eierschalen, nur um ihn bloß nicht zu provozieren. Er war unberechenbar in seinen extremen Wutanfällen.

Mein Resümee:

Jetzt versuchte er mir doch tatsächlich noch einzureden, dass ich Alzheimer hätte. Das wäre super für ihn. Dann könnte er mich entmündigen lassen und hätte mich somit ganz unter seiner Kontrolle. Er erwähnte dann auch tatsächlich öfter, dass er sich darüber Sorgen machen würde. Ich ließ mich aber nicht einschüchtern. Ich wusste ganz bestimmt, dass ich kein Alzheimer hatte, dass es nur an dem Stress lag, den er verursachte, wenn ich einmal etwas vergaß. Es lag schlicht und ergreifend an seinem Verhalten mir gegenüber.

Emotionaler und verbaler Missbrauch geschieht oftmals aus dem Nichts heraus, und zeigt sich durch unermessliche Wutanfälle, oder durch Beleidigungen. Meist erfolgt sie laut, vorwurfsvoll und beschuldigend. Kann aber genauso unterschwellig und versteckt geschehen, was zusätzlich verwirrend für den Betroffenen sein kann, der nichts falsch gemacht hat. Das alles geschieht, um den Betroffenen zu beherrschen, ihn klein und unsicher zu machen.

108) JOSEF UND DIE WASCHMASCHINE

Josef, unser Angestellter, wohnte eine Zeitlang in einem unserer kleinen Häuser und konnte auch seine Wäsche bei uns in der Rezeption waschen. Eines Tages leckte die Waschmaschine.

Martin baute sie auseinander und fand eine Schraube, die das Leck im Abwasserschlauch der Waschmaschine verursacht hatte.

Er ließ Josef kommen und schrie ihn gleich an, dass er das Leck in der Waschmaschine verursacht habe. Er solle gefälligst in allen Hosentaschen nachschauen, bevor er die Kleidung in die Waschmaschine tue.

Warum er ausgerechnet Josef beschuldigte, die Schraube mit gewaschen zu haben, weiß ich bis heute nicht. Tanya R. wusch ihre Kleidung in dieser Maschine, und auch die Touristen konnten ihre Wäsche dort waschen. Außerdem wurde die Bettwäsche der Touristen in dieser Maschine gewaschen, und wenn noch Platz in der Maschine war, tat Martin seine eigene Wäsche hinein.

Es konnte jedem von uns passiert sein. Er brauchte nur mal wieder jemanden, den er anschreien konnte. Und Josef konnte sich am wenigsten wehren wegen der bestehenden Sprachprobleme.

109) JOSEFS KATZE

Eines Tages nach dem Melken der Ziegen ging ich über unsere Grundstücke zurück zum Haus und hörte ein klägliches Miauen. Ich ging dem Geräusch nach und fand ein etwa 2 Wochen altes Kätzchen, ein Katerchen, allein im hohen Gras liegen. Die Augen waren total verklebt, er konnte sie allein gar nicht mehr öffnen, und die Fliegen hatten schon ihre Eier im Fell des kleinen Kerlchens abgelegt.

Ich hob ihn auf, untersuchte ihn, ob er sonst irgendwelche Verletzungen hatte. Alles andere schien in Ordnung zu sein. Dann nahm ich ihn mit ins Haus, wo ich mit Alkohol erst mal die ganzen Fliegeneier entfernte. Mit Silberwasser reinigte ich vorsichtig seine Äuglein. Er konnte wieder sehen. Ich habe für solche „Notfälle" immer eine kleine Milchflasche für Tiere in meinem Medizinschrank. Die befüllte ich mit Ziegenmilch und fütterte den armen Kerl erst einmal. Er war total ausgehungert.

Als ich ihn zum Abendessen mit zum Imbisswagen brachte, meckerte Martin als Erstes wieder mit mir, warum ich den Kater nicht einfach liegengelassen habe. Das lege doch in der Sache der Natur. Wir hätten schon genug Katzen.

Ich kann das aber nicht, wenn ein Geschöpf meine Hilfe braucht und ich helfen kann, dann mache ich das auch.

Tanya R. erklärte sich bereit, den Kleinen nachts zu füttern, damit Martin nicht in seiner Nachtruhe gestört wurde. Ich versorgte den kleinen Kerl tagsüber.

Josefs Katze war vor kurzem erst von einem Hund tot gebissen worden und ich fragte ihn, ob er, wenn wir den Kleinen durchbekämen, den kleinen Kater zu sich nehmen wolle. Ich gab ihm den kleinen Kater mit der Flasche, damit er ihn fütterte. Es war so rührend, wie dieser Mann den kleinen Kater mit Ziegenmilch fütterte. Ich sagte ihm, er solle sich einen Namen für den Kater aussuchen. Tage später kam er zu mir und meinte, ob ich mit dem Namen „BEMFICA" einverstanden sei. Bemfica war seine Lieblingsfußballmannschaft in Portugal. Klar doch, wenn er wollte, es war sein Kater, er konnte ihn nennen, wie er wollte.

Bemfica wuchs und gedieh und als er groß genug war, zog er bei Josef ins Haus ein. Ich gab ihm noch ein kleines Katzenklo und Katzenstreu und die zwei waren glücklich miteinander.

110) TANYA R. UND JOSEF

Tanya und Josef verstanden sich trotz der Sprachprobleme so gut, dass sie tatsächlich heirateten. Josef zog zu Tanya ins Haus und mit ihm Bemfica. Das Haus, in dem er bisher gewohnt hatte, wollten wir nun wieder dem Tourismus zukommen lassen. Die beiden sind heute noch glücklich zusammen, obwohl sie nur gebrochen Portugiesisch spricht, und er kein Englisch. Daran sieht man, dass Worte nicht unbedingt notwendig sind, um eine liebevolle Beziehung zu führen.

111) DAS KLEINSTE GÄSTEHAUS

Jetzt stand das Haus, in dem Josef fast 2 Jahre gewohnt hatte, leer und wir wollten es wieder für den Tourismus fit machen.

Dabei stellte sich heraus, dass die Toilette verstopft war. Martin untersuchte das und fand heraus, dass Josef wohl die Katzenhäufchen in der Toilette entsorgt hatte. Das sich daran befindliche Katzenstreu hatte leider das Rohr verstopft. Er ging komplett in die Luft. Josef musste ihm dabei helfen, das Rohr zu erneuern. Ich denke, man hörte Martin durch das ganze Dorf mit Josef brüllen. Das ging stundenlang.

Manchmal fragte ich mich, was die Portugiesen so von Martin dachten, wenn sie ihn so brüllen hörten. Wenn Josef abends im kleinen Café im Ort etwas trinken ging, erzählte er sicherlich, was bei uns vorgefallen war. In einer deutschen Großstadt hätte er sich das nicht erlauben können, ohne dass die Polizei vor der Tür gestanden hätte. Seine Wutanfälle waren einfach unglaublich.

Mein Resümee:

Es war halt passiert. Ich hätte Josef sagen müssen, dass er die Häufchen der Katze nicht in der Toilette entsorgen darf. Es war mein Fehler gewesen. Josef ist ein ganz einfacher Mann, er ging nur bis zur 4. Klasse in die Schule. Danach wurde er zuhause gebraucht. Seine Eltern waren einfache Bauern gewesen und später wurde er Bauarbeiter.

Durch das Brüllen von Martin ging die Arbeit auch nicht schneller voran oder gar besser. Woher sollte Josef das wissen mit der Katzenstreu ...

Als wir damals auf die Insel auswanderten, gab es so etwas wie Katzenstreu noch nicht auf der Insel. Da gab es noch nicht einmal Straßenschilder auf den Straßen. Das hat sich erst in den kommenden Jahren entwickelt. Zum einen durch die Zuwendungen der EU, den dadurch entstandenen Supermärkten, die dafür sorgten, dass die kleinen idyllischen Läden alle verschwanden ... und zum anderen durch den Tourismus, der sich gerade entwickelte.

Josef hat bis heute noch nicht mal ein Bankkonto, weil er gar nicht wüsste, was er damit machen sollte. Sein Gehalt bekam er von jedem seiner Arbeitgeber immer bar ausgezahlt.

Ich weiß, wer in Deutschland oder Österreich aufgewachsen ist, kann sich das gar nicht vorstellen. Aber die kleinen Inseln mitten im Meer, und diese Insel ist eine von den kleinen, hinkten bis vor ein paar Jahren in der Entwicklung etwa 30 Jahre hinterher. Daher ist das Leben dort so angenehm, wenn man nicht gerade einem Psychopaten ausgeliefert ist! Es gibt vielleicht seit 20 Jahren erst ein Schiff, welches diese Inseln regelmäßig mit Lebensmitteln versorgt. Vorher bauten die Leute dort alles, was sie zum Leben brauchten, selbst an. Das milde Klima dort erlaubt es, dass man ganzjährig Gemüse anbauen kann. Geschlachtet wurde bis vor etwa 6 Jahren noch auf offener Straße. Die Schweine wurden noch geschächtet/abgestochen. Für Rinder gab es schon ein Schlachthaus. Wenn ein Bauer Schlachttag hatte, und es wurde ein Schwein geschlachtet, kam das halbe Dorf zusammen und alle halfen mit. Wir wohnten in dem Ort relativ weit oben und hörten immer, welcher Bauer gerade Schlachttag hatte. Mittlerweile, seit etwa 4 Jahren, müssen die Schweine mit einem Schussbolzen getötet werden, welchen man sich bei der Bürgermeisterei ausleihen kann.

Die Entwicklung hat dort in den letzten Jahren Riesenschritte gemacht, was nicht unbedingt zum Vorteil der Inseln ist. Denn die Leute, die Einheimischen, kommen in ihrer Entwicklung nicht hinterher. Zumindest nicht die Älteren ...

Aber Josef hat ein gutes Herz! In so einer Situation wie dieser hat Martin sich einfach nicht mehr unter Kontrolle. Er wurde rasend wütend und schrie jeden an, der ihm in den Weg kam.

112) TANYAS 30. GEBURTSTAG, 2018

Als Tanya 30 Jahre alt wurde, flog ich zu ihrer Überraschung nach Deutschland. Dario war eingeweiht und kam, um mich am Flughafen abzuholen. Die Freude von Tanya war riesig. Die Überraschung war gelungen. Ich übernachtete in Martins Wohnung. Den ganzen Abend war ich bei Tanya und Dario und rauchte mit Dario auch die eine oder andere Zigarette. Ich kann das ganz gut, ich bin ein sogenannter Gelegenheitsraucher. Mit Tanya R. und Josef rauchte ich auch manchmal. Martin merkte nie etwas, zumindest sagte er nie etwas. Denn, wenn er es gemerkt hätte, wäre ich zumindest wieder ausgeschimpft worden.

Als ich dann so gegen 24 Uhr in Martins Wohnung ging, das Licht anmachte und noch etwas trinken wollte, kam aus dem Bett Martins Stimme: „Willst du nicht ins Bett kommen?" Damit hatte ich nicht gerechnet. Er sollte doch auf der Insel sein. Auch Tanya R. hatte mich nicht gewarnt, dass er kommen würde. Das hätte sie sicher getan, wenn sie es gewusst hätte, dass er zu Tanyas Geburtstag kommen wollte. Ich erschrak mich total, ich hatte gerade noch eine letzte Zigarette mit Dario geraucht und keine Zeit zum Zähne putzen mehr. Ich fühlte mich voll ertappt. Martin kam freudestrahlend aus dem Bett, wollte mich küssen und bemerkte den Geruch ... jetzt wurde er total sauer.

Sex wollte er trotzdem, das war ja auch das andere Ende von mir. Seine Sexsucht war immer schon ein Thema zwischen uns gewesen. Es konnte mir schlecht gehen, dass interessierte ihn nicht. Am liebsten wollte er jeden Tag Sex. Außer in den Zeiten, wo wir getrennt waren. Wenn ich mal keine Lust darauf hatte, kamen solche Sprüche wie: „Jetzt weiß ich, was ich dir wert bin ...!" Einfach mal nur zu kuscheln funktionierte bei ihm nie.

Aber zurück zu Tanyas Geburtstag. Sie hatte sich gewünscht, an diesem Tag mit uns allen auf einen Wasserspielplatz zu gehen. Sie war im 5. Monat schwanger mit dem zweiten Baby. Sie war sehr überrascht, als ich am nächsten Morgen mit Martin zusammen bei ihr ankam, freute sich aber sehr darüber, dass er gekommen war. Dann fuhren wir zum Wasserspielplatz.

Dario hatte sich auch die Zeit genommen und fuhr mit uns. Ich weiß gar nicht mehr, ob es sogar ein Wochenende war oder ob Tanya an einem Wochentag Geburtstag hatte. Viel Betrieb war jedenfalls nicht auf diesem Wasserspielplatz. Es war ein richtiger kleiner Familienausflug.

Dort angekommen, setzte sich Martin etwa 10 m entfernt von uns anderen unter einen Baum und spielte mit dem Handy. Er schmollte, da ich die ganze Nacht nach Rauch gerochen habe, wie er sagte. Er saß dort stundenlang unter dem Baum, wollte auch nichts trinken, als wir uns am Kiosk einen Kaffee holten. Er wollte nichts, er schmollte einfach nur. Wie ein kleines Kind ...

Als wir später zu einer anderen Stelle des Spielplatzes gingen, folgte er uns notgedrungen. Dario fuhr mit Luisa eine Runde mit einem kleinen Bummelzug rund um den Spielplatz.

Die männliche Verstärkung (Dario) war weg und los ging es. Martin fing lautstark an zu streiten. Das ging bestimmt eine Stunde lang. Dann fuhren wir wieder nach Hause. Nur um Tanya ihren Geburtstag zu vermiesen, hätte er nicht mitkommen müssen. Wir hätten alle mehr Spaß an diesem Tag gehabt. Da er aber schmollend unter dem Baum saß, war die Stimmung ziemlich gedrückt.

Er war unabhängig von mir nach Österreich geflogen, weil seine Mutter zwei Tage vor Tanya ihren 70. Geburtstag gefeiert hatte. Er war mit dem Zug weitergefahren, um Tanya zu überraschen. An und für sich war das eine gute Idee. Das, was daraus wurde, war weniger schön. Und dass nur, weil ich mal geraucht hatte.

Mein Resümee:

Weil ich geraucht hatte, reagierte er so ungehalten. Aber dass er den ganzen Tag nur schmollte und zum Schluss hin einen Streit vom Zaun brach, das hätte er sich sparen können. Alles in allem versaute er durch seine Schmollerei und weil er sich nicht integrierte, Tanyas Geburtstag versaut. Welcher Opa verkrümelt sich stundenlang unter einen Baum und schaut nur ins Handy, anstatt sich mal wenigstens eine halbe Stunde ums Enkelkind zu kümmern. Er schließt sich im Grunde immer selbst aus und stellt sich im Endeffekt noch als Opfer dar. Es sind immer die anderen schuld.

113) MEINE ZÄHNE

Leider hatte ich die schlechten Zähne meines Vaters geerbt und von Kindheit an Probleme. Teilweise auch bedingt durch einen alten Zahnarzt, der, als ich zu ihm in Behandlung kam, schon weit über 70 Jahre alt war. Zu ihm schickten meine Eltern mich mit 14 Jahren und er verpasste mir eine Zahnklammer. Diese zog er bei jeder Behandlung so fest an, dass ich sie fast nie zum Zähneputzen herausbekam. Demnach bildete sich an den Stellen, wo die Zahnklammer die Zähne berührte, mit der Zeit Karies.

Der Zahnarzt behandelte diese Karies aber nicht, er sagte immer nur „das machen wir das nächste Mal" und zog die Klammer wieder fester an. Das wurde alle 2 Wochen wiederholt, bis ich solche Zahnschmerzen hatte und mich nicht mehr traute, zu ihm zu gehen, weil die Zahnschmerzen nach dem Festziehen der Zahnklammer unerträglich wurden. Mit meinen Eltern hätte ich zu diesem Zeitpunkt auch nicht darüber reden können, die hätten mir sowieso nicht geglaubt.

Eines Tages musste mein Vater zu diesem Zahnarzt und ich dachte, oh weh, jetzt kommt alles raus. Als er aber wieder nach Hause kam, schimpfte er über diesen Zahnarzt, denn mein Vater hatte eine Wurzelbehandlung gemacht bekommen und die gesetzte Spritze nicht wirken wollen. Der Zahnarzt sagte zu ihm: „Ein richtiger Soldat muss Schmerz ertragen können." Dann behandelte er den Zahn dann ohne Narkose.

Darüber war mein Vater so erbost, dass ich da erst den Mut fand und ihm beichtete, schon seit einigen Wochen nicht mehr hingegangen zu sein, da dieser Zahnarzt die Karies nicht behandle, sondern immer nur die Klammer fester zöge und ich dadurch aber furchtbare Schmerzen hätte. Nach dieser Beichte durfte ich, bedingt durch seine eigene Erfahrung den Zahnarzt wechseln.

In der Nachbarschaft hatte eine neue Zahnarztpraxis eröffnet und ich ging dorthin. Als dieser meine Zähne sah, nachdem er die Klammer entfernt hatte, schlug er die „Hände über dem Kopf zusammen".

Alleine das Entfernen der Zahnspange tat mir so weh, dass ich nur schrie. Der Zahnarzt hob mich von dem Zahnarztstuhl herunter, ich war damals nur Haut und Knochen, stellte mich vor ihn hin und schaute mich ganz ernst an. Dann sagte er: „Mädchen, du hast zwei Möglichkeiten, entweder du machst nichts, dann fallen dir alle Zähne aus und die Karies verursacht dir höllische Schmerzen, oder du lässt mich deine Zähne behandeln und wir schauen, was wir noch retten können." Mittlerweile war ich fast 16 Jahre alt. Er sagte noch: „Jetzt gehst du erst mal nach Hause und denkst darüber nach." Da ich nun, wo die Klammer weg war, bei jedem Luftholen Schmerzen hatte, fiel mir die Entscheidung leicht.

Ich ließ mich behandeln und mit 18 Jahren bekam ich die ersten Porzellankronen. Mit 40 Jahren hatte ich nur noch einen nicht überkronten Zahn. Nach dem Tod meiner Mutter hatte ich etwas Geld geerbt und 15.000 € hatte ich für den Erhalt meiner Zähne zurückgelegt. Da wollte ich auch nicht für etwas Anderes drangehen.

Als wir dann 2007 auf die Insel auswanderten, war ich 47 Jahre alt. Nach und nach kauften wir eine Ruine nach der anderen und Martin baute sie wieder auf. Das kostete natürlich auch Geld. Eines Tages fragte er mich, ob wir dieses Geld, was ich für meine Zähne zurückbehalten hatte, nicht auch zum Aufbau der Häuser verwenden könnten. Das Konto könne man ja später wieder auffüllen. Es war mein letztes mir verfügbares Geld, denn wir hatten vom Geld, welches ich mitgebracht hatte und das Geld, was ich für den Verkauf meiner Wohnung bekommen hatte, schon Grundstücke für Maluka und die Ziegen gekauft. Das waren etwa 30.000 €. Und der Rest meines Gelds war sowieso schon für den Aufbau der Häuser verwendet worden, besser gesagt, seiner späteren Meinung nach habe Maluka es gefressen.

Nach einigem Hin und Her stimmte ich unter der Bedingung zu, dass mein Konto nach und nach wieder aufgefüllt werden sollte. Soweit kam es aber nie.

Als Martin dann später immer öfter und intensiver mit dem Wunsch kam, eine Gütertrennung durchzuführen und meine beiden Frontzähne schon seit Jahren vorne abgesplittert waren, seitdem wir den Container mit Tanyas und Dario Sachen gepackt hatten und mir die Bretter ins Gesicht gefallen waren, ging ich auf der Insel zum Zahnarzt und ließ mir einen Kostenvoranschlag machen für Implantate und ein oberes Gebiss. Die Porzellankronen mussten sowieso bald neu gemacht werden, da die Zahnhälse teilweise schon frei lagen. Also ließ ich mir die Zähne machen, was 11.000 € kostete. Das Geld dafür ging von unserem gemeinsamen portugiesischen Konto ab.

Mein Resümee:

Es gab auch da unzählige Diskussionen darüber, ob die Sanierung meiner Zähne notwendig sei, aber ich erinnerte ihn daran, dass mein Geld, welches ich für den Erhalt meine Zähne auf die Seite gelegt hatte, für den Aufbau der Häuser verbraucht worden war. So bekam ich vor der Scheidung wenigstens noch oben neue Zähne. Denn mein „Zahnkonto" wurde nie wieder aufgefüllt.

Später, nach der Scheidung, machte Martin mir Vorwürfe darüber, dass ich meine Zähne vom gemeinsamen portugiesischen Konto habe machen lassen.

Martin hatte immer alles unter Kontrolle, auch meine Konten. Erst nach der Scheidung hatte ich wieder Zugriff auf darauf und behalte diesen seitdem für mich.

114) SEIN BRIEF

Eines Tages kam er dann mit einem Brief zu mir, den ich im Falle der Scheidung unterschreiben sollte. Hier die Abschrift des Originals:

Mir ist bewusst und ich wurde eingehend informiert, dass die Forderungen, welche ich an meinen Mann gestellt habe, um der Gütertrennung zuzustimmen, bedeuten, dass ich einen monatlichen Wertzuwachs von über 1.200 € über den gesamten Zeitraum unserer Ehe für mich allein beanspruche. Dieser Betrag ist als Nettobetrag anzusehen und heißt, dass ich davon ausgehe, dass seit Abschluss unserer Ehe der monatliche Wertzuwachs (wenn er denn beiden Ehepartnern zustehen soll) im Schnitt mehr als das Fünffache dessen betragen haben soll, bevor ich die Ehe mit meinem derzeitigen Mann eingegangen bin.
Mir ist auch bewusst, dass dieser Betrag nach ABZUG sämtlicher Lebenshaltungskosten in den vergangenen 10 Jahren nicht erzielt wurde. Mir ist bewusst, dass diese Forderungen nur dann zu erfüllen sind, wenn mein Ehemann auf Kapital zurückgreift, welches er vor unserer gemeinsamen Ehe erworben hatte.

Trotz dieser Tatsache bestehe ich auf Erfüllung dieser Forderungen, da ich mich bis zum Zeitpunkt des Erwerbs meiner Rente abgesichert sehen möchte.

Mein Mann hat mich davon informiert, dass diese Forderungen weit über dem liegen, was im Sinne einer gerechten, gleichwertigen Gütertrennung zu erwarten ist.

Ich bestehe auf Erfüllung dieser Forderungen, bin mir aber auch bewusst, dass mit Erfüllung dieser sämtliche weitergehenden Ansprüche auf Dauer ausgeschlossen sind. Ich bin mir bewusst, dass mein Ehemann in diesem Falle sich vorbehält, seine eigenen Wege zu gehen, und dass ich sämtliche Pflichten, die wir im Zuge unserer Ehe gegenüber Dritter auf der Insel eingegangen sind, vorbehaltlos übernehme. Dies gilt insbesondere gegenüber meinen Mitarbeitern Josef und Vera sowie den Personen, die sich bis dahin dem Alterswohnen im „Dorf der Träume" angeschlossen haben. Ebenso gilt dies für sämtliche Verpflichtungen, die sich aus dem Besitz der Wohnung in Rheinland-Pfalz ergeben (Hausverwaltung, Sonderumlagen, Grundsteuer, Strom).

Sämtliche steuerlichen Pflichten sowie die Tätigkeiten, die bisher mein Ehemann unentgeltlich erledigt hatte (Aufbau und Betreuung der Anlage, Vermietungstätigkeit, Akquise, Kundenkontakte, Buchungswesen, steuerliche Meldungen, Statistikmeldungen, Sozialversicherungsmeldungen, Hausmeisterwesen, Reparaturen sowie die Tätigkeit in Salzburg) gehen mit Erfüllung dieser Forderungen in mein Aufgabengebiet über. Mir ist bewusst, dass mein Ehemann dann für diese Belange nicht mehr unaufgefordert bereitstehen wird und dass die Einstellung der Tätigkeit in Salzburg auch dazu führt, dass für meine Altersrente in Österreich zur Erreichung des Mindestbeitragszeitraumes für den Rentenerwerb wesentliche Monate fehlen.

Sämtliche notwendigen Umschreibungen, Bankdatenänderungen usw. werde ich unverzüglich und ohne Kosten für meinen Ehepartner mit Erfüllung dieser Forderungen vornehmen. Das in Deutschland auf den Namen meines Ehepartners und durch meine Tochter benutzte Fahrzeug wird umgehend (steuerlich und versicherungsrechtlich) binnen 7 Tagen nach Unterzeichnung der Vereinbarung umgemeldet, da mein Ehe-

partner seinen über 25 Jahre aufgebauten Versicherungsra-batt für ein (noch zu erwerbendes) eigenes Fahrzeug benötigt, wenn er seinen Lebensmittelpunkt von der Insel wieder nach Deutschland oder Österreich verlegt.

Ich bestätige auch vor genannten Zeugen, dass ich nach Durch-sicht dieser Informationen nach wie vor auf die Erfüllung dieser Forderungen bestehe und ich bestätige auch mit Un-terzeichnung dieser Vereinbarung, dass ich mir der Konse-quenzen bewusst bin und nach bestem Wissen und Gewis-sen eingehen möchte.

Als Zeugen dieser Informationsweitergabe sind angeführt: ...

Diesen Brief unterschrieb ich **nicht**, sondern zog noch am sel-ben Tag in eines der Touristenhäuser. Er hatte wieder einmal den Spieß umgedreht.

Ich wollte nur von ihm, dass er mich mit 70.000 € auszahlte, und die Wohnung in Rheinland-Pfalz sollte auf Tanya umgeschrie-ben werden. Schließlich hatte er diese Wohnung vor Jahren Ta-nya geschenkt! Ich wollte ein Haus auf der Insel, das sollte auf mich umgeschrieben werden. Dann hätte ich im Umkehrschluss auf alles, was wir gemeinsam auf der Insel besaßen und aufge-baut hatten, verzichtet. Mein ganzer Hausrat und mein Auto waren ja auch noch da und diese Sachen konnte ich im Flieger bestimmt nicht mit nach Deutschland zurücknehmen. Ihm wä-ren immer noch 7 Häuser und 2 zu Wohnzwecken ausgebaute Palheiros (Ställe) geblieben, und zwei schon gekaufte Ruinen mit Ländereien.

Dann hätte ich in Deutschland wenigstens wieder eine Bleibe gehabt, wo ich hätte unterkommen können. Bis zu meiner Ren-te, die ich in Deutschland irgendwann bekomme, hätte ich dann dort wohnen können und vielleicht hätte ich ja auch wieder eine Arbeit gefunden. Jedenfalls hätte ich von den 70.000 € eine gro-ße Zeit bis zur Rente überbrücken können. Und die 70.000 wa-ren weniger als das, was ich an Barmitteln mit auf diese Insel gebracht hatte! Zusätzlich hatte ich in den vergangenen 10 Jahren nicht gerade wenig dafür gearbeitet.

Jetzt drehte er den Spieß einfach um und stellte es in dem Brief so dar, als ob er die Insel verlassen wollte und ich alles auf der Insel behalten sollte. Nur das wollte ich ja gar nicht. Ich wanderte mit auf die Insel aus, weil wir Selbstversorger sein wollten. Das mit den Touristenhäusern wollte er. Es wurde sein neues Hobby, weswegen er mir nie bei der Gartenarbeit helfen konnte, weil er so sehr mit dem Aufbau der Touristenhäuser beschäftigt war. Am Anfang unseres Aufenthaltes auf der Insel hatten wir es ganz anders ausgemacht. Die Gartenarbeit machte ich nach wie vor ganz allein, aber die war in seinen Augen ja nichts wert.

Er hatte im Häuserbauen eine neue Aufgabe gefunden, die ich mitfinanziert hatte. Das war nicht mein Plan gewesen, als ich mit ihm auswanderte. Ich hätte viele Jahre von meinem mitgebrachten Geld dort leben können. Ich musste mir wahrlich nicht vorwerfen lassen müssen, dass ich die ersten 5 Jahre auf seine Kosten gelebt hätte, weil das mit absoluter Sicherheit nicht stimmte.

Am Anfang unserer Ehe ging er noch mit mir zu seinem Onkel, der Anwalt ist, und überschrieb mir den „Nießnutz/Nutzrecht" über 10 Jahre für eine seiner Wohnungen. Dieses Geld, es handelte sich um etwa 650 Euro Miete für diese Wohnung, habe ich nie gesehen, bekommen oder gar verlangt. Dadurch, dass er mir den Nießnutz überschrieb, sparte er im Umkehrschluss wieder Steuern. Später, als ich es wagte, dies einmal anzusprechen, meinte er zu mir, dieses Nutzrecht habe er mir nur überschrieben, weil er als Ehemann in Österreich habe nachweisen müssen, dass ich ein Einkommen und somit Geld zur Verfügung habe, als wir mich nach der Heirat in Österreich damals angemeldet hätten.

Wenn ich dieses Nutzrecht allein rechne, komme ich bei glatten 600 €, und die Miete war höher, auf eine Summe von 72.100 €

in diesen 10 Jahren. Ich habe nie auch nur einen Cent von diesem Geld bekommen! Aber ich bekomme vorgeworfen, dass ich mich an ihm bereichern würde?

Und wieder fiel mein Geld, welches ich mit in diese Ehe gebracht hatte, vollkommen unter den Tisch. Denn dieses Geld hätte ich auch in Österreich angeben können und somit den Beweis erbracht, dass ich dem Staat nicht auf der Tasche liegen würde. Sein Nutzrecht hätte ich dafür nicht gebraucht. Es ging ihm nur darum, dass er Steuern sparen konnte.

Und wenn ich jetzt mal weiterrechne, wenn ich auf der Insel, wie er so schön sagte, die ersten 5 Jahre komplett auf seine Kosten gelebt hätte, dann hätte mir auf jeden Fall als Ehefrau ohne eigenes Einkommen Taschengeld zugestanden. Wenn ich auch hier nur von 3.000 € Einkommen ausgehe, und sein Einkommen war wesentlich höher (allein durch seine Mietwohnungen), so käme ich bei nur 5 % von seinem Einkommen auf einen Betrag von 37,50 € in der Woche. Das Ganze mal 4 Wochen, dann wäre, dass ein Betrag von 150 € im Monat. Das jetzt aufs Jahr gerechnet, wären es 1.800 € im Jahr. Das wieder nur auf die ersten 5 Jahre unserer Ehe gerechnet, dann komme ich auf einen Betrag vom 9.000 €. Das Geld hätte mir zugestanden, zur freien Verfügung! (Ich hätte mir Massen an Gummibärchen kaufen können, ohne dass er einen Grund gehabt hätte, zu meckern.) Wenn ich nun von 10 Jahren Ehe ausgehe, dann komme ich gar auf einen Betrag von 18.000 €. Er weigerte sich all die Jahre, mir ein Taschengeld zu zahlen.

Und wenn ich jetzt noch das Gehalt rechne, was Dario von ihm nie bekam: 8,50 € die Stunde mal 8 Stunden am Tag sind 68 €. Das sind in der Woche 340 €. Im Monat komme ich auf 1.360 €. Dario war 3 ½ Monate auf der Insel. Da komme ich auf einen Betrag von 4.760 €. Er bekam 450 € und die Versicherung für das geschenkte Auto. Wobei ich letzteres nicht nachvollziehen kann, denn hier habe ich zwei verschiedene Aussagen. Martin und Dario sagen jeweils etwas Anderes ... ich war leider nicht dabei.

Wenn ich Auto und Versicherung weglasse, da Dario das Auto sowieso nicht nutzen konnte ohne Reparatur, bleiben immer noch 4.310 € übrig! Für dieses Geld arbeite er bei uns auf der Insel und bekam es nie.

Letztes Jahr, nachdem der gemeinsame Hauskauf in Deutschland wegen Martins wiederholten Ausrastern gescheitert war, setzte ich Martin die „Pistole" auf die Brust, indem ich ihm sagte, dass, wenn er nicht wenigstens einen Teil seiner gegebenen Versprechen endlich einmal einhalte, verweigerte ich die Unterschrift zum Verkauf des Hauses. Erst danach wurde Martin tätig. Tanya und Dario hatten 6.000 € Strafzinsen für diesen nicht zustande gekommenen Kredit zahlen müssen. Wochen später überwies Martin den beiden dann 15.000 €. Das war sein Anteil an dem ihnen damals von uns geschenkten Haus auf der Insel.

Wenn ich diese Rechnung nun mit Tanya weitermache: Sie bekam von Martin zum Abi Abschluss 5.000 € versprochen. Sie bekam von Martin die Wohnung in Rheinland-Pfalz, wenn auch nur mündlich, geschenkt. Diese Wohnung verkaufte er vergangenes Jahr für 45.000 € verkauft. Zusammen sind das 50.000 €.

Davon bekam hat sie nun im Dezember letzten Jahres **NACH 18 JAHREN**, während ich dieses Buch hier schrieb, und er die Erstfassung zum Lesen bekam, weil er mir wieder einmal vorgaukelte, all das, was ich schrieb, in seiner Therapie benutzen zu können, was im Nachhinein nie geschah… Erst nachdem ich Martin, wie gesagt, die „Pistole" auf die Brust gesetzt hatte, was den Verkauf des gemeinsamen Hauses angeht, bekam Tanya tatsächlich die 5.000 € zum bestandenen Abitur. 18 Jahre dauerte es, eigentlich hätte man noch Zinsen dazurechnen müssen, sogenannte „Verzugszinsen".

Und wie schäbig behandelte er all die Jahre seinen Lebensretter?! Das kann er sowieso mit all seinem Geld nicht wiedergutmachen.

Ich frage mich allen Ernstes, WER sich hier an WEM bereichert hat.

Und nun stellte er es in seinem Brief jetzt wieder so dar, als ob ich mich an ihm bereichern wollte, was doch gar nicht der Fall war. Ich hatte 85.000 € an Geldmitteln mit auf diese Insel gebracht, 10 Jahre meines Lebens dort nicht gerade wenig gearbeitet. Und ich wollte wenigstens einen Teil dessen, was ich an Geld investiert hatte, wieder zurückhaben, damit ICH in Deutschland wieder neu anfangen konnte. Davon, dass er zurückgeht, war **nie** die Rede. Er war derjenige gewesen, der unbedingt hatte auswandern wollen. Er war derjenige gewesen, der unbedingt den Tourismus hatte aufbauen wollen. Sollte er doch weitermachen damit.

Mein Auto, mein Hausrat wären ja ihm geblieben. Ich wollte lediglich nicht 10 Jahre meines Lebens dort umsonst gearbeitet und zusätzlich noch alles verloren haben, was ich einmal besessen hatte. Nur weil er auf einmal diese Gütertrennung haben wollte.

Es war eher so, dass er sich an mir bereicherte, weil er immer wieder behauptete, Maluka habe all mein Geld gefressen. Dabei war der größte Teil meines Geldes in die Touristenhäuser geflossen. Wenn es 30.000 € waren, die in die Grundstücke für Maluka und die Ziegen geflossen waren, war das schon viel. Die Ziegen gehörten uns beiden.

Dann bleiben immer noch 55.000 € übrig. Auch die flossen, bis auf das, was meine Zähne kosteten, in die Häuser. Das meiste, was wir in den ersten 5 Jahren, bis das erste Touristenhaus fertig war, zum Leben brauchten, baute ich selbst an. Da hatte er keinen Finger dafür gerührt. Fleisch aßen wir in dieser Zeit nicht. Wir hatten die Fischzucht und auch da tötete er nie einen Fisch. Das musste ich immer machen.

Einmal war das Wasser gekippt und es waren einige Fische gestorben. Was schrie er mich an damals. Danach hatten wir schon die Einnahmen von den Touristen, die aber ebenfalls er unter seiner Kontrolle behielt.

Ich möchte gar nicht wissen, wie viel Geld er unter Umständen verschwinden ließ. Letzteres ist nur ein Verdacht, den ich nicht beweisen kann, aber, nach allem was passierte, liegt die Vermutung nahe. Ich hatte keine Kontrolle darüber, wie viel Geld wir einnahmen mit dem Tourismus. Er machte die Steuern und alles, was dazugehörte. Er machte die ganzen Bestellungen für das Material für die Touristenhäuser, auch alles andere, was bestellt wurde. Ich hatte keinen Überblick oder gar Einblick darüber, was von welchem Konto abging. Ich vertraute ihm.

Das sah man ja auch an meinen im zweiten Jahr auf der Insel dazu gekauften Rentenanteilen für die Rente in Österreich, die, obwohl ich zu diesem Zeitpunkt erwiesenermaßen noch Geld hatte, von seinem Konto abgingen. Das machte er nur, um nachher wieder als „Gutmensch" dazustehen und um mir später wieder etwas vorwerfen zu können, wofür ich ihm ewig dankbar sein müsste. Ich hatte genug mit dem Haushalt, den Tieren, den Touristen, Telefonaten und mit den ganzen Diskussionen, in denen ich mich immer wieder verteidigen musste, zu tun. Ich kam doch die letzten Jahre gar nicht mehr zum Leben.

Das Gewerbe auf der Insel lief auf meinen Namen, was ihn wiederum Steuern sparen ließ, weil er zu viel verdiente. Meiner Meinung nach kann man nicht behaupten, dass ich mich in den ganzen Jahren an ihm bereichert hätte. Ich konnte vom gemeinsam verdienten Geld durch den Tourismus nie nur einen Cent für mich verbrauchen, ohne dass er die Kontrolle darüber gehabt hätte. Nicht einmal eine Tüte Gummibärchen hätte ich mir ohne sein Wissen kaufen können.

Wenn ich z. B. mal neue Klamotten bekam, zahlte immer er. Denn er hatte den Geldbeutel immer voll, während ich normalerweise mit 20 € in der Tasche rumlief. Erst im letzten Jahr unserer Ehe setzte ich durch, dass ich mir immer 200 € aus dem Tresor holte und auch mal allein einkaufen ging.

Meine Tochter Tanya hatte von **uns** ein gebrauchtes Auto geschenkt bekommen, was 2.900 € gekostet hatte. Und dieses lief auf **seinen** Wunsch hin auf seine Versicherung.

Dieses Auto wurde von uns beiden Tanya geschenkt. Auch wenn heute noch behauptet, das Geld für dieses Auto sei von seinem Konto abgegangen. Wir hatten zu diesem Zeitpunkt aber eine Gütergemeinschaft und die Lebenshaltungskosten wurden von den mittlerweile gut laufenden Touristeneinnahmen bestritten. Wir hatten einen gemeinsamen Topf! Den allerdings nur er unter Kontrolle behielt.

Was die Autoversicherung angeht, so nutzte er diese seit Jahren nicht und **er** befürchtete, dass er seine unfallfreien Versicherungsjahre verlieren würde, wenn diese Versicherung nicht bald wieder aktiviert würde. So sagte er es zumindest damals zu mir. Das war der Grund, weshalb er überhaupt damit einverstanden war, dass wir Tanya ein Auto kauften. Und da die Versicherung nun auf ihr Auto lief, er im FAHRZEUGBRIEF aber als Eigentümer stand, hatte er auch wieder ein Druckmittel gegen Tanya in der Hand. Er tat in all den Jahren nichts, wovon er keinen Nutzen hatte!

Auch das Auto versuchte er in diesem Brief als Druckmittel gegen mich einzusetzen.

Als die Scheidung kurze Zeit danach ausgesprochen wurde, bekam ich wesentlich mehr zugesprochen als diese 70.000 € und das eine Haus auf der Insel. Er wäre noch billig davongekommen, hätte er sich darauf eingelassen. Ich hatte zum Zeitpunkt, wo er diesen Brief schrieb, noch 7 Jahre bis zu meiner Rente. Es wären 10.000 € gewesen, die ich pro Jahr zur Verfügung gehabt hätte. Das wären im Monat etwas mehr als 830 € gewesen, die ich zur Verfügung gehabt hätte. Davon kann man keine großen Sprünge machen, aber man kann davon leben! Und ich wollte nicht mehr als nur mein Recht.

115) TANYA R. UND RAUCHEN, 2018

Seit etwa einem Jahr hatten wir auch einen Imbisswagen, den ich
zusätzlich betrieb. Wenn Wandergruppen vorbeikamen, machten sie oft bei uns Rast. Ich stand mittlerweile mit einigen Wan-
derführern in Kontakt. Die riefen mich einen Tag, bevor sie bei
uns vorbeiwanderten, an und ich konnte etwas zu essen vorbe-
reiten. Entweder kleine Snacks, wie gefülltes Naanbrot (das ist
ein indisches Fladenbrot), oder Kuchen, was die Leute so haben
wollten. Außerdem war mein selbstgemachtes Eis mittlerweile inselweit bekannt.

Die Touristen, die bei uns in den Häusern übernachteten, waren auch froh über den Imbisswagen. So konnten sie sich abends
noch zusammensetzen, etwas trinken und ein wenig plauschen,
während die Sonne unterging am Horizont. Wir hatten von dort
aus einen sagenhaften Blick auf das Meer.

Jeden Morgen machte ich einen Smoothie mit all dem Essba-
ren an Kräutern, die ich mittlerweile überall angepflanzt hatte. Was mir auf meinem Weg zum Imbisswagen im Garten „so
über die Füße lief", sammelte ich dafür. Es war zwar kein „Red
Bull", aber wir nannten den Smoothie „Green Horse".

Tanya R. war an diesem Tag schon am Imbisswagen, als ich ankam. Josef auch und ein Freund von Josef, Marcio. Sie standen
zusammen und rauchten. Ich bereitete meinen Smoothie vor,
Tanya bekam ihren Kaffee, Josef seinen Whiskey und Marcio
seine Cola.

Martin kam um die Ecke, setzte sich an seinen Platz am Tisch
und das Handy wie immer vor der Nase. Unvermittelt sprang
er wieder auf, zwängte sich zwischen Josef und Marcio durch
und meinte sauer: „Hier stinkt es mir zu viel ...!"
Früher wäre ich ihm nachgelaufen, um ihn zu beruhigen,
aber mittlerweile ... nein! Ich machte meinen Smoothie fertig.

Den Rest stellte ich für Martin in den Kühlschrank. Als wir fertig waren, spülte ich und ging wieder runter in Martins Haus.

Unten angekommen, stellte ich fest, dass Martin mittlerweile Zettel mit der Aufschrift „Raucherecke" und „Nichtraucherecke" in Englisch ausgedruckt hatte. Ich sagte nur zu ihm: „Wenn du diese Zettel draußen unter freiem Himmel anbringst, machst du dich doch nur lächerlich. Der Wind bläst den Rauch dann unter Umständen trotzdem zu dir rüber."
Daraufhin blieb er vor mir stehen, sah mich mit bitterbösem Blick an und sagte mit unterdrückter Wut in der Stimme: „Du hast zwar in meinem Haus Wohnrecht, aber ich kann dich auch jederzeit rausschmeißen."

Ok, dachte ich, das war jetzt deutlich. Ich stand auf, sagte nichts, ging zu meinem Schreibtisch, nahm meine Papiere aus dem Ordner, die, seitdem wir uns wegen der Gütertrennung auf dem Amt erkundigt hatten, dort griffbereit lagen, und sagte zu ihm: „Alles klar, dann fahr ich mal die Scheidung einreichen, denn ich muss mir nicht sagen lassen, dass du mich hier jederzeit rausschmeißen kannst, nur wenn ich dir im ganz normalen Ton meine Meinung sage. Das hier geht mir jetzt eindeutig zu weit!"

Mein Resümee:

Nein, jetzt hatte ich echt die Nase voll. Das brauchte ich mir wirklich nicht sagen zu lassen, das ging diesmal echt eindeutig zu weit. Meine Papiere lagen seit Wochen parat und jetzt setzte ich die Scheidung durch. Nur weil ich ihm meine Meinung in einem ruhigen Ton gesagt hatte, meinte er, mir drohen zu können, dass er mich rausschmeiße, 1 ½ Jahre lang hatte er mich gedrängt, dass er diese Gütertrennung haben wolle, jetzt bekam er sie.

116) DIE SCHEIDUNG, OKTOBER 2018

Ich ging raus, setzte mich ins Auto, fuhr zur zuständigen Gemeinde und reichte die Scheidung ein.

Als ich zurückkam, wollte er nicht glauben, dass ich das wirklich gemacht hatte. Aber ich hatte es getan. Dann versuchte er, mir Angst zu machen, sagte, ich würde es bereuen, und bearbeitete mich tagelang, was alles passieren könne. Ich sollte den Antrag wieder zurückziehen. NEIN, das machte ich nicht. Ich zog wieder in eines der Touristenhäuser und er konnte in seinem Haus machen, was er wollte.

In Portugal geht das relativ schnell mit einer Scheidung. Drei Monate später, am 03.10.2018, waren wir geschieden und mir wurden 3 Häuser mit den dazugehörigen, zu Wohnzwecken ausgebauten Palheiros (auch das Haus, indem Tanya R. wohnt) und ihm 5 Häuser plus sein eigenes zugesprochen.

Zwischendurch hatte er einmal einen Durchhänger, als er merkte, dass ich die Scheidung diesmal wirklich durchzog. Er heulte wie ein kleines Kind, weil er Angst hatte, mich zu verlieren. Ich sagte ihm zum wiederholten Male, dass er endlich mal eine Therapie machen solle und das auch müsse. Es gab mittlerweile die Möglichkeit, sogar übers Internet eine Therapie zu machen ... aber er hatte ja die Ausrede, dass er schlecht höre. Ich machte ihm klar, dass gehe so mit ihm und seinen ewigen Ausrastern und Drohungen nicht weiter. Ich würde ihn auch während der Therapie unterstützen. Na ja, es kam mal wieder ganz anders.

Mein Resümee:

Er versuchte mit allen Mitteln, mir die Scheidung auszureden. Warum, verstehe ich bis heute nicht. Er bat mich darum, die Scheidung rückgängig zu machen. Er drohte, dass ich es bereue, und er erpresste mich, versuchte mir Angst zu machen, indem er behauptete, ich hätte nur Nachteile durch die Scheidung. Ich zog es durch.

Ich hatte mittlerweile begriffen, dass er versuchte, mich immer wieder zu manipulieren. Ich hatte gar kein eigenes Leben mehr. Ich sollte immer alles nur so machen, wie er es für richtig hielt.

Außerdem hatte ich mich mittlerweile intensiv mit dem Thema Narzissmus beschäftigt und war zu dem Ergebnis gekommen, dass es sich bei ihm um die besonders schwere Form von Narzissmus handeln musste, und zwar um das Jekyll-und-Hyde-Syndrom. Dabei wechselt die Stimmung von jetzt auf gleich und ohne ersichtlichen Grund vom Gutmenschen zum Wutmenschen!

Ich wollte mich nicht länger unterdrücken lassen. Ich hatte endlich die Nase gestrichen voll.

117) SEINE WOHNUNG IN RHEINLAND-PFALZ

Nach der Scheidung flogen wir nach Deutschland, hatten aber vorher noch heiße Diskussionen. Da wir ja jetzt geschieden waren, die Gütertrennung durch war, hatte und er nach 1 ½ Jahren endlich das erreicht, was er wollte. Nur zu seinem Leidwesen hatte ich mehr zugesprochen bekommen, als er vermutet hatte. Deshalb wollte er, dass, wenn ich in seiner Wohnung in Rheinland-Pfalz übernachten wollte, ich ihm den normalen Booking-Preis oder Airbnb -Preis pro Nacht zahle. Das war sein voller Ernst! Auf der anderen Seite wollte er unbedingt die Beziehung zu mir aufrechterhalten. Unfassbar ... allein der Gedanke!

Ich sagte ihm, wenn das so sei, würde ich halt bei Tanya übernachten. Ich brauchte seine Wohnung nicht zu nutzen. Am Ende der Diskussionen ließ er mich doch in seiner Wohnung übernachten, ohne dass ich etwas dafür zahlen musste. Schließlich wollte er die Beziehung weiterführen, so wie jedes Mal, wenn ich mich von ihm trennte. Er konnte und wollte mich einfach nicht loslassen!

Er fuhr dann in Rheinland-Pfalz mit seinem Auto, welches dort stand, weiter nach Österreich. Wir telefonierten ab und zu. Mittlerweile waren wir 3 Monate geschieden.

118) MEIN GEBÄRMUTTERKREBS

In Deutschland angekommen, erklärte ich meinen Kindern erst einmal, dass ich jetzt geschieden sei. Wie es weitergehen würde, wussten wir noch nicht.

Ich hatte schon seit einigen Tagen ganz leichte Blutungen und Tanya bestand darauf, dass ich zu einem Frauenarzt gehe. Der stellte einen Polypen in der Gebärmutter fest. Ich wurde ins Krankenhaus eingewiesen, wo man den Polypen entfernte. In 9 von 10 Fällen ist so ein Polyp gutartig, beim Rest nicht. Jetzt hieß es, auf das Ergebnis zu warten.

Martin und ich mussten wieder zurück auf die Insel, weil der Tourismus anlief. Wir hatten viele Buchungen. Er kam wieder nach Rheinland-Pfalz, wo er das Auto stehen lassen wollte, und wir machten uns auf den Weg.

Auf dem Flughafen von Ponta Delgada angekommen, bekam ich dann den Anruf, dass ich Gebärmutterkrebs habe und die Gebärmutter schnellstens entfernt werden müsse.

Wir flogen weiter auf die Insel und gleich wieder zurück, denn die OP wollte ich nicht in Portugal machen lassen. Ich war noch durch unsere selbstständige Arbeit, welche wir in den vergangenen Jahren seit unserer Heirat immer gemeinsam gemacht hatten, in Österreich krankenversichert. Aber diese Krankenversicherung lief bald aus. Diese selbstständige Arbeit war immer ein Jahresvertrag. Martin erklärte sich freundlicherweise bereit, diese Arbeit noch einmal allein durchzuführen, dann war ich ein Jahr länger krankenversichert und danach würde ich in Österreich sowieso in Rente gehen können. Da bin ich ihm sehr dankbar dafür, dass er das für mich machte! Er war auf einmal wieder der Mann, in den ich mich einmal verliebt hatte.

Ich wurde in Salzburg im Krankenhaus operiert. Als ich vor dem OP-Saal lag, schwor ich mir, wenn ich das überlebe, werde ich mir einen Chihuahua anschaffen. Das war immer schon mein Traumhund gewesen.

Vor der Operation hatten wir noch gemeinsam eine kleine Wohnung in der Steiermark gekauft und renoviert, damit wir eine Bleibe hatten für die Zeit nach der Operation und ich mich dort erst mal erholen konnte.

Martin war wieder sehr hilfsbereit und liebenswürdig, so wie ich ihn lieben gelernt hatte.

Ich durfte wegen der Operation die nächsten 3 Monate nicht fliegen. Daher kamen Tanya und Dario uns mit den Kindern besuchen. Aber auch das wurde wieder ein Desaster.

Mein Resümee:

Diesen Gebärmutterkrebs bekam ich wegen all der Diskussionen in den letzten 1 ½ Jahren unserer Ehe, wegen der Gütertrennung usw., und weil ich mich in Martins Haus nie zu Hause fühlen durfte. Das bekam ich immer wieder zu spüren. Vor allem die letzten 1 ½ Jahre waren eine reine Katastrophe.

Die Gebärmutter steht symbolisch für Geborgenheit, Heimat, Wohlfühlen. Das alles konnte ich in seinem Haus nie erleben. Ich war quasi nur geduldet, solange ich so funktionierte, wie er es sich wünschte.

Waren meine Kinder zu Besuch, musste ich sogar um ihr Leben fürchten, weil er beide erwachsenen Mädchen nicht nur psychisch, sondern auch körperlich verletzte.

Dann sagte er in einem Gespräch mit Freunden einmal, dass er so blöd gewesen sei, eine Frau mit 3 Kindern zu heiraten. Was erwartete er denn? Ich konnte die Kinder nun mal nicht mehr zurückstopfen! Und nur, weil ich einen anderen Mann als den Vater meiner Kinder heirate, heißt das noch lange nicht, dass ich deswegen den Kontakt zu meinen Kindern abbreche, nur damit dieser Mann glücklich ist, weil er mich für sich allein haben will.

Ich ging die meiste Zeit wie auf Eierschalen, wenn er im Haus war. Ich durfte die meiste Zeit kein Radio hören. Mit pfeifen, Mundharmonika zu spielen oder gar mitzusingen waren verboten. Mundharmonika durfte ich spielen, wenn er in der Stimmung war, Geräusche zu ertragen. Kochen durfte ich immer, weil Liebe ja bekanntlich durch den Magen geht. Auf meine Frage, die ich ihm noch vor der Scheidung stellte, was denn für ihn eigentlich Liebe sei, war seine spontane Antwort: „Dass du so gut kochst." Er konnte mir tatsächlich keinen anderen Grund nennen. Traurig ...

Als er mich nach Salzburg zur Operation fuhr, machte ich wieder einmal den folgenschweren Fehler, während der Autofahrt einzuschlafen. Nachdem ich erwacht war, durfte ich mir anhören, dass er doch während der Fahrt auch nicht schlafen dürfe, und er finde es unfair, wenn ich schlafe. Ich solle ihn lieber unterhalten. Nur eine Unterhaltung im Auto war nicht immer möglich, wegen seiner Schwerhörigkeit. Der altbekannte Jekyll & Hyde war schon wieder erwacht.

Außerdem war ich schon sehr vorsichtig geworden, über was ich mit ihm sprach. Denn nicht jedes Thema, was mich beschäftigte, konnte ich, bzw. wollte ich, ohne einen Ausraster seinerseits zu provozieren, mit ihm besprechen.

119) FANNY

Ich suchte lange im Internet nach einer Chihuahua Hündin, bis ich Fanny fand. Ich sah das Bild von ihr und wusste, sie ist es. Ich setzte mich mit der Züchterin in Verbindung und wir fuhren hin, um Fanny zu besuchen.

Sie war ein so entzückendes Wesen. Ich zahlte sie an und ein paar Wochen später konnten wir sie abholen. Bei der Rückfahrt wollte sie unbedingt zu Martin. Und so saß sie die ganze Zeit auf der Rückfahrt auf seinem Schoß. Martin war ganz gerührt. Als wir zu Hause ankamen, verzog er sich gleich mit ihr ins Bett. Hätte ich das gemacht, hätte es sicherlich Diskussionen gegeben. Von da an schlief sie immer bei uns im Bett.

Fanny hatte sich Martin ausgesucht. Die beiden lagen oft stundenlang auf der Couch und kuschelten. Sie liebt ihn sehr und ich denke, durch sie erfuhr Martin überhaupt erst, wie so ein Gefühl von wirklicher Liebe sein kann. Sie berührte sozusagen sein Herz und wickelte ihn um ihre Pfote. Sobald Martin sich auf die Couch legte, sprang sie, egal wo sie vorher gewesen war (auch von ihrem Lieblingsplatz auf der Fensterbank), auf und ihm auf den Schoß. Ja, Fanny hatte sein Herz berührt. Das, was bis dahin keinem anderen Lebewesen wirklich gelungen war, hatte Fanny erreicht.

Jetzt muss ich aber noch erzählen, weshalb Fanny diesen Namen hat. Ich hatte ein etwa 5-jähriges Mädchen im Kindergarten in meiner Gruppe. Dieses Kind war einfach spitze. Wir hatten viele Naturmaterialien im Garten, unter anderem auch Baumscheiben. Fanny schaffte es einmal, ca. 20 Kinder auf einmal zu beschäftigen. Sie legte die Baumscheiben hintereinander wie zu einem Zug und setzte verschiedene Kinder darauf. Jedes Kind hatte eine Aufgabe. Es war zu schön, ihnen dabei zuzusehen. Eines Tages kam dann ein Junge zu mir gelaufen und hatte eine Schürfwunde am Kopf. Er behauptete, Fanny habe ihm einen Stock an den Kopf gehauen. Ich konnte mir das gar nicht vorstellen. So ein Verhalten passte so gar nicht zu meiner Fanny. Also holte ich mir Fanny mit in die Gruppe und wollte mit ihr darüber sprechen. Auf die Frage, ob sie das tatsächlich getan habe, folgte nur … Schweigen. Ich sagte ihr dann: „Fanny, du kannst mir alles sagen, ich schimpfe auch nicht mit dir. Nur, wenn du das wirklich getan hast, möchte ich verstehen, warum du das getan hast." Dann sagte sie ganz trocken: „Ich wollte nur wissen, was härter ist, Samuels Kopf oder der Stock!" Ich musste mich so sehr beherrschen, um nicht loszulachen. Sie war einfach himmlisch, diese Fanny. Und als ich meine Hündin bekam, gab ich ihr im Andenken an dieses Mädchen den Namen Fanny!

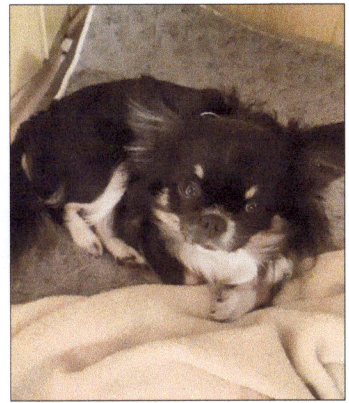

120) TANYA UND DARIO IN DER STEIERMARK

Tanya und Dario kamen mit den Kindern in der Steiermark an. Direkt gegenüber von unserer neuen kleinen Wohnung war eine Jugendherberge. Dort blieben sie die erste Woche.

Tanya wollte gerne 3 Wochen bleiben, aber die Jugendherberge war für einen so langen Aufenthalt zu teuer und so brachten wir sie im Arkadenhof unter, der von der Pfarrei betrieben wird.

Die erste Woche ging alles so weit gut, da war Dario noch als „männliche Verstärkung" da. Wir gingen viel zusammen spazieren.

Luisa hatte kurz vor der Abreise in Deutschland eine Zecke am Kopf gehabt. Der Kinderarzt hatte sie zwar entfernt, aber erst nicht bemerkt, dass der Zeckenkopf in der Haut stecken geblieben war. Die Wunde hatte sich entzündet und Luisa war im Krankenhaus, kurz vor der Abfahrt zu uns, der Kopf der Zecke herausoperiert worden, was wohl ziemlich schmerzhaft gewesen war. Jetzt musste 2 x täglich eine Salbe aufgetragen werden, was nicht ohne Geschrei ging.

Da sie solche Schmerzen gehabt hatte, als der Zeckenkopf entfernt worden war, schrie sie jedes Mal schon, wenn man nur nach der Wunde schauen wollte. Sie war und ist halt ein Kind. Von Dario ließ sie sich die Wunde eher versorgen als von Tanya. Aber Dario musste wieder zurück, weil er arbeiten musste.

Allerdings gefiel ihm die Gegend in der Steiermark außergewöhnlich gut, so dass Tanya und er überlegten, nach Österreich zu ziehen. Dario hätte direkt in der Jugendherberge anfangen können zu arbeiten. Er verstand sich super mit der Chefin. Einer der Hauptgründe für die Idee nach Österreich zu ziehen, war, dass es hier keine Schulpflicht gibt, sondern nur Unterrichtspflicht. Auf eine normale Schule wollten die beiden Luisa nicht schicken. Dieses normale Schulsystem ist hoffnungslos veraltet und auf so eine Schule sollte sie nicht gehen.

Dario fuhr wieder zurück nach Deutschland und die Probleme begannen ...

Da ich für uns alle in der Wohnung kochte und wir auch dort aßen, aber Luisa manchmal sehr eigen ist mit dem Essen (auf dem Teller dürfen sich Fleisch, Gemüse, Kartoffeln oder Reis nicht berühren), wollte sie an einem Tag für alles einen eigenen Teller. Das wurde Martin zu viel und er brüllte wieder rum. Er verließ wütend die Wohnung mit den Worten, was Tanya mit ihren Kindern mache, sei für ihn keine Erziehung. Als er Stunden später wiederkam, hatte er einen Mikrowellenteller dabei, der innen abgetrennt war. Super, da hatte er doch eine Lösung für dieses Problem gefunden, war doch gar nicht so schwer. Er schenkte Luisa diesen Teller und sie war glücklich damit.

Das nächste Problem war, dass Luisa sich die Salbe von Tanya nicht auftragen lassen wollte. Dann versuchte ich es, aber Luisa schrie so, dass Martin die Tür aufriss und meinte, ob wir das Theater nicht woanders aufführen könnten. Was das Ganze natürlich wieder einmal nicht einfacher machte.

Wir gingen dann in den Arkadenhof, wo Tanya einen großen Raum für sich und die Kinder allein hatte. Die Küche durfte sie auch benutzen. Morgens frühstückten wir sogar alle gemeinsam in dieser Küche. Aber nun wurde von Martin wieder gemeckert, weil ich, wenn ich mit Tanya und den Kindern im Arkadenhof war, so spät nach Hause kam. In der Regel war es spätestens 21 Uhr, weil ich doch wusste, dass er immer gerne früh ins Bett geht. Ansonsten hätte ich auch einmal länger bei ihr bleiben können. Aber ich wollte keinen Streit provozieren.

Ich konnte mal wieder machen, was ich wollte, es war alles verkehrt. Mir war es leider immer noch nicht gelungen, mir einen Reißverschluss wachsen zu lassen, um mich zweizuteilen.

War ich mit Tanya in der Wohnung, war es ihm wegen der Kinder zu laut. War ich mit Tanya im Arkadenhof, war es auch nicht richtig. Das alte Spiel fing schon wieder an und ich begann zu bereuen, dass ich mit ihm zusammen diese kleine Wohnung gekauft hatte.

In mir wuchs der Wunsch, etwas zu finden, was groß genug war, um auch einmal Besuch empfangen zu können, und etwas Eigenes zu haben, etwas, was mir gehörte, damit er nicht dauernd einen Grund fand zum Meckern.

Eine Sache fiel mir gerade noch ein. Da in der Jugendherberge ein Hallenbad ist, hatten wir vor dort auch viel schwimmen zu gehen.

Dafür brauchten wir Badetücher. Weil der Besuch von Tanya und Dario mit den Kindern anstand, wollte ich in der „Carla", das ist ein von der Caritas betriebener Secondhandladen, noch ein paar Badetücher kaufen. Dort kostete ein Badetuch ganze 2 €. Fast alles, bis auf die Küche, die Kühl-Gefrier-Kombination und das Schlafzimmer, was wir bisher in der neuen Wohnung hatten, war aus diesem Laden. Es ging um 8 Badetücher, die ich kaufen wollte. Wieder fingen die Diskussionen an. Tanya könne doch Badetücher mitbringen, für alles müssten wir aufkommen usw. Ich kaufte die Badetücher von meinem Geld! Trotzdem gingen die Diskussionen weiter.

Mein Resümee:

Es war wieder einmal die typische Situation, so lange Dario da war, ging alles gut, da hatte Martin männliche Verstärkung. Nachdem der aber weg war, fingen die Diskussionen an, dass Tanya nichts auf die Reihe bekomme, sie müsse sich nur einmal richtig durchsetzen.

Es war das altbekannte Problem, wenn er mit zwei Frauen allein zusammen war. Keiner konnte ihm etwas recht machen, aber die Krönung war die Sache mit dem Auto. Deswegen wuchs in mir auch der Wunsch nach etwas Eigenem, wo er kein Mitspracherecht mehr hatte, wen ich wann, wohin und wie lange einlud. Es kann nicht sein, dass ich noch nicht einmal meine Kinder und Enkelkinder sehen kann, ohne dass es immer wieder Streit gibt. Das ist eine unzumutbare Situation, die ich schon viel zu lange ertragen hatte.

121) SEIN AUTO

Ja, die Sache mit dem Auto. Wir waren nach der Scheidung noch eine Zeitlang auf der Insel. Martin wollte ein neues Auto bestellen, einen Twingo. Er hatte einen Händler gefunden, der den Twingo neu in Weiß für 7.500 € verkaufte. Wir waren zu dem

Zeitpunkt, als das Auto gekauft wurde, schon 1 Jahr geschieden. Das Haus, in dem Tanya R. wohnt, war mir zugesprochen worden und somit stand mir auch die Miete zu. Tanya R. hatte von mir das versprochene lebenslange Wohnrecht bekommen.

Da Martin etwa 60 % der Touristenanlage auf der Insel gehörte und mir 40 %, beschlossen wir, alles nach der 60-40-Regel zu zahlen bzw. die Einnahmen so zu teilen.

Jetzt ist das Haus, in dem Tanya R. wohnt, aber kein Touristenhaus, sondern privat vermietet. Also sagte ich nach der Scheidung, dass die Miete nicht in der 60-40-Regel enthalten sei. Martin war aber der Meinung, dass es sich um Einnahmen handle, und die Einnahmen sollten alle 60/40 geteilt werden. Ich setzte mich durch, dass es sich um eine private Vermietung handelte, ließ mich jedoch darauf ein, da Martin das neue Auto kaufen wollte, dass Tanya R. ein Jahr lang die Miete sparte und dann das Geld gesamt für das neue Auto überwies.

Weil das Auto etwa 7.500 € kostete, waren 3.000 € etwa 40 %. Das war mein Anteil an diesem Auto. Also war ich einverstanden und verzichtete im ersten Jahr nach der Scheidung auf die gesamte Miete von Tanya R. So wurde es gemacht.

Nur, kaum hatte Martin das Auto in Deutschland abgeholt, fing er wieder an zu spinnen.

Jetzt war Tanya mit den Kindern da, und er behauptete, dass es sein Auto allein sei. Als ich mit Tanya und den Kindern (ich hatte noch extra Kindersitze besorgt) zum Einkaufen fahren wollte, behauptete er steif und fest, es sei sein Auto. Ich habe nie etwas dazu beigetragen. Tanya R. habe die 3.000 € für das Auto gezahlt. Ich sagte ja, Tanya R. habe ein Jahr lang meine Miete auf ihrem Konto gesammelt. Das Geld sei die mir zustehende Miete gewesen. Es ging wieder hin und her, sinnlose Diskussionen folgten. Er wollte es partout nicht einsehen. Es war zum verrückt werden. Ich bekam das Auto von ihm nicht, um mit Tanya und den Kindern einkaufen zu fahren. Wir mussten mit den Kindern mit dem Bus zum Einkaufen fahren.

Als Tanya mit Luisa wegen eines Zeckenbisses zum Arzt wollte, mussten wir die 3 km mit den Kindern zu Fuß laufen. Auch dafür bekam ich das Auto nicht von ihm. Beim zweiten Mal, als Tanya zum Arzt musste, fuhr er sie wenigstens unter Gemecker und Gezeter hin, damit sie und die Kinder nur zurücklaufen mussten.

Ich konnte ihm zu keinem Zeitpunkt klarmachen, dass es sich bei den 3.000 € um die mir zustehende Miete gehandelt hatte. Er sah es partout nicht ein. Es war wieder ein ständiger Streitpunkt, seitdem er das Auto besaß.

Das liebe Geld, es war schon wieder ein Streitpunkt. Wenn man nicht alles schriftlich macht!

An dem Tag, als ich mit Tanya und den Kindern mit dem Bus zum Einkaufen fahren musste, gab ich Tanya R. die Anweisung, die Miete ab sofort auf mein Konto zu überweisen. Martin fand das gar nicht lustig, denn bisher war das Geld noch auf eines seiner Konten gegangen. Das sah ich von nun an nicht mehr ein. Ich sah aber nun auch die Tatsache nicht ein, dass ich das Auto nicht benutzen durfte. Wofür hatte ich mich dann daran beteiligt? Die Miete stand nach der Scheidung mir zu, fertig. Zumindest ab sofort. Wieder einmal hatte er sich an mir bereichert.

Mein Resümee:

Drei Jahre später, als ich mich wieder von ihm trennte, diesmal das letzte Mal, gestand er mir, dass er die 3.000 € von meiner Miete, die Tanya R. ihm überwiesen hatte, als Teil der Rückzahlung ihrer Schulden angesehen hatte. Besprochen hatten wir aber etwas ganz Anderes.

Er hatte Tanya R. 1 ½ Jahre lang die Versicherungsbeiträge der deutschen Krankenversicherung vorgestreckt. Dieses Geld war von seinem Konto abgegangen und es war auch Tanya R. gegenüber sein Vorschlag gewesen, das so machen zu wollen. Es hatte sich in dieser Zeit eine beträchtliche Summe angehäuft, die Tanya R. ihm schuldete. Nun versuchte er auf diese gemeine Art und Weise über mich an dieses Geld zu kommen.

Dadurch, dass er ihr die Krankenversicherungsbeiträge vorstreckte, bis sie offiziell in Rente ging, konnte sie schon vor Rentenantritt zu uns auf die Insel kommen und mir helfen, die Touristenhäuser zu putzen. Selbst machen wollte er das nicht!

Das Haus, indem Tanya R. nach wie vor wohnt, war aber nach der Scheidung mir zugesprochen worden, demzufolge handelte es sich bei den 3.000 €, die Tanya R. für das Auto überwiesen hatte, um die mir zustehende Miete von 250 € monatlich. Auf die hatte ich ein ganzes Jahr lang verzichtet. Diese 3.000 € waren, wie Martin und ich das vor dem Autokauf besprochen hatten, mein Anteil an dem Twingo.

Er kann doch nicht einfach hingehen und die mir zustehende Miete mit den Schulden verrechnen, die Tanya R. bei ihm gemacht hatte. Er hatte ihr angeboten, die Krankenversicherung bis zur Rente vorzustrecken. Mir hatte er immer gesagt, ich hätte kein Geld mehr.

Diese vielen endlosen Diskussionen, die wir wegen dieses Autos hatten. Die Erniedrigung, dass ich mir das Auto nicht einmal ausleihen durfte, um mit meiner Tochter einkaufen zu gehen, war einfach unglaublich. Einem Nachbarn hatte er vorher noch angeboten, dass, wenn wir auf der Insel seien, seine Tochter das Auto ruhig nutzen solle. Das sei allemal besser, als wenn das Auto nur rumstehe. Aber ich, die Frau, von der er immer wieder behauptete, dass er sie „liebt", ich durfte das Auto nicht haben, um einkaufen zu fahren.

Es dauerte unfassbare 3 Jahre, bis er die Tatsache, dass diese 3.000 € mir gehörten, anerkannte. Wenn er schon behauptete, dass dieses Auto ihm alleine gehört, dann standen mir die 3.000 € zu. 3 Jahre Kampf und er behauptet immer noch, er sei kein Narzisst.

122) DAS HAUS

Wir suchten nach passenden Wohnungen, da Tanya und Dario ja vielleicht nach Österreich ziehen wollten. Wir hatten gehört, dass eine Dame, die bei der Jugendherberge arbeitete, ein Haus verkaufe. Wir bekamen aber erst nicht raus, wer das war. Martin recherchierte und natürlich bekam er es raus. Wir machten einen Termin und besichtigten das Haus.

Es schien ideal für eine kleine Familie. Ich verliebte mich gleich in dieses Haus und überlegte hin und her, wie ich es anstellen könne, mir dieses Haus zu kaufen, wenn Tanya und Dario es nicht haben wollten. Dario kam am Wochenende extra noch einmal in die Steiermark, um sich das Haus anzuschauen. Es gefiel ihm sehr gut und wir machten einen vorläufigen Kaufvertrag. Ich sagte Tanya und Dario vorher noch: „Wenn ihr das Haus nicht kauft, dann kaufe ich es, egal wie!"

Martin überwies großzügig gleich schon mal 10.000 € als Anzahlung.

Dario fuhr wieder zurück nach Deutschland und den Rest der Zeit waren Tanya, die Kinder und ich die meiste Zeit allein zu Fuß irgendwo unterwegs. Martin wollte so gut wie nie mitkommen. Und wenn er doch einmal mitkam, ging er weit voraus und man konnte sich mit ihm nicht unterhalten. Er schloss sich immer selbst aus. Leider habe ich es in all den Jahren noch immer nicht geschafft, mir einen vertikalen Reißverschluss zum gleichmäßigen Aufteilen wachsen zu lassen.

Später sagte er dann zu mir, er habe sich immer außen vorgefühlt. Sicher, das kann ich verstehen, wenn man immer nur vorausrennt, dann kann sich keine Gemeinsamkeit entwickeln.

Als Tanya und die Kinder wieder von Dario abgeholt wurden, kehrte für Martin der Alltag zurück, er hatte mich erneut ganz für sich und war eine Zeitlang zufrieden. Aber mir ging so langsam die Luft aus.

Mein Resümee:

Leider ist er ein furchtbar eifersüchtiger Mensch. Alle Zeit, die ich mit anderen Personen verbringe, ist Zeit, in der ich nicht für ihn da bin. Dieses Gefühl in ihm löst immer wieder Triggerpunkte (das bedeutet, dass jemand besonders emotional auf eine Aussage oder das Verhalten eines anderen reagiert) aus seiner Kindheit aus, die letztendlich immer wieder zu sinnlosen, langanhaltenden, auslaugenden und kräftezehrenden Diskussionen und Streit führen.

Er bräuchte sich einfach nur zu integrieren, anstatt sich zurückzuziehen. Dann hätte er nicht immer das Gefühl, außen vor zu sein. Es wollte ihn niemand von uns jemals ausschließen. Wir bemühten uns immer alle, ihn zu integrieren. Aber allein die Tatsache, dass er immer vorauslief, wenn wir gemeinsam unterwegs waren, sein eigenes Tempo ging, ohne einmal nach den Kindern zu schauen, die nicht so schnell laufen können wie er, zeigte, dass er kein Interesse daran hegte, integriert zu werden.

Er konnte sich auch nicht auf die Kinder einlassen, die rechts und links immer mal etwas Neues entdeckten. Er wartete eher genervt, bis wir ihn wieder eingeholt hatten, um dann wieder vor zu laufen. Die Kinder brauchten ihre Zeit und konnten sich nicht seinem Tempo anpassen. Geduld ist leider keine seiner Tugenden.

123) MEIN HAUS

Ein paar Wochen später kam dann die Nachricht, dass Tanya und Dario doch nicht nach Österreich kommen wollten. Jakob hatte ihnen das Haus ausgeredet. In Österreich wären sie doch nur die Piefkes. Er würde das den Kindern an ihrer Stelle nicht antun.

Also war das Haus wieder frei und ich sagte zu Martin: „Dann kauf ich es halt. Ich liebe dieses Haus!" Wie ich das denn machen wolle, fragte er. Ich antwortete, dass ich zur Not eines meiner Häuser auf der Insel verkaufe. Es war sowieso nie mein Traum gewesen, mit Touristen zu arbeiten. Ich wollte Selbstversorger auf der Insel sein. Das war der Grund, weshalb ich mit ihm auf die Insel ausgewandert war.

Da kam er mit dem Vorschlag, er leihe mir 50.000 € zinsfrei für die nächsten 10 Jahre. Da wir in den letzten beiden Jahren relativ hohe Einnahmen auf der Insel gehabt hatten, war ich damit einverstanden. Ich kaufte dieses Haus und lieh mir die 50.000 € von Martin.

Mir war wichtig, dass im Grundbuch nur ich als Besitzer stehe, damit Martin kein Mitspracherecht hatte, wer sich in diesem Haus aufhalte und wer nicht. Der Vertrag mit Martin läuft über 10 Jahre. Bis dahin muss ich ihm die 50.000 € zurückgezahlt haben. Und wieder hatte er einen Fuß in der Tür. Ich dachte damals, das hätte ich in spätestens 3 Jahren abgezahlt. Aber auch das kam anders als gedacht.

Denn es kam Corona und wir konnten nicht mehr auf die Insel fliegen. Der Tourismus brach zusammen, alle Buchungen, die wir bis dahin gehabt hatten, wurden wieder storniert. Die ersten 2 Jahre nach dem Ausbruch von Corona lebten wir mehr oder weniger gemeinsam in meinem Haus und vom jeweils Ersparten. Ich verbrauchte so nach und nach alle meine Ersparnisse, das Bargeld, was mir nach der Scheidung zugesprochen wurde.

An meinem Geburtstag im Februar kamen Tanya und ihre Familie nochmal und diesmal konnten sie hier in diesem Haus schlafen. Das war eine Wohltat! Martin war in seiner Wohnung, wo ich an den Tagen, wo Tanya mit ihrer Familie bei uns war, auch schlief. Ansonsten hätte er sich wieder außen vorgefühlt und das wollte ich unter allen Umständen vermeiden.

Martins Wohnung, die wir ja gemeinsam gekauft hatten, als wir in die Steiermark gekommen waren, hatte ich ihm mittlerweile überschrieben. Ich bekam die 10.000 €, die er damals, als Tanya und Dario das Haus kaufen wollten, so großzügig an die Verkäufer überwiesen hatte. Ich hatte die Hälfte, was die gemeinsame Wohnung mit Renovierung und Maler gekostet hatte, gezahlt. Das waren 14.405 €. Die 4.405 € behielt er ein. Er war der Meinung, die Überschreibung koste ja auch etwas und außerdem habe er Flüge gezahlt, die wir wegen Corona nicht hätten antreten können (die Flüge aber machten maximal 1.000 € für uns beide aus). Außerdem hätte ich doch die 50.000 € zinsfrei bekommen, sagte er. Ja, er suchte sich wieder überall seinen Vorteil. Die Hauptsache für mich war, dass ich dieses Haus hatte. An und für sich hatte er sich wieder einmal an mir bereichert.

Mein Resümee:

Da die Diskussionen schon wieder anfingen, als Tanya und Dario mit den Kindern da waren und ich das alles nicht mehr hören, geschweige denn ertragen konnte, beschloss ich, egal wie, mir eine eigene Wohnung oder ein Haus zu kaufen.

Ich wollte Besuch empfangen können, WANN ich will, WEN ich will und auch SOLANGE ich will, ohne dass mir irgendeiner reinreden kann.

Das hatte ich in den letzten Jahren wahrlich zur Genüge gehabt. Ich wollte mir nicht mehr länger vorschreiben lassen, wen ich wann und wie lange empfangen dürfe. Ich wollte endlich anfangen, meine Entscheidungen wieder selbst zu treffen!

124) MEIN 60. GEBURTSTAG

Außer meinem 50. Geburtstag, den ich mit dem ganzen Dorf auf der Insel gefeiert hatte, hatte ich noch nie groß meinen Geburtstag gefeiert. Doch jetzt hatte ich ein eigenes Haus und wollte meine Geschwister zu meinem 60. Geburtstag einladen.

Mein Bruder rief mich eines Tages an und eröffnete mir, dass er ein Appartement hier in der Nähe gebucht habe und dass er mit meinen Geschwistern (außer der ältesten Schwester Lisbeth, sie fühlte sich nicht so gut) zu meinem 60. Geburtstag komme. Jetzt war er mir zuvorgekommen, aber ich freute mich trotzdem riesig!

Ich bestellte Essen in einem hiesigen Restaurant und reservierte einen Raum im Arkadenhof beim Pfarrer. Dort feierten wir. Tanya, Dario und die Kinder waren auch gekommen und konnten diesmal in meinem Haus übernachten. Das war das Beste. Ich hatte endlich die Möglichkeit, meine Familie zu empfangen, ohne dass Martin meckern konnte! Es gab zwar trotzdem Diskussionen mit ihm, aber das rührte mich nicht mehr so sehr! Nachdem Tanya und Dario mit den Kindern wieder weg waren, übernachtete er erneut bei mir im Haus. Doch in der ersten Nacht stand er gegen 3 Uhr in der Früh vor meinem Bett und weckte mich. Er meinte, es sei ihm zu warm im Haus. Es waren 18 °C. Er ging in seine Wohnung, um weiterzuschlafen.

Nachdem Tanya und die Familie wieder abgereist waren, hatte ich schon tagsüber die Heizung heruntergestellt. Ein paar Wochen später meinte er, als er im Wohnzimmer saß, es sei kalt im Haus. Es waren 18 °C. Dass er sich in der ersten Nacht, nachdem Tanya weg war, beschwerte, es sei zu warm im Haus, lag daran, dass wir wegen der Kinder die Heizung etwas höher eingestellt hatten. Es war schließlich Februar. Es war ein versteckter Hinweis von ihm darauf, dass zu viel geheizt worden sei. Er konnte ja sonst nichts dagegen sagen. Es ist mein Haus und ich bezahle die Rechnung!

Mein Resümee:

Ja, mein 60. Geburtstag war ein schöner Tag. Tanya und Luisa hatten einen Tanz einstudiert, den sie aufführten. Meine Geschwister waren da, bis auf Lisbeth. Wir hatten wirklich ein paar schöne Stunden zusammen. Traurig war nur, dass ich am

Ende wieder einen Streit mit Martin hatte. Er kann es scheinbar nicht haben, wenn andere glücklich sind.

125) MEINE ROTE COUCH

Wir gingen eines Tages durch unser Dorf in der Steiermark spazieren. Mitten im Ort ist ein großes Haus mit Schaufenstern, da verkaufte jemand alte Möbel. In einem der Schaufenster stand eine wunderschöne rote Samtcouch. Weil ich in einem der oberen Zimmer noch Platz hatte und die Wände in diesem Raum mit roten Mohnblumen geschmückt hatte, die in derselben Farbe waren wie die Couch, sagte ich zu Martin, dass ich diese Couch kaufen möchte. An der Eingangstür hing die Telefonnummer des Besitzers. Ich rief ihn an.

Der Verkäufer war zu Hause und öffnete uns die Tür. Er war ein Bär von einem Mann, aber er war mir gleich sympathisch. Ich sagte ihm, dass ich diese Couch kaufen möchte. Er ließ uns hinein und zeigte uns alles, was er sonst noch zum Verkaufen hatte. Mit der Couch wurden wir uns schnell einig und ich bezahlte sie. Am nächsten Tag wollte er sie liefern.

Als die Couch geliefert wurde, liefen Martin und ich zu dem Haus, um zu helfen, sie ins Auto zu schaffen. Während Martin zu Fuß zurück lief, fuhren Henry und ich mit dem Auto zu meinem Haus. Denn für 3 Leute plus Couch war nicht genug Platz im Auto. Dort angekommen, trugen Henry und ich die Couch in den zweiten Stock in meinem Haus hoch.

Henry lud uns dann ein paar Tage später noch zu einem gemütlichen Abend mit seinen Freunden ein und wir freundeten uns mit ihm und seiner Frau Ida an.

Ein paar Wochen später traf ich ihn einmal auf der Straße, er fuhr gerade mit seinem Auto vorbei, hielt an und fragte mich, wie es uns ginge. Da ich gerade wieder einmal eine Auseinandersetzung mit Martin gehabt hatte, sagte ich nur, dass es uns zwar gut ginge, aber Martin mal wieder einen seiner Ausraster gehabt habe. Er reagierte ein bisschen reserviert und ich dachte noch, oh je, jetzt habe ich ihn vergrault.

Dann wurde aber das Projekt „Geschäft" geboren, denn Henry wollte hier im Ort wieder ein Lebensmittelgeschäft ins Leben rufen. Es wurde ein Verein gegründet, in dem sich Martin auch engagierte. Er wurde aktives Mitglied, doch ebenso mit den Mitgliedern des Vereins überwarf er sich am Ende.

In dieser Zeit lernte Henry ihn ein wenig besser kennen. Ich sprach öfter mit ihm oder seiner Frau über die vergangenen Ereignisse in unserer Beziehung. Ich mochte Henry und ich hatte Vertrauen zu diesem Mann. Wir wurden zum Schluss richtig gute Freunde! Ohne seine großartige Hilfe, wäre ich heute nicht da, wo ich jetzt bin.

Manchmal trifft man in so einer aussichtslosen Situation völlig unerwartet auf Menschen, die zu besten Freunden werden. Bei Henry war das auf jeden Fall so!

Mein Resümee:

Gerade bei dem Projekt „Geschäft" hatte Martin sich durch seine Verbissenheit keine Freunde gemacht. Am Anfang ging er fast täglich zum Geschäft, um dort Kontrollen zu machen und sich mit den Kassiererinnen am Computer die Bestellungen anzuschauen.

Er hatte ja schon Erfahrung im Controlling, denn in der Zeit, als er noch bei mir in Rheinland-Pfalz wohnte, machte er schon das Controlling in der Baufirma seines Schwagers. Er war dafür alle zwei Wochen von Rheinland-Pfalz nach Österreich gefahren.

Als wegen Corona nur noch Videositzungen stattfinden konnten, kam er als Schwerhöriger nicht damit zurecht. Später, als sich wieder normal getroffen werden konnte, verbreitete er scheinbar so ein schlechtes Klima unter den anderen Vereinsmitgliedern, dass er Schritt für Schritt herausgedrängt wurde. Seither war er nie mehr im Geschäft einkaufen.

126) KÜHLSCHRANK, STEIERMARK

Einmal, nach dem Einkaufen, funktionierte ich mal wieder nicht so, wie Martin es sich vorstellte. Er war gerade dabei, den Kühlschrank in meinem Haus einzuräumen und knallte in seiner Wut die Kühlschranktür mit voller Wucht zu. Er hatte aber vergessen, dass er gerade die Eier eingeräumt hatte und das Eier Fach noch offen war. Dieses zerbrach bei der Aktion. Wieder einmal machte er etwas kaputt, was ihm nicht gehörte. Hätte ich das Gleiche in seiner Wohnung mit seinem Kühlschrank gewagt, wäre das Geschrei groß gewesen.

Ein anderes Mal, wieder nach dem Einkaufen, hatten wir vergessen, die Joghurtgläser im Geschäft abzugeben. Martin tat dann die gekauften Sachen einfach zu den leeren Gläsern in die Tasche. Da mein Haus zwei Eingänge hat, einmal vom Parkplatz aus über den Keller und einmal über die Haustür einen Stock höher, gingen wir immer über den Keller ein und aus. Ausgerechnet diese Tasche bekam ich in die Hände, ich bemerkte die Joghurtgläser und räumte diese im Keller erst einmal wieder aus. Während ich noch damit beschäftigt war, kam von oben schon, wo ich denn bliebe, ob ich ihm nicht helfen wolle beim Wegräumen des Einkaufes. Ich sagte, dass ich die Joghurtgläser noch wegräumen würde.

Er sagte, dass ich das auch nachher hätte machen können. Ich hätte erst mal alles rauftragen und die Joghurtgläser dann wieder mit nach unten nehmen können. Ich sagte zu ihm, nur weil ich etwas anders machen würde als er, sei es noch lange nicht verkehrt.

Es entstand über diese Joghurtgläser solch ein Streit, dass ich ihn einfach in der Küche stehen ließ und mich nach ganz oben zurückzog. Ich kam erst wieder runter, als er sich beruhigt hatte.

Mein Resümee:

Er war wieder einmal so ungeduldig, dass er nicht akzeptieren konnte, dass ich etwas tat, was er anders gemacht hätte.

Leider versuchte er immer wieder, mir seine Art, zu denken und zu arbeiten, überzustülpen, aber ohne, dass er vorher mit mir darüber sprach. Er erwartete, dass ich alles so machte, wie er es sich vorstellte, dass es richtig war. Machte ich etwas anders, als er dachte, dass ich es zu machen hätte, wurde ein Streit daraus.

Er verstand einfach nicht, dass, auch wenn wir ein Paar waren, wir doch zwei unterschiedliche Individuen seien und blieben. Leben und leben lassen. Ich muss nicht alles so erledigen, wie er es macht. Ich habe meine eigenen Vorstellungen und die sind deswegen nicht falsch, sondern nur anders. Wie heißt es so schön: Viele Wege führen nach Rom!

127) *ES SIND NICHT SEINE ENKELKINDER*

Bei einer Gelegenheit, wo es wieder einmal wegen des Umgangs mit den Enkelkindern Unstimmigkeiten gab, sagte Martin zu mir, es seien doch sowieso nicht seine leiblichen Enkelkinder. Er hätte nichts dazu beigetragen.

Ich erklärte ihm, dass sie allein durch unsere Heirat zu seinen Enkelkindern geworden seien, und sie ihn auch von Geburt an kannten. Dass die Kinder ihn allein dadurch als ihren Opa ansähen und ihn liebten. Gerade der kleine Raphael sei ganz begeistert von ihm. Martin wollte das aber partout nicht wahrhaben. Ja, er liebt Kinder, solange sie klein sind und keine Widerworte geben können oder gar einen eigenen Willen zeigen.

Heute ist mir auch klar, warum er damals so gut mit Micha, meinem behinderten Sohn, klarkam. Er gab keine Widerworte. Er konnte es ja nicht. Sobald ein Kind aber einen eigenen Willen zeigt, fangen Diskussionen über die Erziehung an, dass einem manches Mal die „Haare zu Berge" stehen.

Mein Resümee:

Ich fand es so schade, dass er sich nicht sonderlich für seine einzigen Enkelkinder interessierte. Man muss kein leiblicher Opa sein, um sich mit den Kindern zu beschäftigen. Man kann so viel lernen von Kindern. Sie öffnen uns Erwachsenen so oft die Augen und eröffnen uns den Blick für das Wesentliche im Leben.

Ich konnte damals, als wir wieder zusammenkamen, leider keine Kinder mehr bekommen, weil ich mich nach der Geburt von Tanya hatte sterilisieren lassen. Ich hatte 3 Kinder geboren, das war mir genug. Später aber schlug ich ihm vor, entweder ein Kind zu adoptieren oder eine künstliche Befruchtung machen zu lassen. Sogar die Möglichkeit, dass er sich eine Leihmutter hätte aussuchen können, gab ich ihm. Er hätte gerne eigene Kinder gehabt. Doch keine dieser Möglichkeiten kam für ihn in Betracht.

128) DIE PIN

Da ich nun in Österreich eine kleine Rente beziehe, musste ich ein österreichisches Konto eröffnen. Martin meinte, das Geld könne doch auch auf sein Konto gehen, aber damit war ich nicht mehr einverstanden. Nie mehr mit ihm zusammen ein Konto, war meine Devise.

Ich eröffnete mein Konto und eines Tages hatte ich doch tatsächlich die PIN vergessen. Martin saß mir gegenüber, als ich ihm sagte, dass ich die PIN vergessen habe und rüber zur Bank gehen wolle.

Er meinte nur: „Ich kann dir nicht helfen, du hast mir die PIN ja nicht gesagt. Du hast ja lieber Geheimnisse vor mir." Ich antwortete, dass das nichts mit Geheimnissen zu tun habe. Außerdem habe ich doch auch keine Pins von ihm.

Die habe er mir auf der Insel alle einmal gegeben, sagte er. Ja, sagte ich, auf der Insel, als wir noch ein gemeinsames Konto hatten.

Wir hatten auf der Insel einen Zettel im Tresor, auf dem alle PINs von allen Konten standen. Aber dreimal, jeweils nach einem Streit, war dieser Zettel auf einmal verschwunden. Er hatte immer behauptet, dass er den Zettel nicht habe, verschwinden lassen.

Doch in einem anderen Streit verriet er sich. Er gab zu, dass er diesen Zettel ein einziges Mal hatte verschwinden lassen. Wer hatte dann die beiden anderen Male den Zettel verschwinden lassen? Etwa die Heinzelmännchen? Ich jedenfalls nicht und den Code vom Tresor kannten nur wir beide. Tatsache war, dass der Zettel ganze 3-mal aus dem Tresor heraus verschwunden war. Danach hatte ich mir gar nicht mehr die Mühe gemacht, danach zu schauen.

Ich ging zur Bank und klärte das mit der PIN. Als ich zurückkam, meinte er, ich solle ihm doch jetzt wenigstens die PIN geben, damit er mir das nächste Mal helfen könnte, wenn ich ihn wieder vergessen sollte. Ich sagte: „Nein, ich weiß jetzt, wie ich drankomme, wenn ich ihn nochmal vergessen sollte.

Er stand auf und ging maulend und meckernd und vor allem beleidigt nach oben. Nein, in diesem Punkt lasse ich ihn nicht mehr in mein Leben! Das ist endgültig vorbei.

Mein Resümee:

Er versuchte immer wieder, die Kontrolle zurückzubekommen. Ich ließ ihn aber nicht mehr. Ich baute von nun an mein eigenes Leben wieder auf.

129) CORONA, 2020

Corona. Der Tourismus fiel zusammen. Die ganzen Buchungen, die wir bis jetzt gehabt hatten, wurden nach und nach alle storniert.

Jetzt war es schon das zweite Jahr, indem wir keine Einnahmen hatten. Ich bekomme zwar meine kleine Rente, aber die liegt unter 100 Euro. Das Wichtigste daran ist, dass ich krankenversichert bin. Meine Ersparnisse schrumpften von Tag zu Tag immer mehr zusammen.
Außerdem hatte ich immer noch die 50.000 € im Nacken sitzen, die ich Martin noch zurückzahlen musste. Wie sollte ich das schaffen ohne Einnahmen?! Wenn das in der kommenden Saison so weiterging, bekam ich ein Problem. Ich erfuhr, dass es Ausgleichsbeihilfe gibt, und ich beschloss, diese zu beantragen. Martin war dagegen. Er sorge gerne für mich, sagte er. Na klar, das kannte ich ja schon zur Genüge. Bei jedem Einkauf gab es Diskussionen wegen Geld.

Wir waren zu dem Zeitpunkt gerade bei Tanya, als er mich wegen des Antrags auf Ausgleichsbeihilfe allen Ernstes fragte: „Mit welchem Recht gehst du davon aus, dass der österreichische Staat für dich aufkommen sollte?" Mir blieb der Mund offenstehen, ich war sprachlos ...

Er meinte, er habe damals, als wir geheiratet hatten, für mich unterschreiben müssen, dass er für mich sorge, wenn ich in Nöten sei. Die Ausgleichsbeihilfe hole der Staat sich bei ihm wieder, dann könne ich auch gleich von seinem Geld leben.
Ich beantragte die Ausgleichsbeihilfe trotzdem und gegen seinen Willen. Nach einigem Hin und Her bekam ich sie bewilligt. Da wir geschieden sind und ich nun Ausgleichsbeihilfe bekomme (die der Staat bisher von ihm nicht zurückgefordert hat), kann er auf keinen Fall mehr hier bei mir in meinem Haus wohnen. Und das ist gut so! Seine vielen Ausraster haben mich genug Nerven gekostet.

Mein Resümee:

Um die Ausgleichsbeihilfe beantragen zu können, sollte ich die Anmeldebescheinigung zum zuständigen Amt schicken. Ich schickte das Anmeldeformular, welches ich von der hiesigen Gemeinde bekommen hatte, nachdem ich mein Haus gekauft hatte.

Daraufhin kam vom Amt zurück, dass sie die Anmeldebescheinigung haben möchten. Ich schickte nochmal das gleiche Formular. Martin saß jedes Mal neben mir und ich zeigte ihm auch die Schreiben vom Amt. Ich fragte ihn, ob dies das richtige Formular sei. Er meinte, ja.

Das mit der Anmeldebescheinigung ging dann ein paarmal hin und her, bis ich beim Amt anrief und mich erkundigte, was das denn für eine Anmeldebescheinigung sein solle. Ich habe keine andere, nur die, welche ich geschickt hatte. Daraufhin erklärte mir die Dame am Telefon, dass ich diese Anmeldebescheinigung gemacht haben müsste, als ich zu meinem Mann nach Österreich gezogen sei. Ich verstand und ich erinnerte mich in diesem Augenblick daran, dass wir damals diese Anmeldebescheinigung gemacht hatten. Aber diese Bescheinigung hatte nicht ich, die hatte Martin damals irgendwo zu seinen Unterlagen in München getan, wahrscheinlich bei seinen Papieren. Ich fragte ihn, ob er wüsste, wo die Bescheinigung sei, er meinte, er könne sich nicht daran erinnern.

Ich musste diese Anmeldebescheinigung als verloren melden und eine Neuausstellung beantragen. Das machte ich dann auch. Da nun aber das ganze Prozedere so lange gedauert hatte und ich auf die Neuausstellung der Bescheinigung warten musste, kam der Bescheid, dass mein Antrag auf Ausgleichsbeihilfe abgelehnt sei. Grund: fehlende Anmeldebescheinigung! Ich könne innerhalb einer Frist Widerspruch einreichen.

Martin meinte daraufhin, es sei zwecklos, Widerspruch einzureichen. Ich machte es trotzdem. Ein paar Wochen später kam

die Neuausstellung der Anmeldebescheinigung, für die ich 30 €
zahlen musste und meine Ausgleichsbeihilfe wurde nachträg-
lich bewilligt.

Ich bin mir ganz sicher, dass Martin wusste, um welche Anmeldebescheinigung es sich handelte. Er ist Österreicher und
er kennt sonst auch alle Gesetze. Und da wir diese Anmeldebescheinigung damals gemacht hatten, hatte er sich damals garantiert ausreichend darüber informiert. Ich kann es mir nicht
vorstellen, dass er wirklich nicht wusste, um welches Formular
es sich handelte. Er müsste schon sehr vergesslich sein.

Er wollte einfach unter allen Umständen vermeiden, dass
ich wieder selbstständig wurde. Er wollte mich weiterhin unter seiner Kontrolle und von ihm abhängig halten. Da mein Er-
spartes so gut wie aufgebraucht war, wäre ich auf seine Hilfe
angewiesen gewesen.

Ich tat alles mir erdenklich Mögliche, um nicht wieder in diese
Falle zu geraten. Und ich bin dem österreichischen Staat außerordentlich dankbar, denn dadurch habe ich meine Selbstständigkeit wiedererhalten und konnte mich aus einer krankma-
chenden toxischen Beziehung endlich lösen.

130) MEINE RENTE

Damit ich meine kleine Rente in Österreich bekam, kauften wir
ganz am Anfang, als wir auf der Insel waren, Rentenanteile für
meine Rente dazu. Zu diesem Zeitpunkt hatte ich gerade meine Wohnung verkauft. Ich hatte also noch genug eigenes Geld
zur Verfügung.

Sehr viel später bekam ich von Martin vorgeworfen, er habe für
mich vorgesorgt, damit ich, wenn ich im Rentenalter sei, auch
eine Rente bekomme. Diese Zahlungen für die dazu gekauften
Rentenanteile seien damals von seinem Konto abgegangen.

Ich fragte ihn dann, warum diese Zahlungen von seinem Konto abgegangen seien. Ich habe doch auch Geld gehabt. Warum diese Zahlungen nicht von meinem Geld abgegangen waren. Außerdem hatten wir damals die Gütergemeinschaft, sprich, einen gemeinsamen Topf.

Er tat gerade so, als ob er allein so vorausschauend war, um für mich arme Person vorzusorgen, damit ich im Alter versorgt war. Damit ich ihm ewig dankbar sein soll dafür und stellt sich in allem als Gutmensch hin. Dabei ist er ein Hai unter Haien! Mein Geld hatte er stattdessen in den Aufbau der Häuser gesteckt.

Man kann nicht im Nachhinein sagen, dies oder jenes ist von meinem Konto abgegangen. Nicht, wenn von beiden „Partnern" und vielen Touristen Bargeld in die gemeinsame Kasse geflossen ist.

Wenn nur ein Partner Bargeld mit in die Ehe bringt mag diese Sichtweise noch vertretbar sein. Aber das war in unseren Fall ja nicht gewesen. Ich hatte meinen Anteil von 85.000 € mit in die Ehe gebracht und die hatte ich in all den Jahren nicht einfach „verlebt"! Denn das meiste, was wir zum Leben brauchten, baute ich selbst an.

131) WANDERUNGEN UND MARTINS CAMPER

Seitdem wir in der Steiermark wohnten, gingen wir viel wandern. Für meine Begriffe waren manche Wanderungen einfach zu lang.

Seit meinen Thrombosen im rechten Bein funktioniert dieses Bein nicht mehr so gut wie früher und wenn wir 10 bis 15 km wanderten, machte das Bein schnell schlapp und mir taten hinterher tagelang auch noch die Füße weh.

Ich musste immer wieder über meine Grenzen gehen, weil Martin soweit und lange wandern wollte. Gerade bergauf fiel es mir schwer, zu gehen. Meistens lief er sowieso 100 Meter vor mir und ich hechelte immer nur hinterher. Von Gemeinsamkeit konnte man nicht sprechen.

Da er schnell und viel schwitzt, zog er dann immer die Hörgeräte aus. Eine Unterhaltung war somit nicht möglich. Abgesehen davon war er ja meistens sehr weit vor mir.

Wenn ich es dann wagte, mir ein Hörbuch anzumachen, weil sowieso keine Unterhaltung möglich war, und er bekam das mit, wurde schon wieder gemeckert. Ich solle doch lieber die Natur genießen.

Die Natur konnte ich auch mit Hörbuch genießen. Besonders, wenn es sich um ein Hörbuch über Narzissmus handelte.

Im Oktober 2020 kaufte er seinen neuen gebrauchten Camper und wir waren viel damit unterwegs. Um ins Bett zu kommen, musste man hochklettern, was für mich mit meinem Bein nicht so einfach war. Da Martin oft nachts auf die Toilette musste, kletterte er dann über mich und ich wurde immer wieder wach. Bis zu 4–5-mal in der Nacht. Das war kein Zuckerschlecken.

Wenn ich tagsüber im Auto einschlief, denn auch während der Fahrt war eine Unterhaltung kaum möglich, weil der Motor zu laut war, wurde wieder mit mir geschimpft, ich solle doch lieber die Natur genießen.

Ich konnte und kann das immer noch nicht. Immer nur aus dem Fenster schauen, stundenlang nur die Landschaft vorbeirauschen zu sehen. Allein nur das Motorengeräusch über 5 bis 7 Stunden zu hören, schläfert mich einfach ein.

Er fährt gerne all die kleinen und kleinsten Sträßchen ab. Ich hörte, wenn ich allein im Auto unterwegs war, gerne Radio oder überhaupt Musik, aber auch das war nicht möglich, denn das Radio störte ihn. Hörbuch ging auch nicht, dann wurde wieder gemeckert. Also nur dazusitzen und mir die vorbeilaufende Landschaft anzuschauen, war mir zu öde und echt zu langweilig!

Ich versuchte krampfhaft, nicht einzuschlafen, doch ab und zu passierte es halt. Nach der ersten Tour, die, glaube ich, 6 Wochen lang war, hatten wir einen Riesenstreit. Ich sagte ihm, dass ich nur noch mitfahre, wenn die Tour maximal 3 Wochen dauere. 6 Wochen zusammengepfercht in einem Camper halte ich nicht mehr aus. Auch nicht, wenn ich nicht mehr dafür verurteilt werde, dass ich irgendwann einmal einschlafe.

Ich schlief doch nicht ein, um ihn zu ärgern, sondern, weil das eintönige Geräusch des Motors mich einlullte. Später nahm ich mir wenigstens Strickzeug mit. Da ich seinen Twingo nicht fahren durfte, weil es SEIN Auto war, weigerte ich mich nun auch, dieses Riesengefährt zu fahren.

Mich daran zu beteiligen, wo wir fahren sollten, hatte ich auch keine Lust, da es immer nur darum ging, jedes einzelne kleine Landsträßchen abzufahren. Nachts wurde es um diese Jahreszeit immer kälter, teilweise waren es schon Minusgrade. Es war unserem alten Hund Fips auch immer kalt. Fanny schlief bei uns im Bett. Ich deckte Fips zwar zu, aber es war ihm trotzdem kalt. Weil er fast blind war, traute ich mich nicht, ihn oben auf dem Bett schlafen zu lassen.

Die Heizung im Camper machte Martin wegen des Gasverbrauchs nicht oft an, geschweige denn, dass man duschen konnte. Ich glaube, in der ganzen Zeit duschte ich zwei- oder dreimal in dem Auto. Ich fühlte mich alles in allem nicht wohl. Wären wir nicht bei Tanya und ihrer Familie vorbeigefahren, ich glaube ich wäre gar nicht mehr mitgefahren.

Bei einer dieser Fahrten wurde die Idee von Martin geboren, mit Tanya und Dario zusammen im Odenwald ein Haus zu kaufen. Tanya und Dario waren mittlerweile wegen der Schule von Luisa in den Odenwald gezogen. Und die Gegend gefiel nun Martin auch sehr gut.

Martin wäre am liebsten nur noch mit dem Camper unterwegs gewesen, gar nicht mehr in mein Haus zurückgekommen. Nur noch unterwegs sein. Er kam mir immer öfter vor wie auf der Flucht.

Aber ich brauche einen Standort, wo ich sagen kann, da bin ich zuhause. Ich muss die Freiheit haben, mich einmal zurückziehen zu können. In dem Camper war ich dauernd seinen Launen ausgesetzt und konnte mich nirgendwohin zurückziehen. Immer nur gute Miene zum bösen Spiel machen, das war nicht mehr meine Welt.

Wir übernachteten in der Regel auf Bauernhöfen, bei denen man auch einkaufen konnte. Was mich massiv störte, war, dass er den Bauern immer erzählte, dass er lieber bei ihnen kaufe, weil die Qualität eine viel bessere sei als in irgendeinem großen Supermarkt. Doch wenn wir in einem Supermarkt einkauften, schaute er fast nur nach abgelaufenen Lebensmitteln. Da interessierte es ihn weniger, um welche Qualität es sich handelte, und es durfte nur gekauft werden, was er für wichtig und richtig hielt.

Mein Resümee:

Er lebt in meinen Augen wie auf der Flucht, vielleicht auf der Flucht vor sich selbst und in einem dauernden Widerspruch. Nach außen ist er der großartige Typ, der so viel erreicht hat. Aber jeder, der ihn einmal näher kennenlernt, erkennt in ihm früher oder später, dass er zwei Gesichter hat.

Früher sagte ich immer zu ihm: „Es kommt mir oft so vor, als hättest du zwei Seelen in deiner Brust. Du versuchst, zwei Leben zu leben, das deines verstorbenen Zwillingsbruders und dein eigenes." Heute weiß ich, dass es sich dabei um seinen Narzissmus und die zwei Gesichter „Jekyll & Hyde" handelt.

132) SEINE WOHNUNGEN IN DER STEIERMARK

Er hatte immer noch die kleine Wohnung, die wir 2 Jahre zuvor gemeinsam gekauft hatten, obwohl er zu diesem Zeitpunkt die ganze Zeit bei mir im Haus wohnte. Zusätzlich hatte er noch eine andere Wohnung gekauft, die 80 m^2 groß war, aber in einem ziemlich, zumindest von außen, heruntergekommenen Haus lag. Diese Wohnung wollte er vermieten. Sie war teilmöbliert.

Da er diese Wohnung vermieten wollte und in dem Zimmer ganz oben in meinem Haus, in dem meine rote Couch stand, sein Büro einrichten wollte, brachten wir die Couch und einen Wohnzimmertisch, den ich noch übrighatte, in diese Wohnung. Nur leider fand er keine Mieter für diese Wohnung. Da der Gedanke, mit Tanya und Dario zusammen ein Haus zu kaufen, allmählich reifte, beschloss er, die beiden Wohnungen zu verkaufen.

Für die kleine Wohnung fand er relativ schnell einen Käufer und der Verkauf ging ohne Makler vonstatten. Er machte bei diesem Verkauf einen Reingewinn von über 25.000 €. Ich sprach ihn danach darauf an, ob er nicht meinte, dass er mir jetzt wenigstens die 4.405 € geben könne, die ich damals, als ich ihm die Wohnung überschrieben hatte, weniger von ihm bekommen hatte, als wie ich ihm für die Wohnung gezahlt hatte, als wir sie gemeinsam gekauft hatten. Da meinte er im vollen Ernst, dass er diese Wohnung allein gezahlt habe. Ich holte daraufhin wortlos mein Handy hervor, öffnete mein Online-Konto und suchte die Überweisung, die ich damals auf sein Konto gemacht hatte. Ich fand und zeigte sie ihm. Da war der Beweis, dass ich ihm 14.405 € überwiesen hatte. Bekommen hatte ich von ihm die 10.000 €, die er den Verkäufern meines Hauses überwiesen hatte, als Tanya und Dario das Haus hatten kaufen wollen.

Er meinte, dass er Flüge gezahlt habe, die wir wegen Corona nicht angetreten hätten, und er zahle ja auch für mein Haus Gas, Wasser und die Hundesteuer. Außerdem übernehme er auch andere Kosten. Die Flüge hatten maximal 1.000 € für uns beide gekostet und Gas und Wasser, meine Handykarte und die Hundesteuer zusammen machten gerade mal 245 € umgerechnet auf den Monat aus. Noch weniger als vor etwa 15 Jahren,,als wir zusammen in meiner kleinen Wohnung in Rheinland-Pfalz gelebt hatten, im Monat gezahlt hatte.

Und er behauptete, er habe nach meinem Auszug noch Investitionen in der gemeinsam gekauften Wohnung getätigt. Aber außer dem Fernseher, den er danach gekauft hatte, fällt mir nichts ein, was er nach meinem Auszug noch investiert hätte. Alles andere, was sich zum Zeitpunkt des Verkaufes in der Wohnung befand, hatten wir gemeinsam angeschafft. Einige Sachen hatte er alleine bezahlt, wie z. B. die zweite Kühl-und-Gefrier-Kombination, die Schuhschränke, einige Magnetplatten für eine Magnetwand. Aber das waren, wenn's hochkommt, 2.000 €. Niemals mehr!

Bis zu dem Zeitpunkt, wo ich die Ausgleichsbeihilfe bekam, hatte er bei mir gewohnt und es war nur rechtens, wenn er dafür auch einiges an Kosten übernahm. Schließlich waren wir nicht mehr verheiratet und er bestand auf getrennte Kassen.

Er war aber nicht bereit, mir wenigstens mein Geld, die 4.405 €, zurückzuzahlen. Eigentlich hätte ich auch Anspruch auf einen Anteil vom Gewinn des Verkaufes dieser Wohnung gehabt, denn ich hatte sie mit renoviert und auch den Maler mitgezahlt. Davon wollte er gar nichts wissen. Im Gegenteil, er wurde wieder sauer, dass ich dieses Geld überhaupt ansprach. Ja, so kannte ich ihn doch!! Allerdings hatte er mir nach dem Verkauf der anderen Wohnung wenigstens das Geld für meine rote Couch unter Gezeter zurückgezahlt.

Mein Resümee:

Wir waren wieder mal beim Thema Geld. Es ist und bleibt scheinbar sein Leben lang das Wichtigste für ihn im Leben. Ich lebte von Sozialhilfe und er machte die große Kohle. Und wenn er es für richtig befand, ließ er mir mal ein bisschen was zukommen, indem er großzügig mal etwas zahlte, wenn wir ab und zu einen Kaffee trinken gingen. Nur um es mir später wieder als großzügige Geste vorwerfen zu können, dass er andere Kosten übernahm. Typisch für ihn!

133) ODENWALD

Als wir mal wieder bei Tanya und ihrer Familie waren, fanden wir ein Haus, welches uns allen passte. Wir beschlossen, es gemeinsam zu kaufen. Martin verhielt sich in dieser Zeit Tanya, Dario und auch den Kindern gegenüber so, als habe er endlich begriffen, wie wichtig eine Familie sein kann.

Mit seinen Eltern und Geschwistern hatte er sich zu dieser Zeit auch überworfen. Es ging ums Erbe. Seine Eltern hatten zu Lebzeiten den beiden Schwestern ohne sein Wissen Wohnungen überschrieben. Er war bisher leer ausgegangen und das hatte zu Unstimmigkeiten geführt. Er schrieb unzählige E-Mails an seine Eltern. Seine Mutter antwortete gar nicht mehr.

Nachdem wir das Haus entdeckt und dem Verkäufer gesagt hatten, dass wir es kaufen wollten, bekamen wir die Erlaubnis, die Sachen, die wir im Camper hatten, zum größten Teil schon in dem Haus zu lassen, damit wir das nächste Mal die Garage mit meinem Hausrat und meinen Sachen füllen könnten.

Martin räumte so gut wie alles aus dem Camper aus. Dann fuhren wir noch nach Rheinland-Pfalz in seine Wohnung, die er eigentlich einmal Tanya geschenkt hatte, und räumten dort alles an Möbeln und Geschirr raus. Alles, was fest verbaut war, blieb erst einmal in der Wohnung. Denn Martin wollte diese Wohnung auch verkaufen. Auch diese ganzen Sachen stellten wir alle schon in das neue Haus.

134) WIEDER ZU HAUSE

Als wir sonntags wieder in der Steiermark waren, hatte ich montags einen Termin beim Frauenarzt zur Nachkontrolle wegen meines Gebärmutterkrebs. Wir fuhren zum Frauenarzt und gingen nachher noch einkaufen.

Auf dem Parkplatz des Einkaufszentrums, nachdem wir in den Camper eingestiegen waren, sagte Martin zu mir, dass wir doch jetzt noch ein bisschen wandern gehen könnten. Ich sagte ihm, da wir am Vortag erst spät nach Hause gekommen wären, hätte ich die Wanderschuhe, die ich noch im Haus hatte, noch nicht in den Camper geräumt.

Da rastete er komplett aus und beschimpfte mich mit den Worten: „Das darf doch nicht wahr sein, was hast du denn gestern noch gemacht? Wie bescheuert muss man denn sein? Hast du wirklich so ein beschränktes Hirn?!"

Ich war wieder einmal fassungslos. Ich hatte am Vorabend noch Wäsche gewaschen, unter anderem seine, und dann waren wir ins Bett gegangen, weil der Frauenarzttermin schon früh um 8.30 Uhr war. Außerdem hatte er doch alles aus dem Camper rausgeräumt.

Mein Resümee:

Wenn er seine Wanderschuhe drin gelassen hatte, warum hatte er meine beiden Paare dann raus geräumt?

Diese unseligen Beschimpfungen immer wieder. So etwas trifft einen in der Seele. Ich würde niemals mit einem Menschen so umgehen, wenn ich ihn wirklich liebe. Der Tag war mal wieder gelaufen, jedenfalls für mich.

135) EXPERIMENT

Auf einer unserer Fahrten sagte Martin einmal zu mir, das Haus im Odenwald sei ein Experiment für ihn. Er sei gespannt, wie sich das Zusammenleben mit Tanya, Dario und den Kindern entwickle. Ob auch wirklich Rücksicht aufeinander genommen würde.

Ich sagte zu ihm: „Du kannst das Ganze doch nicht als ein Experiment bezeichnen. Dazu ist das ein viel zu folgenschwerer Entschluss. Außerdem haben wir doch schon gemeinsam darüber gesprochen, dass es notwendig ist, dass beide Parteien aufeinander Rücksicht nehmen müssen. Das ist doch die Grundvoraussetzung für ein Zusammenleben. Außerdem profitieren beide Seiten voneinander."

136) RUNA UND JAKOB

In einem weiteren Gespräch mit Tanya und Dario ging es irgendwann darum, dass Martin nicht wollte, wenn Runa oder Jakob bei Tanya und Dario zu Besuch seien, dass einer der beiden die gemeinsamen Räume betreten würde. Er wolle weder dem einen oder dem anderen in einem dieser Räume begegnen.

Das Haus hat drei Etagen und im Erdgeschoss war einmal ein Restaurant. Daraus wollten wir eine Bibliothek und ein gemeinsames Wohn- und Spielezimmer draus machen.

Für mich bedeutete dieser Wunsch von Martin einen Eingriff in die persönlichen Rechte der beiden. Aber bei diesem Gespräch waren Tanya und Dario wahrscheinlich so geschockt von seiner Aussage, dass sie zustimmten.

Doch genau dieses Gespräch war sicherlich auch einer der Gründe für Darios späteren Rückzieher.

Auch die Aussage, dass Martin nicht gewillt sei, die Bade Lust der Kinder mitzufinanzieren, dürfte einer der Gründe gewesen sein. Es kamen noch mehr Gründe hinzu.

Mein Resümee:

Es gab an und für sich so viele Anzeichen, dass wir viel früher die Reißleine hätten ziehen sollen. Aber Tanya, Dario, die Kinder und ich hofften so sehr darauf, dass Martin endlich klar geworden war, wie wichtig eine Familie ist und der Zusammenhalt einer Familie. Jung und Alt profitieren doch letztendlich voneinander.

Es war ja auch diesmal wieder so, dass Martin den Vorschlag eines gemeinsamen Hauses machte, was uns zu dieser Vermutung kommen ließ. Wir freuten uns alle auf ein gemeinsames Leben. Es wäre für alle von Vorteil gewesen. Es kam jedoch wieder anders, als wir dachten. Erstens kommt es anders, als man meistens, zweitens, denkt. Nicht wahr???

137) ODENWALD, DIE ZWEITE

Ein paar Tage später, die Stimmung war immer noch gedrückt, waren wir wieder auf dem Weg in den Odenwald. Als wir mit dem Camper unterwegs waren, schneite es und ich sagte nur zu ihm: „Schau mal, wie schön das da aussieht." Ich zeigte auf die Landschaft. Da antwortete Martin: „Was meinst du, das Geschäft oder die Landschaft?" Er war so richtig „gut" drauf. Ich fragte: „Was soll ich wohl gemeint haben, das Geschäft sicher nicht ..."

Er meinte, das sei ein typisches Beispiel für unsere Kommunikationsprobleme. Ich meinte nur: „Das ist für mich kein Kommunikationsproblem, du wolltest mich missverstehen. Mit keinem anderen Menschen habe ich in dieser Form Kommunikationsprobleme, so wie mit dir."

Ich glaube, auf dieser Fahrt passierte es auch, dass ich die Hunde, schon kurz bevor wir losfuhren, in den Camper tat und anschnallen wollte. Martin kam nach mir durch die Tür des Campers ins

Auto, machte sie hinter sich zu und setzte sich ans Steuer. Als ich fertig war mit dem Anschnallen der Hunde, fuhren wir los.

Plötzlich, nach ein paar Minuten, rief er: „Da steckt ja noch dein Schlüssel im Schloss! Wie bescheuert muss man denn sein, den Schlüssel nicht abzuziehen? Wenn der Schlüssel verloren geht, kann das Auto gestohlen werden ..." Er hielt schimpfend bei der nächsten Möglichkeit an, ich stieg aus und zog meinen Schlüssel ab. An dem übrigens auch mein Haustürschlüssel hängt ... aber keine Adresse.

Er machte ein Riesentheater daraus und beschimpfte mich deswegen ewig lange. Ich versuchte, mich zu erinnern, wie das hatte passieren können, und mir fiel ein, dass er nach mir ins Auto eingestiegen war und die Tür hinter sich zugezogen und verriegelt hatte.

Ich schloss die Tür vom Camper auf, ging mit den beiden kleinen Hunden ins Auto (Beide Hunde müssen getragen werden. Fips war schon fast blind ist und Fanny ist zu klein, um durch die Tür hochzuspringen. Ich war gerade dabei, die Hunde anzuschnallen, als er ins Auto kam und die Tür hinter sich zumachte. Dadurch, dass er gleich hinter mir einstieg und die Tür zuzog, weil es ihm mal wieder nicht schnell genug gehen konnte, vergaß ich den Schlüssel im Schloss. Ich musste eine Schimpftirade über mich ergehen lassen, die es in sich hatte. Er hatte tatsächlich Angst, dass durch den Schlüssel, falls er verloren gegangen wäre, sein Camper gestohlen werden könnte.

Danach hatte ich ihn noch einmal vergessen, aber da reagierte er gelassener ... es war die gleiche Situation.

Ich hatte ständig das unbestimmte Gefühl, irgendetwas falsch zu machen, wenn wir zusammen waren. Er tat so, als ob er nie etwas falsch mache oder vergesse. Immer war ich die Schuldige, die er „mit Recht" beschimpfen oder anschreien konnte. Als wir wieder im Odenwald waren, um den Kaufvertrag zu unterschreiben, rastete er allerdings Tanya gegenüber wieder aus.

Wir waren an dem Wochenende in den Odenwald gekommen, an dem Tanyas Vater bei ihr in der Wohnung für ein Wochenende zu Besuch war. Wir wussten, dass Jakob da war. Tanya hatte es uns gesagt.

Martin erwartete aber, dass Tanya und Dario Jakob sofort nach Hause schickten, weil noch einige Sachen wegen des bevorstehenden Hauskaufs zu klären waren. Aber dazu waren die beiden verständlicherweise nicht bereit. Was Martin natürlich noch saurerer werden ließ.

Bei diesem Telefongespräch, was er mit Tanya führte, wurde er wieder laut und warf ihr vor, wenn sie auch finanziell etwas zu dem Haus beitragen würde, dann dürfe sie auch mitreden. Tanya war zu der Zeit „nur" Hausfrau und Mutter.

Am nächsten Tag führten wir daraufhin ein intensives Gespräch mit Dario. Wir fuhren mit Dario zu einem Grillplatz im Wald, während Tanya mit den Kindern bei ihrem Vater in der Wohnung blieb. Sie hatte schließlich Besuch. Bei diesem Gespräch stand Dario voll hinter seiner Frau und er sagte zu Martin: „Auch wenn ich den Kredit für das Haus beantragt habe, bedeutet das doch, dass wir als Ehepartner beide dafür geradestehen."

Bei diesem Gespräch wurde endgültig ausgemacht, dass man in einem normalen, anständigen Ton miteinander und vernünftig kommunizieren müsste, ansonsten hätte das alles keinen Sinn.

An und für sich ist es traurig, dass man unter erwachsenen Menschen solche Vereinbarungen treffen muss. Martin versprach hoch und heilig, sich daran zu halten.

Dario sagte auch, sie sähen beide nicht ein, Tanyas Vater aus der Wohnung zu werfen, nur weil Martin sich in den Kopf gesetzt habe, ausgerechnet an diesem Wochenende mit ihnen wegen des Hauses reden zu wollen. Wir hätten ja eigentlich erst am nächsten Wochenende kommen sollen und wir seien informiert gewesen, dass Jakob dieses Wochenende bei Tanya und Dario sei. Martin fühlte sich mal wieder nicht wahrgenommen genug.

Am nächsten Tag setzten wir uns dann alle noch einmal in ihrer Wohnung zusammen und besprachen, ob wir das Risiko des gemeinsamen Hauskaufes eingehen wollten. Tanya und Dario waren guter Dinge und entschieden sich für das Haus, Martin sagte auch ja. Ich hatte mich bisher zurückgehalten und sagte zum Schluss, dass ich nur unter Bedenken zu dem Haus ja sagen würde. Ich kannte Martin am besten und hätte auf mein Bauchgefühl hören sollen!

Aber alle anderen waren dafür und ich freute mich ja auch darauf, mit meiner Tochter, dem Schwiegersohn und den Enkelkindern zusammenzuleben. Wir unterschrieben letztendlich diesen Kaufvertrag.

Nachdem der Vertrag unterschrieben war, fing die Bank von Dario an, wegen des Kredits Schwierigkeiten zu machen.

Martin wollte unbedingt schon in das Haus, da er dringend eine Meldeadresse in Deutschland brauchte. Seine Wohnungen in der Steiermark und in Rheinland-Pfalz hatte er verkauft. In seiner Wohnung in München wollte er sich nicht anmelden. Die war zu nahe bei seinen Eltern und mit denen hatte er sich doch wegen des Erbes überworfen.

Also überwies er dann den ganzen Betrag in Höhe von 200.000 € auf das Konto der Verkäufer, damit wir endlich in das Haus konnten. Die anstehenden Renovierungsmaßnahmen sollten vor dem Winter noch in Angriff genommen werden. Ich sollte meinen Anteil beitragen, sobald mein Haus in der Steiermark verkauft sei. Martin hatte mein Haus schon zum Verkauf ins Netz gestellt. Der Verkauf lief also schon.

Wir ließen einen guten Teil meiner Sachen im neuen Haus und fuhren wieder zurück.

Mein Resümee:

Wir waren alle so unglaublich blauäugig. Wir kannten Martin doch nun lange genug. Aus irgendeinem Grund war bei uns allen dreien das Gehirn ausgeschaltet. Wir klammerten uns an die Hoffnung, dass es diesmal gut gehen würde, aber leider blieb es nur bei der Hoffnung.

138) DER HUNDERUCKSACK

Jedes Mal, wenn wir in den Odenwald fuhren, hatten wir die Garage des Campers schon voll mit meinen Sachen und ließen alles in dem neuen Haus. Beim dritten Mal hatte ich Fannys Rucksack dabei. Wir fuhren wieder, so wie immer, von Bauernhof zu Bauernhof. Diesmal hatten wir einen wunderschönen Platz zum Übernachten gefunden und blieben 2 Tage auf diesem Platz.

Der Besitzer des Platzes war sehr freundlich und wir unterhielten uns lange Zeit mit ihm. Seine Frau machte selbst Eis, welches sie verkaufte. Als er hörte, dass ich auch Eis mache, gab er mir ihre Handynummer, damit wir uns austauschen könnten. Sie selbst war zu dem Zeitpunkt leider nicht anwesend. Marie und ich schrieben uns gegenseitig ein paar Nachrichten, tauschten uns über Eis aus und Rezepte.

Am nächsten Tag fuhren wir schließlich weiter und sollten bei Tanya ankommen. Als wir schon ein paar Kilometer hinter uns hatten, bemerkte Martin während der Fahrt erschrocken, dass die Tür der Garage offenstand. Er hielt am Straßenrand an, stieg aus und schaute nach, ob alles da war. Er meinte, es wäre alles noch da. Er schloss die Garagentür und wir fuhren weiter.
    Bei Tanya angekommen, wollte ich den Rucksack aus dem Camper holen, weil da alles drin war, was ich für die Hunde brauchte. Der Rucksack hatte ganz vorne gestanden, als ich ihn das letzte Mal gesehen hatte.

Martin räumte noch den Camper aus, als ich danach suchte und ihn fragte, ob er wisse, wo der Hunderucksack hingekommen sei. Er antwortete, er wisse es nicht, ich solle selbst nachschauen.

Da ich den Rucksack nirgendwo fand, holte ich ein paar meiner Kisten aus dem Auto, um zu schauen, ob er dahinter gerutscht sei. Martin bekam das mit und schrie mich auf der Straße an: „Ich habe gesagt, dass du schauen sollst. Schauen tut man mit den Augen und nicht mit den Händen." Er sah mich ganz böse an, weil ich seine Ordnung durcheinandergebracht hatte.

Ich ließ alles stehen und liegen, sagte aber noch: „Vielleicht ist der Rucksack ja rausgefallen, als die Tür der Garage offenstand.

Dann ging ich runter zu Tanya in die Wohnung und erzählte ihr, dass wir wohl doch den Rucksack verloren hatten.

Es ärgerte mich ungemein, dass ich deswegen schon wieder angeschrien worden war und das diesmal auf offener Straße!

Als Martin später runterkam, entschuldigte er sich zwar für sein Verhalten, aber das brachte mir den verlorenen Rucksack nicht wieder. Ganz zu schweigen davon, dass er sich schon wieder mir gegenüber ordentlich im Ton vergriffen hatte.

Der Rucksack war für mich von besonderem Wert. Da war alles drinnen, was die Hunde betraf. Was man zum Reisen mit Hunden benötigt, von der Wasserflasche bis hin zu den Maulkörben, die man im Zug benutzen muss.
    Er meinte, warum ich denn auch alles dort drinnen habe. Da antwortete ich, weil ich einerseits umziehe, und außerdem sei ich ein ordentlicher Mensch. Ich müsse doch wissen, wo meine Sachen seien, wenn ich sie brauche, und wolle dann nicht erst anfangen zu suchen.

Wir bestellten dann zwar einen neuen Rucksack, aber die anderen Sachen waren verloren.

Am nächsten Tag fiel mir ein, dass ich mit Marie, der Frau des Platzvermieters gechattet hatte. Mir kam die Idee, sie zu fragen, ob sie vielleicht irgendetwas von einem verlorenen Rucksack gehört hätte. Ich schrieb ihr und schickte ihr ein Bild des Rucksacks. Ein paar Stunden später kam ein Bild zurück, mit der Frage, ob es dieser Rucksack sei. Ja, er war gefunden worden. Ich hätte einen Freudensprung machen können.

Mein Resümee:

Das war wohl die Situation, die der Vermieter von Dario und Tanyas Wohnung auf der Straße mitbekommen hatte, als Martin mich rücksichtslos auf offener Straße angeschrien hatte.

Den Rucksack holten wir auf der nächsten Rückfahrt wieder ab. Maries Mann erzählte, dass er uns noch wegfahren sehen und gewunken habe, weil er gesehen habe, dass die Garage vom Camper offenstand. Aber wir hätten ihn nicht bemerkt. Na ja, zum Glück hatte ich jetzt wieder meine Hundesachen und war glücklich darüber.

139) MEIN PARKETT

Wegen eines der Häuser auf der Insel, die Martin gehören, hatten wir eine Anfrage wegen des Verkaufs.

Nachdem er mir das erzählt hatte, sagte ich zu ihm, dass, wenn die Leute sein Haus nicht kaufen wollten, sie doch eines meiner Häuser kaufen könnten. Er wurde auf meine Aussage hin so unvermittelt wütend, dass er einen Stuhl von meinem Esstisch nahm und ihn auf den Boden schmetterte. Diese Aktion hinterließ ein ungefähr 3 cm großes Loch in der Mitte meines Wohnzimmerparkettes.

Im Affekt bekam er von mir eine Ohrfeige, sodass seine Brille an der Wand zerbrach. Er war darüber so perplex, dass er nichts mehr sagte. Ich bin eigentlich ein sehr harmoniebedürftiger Mensch, aber mit dieser Situation war ich komplett überfordert. Wieder machte er etwas kaputt, dass ihm nicht gehörte. Ich fand es unerhört, wie er sich benahm! Ich sprach doch nur davon, dass die Interessenten auch eines meiner Häuser kaufen könnten. Was war denn daran schon wieder falsch?

Ich bestand darauf, dass er dieses Loch reparierte. Er meinte indessen, dass wir das Loch als Mahnmal für unsere Kommunikationsprobleme lassen könnten. Das aber akzeptierte ich nicht und bestand auf eine Reparatur, was er dann auch am nächsten Tag erledigte.

Mein Resümee:

Wir hatten zwar abgesprochen, dass wir zuerst versuchen würden, seine Häuser auf der Insel zu verkaufen. Da aber jetzt das zweite Jahr mit Corona anbrach, meine Ersparnisse so gut wie aufgebraucht waren und ich nun mal Geld zum Leben brauchte, machte ich diesen Vorschlag, dass sie auch eines meiner Häuser kaufen könnten. Das triggerte ihn so arg, dass er wieder einmal unvermittelt total ausrastete.

Ich wollte schon seit unserer Scheidung alles auf der Insel verkaufen. Allein die Flüge waren wegen meiner Thrombosegefahr für mich immer wieder ein Risiko, welches Martin nicht wahrhaben wollte.

Außerdem hatte ich, wie schon erwähnt, nie vorgehabt, im Tourismus zu arbeiten. Meine Arbeit war für ihn auch nie so viel wert gewesen wie das Aufbauen der Häuser. Darüber hatten wir vor der Scheidung genügend Diskussionen gehabt.

Da seine Häuser aber nur im Block verkauft werden können und ich meine Häuser einzeln verkaufen kann, einigten wir uns darauf, zuerst seine Häuser zum Kauf anzubieten. Doch dann kam Corona und es folgte nun das zweite Jahr ohne Einkommen für mich.

Martin hatte weiterhin seine Einnahmen durch die Mietwohnungen, die er nach wie vor besitzt, und seine monatliche Rente. Ich hatte nichts dergleichen und meine Ersparnisse neigten
sich erschreckend schnell dem Ende zu.

Für mich musste jetzt etwas geschehen.

140) MÜNCHEN

Da Martin sich mittlerweile mit seinen Eltern wohl ausgesprochen hatte und sie ihm das Elternhaus in München überschreiben wollten, fuhr er diesmal nach München weiter, um nach dem
Haus zu schauen. Er wollte eruieren, was alles an dem Haus zu
reparieren sei, denn es war 20 Jahre lang vermietet gewesen.
Nachdem die Mieterin ausgezogen war, sollte das Haus neu vermietet werden. Er sagte zu uns, Tanya, Dario und mir, er wisse
nicht, wie lange er brauche, bis er wiederkomme.

Nach ein paar Tagen rief er mich an und meinte, ich solle mich
mit den Hunden in den Zug setzen und nach München kommen.
Ich könne ihm beim Renovieren des Hauses helfen, es gebe genug zu tun, was ich machen könne, z.B. streichen.

Nein, das wollte ich auf keinen Fall! Ich ließ mich darauf nicht ein. Zu oft hatte ich von ihm gehört, dass meine Arbeit nicht so wertvoll sei wie seine Arbeit.

Außerdem hatte er das Haus geerbt und ich hätte nichts außer Arbeit damit gehabt, wenn ich ihm geholfen hätte. 140 m² zu renovieren ist kein Kinderspiel. Und ich wurde bei der Renovierung der kleinen gemeinsamen Wohnung in der Steiermark schon schamlos ausgenutzt. Ausnutzen ließ ich mich nicht mehr. Er würde jetzt auch nur meine Arbeitskraft wieder ausnutzen und die wollte ich mir für das gemeinsame Haus im Odenwald aufsparen.

Außerdem war es nicht ausgemacht gewesen, dass er jetzt schon mit der Renovierung begann. Er hatte gesagt, er wolle nur schauen, was zu machen sei. Das hatte nicht nur ich so verstanden, sondern auch Tanya und Dario. Aber so ist er …

Jedenfalls ließ ich mich nicht darauf ein und wollte mit dem Zug nach Hause fahren. Aber das ließ Dario nicht zu. Er meinte, er fahre mich nach Hause. Das war sehr lieb von ihm. Denn mit den zwei Hunden und meinem Gepäck wäre das nicht so einfach gewesen.

Als wir losfuhren, merkte ich plötzlich, wie wohl ich mich in einem Auto fühlen kann, wenn der Fahrer vorausschauend fährt, ohne andere zu gefährden. Es lag nicht am Auto, sondern an Darios Art zu fahren. Martin geht viel zu oft ein Risiko ein. Wenn die Straße unübersichtlich ist, überholt er trotzdem, obwohl er nicht genug sieht. Wenn ich es wagte, mich zu beschweren, sagte er immer: „Reg dich doch nicht so auf, es ist doch gar nichts passiert.", oder er fing gleich an zu schimpfen, weil ich das doch gar nicht beurteilen könnte.

Auf dem Rückweg fuhr Dario bei Martin in München vorbei, denn die alte Küche des Hauses sollte ausgetauscht werden und Dario sollte sich Einiges an Möbeln anschauen, ob das etwas für das gemeinsame Haus im Odenwald sei. Er übernachtete bei Martin. Eine Woche später fuhr er wieder nach München, um Martin zu helfen, die Möbel abzubauen. Sie liehen sich einen Transporter und brachten die Möbel in den Odenwald in das neue Haus. Dann fuhren sie wieder zurück. Dario musste ja sein Auto noch holen und nach Hause fahren.

Mein Resümee:

Dass ich ihm in diesem Haus nicht geholfen habe zu renovieren, lag unter anderem daran, dass ich mich und meine Arbeitskraft nicht mehr ausnutzen lassen wollte. Das hatte Martin lange genug auf der Insel gemacht und mir dann hinterher gesagt, dass meine Arbeit weniger wert sei als seine. Und dass in all den Jahren leider viel zu oft. Von nun an überlegte ich mir, wofür ich meine Arbeitskraft und meine Zeit einsetze.

Dass die touristische Vermietung auf der Insel auf meinen Namen lief, lag auch daran, dass er ein zu hohes Einkommen hatte und viel mehr Steuern dafür hätte zahlen müssten, wenn dies auf seinen Namen gelaufen wäre. Sicher, ich bekomme später dadurch einen Rentenanteil, aber der wird noch geringer sein als das, was ich in Österreich bekomme. Falls ich jemals so alt werden sollte, dass ich Rente beziehen kann, oder wenn es die Rente dann überhaupt in der Form noch gibt.

Aber den Hauptvorteil dadurch, dass der Tourismus auf meinen Namen lief, hatte er. Ich fühlte mich einfach genug ausgenutzt. Und sagte" Nein."

141) WASCHMASCHINE STEIERMARK

Meine Waschmaschine ging kaputt, ich hatte sie mit dem Haus zusammengekauft, sie war damals schon 20 Jahre alt gewesen, aber bei mir funktionierte sie noch 2 Jahre gut. Doch dann leckte sie. Es war zwar anfangs nur wenig Wasser, allerdings weiß man ja nicht, ob und wann es mehr wird.

Ich wollte eine neue Waschmaschine kaufen und schaute mich nach einer gebrauchten um. Ich fand einen Anbieter, der liefern und die alte Waschmaschine gleich mitnehmen würde.

Wir machten einen Termin aus und nach einer Einkaufstour, die auf dem Weg lag, fuhren wir dort vorbei, denn der Anbieter hatte mehrere gebrauchte Waschmaschinen im Angebot. Er kam aber nicht zum vereinbarten Treffen und Martin wollte nicht länger warten. Martin war sowieso der Meinung, dass ich jetzt nicht noch eine neue Waschmaschine kaufen solle. Ich sollte das Haus mit der kaputten Waschmaschine verkaufen. Mir wurde das aber zu gefährlich, denn die alte Waschmaschine leckte immer mehr.

Dann fand ich jemanden, der hier im Ort eine 2 Jahre alte Waschmaschine verkaufte, weil er zu seiner Freundin zog.

Da ich Martins Ansicht kannte, fragte ich unseren guten Freund Henry, der ein großes Auto hat, ob er uns helfen würde, die Waschmaschine zu transportieren. Er sagte zu und ich informierte Martin, dass wir die Waschmaschine mit Henrys Hilfe abholen gehen könnten.

Martin fragte mich, warum ich die Verabredung mit Henry hinter seinem Rücken ausgemacht habe. Ich sagte ihm, ich habe überhaupt nichts „hinter seinem Rücken" ausgemacht. Ich habe lediglich einen Freund um Hilfe gebeten, der ein großes Auto zum Transportieren habe. Und das ist nicht hinter seinem Rücken etwas ausmachen!

Ich weiß genau, hätte ich Martin gefragt, ob wir die Waschmaschine holen könnten, hätte er nein gesagt. So hatte ich wenigstens Henry. Mit seiner Hilfe allein hätte ich die Waschmaschine schon in mein Haus bekommen.

Aber da Martin vor Henry sein Gesicht verloren hätte, wenn er nicht geholfen hätte, half er natürlich mit. Henry war sogar noch so lieb, die alte Maschine gleich mitzunehmen. Am nächsten Tag fuhr er mit Martin zum Altstoffzentrum, um die kaputte Maschine abzugeben.

Mein Resümee:

Allein dafür nochmal an dieser Stelle ein riesiges Dankeschön an einen so guten Freund! Danke, Henry! Du bist und bleibst ein riesengroßer Schatz! Jetzt würde er sagen: „Aber geh ..."

142) FLOH

Eine Woche bevor wir wieder losfahren wollten, holten wir noch einen kleinen Chihuahua-Rüden bei einer Züchterin ab.

Ich hatte Martin Fotos von Floh geschickt und ihm auch am Telefon gesagt, dass ich 100 € angezahlt hatte. Martin war zu diesem Zeitpunkt noch in München mit dem Haus beschäftigt. Drei Wochen, nachdem Dario mich nach Hause gefahren hatte, kam er wieder. Seine Hand tat ihm sehr weh, er hatte sich mal wieder in München beim Renovieren überanstrengt. Er ist halt auch nicht mehr der Jüngste und er will immer alles selbst machen, um Geld zu sparen ...!
Ich war froh, dass ich mir treu geblieben war. Wenn ich ihm geholfen hätte, hätte er auch wieder von mir verlangt, dass ich über meine Grenzen gehe. Das sah ich nicht mehr ein. Da meine Arbeit sowieso nicht so wertvoll war wie seine, konnte er doch gut darauf verzichten.

Am nächsten Tag fuhren wir los, um Floh abzuholen. Am Telefon hatte ich ihm gesagt, ich müsse erst noch Geld auf der Bank abholen gehen. Er meinte, er habe genügend dabei, das brauche ich jetzt nicht.

Hätte ich mal besser nicht auf ihn gehört! Als wir bei der Züchterin ankamen, fragte er, wie viel Geld wir denn noch bezahlen müssten. Ich sagte: „Noch 775 €." Da meinte er: „Ich dachte, du hast 400 € angezahlt." Nein, ich hatte ihm gesagt, dass ich 100 € angezahlt hatte. So hatte ich das auch bei Fanny gemacht.

Er holte das Geld, was wir noch benötigten aus seinem Safe im Auto und wir holten den kleinen Floh ab. Zuhause angekommen, ging es dann wieder ums Geld. Ich füllte dann die nächsten 4 Wochen die gemeinsame Haushaltskasse allein, damit wir auf einen Gleichstand in der gemeinsamen Haushaltskasse kamen.

Immer diese Diskussionen um das liebe Geld. Ich hätte doch zur Bank gehen und mein Geld dabeihaben sollen. So wurde die Situation wieder von ihm dargestellt, als ob er der arme Mensch sei, der immer alles bezahlen müsste. Ich hatte mich dummerweise mal wieder darauf verlassen, auf das was er sagte.

Mein Resümee:

Hätte ich mal besser doch Geld bei der Bank abgehoben. Immer dieser Streit ums Geld. Ich hätte ihm das Geld, was ihm zustand, schon noch gegeben. Auf der Heimfahrt von der Züchterin war Martin schließlich noch ein Stein von der Gegenfahrbahn auf in die Windschutzscheibe geflogen. Das ließ seine Laune nicht unbedingt steigen.

143) AUTOGLAS WECHSELN

Am nächsten Tag fuhren wir zum Einkaufen und Martin hatte einen Termin bei einem Autoglas Händler gemacht, damit das Loch in der Scheibe repariert werden konnte.

Dort angekommen, stellte der Händler fest, dass noch ein weiterer Steinschlagschaden im oberen Teil der Windschutzscheibe bestand. Er meinte, die Scheibe müsse ausgewechselt werden. Dafür dürfe das Auto dann aber 24 Stunden nicht bewegt werden.

Martin meinte, dass sei kein Problem, wir könnten ja auf dem Parkplatz übernachten. Ich war aber nicht begeistert davon. Erstens lag der Laden an einer stark befahrenen Straße, das war allein wegen der Hunde nicht gut, und zweitens wollten wir am nächsten Tag wieder in den Odenwald losfahren. Und ich wollte noch Wäsche waschen, aufräumen und packen ...

Das hätte für mich einen Riesenstress bedeutet.

Ich sagte zu Martin, dass ich in dem Fall dann lieber mit Bus und Bahn nach Hause fahren würde. Die Frau des Autoglashändlers bekam unser Gespräch mit und meinte, sie rufe ihren Sohn an, der könne mich nach Hause fahren. Das gehöre zum Kundenservice. Das war natürlich super! Und ich nahm das Angebot dankend an. Aber Martin war nicht begeistert.

Ich würde schließlich noch lange genug in dem Camper schlafen müssen und ich hatte schon seit Monaten ein steifes Genick, was nicht besser werden wollte. Kurz darauf kam der junge Mann und fuhr mich mit den Hunden nach Hause. So konnte ich alles, was ich noch machen wollte, in Ruhe erledigen.

Es war etwa 11 Uhr vormittags, als ich wieder zu Hause war. Also rechnete ich nicht vor 9 Uhr am nächsten Morgen mit Martin, da das Auto doch 24 Stunden nicht bewegt werden durfte.

Um 8 Uhr in der Früh rief er mich maulend an, er sei vor der Tür. Da ich den Schlüssel im Schloss stecken gelassen hatte, kam er nicht ins Haus rein. Das war schon ein paar Mal passiert, dass ich den Schlüssel hatte stecken lassen und er kam dann jedes Mal mit dem Spruch: „Ich merke, dass ich hier nicht willkommen bin!" Dabei lasse ich den Schlüssel im Schloss, damit ich, gerade wenn ich allein bin, den Schlüssel nicht erst zu suchen brauche, wenn etwas passiert! Das ist eine reine Selbstschutzmaßnahme. Er beschimpfte mich wieder fürchterlich deswegen.

Ich lasse den Schlüssel doch nicht stecken, um ihn zu ärgern oder um ihn auszuschließen. Ich lasse den Schlüssel stecken, damit er an Ort und Stelle ist und ich ihn im Ernstfall nicht erst suchen muss. Was ich hätte machen können, wäre gewesen, den Schlüssel nicht ganz ins Schloss zu stecken, so dass Martin trotzdem hätte von außen aufschließen können. Aber ich rechnete doch noch gar nicht um 8 Uhr in der Früh mit ihm. Das Auto durfte und sollte 24 Stunden nicht bewegt werden. Da ich noch nicht angezogen war, bekam ich statt einer Begrüßung nur zu hören: „Was hast du denn die ganze Zeit gemacht, ich dachte du wärst fertig." Er hatte mal wieder eine total üble Laune!

Mein Resümee:

Dadurch, dass ich wieder mal den Schlüssel hatte stecken lassen, fühlte er sich mal wieder ausgeschlossen – im wahrsten Sinne des Wortes. Es triggerte ihn wieder einmal so, dass seine Laune im Keller war. Außerdem war er sauer, dass er allein im Camper dort auf dem Parkplatz des Autoglas Händlers übernachten musste.

Hier im Ort ist auch eine Werkstatt, die das Autoglas wechselt, mit angeschlossener Reparaturwerkstatt. Dort hatte Martin seinen Camper mal zur Reparatur gehabt und sich darüber geärgert, dass der Händler so teuer gewesen wäre. Hätte er das Autoglas dort wechseln lassen, wären diese ganzen Probleme nicht entstanden. Aber bei ihm geht's nun mal immer um „billig"!

144) ODENWALD, DIE DRITTE

Die Fahrt mit dem Camper hatte meinem Genick nicht gutgetan, zumal Martin jedes kleinste Sträßchen abfahren musste.
Das waren manchmal auch ziemlich holperige Feldwege. Doch
Rücksicht nahm er darauf keine, obwohl er wusste, dass mir
mein Genick seit Wochen wehtat.

Heute weiß ich, dass psychischer Stress eine Hauptursache für
Nackenverspannungen sein kann! Das Gefühl, ungerecht beschul-
digt/behandelt worden zu sein, gepaart mit Unverständnis und
Enttäuschung, führt unter anderem zu Nackenverspannungen.

Da ich unsere gemeinsame Kasse diesmal alleine aufgefüllt
hatte, wegen der Auseinandersetzung über das Geld, welches
wir für Floh gezahlt hatten, und weil wir für Tanya R. in einem
Drogeriemarkt ihren Lieblingskaffee kaufen wollten, um ihn
ihr auf die Insel zu schicken, hielten wir bei einem Drogeriemarkt, der diesen Kaffee gerade im Angebot hatte. Als wir zur
Kasse gingen, holte Martin seine Kreditkarte aus der Tasche
und wollte zahlen. Damit es nicht wieder Diskussionen wegen
Geld gab, wer wann wo was bezahlt hätte, bestand ich darauf,
dass ich bezahle, und nahm aus der gemeinsamen Kasse einen
100-€-Schein heraus.

Martin war schon am Einpacken und drängelte, dass ich mich
beeilen solle. Ich konnte mich gar nicht konzentrieren, weil er
so herum zeterte. Die Kassiererin gab mir das Wechselgeld und
Martin drängelte weiter, legte mir den gerade gekauften Kaffee
in die Arme, so dass ich noch nicht einmal Zeit hatte, das Wechselgeld wieder ins Portemonnaie zurückzulegen.

Am Camper angekommen musste es auch wieder schnell gehen. Wir fuhren los. Ich tat das Wechselgeld in die Geldtasche
und irgendetwas kam mir komisch vor. Ich überlegte hin und

her und plötzlich fiel es mir wie Schuppen von den Augen, die Kassiererin hatte mir nur auf 50 € herausgegeben.

Ich überlegte erst hin und her, ob es die fehlenden 50 € wert waren, wieder angeschnauzt zu werden, oder ob ich die einfach aus der eigenen Tasche drauflegen sollte. Ich entschied mich, es doch anzusprechen, denn Martin war nicht unschuldig an der Sache. Er hatte so sehr gedrängelt, weil er weiterfahren wollte, dass ich gar nicht an der Kasse hatte reagieren können.

Er ging natürlich in die Luft und beschuldigte mich, nicht aufgepasst zu haben. Das Geld könnten wir vergessen und zurückfahren werde er auch nicht. Also fuhren wir weiter. Ihm fiel dann ein, dass wir bei der Zentrale des Drogeriemarktes anrufen könnten. Das tat ich. Die Dame an der Zentrale meinte, sie rufe in dem Drogeriemarkt an, aber sie erreichte dort keinen. Sie legte uns nahe, zurückzufahren, mit der Filialleiterin zu sprechen und um einen Kassensturz der betreffenden Kassiererin zu bitten. Das machten wir dann auch und nach erfolgtem Kassensturz kam die Kassiererin zu uns und gab uns die fehlenden 50 € zurück. Ich hatte also tatsächlich Recht gehabt.

Dass Martin in dieser Situation dermaßen in die Luft ging, war typisch für ihn. Ich hatte mittlerweile schon Ängste entwickelt, überhaupt ein Problem mit ihm besprechen zu wollen.

Als wir diesmal im Odenwald ankamen, konnten wir schon ins Haus. Wir kamen zufällig gleichzeitig mit Tanya vor der Haustür auf dem Parkplatz an. Tanya wollte in den Kinderzimmern Tapeten abmachen.

Wir begrüßten uns und die Kinder sahen Floh durch das Fenster des Campers. Martin nahm Floh mit raus aus dem Auto und die Kinder stürzten sich auf ihn, um ihn zu begrüßen. Eine ganz normale Reaktion bei Kindern. Über die Freude, dass wir einen zweiten kleinen Chihuahua mitbrachten, vergaßen die Kinder ganz und gar, Martin zu begrüßen. Das war dann ein folgenschwerer Fehler, wie sich später herausstellte sollte.

Martin sagte zu den Kindern: „Wenn ihr mich nicht begrüßen könnt, tue ich den Hund wieder ins Auto." Die Kinder begrüßten ihn also, aber der Hund war zuerst begrüßt worden, das hatte Martin wieder innerlich verletzt, getriggert. Er fühlte sich nicht wertgeschätzt!

Wir gingen ins Haus, wo ich einen Welpen Stall aufbaute, um die beiden kleinen Hunde unterzubringen, denn es standen überall Kisten und Möbel, die verräumt werden mussten. Fips sah sowieso so gut wie nichts mehr und legte sich auf seinem Kissen hin und war zufrieden.

Wir räumten die Autos aus und Tanya ging nach oben, um weiter die Tapeten abzumachen. Ich fing an, mein Zeug in die obere Etage zu bringen, denn wir hatten ausgemacht, dass wir Alten erst einmal oben unterkommen würden, bis unten alles renoviert wäre.

Martin saß am Tisch und schaute wie immer in sein Handy. Nach einer Weile hörten wir ihn plötzlich schreien: „Wer hat die Hunde rausgelassen? Ist ja auch kein Wunder, wenn die Mutter sich nicht um die Kinder kümmert."

Wir, Tanya und ich, stürmten die Treppen runter, uns wundernd, was da passiert war. Der kleine 2-¾-jährige Raphael hatte den Reißverschluss an dem Welpen Stall entdeckt und ihn aufgemacht. Die zwei Chihuahuas waren natürlich herausgelaufen und Martin, der gerade im Begriff war, nach draußen zum Auto zu gehen, sah die Hunde im letzten Moment aus dem Augenwinkel herumlaufen und hatte sich wohl erschrocken.

Da muss man doch nicht so rumbrüllen. Der kleine Raphael weinte herzzerreißend. So eine Reaktion war er von zu Hause nicht gewohnt. Okay, das war passiert. Ich sagte Martin, es sei der erste gemeinsame Tag im gemeinsamen Haus, da passierten halt mal noch Fehler.

Ich fing die Hunde wieder ein und suchte etwas, womit ich den Reißverschluss zubinden konnte, damit so etwas nicht nochmal passierte.

Wir gingen wieder unserer Arbeit nach und Martin fing an, sich sein provisorisches Büro anzulegen. Später erzählte er mir, dass Raphael bei ihm gewesen sei und zu ihm gesagt habe: „Opa Depp." Ich fragte: „Das hat er zu dir gesagt?" Ich musste lachen. Später, so gegen 18 Uhr, fragte er mich, ob es denn heute noch etwas zu essen gebe. Ich hatte vor lauter Räumen ganz vergessen zu kochen und machte mich an die Arbeit.

Dann beim Abendessen fragte Martin Tanya, wie sie dazu stehe, dass Raphael zu ihm „Opa Depp" gesagt habe. Sie sagte, dass Raphael das Wort gar nicht kenne und wenn er das gesagt habe, habe Luisa das Wort vielleicht mit nach Hause gebracht. Aber Raphael wisse ganz sicher nicht, was es bedeute. (So etwas müsste Martin als studierter Psychologe eigentlich wissen.) Martin fragte, wie sie damit gedenke, umzugehen. Sie sagte wieder, sie spreche mit Raphael und erkläre ihm, dass der Opa so nicht genannt werden wolle. „Ob das alles sei", fragte Martin. Sie meinte, ja, sie erkläre es ihm schon. Martin meinte, dann sei er wohl der Böse, der so nicht genannt werden wolle. So ging das hin und her.

Martin stand irgendwann abrupt auf und meinte im Hinausgehen, er müsse sich schon schwer überlegen, ob er mit solchen Leuten, die ihrem Kind erlaubten, den Opa Depp zu nennen, wirklich zusammenleben wolle.

Martin ist scheinbar der Meinung, dass Erziehung wehtun muss. Erklärungen reichen nicht aus.

Nachmittags war Luisa noch auf der Toilette neben seinem dort neu eingerichteten provisorischen Büro gewesen. Sie hatte leider vergessen, abzuspülen. Prompt wurde darüber auch wieder gemeckert, es habe fürchterlich gestunken, sagte Martin zu mir.

Gleichzeitig hatte Raphael die Hose vollgemacht und er störte sich an dem Geruch, von wem er auch immer kam. Ich fragte ihn daraufhin, ob er nach Parfüm rieche,, wenn er aufs Klo müsse. Abends beim Abendessen fing er wieder mit dem Thema an und forderte Luisa auf, das nächste Mal die Toilette abzuziehen.

Dario war an diesem Tag noch nicht beim Essen dabei, da er bis spät abends arbeiten musste. Das war der erste Tag mit Tanya und den Kindern im gemeinsamen Haus.

Ich fragte mich, warum Martin Luisa vor allen anderen Anwesenden ansprechen musste. Er konnte nicht einmal ein klein wenig Einfühlungsvermögen zeigen.

Er hätte Luisa beiseitenehmen und ihr in einem liebevollen Ton sagen können, dass sie vergessen hätte abzuziehen. Sie solle doch bitte das nächste Mal daran denken! So hatte er Luisa vor uns allen bloßgestellt. Zumal sie, wie Martin ganz genau weiß, Verdauungsprobleme hat und oftmals nur einmal in der Woche Stuhlgang lassen kann. Wir sind über jeden „Haufen", den sie hinterlässt, froh ...! Ich dachte immer wieder, er ist doch Psychologe, er hat das doch alles einmal gelernt.

Am nächsten Morgen hatte Tanya schon den Frühstückstisch gedeckt, als wir runterkamen. Wir frühstückten gemütlich und gingen jeder wieder an unsere Arbeit. Dario war noch im Baumarkt einkaufen und kam gegen 13 Uhr ins Haus. Wir setzten uns alle zusammen, denn es mussten noch einige Termine und auch, was alles an Reparaturen bevorstand, abgesprochen werden.

Kurz darauf klingelte es und Doris, eine der Verkäuferinnen, kam mit Unterlagen, die noch unterschrieben werden mussten. Als sie wieder weg war, ging Dario nach oben, um Tanya beim Renovieren zu helfen.

Als ich auch hochging, unterhielten wir uns kurz über das, was am Vortag geschehen war. Dario und ich waren der Meinung, dass wir doch besser auf unser Bauchgefühl gehört hätten und die Sache mit dem Haus gar nicht erst hätten anfangen sollen.

Gegen 17 Uhr fuhr Dario wieder nach Hause, es ging ihm nicht gut. Die entstandene Situation ging ihm sehr aufs Gemüt.

An diesem Abend, vor dem Abendessen, während ich kochte,, hatte die 7-jährige Luisa Floh auf dem Arm. Er schlief auf seinem Rücken, wie ein kleines Baby in ihren Arm gekuschelt. Floh war übrigens mit einem Kind im selben Alter aufgewachsen und er war der Lieblingshund des Mädels gewesen. Und Luisa genoss es nun, ihm beim Schlafen einfach nur zuzusehen. Als das Essen dann fertig war, wurde Floh wach und Luisa wollte ihn mir geben. Er zappelte aber plötzlich ziemlich rum und drohte, von meinem Schoß zu fallen. Luisa schnappte ihn sich und fing ihn auf.

Martin sah nur, dass sie nach Floh griff und meckerte gleich schon wieder los, ob das nötig sei, dass sie dauernd den Hund herumtragen müsste. Sie solle ihn doch mal in Ruhe lassen. Er war schon wieder eifersüchtig. Daraufhin krabbelte sie unter den Tisch und fing herzzerreißend an zu weinen und rief ganz laut: Ich will sofort nach Hause, ich will nicht mehr mit dem Opa in ein Haus ziehen.

Martin stand auf und sagte: „Dann kann ich ja gehen, ich merke sowieso, dass ich hier nicht erwünscht bin." Er verließ den Raum. Dann kam er zurück und sagte zu mir: „Wenn Rechnungen kommen, dann sag Dario bitte, er soll mir Bescheid geben, ich zahle mein Viertel." Ich fragte ihn, was das jetzt bitte heißen solle? Er meinte, er sei jetzt weg. Mit solchen Leuten, die ihrem Kind erlaubten, zum Opa Depp zu sagen, wolle er nicht unter einem Dach leben, außerdem merke er, dass er hier nicht erwünscht sei.So ging das eine ganze Zeitlang hin und her.

Er holte sein Fahrrad, lud es in den Camper und kam dann wieder rein, um weiter zu diskutieren. Es ging, wie immer, wieder ums liebe Geld. Er schrie mich an, wie viel Geld ich denn zum Leben bräuche. Die Nebenkosten müssten bezahlt werden, die seien bisher nur von seinem Konto abgegangen. Ja, weil er es so angeboten und schon ins Haus gewollt hatte und der Kredit von Dario noch nicht lief. Mein Haus war auch noch nicht verkauft. Von 800 €, die ich an Ausgleichsbeihilfe und Rente bekomme, kann ich nicht auch noch Nebenkosten von 250 € im Monat bezahlen. Es war schlicht und einfach unter allen 4 Parteien so ausgemacht gewesen. Ansonsten hätten Tanya, Dario und ich uns gar nicht erst darauf eingelassen. Es war schließlich sein Vorschlag gewesen, es so zu machen.

Tanya und Dario hatten jetzt schon die Dauerbelastung. Der Kredit wurde schon abgebucht vom Konto, obwohl die Bank sich noch weigerte, den Kredit auszuzahlen. Und sie mussten noch die Miete für die derzeitige Wohnung bezahlen.

Das war alles vorher so ausgemacht, geregelt und auch so besprochen gewesen. Er sollte alle anfallenden Kosten erst einmal übernehmen, bis alles lief. Wenn der Kredit von Dario lief, mein Haus verkauft sei, dann hätte er sein Geld schon bekommen. So war es ausgemacht gewesen. Dafür brauchte er jetzt nicht diesen Kasperltanz aufzuführen. Er wollte doch unbedingt schon in das Haus. Wir hätten abwarten können, bis die Bank den Kredit von Dario ausgezahlt hätte. Dann hätte Martin nicht in Vorleistung treten müssen, was er freiwillig gemacht hatte.

Es fing schon wieder an, dass er sich nicht an Vereinbarungen hielt. Er versuchte uns, vor allem aber diesmal mich, wieder einmal emotional zu erpressen, dass er jetzt weg sei und wir anderen könnten schauen, wie wir ohne ihn klarkommen.

Ich kann es bis heute nicht nachvollziehen, was da so in seinem Kopf vorging. Er hatte doch das, was er wollte, erreicht. Warum jetzt dieser Aufstand?

Ich hielt das Ganze nicht mehr aus und bekam einen regelrechten Nervenzusammenbruch. Ich lief in die Küche, ich bekam keine Luft mehr. Ich schrie wie am Spieß, und zerriss ein Tischtuch, welches wir in der Küche zum Abtrocknen verwendet hatten, ich zerriss es in der Luft in kleine Stücke! Ich war so enttäuscht und gleichzeitig so wütend über Martin wie noch nie zuvor! Am liebsten hätte ich ihn in der Luft zerrissen! Tanya kam zu mir und beruhigte mich. Martin bekam das auch mit, aber er ließ keine Regung erkennen.

Diesen Nervenzusammenbruch hatte ich aber ganz vergessen... Tanya sagte später am Telefon einmal zu mir: „Mama, ich hatte ganz schön Angst um Dich, als Du den Nervenzusammenbruch hattest." Erst da fiel mir dieses Vorkommnis wieder ein. Ich hatte es durch den entstandenen Schock und die emotionale Erpressung von Martin, dass er sein Viertel zahle und jetzt weg sei... vollkommen verdrängt. Ich dachte nur, in was für einen Schlamassel habe ich meine Kinder jetzt wieder reingezogen. So etwas hatte ich in meinem ganzen bisherigen Leben noch nicht erlebt!

Später lud er mit einem Grinsen im Gesicht sein Fahrrad wieder aus dem Camper und war friedlich, tat so, als sei nichts passiert.

Tanya erzählte Dario natürlich vom neuerlichen Wutausbruch Martins und er beschloss, das Ganze abzublasen. Er wollte verständlicherweise nicht, dass seine Kinder unter Angst aufwachsen müssten. Er ging abends noch zum Vermieter, der bis dato noch keinen Nachmieter gesucht hatte, und fragte ihn, ob er die Kündigung der Wohnung zurückziehen könne. Daraufhin meinte der Vermieter, er habe sich das sowieso schon gedacht, dass das nichts werde mit dem Zusammenziehen mit den Schwiegereltern. Er erzählte Dario, er habe Martin auf der Straße mit mir herumschreien hören, und zerriss gleich im Beisein von Dario die Kündigung der Wohnung. Somit war wenigstens schon einmal dieses Problem gelöst.

Mein Resümee:

Dario und Tanya hatten Glück, dass der Vermieter so vorausschauend gedacht hatte, sonst wären sie dieses Mal auch wieder in Gefahr gelaufen, auf der Straße zu stehen, und zwar diesmal mit zwei Kindern. So schnell hätten sie keine neue Wohnung gefunden.

Übrigens, später stellte sich bei dem Gespräch in Dario und Tanyas Wohnung heraus, dass Raphael nicht gesagt hatte „Opa Depp", sondern er hatte wohl gesagt „Opa weg". Denn Dario erklärte uns, dass, wenn er mit Raphael schimpfe, Raphael wohl immer sagte: „Papa weg ..."
Martin hatte es bloß falsch verstanden und war deshalb so ausgerastet, dass unser ganzes Projekt ins Wasser fiel. Aber, wer weiß, wofür es gut war!

145) MEIN AUGE

Wir gingen am Abend ins Bett und als ich am nächsten Morgen aufstand, hatte ich plötzlich einen schwarzen Punkt im Auge. Es tat nichts weh und es war ansonsten alles ganz normal, nur halt eben dieser schwarze Punkt im rechten oberen Augenwinkel.
Wir wollten nach Rheinland-Pfalz fahren, um Martins Wohnung auszuräumen. Auf der Fahrt dorthin fiel mir der schwarze Punkt im Auge wieder auf, er war immer noch unverändert da.

Nun nahm ich mein Handy heraus und schaute im Internet nach, was das sein könnte. Ich fand heraus, dass es eine altersgemäße Glaskörpertrübung sein könnte, die aber in diesem Fall harmlos sei. Man könne nichts machen dagegen. Die schlimme Variante war ein Infarkt im Auge, aber dabei verschlechterte sich auch das Sehvermögen und das war bei mir nicht der Fall. Also ging ich von einer Glaskörpertrübung aus.

Martin fing schon wieder an zu meckern, weil ich ins Handy schaute. Ich erklärte ihm, dass ich seit dem Morgen einen schwarzen Punkt im Auge habe. Er fragte, warum ich das nicht gleich gesagt habe. Ich hatte halt gehofft, es verschwände von allein wieder. Dann wollte er am liebsten gleich mit mir zum Arzt. Ich gehe aber nicht gerne zum Arzt, seit der Operation meines Sohnes bin ich Ärzten gegenüber sehr skeptisch eingestellt. Ich sagte zu ihm, dass ich wahrscheinlich eine altersbedingte Glaskörpertrübung habe, gegen die man nichts machen könne.

Verwunderlich war nur, dass der schwarze Punkt nach der gestrigen Diskussion und emotionalen Erpressung, also der ganzen Aufregung, die Martin provoziert hatte, plötzlich aufgetreten war.

Mein Resümee:

Ich dachte mir, dass es vielleicht stressbedingt sei. Ich musste mehr auf meine Gesundheit achten, denn dieser ganze Disstress, den ich in der Beziehung erlebte, tat mir sichtlich nicht mehr gut.

146) RHEINLAND-PFALZ

In Rheinland-Pfalz hatte Martin sich mit dem Käufer seiner Wohnung verabredet, um mit ihm zu besprechen, was der alles aus der Wohnung raushaben wollte. Die Wohnung, die er Tanya einmal geschenkt hatte, wurde nun von ihm verkauft.

Der Käufer wollte alles aus der Wohnung, was Martin eingebaut hatte, rausschmeißen. Da das Holz noch brauchbar war, meinte Martin, wenn der Verkäufer einverstanden sei, bauten wir alles heraus und übergäben die Wohnung leer.

Vorsorglich hatten wir Tanya und Dario zum Helfen beim Einladen des Holzes nach Rheinland-Pfalz bestellt. Der Verkäufer war einverstanden und so fingen wir an.

Martin fuhr einen vorher schon bestellten Großraumtransporter abholen und es ging los. Abends, als wir fertig waren, kamen Tanya und Dario zum Helfen, das ganze Holz in den Transporter zu laden. Dabei sagte mir Dario schon, dass er vom Hauskauf abspringe. Ich sagte ihm, dass könne ich verstehen. So, wie Martin sich aufgeführt habe, werde es wieder und wieder und wieder passieren. Ich kannte das ganze Theater jetzt seit über 20 Jahren, also lange genug. Deshalb hatte ich auch nur unter Bedenken dem Hauskauf zugestimmt. Aber jetzt war es zu spät, jetzt mussten wir sehen, wie es damit weiterging.

Mein Resümee:

Martin war wie immer, er stresste beim Abbau derart herum, dass es kaum auszuhalten war. Ich musste ständig aufpassen, dass keinem der Hunde etwas passierte.

Als Dario und Tanya später zum Helfen kamen und Dario mir sagte, dass er abspringe, war mir ganz plötzlich so zumute, als ob jetzt ein Abschnitt meines Lebens zu Ende ginge. Es war irgendwie, als ob ein Vorhang fällt!

Ich beschloss in diesem Moment, dass ich alles, bis auf das Haus von Tanya R., auf der Insel verkaufen würde. Ich wollte jetzt endlich Nägel mit Köpfen machen.

Was soll's, dachte ich, ich war auf dieser Insel, so schön sie auch ist, eine Gefangene im sogenannten „goldenen Käfig". Wir waren ausgewandert, um Selbstversorger zu sein, was daraus wurde, war ein Touristendorf. Das war nie das, was ich gewollt hatte. Und nach zwei Jahren Corona wurden die Häuser nicht besser. Der Zahn der Zeit nagt schließlich auch an ihnen.

147) ODENWALD, DIE VIERTE

Das Holz wurde zum neuen Haus gebracht und auf der Fahrt dorthin kamen mir die Tränen. Ich musste daran denken, was wir dort und in meiner Wohnung alles mit Martin erlebt hatten. Irgendwie hatte ich das Gefühl, dass mit dem Ausräumen von Martins Wohnung ein Abschnitt meines Lebens gerade zu Ende gegangen war. Damit war für mich innerlich auch diese Beziehung zu Martin zu Ende gegangen.

Martin fragte mich, warum mir die Tränen kämen, und ich sagte, Erinnerungen und dass ich gerne dort in Rheinland-Pfalz gelebt habe. Was ja stimmte! Ich hatte mich wohlgefühlt in der Gegend und in meiner kleinen Wohnung. Ich hatte mich super verstanden mit den anderen Eigentümern dieses Hauses.

Er meinte, ja, wir müssten jetzt nach vorne schauen, wir hätten jetzt das neue Haus. Er tat so, als seien die letzten drei Tage nie geschehen. Er meinte, das eine ginge zu Ende und etwas Neues fange an. Genau so war es, nur, dass wir beide nicht das Gleiche meinten.

Am Haus angekommen, wurde das Holz noch dort ausgeladen. Dario war wieder zum Helfen gekommen. Am nächsten Morgen fuhr Martin den Transporter zurück und ich fing vorsorglich schon mal an, meine wichtigsten Sachen alle wieder einzupacken.

Am Nachmittag hatten wir noch einen Termin beim Notar, es ging da nur noch um eine Formsache. Ich hatte noch mit Dario darüber diskutiert, ob es Sinn mache, wenn ich die Unterschrift verweigere, aber er meinte, es sei wirklich nur noch eine Formsache. Es ändere nichts mehr, wenn ich meine Unterschrift verweigere. Dario lud uns nach dem Termin zu ihnen nach Hause ein.

148) DIE AUSSPRACHE

Als wir dort ankamen, ging ich zuerst gleich in die Küche zu Dario und sagte, dass er sich auf keinen Fall provozieren lassen dürfe. Martin sei in der Lage, wenn Dario versuche, handgreiflich zu werden, sich fallen zu lassen und so zu tun, als sei er verletzt. Das hatte er einmal zu mir gesagt, als Sandro, Runa Freund, gedroht hatte, er würde seine Frankfurter Freunde anrufen und dann würden Köpfe rollen ... Ich traute Martin mittlerweile alles zu.

„Also ganz ruhig bleiben", sagte ich. Dario sagte, er bleibe ganz ruhig. Nach diesen 3 ersten Tagen im gemeinsamen Haus, an denen es jeden Tag Ausschreitungen von Martins Seite gegeben habe, stehe für ihn fest, dass er aussteige.

Wir setzten uns an den Tisch und Dario eröffnete Martin und mir, dass er aussteige. Es tue ihm sehr leid, aber so ginge es nicht. Er wolle nicht, dass seine Kinder in Angst aufwachsen. Es sei besser, wenn wir das Haus wieder verkauften. Er hätte die Kündigung seiner Wohnung zum Glück zurücknehmen können und würde nun auch noch den Kredit kündigen.

Lieber wolle er die Strafzinsen zahlen, als jetzt nach diesen 3 Tagen mit dem Haus weiterzumachen. Zu sehr erinnere ihn die ganze Situation an die Sache in Portugal, wo sie schon einmal alles verloren hätten und beinahe auf der Straße gestanden hatten.

Jetzt sei es noch schlimmer, denn jetzt hätten sie beinahe mit zwei kleinen Kindern auf der Straße gestanden. Das Risiko sei viel zu groß, dass Martin nicht doch wieder ausraste.

Martin blieb erstaunlicherweise ganz ruhig. Heute, rückblickend, habe ich leider den Verdacht, dass Martin es genauso geplant hatte. Denn er sah mehr Kosten auf uns zukommen, als was er geplant hatte. Es war wieder einmal so eine Situation, wo ich gedacht hätte, er rastet aus, und da wurde mir wieder einmal mehr klar, dass er wirklich unberechenbar ist! Man kann diesen Mann einfach nicht einschätzen.

Wegen Nichtigkeiten geht er in die Luft und bei so einer entscheidenden Sache bleibt er ganz ruhig. Martin meinte, vielleicht überlege Dario es sich ja noch einmal, aber Dario sagte, da gebe es nichts mehr zu überlegen. Diese Entscheidung stehe fest.

Dann wollte Martin wissen, was ihn bei diesem Hauskauf jetzt genau an Portugal erinnere, dass müsse Dario ihm erklären.

Ich saß neben Dario und sah, wie ihm die Tränen hochstiegen. Ich legte ihm die Hand auf die Schulter und er sprang vom Stuhl auf, raus aus der Küche ins Wohnzimmer, und wir hörten nur noch einen Knall. Tanya und ich sahen uns erschrocken an,

Luisa kam in die Küche gelaufen und sagte: „Der Papa hat gegen die Wand gehauen."

Nach kurzer Zeit kam Dario wieder in die Küche, klappte fast zusammen, war ganz blass im Gesicht und hielt seine rechte Hand sehr ungewöhnlich. Man sah, dass zumindest ein Knochen der Mittelhand gebrochen war. Er sagte: „Bitte ruft einen Krankenwagen, ich habe mir die Hand gebrochen."
Ich rief dann gleich einen Krankenwagen, während Tanya sich um ihren Mann kümmerte. Nach einiger Zeit kam der Krankenwagen und es wurde mindestens ein Bruch in der Hand festgestellt. Dario wurde ins Krankenhaus gebracht. Seine Arbeitskollegin holte ihn spätnachts, nachdem er versorgt worden war, wieder dort ab. Martin und ich waren ins Haus zurückgefahren, wo ich jetzt erst einmal alles wieder zusammenpackte, was ich wieder mit nach Hause nehmen wollte.

Zwischendurch kam Martin nochmal zu mir und meinte, ich solle das doch jetzt lassen, vielleicht überlege Dario sich es ja nochmal anders. Ich wusste aber, dass das nicht der Fall sein würde. Das ganze Umräumen hatte mein Genick schlimmer werden lassen. Den Rest erledigte der dauerhafte Stress, dem ich ausgesetzt war wegen und mit Martin.

Mein Resümee:

Leider zeigte Martin nicht das geringste Einfühlungsvermögen. Ansonsten hätte er Dario nicht gesagt, dass der ihm erklären solle, was ihn an dem Haus im Odenwald nun an Portugal erinnern würde. Tanya und Dario hätten damals beinahe mit einem neugeborenen Baby auf der Straße gestanden. Zum Glück konnten sie weiter bei der Mutter von Dario wohnen, bis sie sich wieder gefangen hatten. Sie hatten all ihre Habe verloren und diesmal hätten sie beinahe mit zwei Kindern auf der Straße gestanden.

Martin hatte sie nun beinahe ein zweites Mal ins Unglück gestürzt wegen seines unberechenbaren Verhaltens. Aber scheinbar ist sein Herz schon so kalt, dass er gar nicht wahrnimmt, was er mit anderen Menschen macht. Wie sehr er andere Menschen ins Unglück stürzt durch und mit seinem Verhalten.

Dario sagte Wochen später am Telefon zu mir, es tue ihm sehr leid, dass er derjenige war, der die Notbremse gezogen habe. Ich sagte zu ihm, er solle stolz darauf sein, denn Martin sei und bleibe unberechenbar. Er sei während seiner Wutanfälle unberechenbar und manchmal sogar gefährlich. Er habe sich so manches Mal in seiner maßlosen und zügellosen Wut einfach nicht im Griff. Wer weiß, wem Dario am Ende damit, dass er die Notbremse gezogen hat, das Leben gerettet habe. Martin habe leider schon sein Leben lang ein Problem damit, wenn er alleine mit zwei Frauen zusammen sei, vor allem, wenn er das Gefühl habe, gegen zwei Frauen kämpfen zu müssen., wenn diese anderer Meinung sind als er. Mit Luisa wären es sogar 3 weibliche Wesen im Haus gewesen.

Dieses Haus hatte Marmortreppen. Wenn Martin eine von uns dort hinuntergestoßen hätte, in einem seiner maßlosen Wutanfälle, hätte keine von uns das überlebt. Von daher sei Dario ein Held und er solle stolz darauf sein, dass er uns das Leben gerettet habe!

Mein Gott, ich kann es gar nicht fassen, dass ich mich mit diesem Menschen einließ. Dass ich mich in so einen Menschen verlieben konnte. Er war so anders gewesen, als ich ihn kennengelernt hatte. Dass ich es dann auch noch so lange aushielt. 20 Jahre meines Lebens vergeudete ich sinnlos, in der Hoffnung, dass er sich irgendwann einmal ändert. Ich hatte immer die Hoffnung, dass er einmal so ruhig würde wie sein Vater. Leider wurde sein Verhalten mit den Jahren immer unberechenbarer, er wurde mit zunehmendem Alter immer schlimmer.

149) DIE HEIMFAHRT

Am nächsten Tag erfuhren wir, das Dario sich den kleinen Finger und einen komplizierten Bruch des Mittelhandknochens zugezogen hatte. Insgesamt waren 4 Knochen gebrochen. Wir packten alles, was von mir war, wieder zusammen. Martin wollte diesmal nur meine Sachen mitnehmen, da er sowieso nochmal ins Haus müsse, sagte er.

Dadurch, dass ich dieses Mal alles nur in Müllsäcke gepackt hatte, bekamen wir fast das ganze Zeug in die Garage des Campers. Dann machten wir uns auf den Weg zurück, so wie Martin es gerne mochte, jeden Tag ein kleines Stückchen und der Rest wurde Diskussionen gewidmet.

Für mich war diese Fahrt die Hölle. Wir fuhren über München, da er in seinem neuen Haus noch etwas wegen einer Reparatur nachschauen wollte.

Dario hatte den Kredit mittlerweile gekündigt und brauchte nun wieder die Unterschrift von uns beiden, da wir für ihn gebürgt hatten. Er schickte die Unterlagen zu dem Haus in München und als wir dort ankamen, war der Brief schon da.

Dort angekommen, ging ich erst einmal duschen. Als ich wieder herunterkam, lag der Brief für die Kündigung des Kredites geöffnet auf dem Tisch. Martin hatte ihn schon unterschrieben. Nach meiner Unterschrift taten wir ihn in einen Briefumschlag, fuhren, nachdem wir im Haus fertig waren, zur Post und gaben ihn dort wieder auf.

Dann fuhren wir auf einen Rastplatz im Wald, wo wir frühstückten. Nach dem Frühstück säuberte Martin die Teller (ich verbrauchte ihm immer zu viel Wasser, deshalb machte er das immer selbst) und ich schaute ins Handy.

Dort sah ich, was Martin an Dario in der Familiengruppe geschrieben hatte: „Der Brief ist da, ich habe schon unterschrieben." Mehr nicht, das war alles.

Ich wunderte mich, dass er mich nicht erwähnt hatte, und sagte ihm das dann auch, dass ich mich darüber wundern würde. Er meinte, was er denn habe von mir schreiben sollen, ich sei zu dem Zeitpunkt doch in der Dusche gewesen. Ich sagte: „Genau das hättest du schreiben können, denn so wie du dich ausdrückst, könnte man meinen, dass ich nicht unterschreiben will." Daraus entwickelte sich eine stundenlange Diskussion, weil er sich darüber wunderte, dass ich mich gewundert hatte. Am Ende der Diskussion drohte er mir sogar, mich mit „meinem ganzen Gelumpe" im Wald stehen zu lassen. Ich solle schauen, wie ich nach Hause komme. Ich sagte darauf nur: „Wenn du das machst, weiß ich, was ich von dir zu halten habe ..."

Später fuhr er doch weiter, bis zu einem See. Er ging mit den Hunden spazieren, während ich kochte und mit Dario telefonierte. Ich musste einfach mal mit einem normalen Menschen reden.

Dario sagte, wenn Martin mich wirklich irgendwo stehen ließe, sorge er dafür, dass ich nach Hause komme. Er habe super tolle Nachbarn, die das gerne machten. Ich war etwas beruhigter. Denn ich hatte mittlerweile wirklich Angst vor Martin und seinen Ausrastern. Er wurde immer unberechenbarer. Ich traute ihm durchaus zu, mich mit „meinem Gelumpe" im Wald stehen zu lassen. Martin kam mit den Hunden zurück und wir beendeten das Gespräch.

Ich hatte die letzten Tage schon nach einem fahrbaren Unterteil für mich im Internet geschaut und fand einen gebrauchten E-Roller, der sogar geliefert werden konnte, und ich bestellte ihn. Mir wurde klar, dass ich so absolut nicht weitermachen wollte! Auf gar keinen Fall mehr!

Martin tat so, als ob nichts passiert wäre. Am nächsten Tag fuhren wir sogar noch bei einem Wohnmobilhändler vorbei und ich machte, wie er einmal zu mir gesagt hatte, „gute Miene zum bösen Spiel" und schaute mir mit ihm diese Wohnmobile an. Er wollte sich ein neues kaufen, eines, wo wir zusammen hätten schlafen können, ohne hochklettern zu müssen und ohne, dass einer über den anderen klettern müsste, wenn er auf die Toilette müsste. Ich ließ ihn in dem Glauben, dass mich das auch interessierte, und war froh, als wir dann endlich weiterfuhren.

Es gab jeden Morgen und Abend Diskussionen, da ich nicht mehr bereit war, mit ihm zu schlafen. Einmal sagte ich zu ihm: „Okay, ich lass dich über mich drüber rutschen, aber mehr wird es nicht sein!" Diese Aussage hatte ihn dann doch geschockt und er ließ mich daraufhin in Ruhe.

Da er immer so oft auf die Toilette musste, hatte ich seit einiger Zeit sowieso schon auf dem Ersatzbett hinter den Fahrersitzen geschlafen. Dort konnten die Hunde auch bei mir schlafen, und Fips musste nicht mehr so frieren.

Nein, nach diesem ganzen Theater in den vergangenen Tagen, wollte ich keinen Sex mehr mit ihm. Mir war absolut nicht mehr danach.

Am letzten Tag dann, kurz vor dem Ziel, fing er wieder an zu diskutieren. Er meinte, dass eigentlich ich ihn ‚im Wald' stehen lasse, denn dadurch, dass ich darauf bestehe, diese Ausgleichsbeihilfe zu bekommen, verhindere ich, dass er mit mir in meinem Haus leben könne! Ich könne genauso gut von seinem Geld leben. Ich antwortete darauf nur, dass ihm niemand gesagt habe, dass er seine beiden Wohnungen in der Steiermark verkaufen solle. Wenn er eine davon behalten hätte, wäre dies eine Ausweichmöglichkeit vor Ort gewesen. Außerdem habe er doch noch eine Wohnung in München! Er aber meinte, die sei zu weit weg von der Steiermark.

Wegen der Ausgleichsbeihilfe konnte er nun zum Glück wirklich nicht mehr in meinem Haus wohnen. Das war in diesem Fall nur von Vorteil. Ich war so froh darüber! Ich war froh, dass es mir gelungen war, durch diese Ausgleichsbeihilfe mich von ihm und seinem Geld unabhängig gemacht zu haben. Ich wollte mittlerweile nur noch eines von ihm: ABSTAND! Ich hatte diese ganzen Diskussionen um das liebe Geld so was von SATT!

Ich konnte vor Angst, dass er wieder unvermittelt ausrastet, und um mich selbst zu schützen, einfach nicht mehr ehrlich zu ihm sein. Das war kein Leben mehr.

Endlich kamen wir am Haus an und ich räumte meine ganzen Sachen aus der Garage des Campers. Martin räumte alles von mir, was im Camper selbst noch war, auch alles raus. Er meinte, er brauche den Platz, um seine Sachen aus dem Haus im Odenwald zu verstauen.

Alles klar, ich war froh darüber! Denn allem, was von mir wieder in meinem Haus war, brauchte ich nicht mehr nachzulaufen. Als wir fertig waren, fing er wieder an zu diskutieren. Ich ließ mich aber auf nichts mehr ein. Dann wollte er fahren, kam wieder zurück, dieses Spiel kannte ich ja schon zur Genüge. Das altvertraute Spiel konnte sich über Stunden hinziehen, wenn ich mich jetzt auf eine Diskussion einließ. Doch ich ließ mich auf keine Diskussionen mehr ein.

Er meinte noch zum Schluss, wenn ich sein Auto nutzen wolle, die Papiere lägen oben auf dem Tisch. Ich sagte: „Nein, das werde ich bestimmt nicht tun! Es ist dein Auto!"

Dann war er endlich weg und ich hatte endlich meine Ruhe! Nach ein paar Minuten ging ich raus und wollte versuchen, mir ein Päckchen Zigaretten aus dem Automaten zu ziehen. Das brauchte ich jetzt. Aber ausgerechnet Martin lief ich über den Weg. Er fuhr an mir vorbei, drehte, kam wieder zurück und fragte mich, ob ich ihn suchen würde. Nein, die Zeiten waren definitiv vorbei. Ich war froh, dass er endlich weg war! Ich sagte: „Nein, ich brauche einfach nur etwas frische Luft." Er meinte, dass es traurig sei, dass ich erst jetzt darauf komme, spazieren zu gehen. Dann fuhr er weiter.

Ich hatte kein Glück mit den Zigaretten, da ich mich nicht mit diesen neuen Automaten auskenne, und es war Sonntag, die Geschäfte hatten geschlossen.

Also bekam ich keine Zigaretten. Dann traf ich zum Glück traf ich meine Nachbarin Sabrina und sie half mir mit einem Päckchen Zigaretten aus.

Ich setzte mich erst einmal hin und rauchte in Ruhe eine Zigarette. Das tat richtig gut, nach dieser Woche Höllenstress!
Die Heimfahrt hatte tatsächlich mal wieder eine Woche gedauert und dazu noch diese vielen dummen, sinnlosen und erniedrigenden Diskussionen., die wieder in dieser Zeit gelaufen waren!!! Meine Güte, war ich froh, dass das endlich vorbei war!

Mein Resümee:

Er hat wirklich ein großes Kommunikationsproblem, daher mein Verdacht, dass er zusätzlich am Asperger-Syndrom leidet. Wenn man sich nicht einmal wundern darf und aus dem Wundern stundenlange Diskussionen entstehen, ist das alles nicht mehr normal. Dann zum Schluss diese Drohung, dass er mich mit meinem „Gelumpe/Sachen im Wald" stehen lassen wollte. Später sagte er zwar, er hätte das nie gemacht ...

Aber warum droht man überhaupt jemandem, wenn man dann doch nicht vorhat, es durchzuziehen. Vor allem verstehe ich nicht, warum bedroht man einen Menschen, von dem man behauptet, man „liebt" ihn. Es ist unglaublich anstrengend, mit so einem Menschen zusammenzuleben. Ich habe ihm 20 Jahre meines Lebens geschenkt und er hat es nie wirklich zu würdigen gewusst.

Wenn ich jetzt an die Situation zurückdenke, damals, als Jakob zu Martin gesagt hatte, er könne sich keinen besseren Ersatzmann für seine Frau und keinen besseren Ersatzvater für seine

Kinder vorstellen, so empfinde ich das heute, nach allem, was ich mit Martin in der vergangenen 20 Jahren erleben musste, was er meinen Kindern und mir alles angetan hat, tatsächlich leider als eine Farce. Ich bin leider einem bösartigen Psychopathen in die Falle gelaufen und habe meine Kinder auch mit hineingezogen!

150) DER NÄCHSTE TAG

Am nächsten Tag klingelte es an der Haustür, ich öffnete und Martin stand vor der Tür. Er kam herein und meinte, ich solle mich fertigmachen, dann könnten wir zur Versicherung fahren und sein Auto anmelden.

Ich sagte: „NEIN!" Er schaute mich ganz verdutzt an, ein Nein war er nicht von mir gewöhnt, und fragte, warum ich das nicht wolle. Ich sagte ihm, weil ich viel zu oft gehört habe, dass dieses Auto sein Auto ist. In der Vergangenheit habe ich es nie fahren dürfen, wenn ich es gebraucht hätte, und jetzt wolle ich es nicht mehr! Als es geklingelt hatte, war ich gerade dabei gewesen, mir ein Brot zu machen, und ich dachte, der Postbote klingele an der Tür.

Ich fragte ihn, ob er auch etwas zu essen haben wolle. Er verneinte und fragte, warum ich so ein Dreckszeug essen würde. Ich hatte mir Leberkäse aufs Brot gemacht. Ich sagte: „Ganz einfach, weil ich Lust darauf hatte." Er meinte, ich würde also nach dem Lustprinzip leben, ob er das auch machen solle. Er hätte auch Lust auf mich. Ich sah ihn nur an und sagte, dass sei ja wohl etwas ganz anderes.

Da er sonst nichts wollte, außer mir sein Auto anzubieten, bat ich ihn, zu gehen. Er ging zur Treppe, kam dann wieder, das altbekannte Spiel sollte von neuem beginnen, aber nicht mehr mit MIR!!! Er fing wieder mit dem Auto an und ich sagte nochmals: „Ich will es nicht!" Ob ich mir sicher sei? Ich sei doch hier im Ort eingesperrt ohne Auto. Wenn ich es mir anders überlege, die Papiere und der Schlüssel lägen oben auf dem Schreibtisch.

Ich sagte wieder, dass ich es nicht will und außerdem gebe es Bus und Bahn. Dann ging er endlich!

Mein Resümee:

Dario hatte mittlerweile mit ihm telefoniert und ihn gefragt, ob wir uns gestritten hätten auf der Rückfahrt. Martin hatte doch tatsächlich gesagt: „Nein, es sei alles normal gewesen."

Ja, leider war es normal, so wie er sich verhielt, dass er mich emotional bedrohte und versuchte, mich kleinzumachen.

Und sein Auto wollte ich nicht haben. Jedes Mal, wenn ich dort eingestiegen wäre, hätte ich an die zahlreichen dummen und erniedrigenden Diskussionen denken müssen, die wir da drin hatten führen müssen, weil er nach wie vor der Meinung war, das Auto gehöre ihm allein, und das wollte ich nicht. Nein, danke, ich verzichtete freiwillig.

Als er wieder in den Odenwald fuhr, um seine Sachen zu holen, nahm er auch meine Sachen einfach mit, die wir auf der Rückfahrt nicht mehr in seine Garage hineinbekommen hatten. Das waren 2 Fahrräder, ein normales und ein Klapprad, ein Fahrradhelm, die dazugehörigen Fahrradsitze für die Hunde. Ein Hunderucksack gefüllt mit Hundesachen. Meine Weihnachtskiste und noch ein paar Kleinigkeiten. Die wollte er mir unbedingt vorbeibringen (während der nachfolgenden Chat-Zeit mit Henry). Ich hatte aber mit Dario ausgemacht, dass er diese Sachen von mir einlagere. Martin nahm sie einfach mit, obwohl Dario ihm auch noch einmal sagte, dass er diese Sachen einlagern solle.

Martin versprach sich davon, und das behaupte ich jetzt einfach mal so, dass, wenn er meine Sachen mitnimmt, ich mich schon darauf einlassen würde, dass er mir meine Sachen vorbeibringt. Dann hätte er wie früher immer, wieder die Möglichkeit, mich umzustimmen, um mich wieder manipulieren zu können. Aber dieses Spiel spielte ich nicht mehr mit. Ich stieg komplett aus diesem Sandkastenspiel aus!

Ich sagte ihm, er könne die Sachen in seiner Garage oder bei Henry abstellen. Ich ließ mich auf nichts mehr ein! Und so verblieben die Sachen in seinem Camper und sind nach seinem Unfall immer noch dort drin. Ob ich sie jemals wiedersehen werde? Ich lasse mich überraschen.

151) *HENRY*

Dann fing ich an, meine Sachen wegzuräumen. Damit war ich allein schon wieder 4 Tage beschäftigt. Ich traf mich mit Henry und Ida und erzählte ihnen, was vorgefallen war.

Henry, der 15 Jahre als psychologischer Berater gearbeitet hatte, bot an, da ich mich von nun an weigerte, mit Martin zu telefonieren, um nicht wieder seinen Manipulationen ausgeliefert zu sein, uns in einem Chat als Freund eine Zeitlang zu begleiten. Er eröffnete eine Gruppe mit uns beiden und wir schrieben uns etwa 4 Wochen lang hin und her.

Unter anderem ging es auch darum, was Martin mit Runa auf der Insel gemacht hatte, und die vielen bösen E-Mails, die sie sich wegen der Zeit, als Runa in seiner Wohnung lebte, geschrieben hatten. Sie waren beide nicht gerade nett miteinander umgegangen, aber Runa ist mittlerweile auf einem guten Weg, sie hat ihm längst verziehen. Denn Verzeihen heißt nicht, dass man vergisst, was vorgefallen ist, aber man lässt es ziehen, man lässt es los und es belastet einen nicht länger. Martin hingegen ließ in den vergangenen 6 Jahren kein einziges gutes Haar an Runa. Bei jeder sich ihm bietenden Gelegenheit fing er wieder an, über sie herzuziehen. Man bemerkte den Groll, den er immer noch in sich trug, in jedem Wort, was er über sie von sich gab.

Mein Anliegen war, dass er endlich seine vor Jahren gegebenen Versprechen, vor allem Tanya und Dario gegenüber, einlöste.

Schließlich hatte er sie durch sein Verhalten jetzt zum zweiten Mal in den finanziellen Ruin geschickt. Und dass er endlich einmal Frieden mit Runa schloss, wenn er schon an unserer Beziehung festhalten wollte. Und dass er auf jeden Fall eine Therapie machte.

Das alles sind Situationen, die unsere Beziehung schwer belasteten.

Plötzlich, nach etwa zwei Wochen im Chat, kam die Aussage von Martin, dass er Runa schon längst verziehen habe und schon lange keinen Groll ihr gegenüber mehr hegen würde. Das stimmte aber so gar nicht, denn er hatte von Tanya und Dario vor gar nicht langer Zeit verlangt, dass Runa und Jakob (mein Exmann), sollten die beiden Tanya und Dario einmal im gemeinsamen Haus besuchen kommen, nicht die Gemeinschaftsräume betreten dürften. Da er keinem der beiden über den Weg laufen wollte.

Das klingt mir nicht danach, dass er hier keinen Groll mehr hegte, und diese Aussage von Martin war vielleicht 3 Monate her. Er hatte sogar darauf bestanden, dass er Jakob und Runa auf gar keinen Fall in einem dieser Räume begegnen wolle. Wenn man jemandem verziehen hat, kann man ihm auch ohne Probleme gegenübertreten, und das wollte und konnte er zu diesem Zeitpunkt noch nicht. Und jetzt wollte er auf einmal mit allen Frieden geschlossen haben und wollte sich um eine Aussprache bemühen und sagte, er hätte alles verziehen.

Nein, so schnell geht das nicht. Diesmal glaubte ich ihm nicht mehr! Zu oft hatte er mich in den vergangenen Jahren diesbezüglich angelogen und meine Kinder schlechtgemacht.

Erst jemanden, wie Runa, 6 Jahre lang links liegen lassen. Diese Person bei jeder sich bietenden Gelegenheit bei der Partnerin immer nur schlecht reden! Und dann auf einmal, innerhalb von zwei Wochen, einen auf Versöhnung machen, weil man gemerkt hat, die Partnerin spielt dieses bescheuerte Spiel nicht mehr mit. So schnell geht keine narzisstische Heilung voran,

das war alles nur wieder reine „Selbsttherapie, ohne Rückgrat".
Alles nur vorgespielte Lüge, als Wahrheit getarnt.

Auch sagte er, was mich betrifft, ich solle loslassen, alles, was
in unserer Beziehung an Negativem vorgefallen sei, das sei-
en alles Probleme aus der Vergangenheit. So etwas komme
in Zukunft nicht mehr vor. Das konnte er richtig gut, alles,
was passiert war, banalisieren. Man müsse positiv in die Zukunft schauen, alles Negative, was in der Vergangenheit passiert war, hinter sich lassen. Ja, wenn es denn mal von Dauer gewesen wäre, das ganze negative Verhalten von ihm. Aber
es passierte doch immer wieder, und seine „Ausraster" wurden mit der Zeit immer schlimmer. Ich konnte ihm nicht mehr
glauben!

Es kam mir vor, als würde er sagen: „Ich habe dir zwar gestern
ein Messer in den Rücken gerammt, aber das ist doch Vergangenheit. Es war nicht so gemeint. Wir müssen in die Zukunft
schauen. Sei doch nicht so nachtragend. Ist doch alles nur halb
so schlimm." Tut ja schon fast nicht mehr weh.

Nein, es war schlimm! Die ganze Beziehung zu ihm war
schlimm! Auch wenn seine „Messer" in der Hauptsache nur die
Psyche, die Seele, das Herz verletzt haben, kann man so etwas
wie das Negative hinter sich zu lassen, nicht wirklich von seinem Partner erwarten, nicht wenn es von wiederkehrender Dauer ist. Zumindest in meinen Augen nicht.

Wenn so etwas wie verbale Gewalt einmal passiert, kann man
drüber hinwegsehen. Beim zweiten Mal … na ja, kann passieren. Aber spätestens beim dritten Mal fängt es an, unverzeihlich zu werden. Und, bei Martin entwickelte sich dieses Verhalten allmählich zu Tagesordnung.

Sicher, als Narzisst kann ich das gut sagen, das ist doch alles Vergangenheit. Der Narzisst hatte ausgeteilt und nicht eingesteckt, so wie ich oder meine Kinder.

Ich hatte teilweise Ängste, mich überhaupt in seinem Haus auf der Insel zu bewegen, da ich nie wusste, wann kommt die nächste Explosion? Wann rastet er wieder aus? Was passiert diesmal? Welcher Mückenschiss stört ihn denn heute?

Er war und ist einfach nicht einzuschätzen. Bei Nichtigkeiten explodierte er und bei Dingen, wo ich dachte, oje, jetzt geht er wieder in die Luft, blieb er oft ganz ruhig. Ich war ständig unter Hochspannung. Ich wusste nie, wann er wieder Amok läuft und an die Decke geht. In einer normalen Beziehung wird eine Frau doch nicht angeschrien, weil sie zum Beispiel Fenster putzt.

Ich fragte ihn auch in diesem Chat, denn schließlich hatte ich diesmal Henry als Zeugen dabei, warum er unbedingt an der Beziehung festhalten wolle, was er denn so sehr an mir liebe. Er sollte endlich einmal Farbe bekennen. Es kam von ihm, dass er besonders meinen Charakter und Aura an mir liebe. Das hatte er in den ganzen 20 Jahren so noch nie gesagt. Ich fragte ihn daraufhin, wo er diese Aussage denn herhabe. Ob er das im Internet gelesen habe. Er meinte, das sei seine Empfindung. Aber was er an meinem Charakter und meiner Aura so sehr liebte, konnte er mir dann schon wieder nicht mehr erklären. Er meinte, das wolle er mir dann erklären, wenn wir uns sehen würden, unter 4 Augen. Aber ich weigerte mich weiter, ihn zu sehen, geschweige denn mit ihm zu sprechen.

Na ja, Henry gab uns Aufgaben, Hörbücher und E-Books zum Nachdenken mit auf den Weg. Dann sollten wir über die vergangenen 4 Wochen eine Selbsteinschätzung der Situation abgeben und er nannte uns einen Termin, an dem wir zur gleichen Zeit diese Selbsteinschätzung in den Chat schicken sollten.

Meine Selbsteinschätzung gefiel Martin überhaupt nicht und er fing gleich an, diese auseinanderzunehmen. Was doch eigentlich Henrys Aufgabe gewesen wäre, doch der kam gar nicht erst zu Wort. Henry schrieb dann später in den Chat, dass er

hin und her überlegt habe, was er uns daraufhin schreiben solle. Er sei zu dem Schluss gekommen und habe leider den Eindruck, dass wir noch ganz am Anfang unserer Probleme stünden. Er befürchte, dass es noch Jahre andauern könne, bis hier
eine Heilung stattfinde.

Daraufhin schrieb mir Martin eine lange Nachricht privat
in einem anderen Chat, in der er Henrys Fähigkeit, uns bera-
terisch zu unterstützen, in Frage stellte. Diese Nachricht, das
sagte ich Martin, würde ich an Henry weiterleiten. Ich ließ mich
nicht mehr manipulieren. Denn ich wollte nur noch unter Zeugen mit ihm verkehren und dass in diesem Chat und nirgendwo anders. Nachdem ich diese Nachricht an Henry weitergelei-
tet hatte, löste Henry die Gruppe auf und erklärte, dass er sich
nun zurückziehe.

Ich hatte Henry schon am Anfang dieses Chats gebeten, wenn
er merke, dass dieser Chat keinen Erfolg habe, solle er sich zurückziehen. Auf der Insel hatten wir schon einmal genau das
gleiche Problem gehabt. Da hatten wir drei Wochen lang fast
täglich Diskussionen über die von Martin so sehr gewollte Gütertrennung, nach 10 Jahren Ehe, in denen wir auf der Insel
alles gemeinsam aufgebaut hatten, und nach denen er nun behauptete, alles würde ihm gehören. Diese ganzen Diskussionen hatten rein gar nichts gebracht, außer, dass ich am Ende
die Scheidung eingereicht habe. Diese 3 Wochen fast täglicher
Diskussionen hatte Christian begleitet, aber es war reine Zeit-
verschwendung gewesen. Zumindest für Christian und mich!
Sogar Tanya R. war so traumatisiert von diesen vielen sinnlosen Diskussionen, die sie allerdings nur am Rande mitbekam,
dass sie Depressionen dadurch bekam.

Henry unterstütze mich später auch, indem er mich nach Wien
zum portugiesischen Konsulat fuhr, damit ich endlich meine
Häuser auf der Insel verkaufen konnte. Dafür an dieser Stelle
nochmal ein ganz besonderes Danke an den besten Freund, den
ich habe! Danke, Henry!

Mein Resümee:

Martin versuchte immer wieder, mich zu manipulieren. Schaffte es aber nicht, weil ich mich diesmal standhaft weigerte, mit ihm zu telefonieren. Ich wollte nur den Kontakt mit ihm über einen begleiteten Chat, denn da hatte ich alles schwarz auf weiß, was er von sich gab. Vor allem hatte ich Zeit, darüber nachzudenken, was ich ihm antworten wollte. Denn in einer Diskussion, in Gesprächen war er super darin, einen nicht aussprechen zu lassen oder einem die Worte im Mund herumzudrehen.

Er hatte sich in all den Jahren an mir bereichert, mich ausgenutzt, erniedrigt, mich ausgebeutet, belogen und betrogen.

Nur Geld allein macht nicht glücklich. Davon nimmt er nichts mit, wenn er einmal geht. Ich weigerte mich weiter, mit ihm zu telefonieren und er baute scheinbar einen Unfall. Angeblich, weil er unkonzentriert gewesen war. Da er wohl auch Selbstmordgedanken hegte, wurde er von seinem Vater in die Psychiatrie gebracht. Dort ist er jetzt, wo ich dies schreibe, und ich hoffe für ihn, dass seine dortige Therapie für ihn Erfolg bringt. Ansonsten wird er als ein sehr einsamer armer Mann sterben. Wirkliche Freunde hat er nicht. Er hatte, da er sich mit seiner Familie wegen der Erbschaft überworfen hatte, nur noch mich und meine Familie und uns hat er jetzt auch so gut wie verloren.

Es gibt ein afrikanisches Sprichwort: „Er war sehr arm, er hatte nur Geld."

Er versuchte wieder, mich anzurufen. Ich legte gleich auf, denn diesmal hatte er mit unterdrückter Nummer angerufen. Ich wollte mich nicht mehr von ihm manipulieren lassen!

Am kommenden Wochenende ging plötzlich meine Handykarte nicht mehr. Als ich montags beim Kundendienst anrief, erfuhr ich, dass Martin meine Nummer hatte sperren lassen. Angeblich sei sie verloren gegangen, sagte mir der Kundendienstberater. Martin hatte sie sperren lassen, weil ich mich weigerte, mit ihm zu telefonieren. Das war der Grund! Bis dato hatte er für diese Karte, die 9,99 € im Monat kostete, noch die Kosten übernommen.

Ich ließ die Telefonkarte auf mich umschreiben und jetzt hat er kein Druckmittel mehr in der Hand.

Im Chat hatte ich ihm auch geschrieben, dass ich mit seinem Therapeuten sprechen wolle. Ich wollte unbedingt sichergehen, dass er diesmal auch eine echte Therapie machte. Nicht wieder nur eine seiner unnützen „Selbsttherapien".

Ach ja, er überwies mir doch dann tatsächlich auch nach 3 Jahren Kampf endlich das mir zustehende Geld. Das mehr gezahlte Geld für die damals gemeinsam gekaufte Wohnung und das Geld meiner Miete von Tanya R. für sein Auto. Dieses Geld hatte ich tatsächlich schon abgeschrieben. Am Gewinn des Verkaufs der damals gemeinsam gekauften Wohnung hat er mich aber nach wie vor nicht beteiligt.

Wahrscheinlich überwies er mir mein Geld nur, weil wir genau dieses Thema im Chat besprochen hatten und Henry davon Zeuge gewesen war.

Ein paar Wochen später überwies er Tanya und Dario 15.000 €. (Sein Anteil vom Haus auf der Insel) So konnte Dario die Strafzinsen für seinen Kredit von 6.000 € zahlen, und wenigstens einen Teil Wiedergutmachung für das alles, was er ihnen angetan hatte. Versprochen hatte er Tanya damals 5.000 € fürs Abitur und er hatte ihr am Telefon seine Rheinland-Pfälzer Wohnung geschenkt. Für den Verkauf der Wohnung hatte er in diesem Jahr 45.000 € bekommen. Von dem Geld hat sie bis,heute, wo ich dies schreibe, nichts erhalten.

152) ENDLICH ZU HAUSE

Als ich alle meine Sachen wieder weggeräumt hatte und im Haus endlich wieder Ordnung herrschte, setzte ich mich hin und fing an, alles aufzuschreiben, was mir noch so einfiel aus der Beziehung zu Martin. Das Aufschreiben hat mir sehr bei der Verarbeitung dieses Traumas geholfen, welches meine Kinder und ich in dieser Beziehung erlebt haben.

Es gab viel mehr Ereignisse als wie ich sie hier aufgeschrieben habe. Vieles scheine ich verdrängt zu haben, gerade aus der Anfangszeit. Aber das, was hier steht, sind die Ereignisse, die sich in meinem Kopf und meinem Herzen festgesetzt haben, meine Seele zutiefst verletzt und die unsere Beziehung auf lange Sicht schwer belastet haben. Teilweise haben sich mache Ereignisse sogar regelrecht in meinem Kopf und in meinem Herzen festgefressen. Ich kann das zwar alles verzeihen, aber nie mehr vergessen!

Es ist so komplett unverständlich, was da passiert ist. Wie kann ein erwachsener Mann nur so handeln, wie er gehandelt hat?

In meinem Kopf ist z. B. immer noch das Bild, nachdem Martin Runa gebissen hatte, wie er dastand und wie aus seinen Mundwinkeln das Blut meiner Tochter herunterlief. Das ist nach wie vor in meinem Geist. Ein Bild des Grauens, ein selbst erlebter Psychothriller und das werde ich nie in meinem ganzen Leben vergessen können. Ich konnte ihn seitdem nicht mehr unbedarft küssen, es ging einfach nicht mehr.

Auch sexuell änderte sich unsere Beziehung danach. Ich empfand innerlich nichts mehr und das blieb mehr oder weniger die Zeit danach auch so. Ich war und bin innerlich tot, was ihn betrifft.

Er ermordete mich in dieser Zeit, in der wir zusammen waren, regelrecht innerlich. Das nahm er noch nicht einmal wirklich wahr. Für ihn ging alles weiter wie bisher, weil er sich emotional gar nicht in mich hineinversetzen konnte. Er bagatellisiert alles, nach wie vor.

Zwischendurch, während des Schreibens, fiel mir plötzlich auf, dass mein rechter Daumen wieder anfing, ein Eigenleben zu entwickeln. Ich konnte ihn nicht mehr stillhalten, genauso wie damals, bevor ich meinen Sohn endlich in ein Kinderheim gab.

Das allein, dass dieses Symptom wieder auftauchte, zeigte mir, wie sehr mich diese Beziehung schlussendlich auch nervlich belastet hatte.

Aber ich konnte mich letzten Endes Stück für Stück von ihm befreien. Es war ein langer und harter Weg.

153) EPILOG

Am Anfang ist alles Sonnenschein und man ist verliebt wie nie zuvor. Man glaubt, den Mann fürs Leben gefunden zu haben. Ein echter Seelenverwandter. Aber wenn man dann das wahre Gesicht des Partners erkennt, warum bleibt man in einer solch destruktiven Beziehung?

Ganz einfach: Man hofft, dass es wieder besser wird. So wird, wie es am Anfang war. Doch irgendwann sät der Partner im großen Garten der Liebe ein Unkraut aus und dieses Unkraut beginnt zu wuchern. Vor lauter Verletzungen hat man gar keine Zeit mehr, dieses Unkraut auszurupfen, denn der Partner ist viel schneller mit dem Aussäen des Unkrauts, als wie man es herausreißen kann ...

Daher überwuchert das Unkraut die zarte Pflanze der Liebe im Garten unseres Herzens. Sie wird erdrückt, sie bekommt kein Licht und keine Luft mehr. Sie ist dem Sterben näher als dem Leben.

Man selbst ist entsetzt darüber, wie schnell der Partner damit ist, dieses unsägliche Unkraut auszusäen, entsetzt über dieses negative, erniedrigende, verletzende Verhalten des Menschen, der von sich behauptet, einen zu lieben.

Das viele Unkraut wächst so schnell ... die Liebe, sie ist zum Sterben verurteilt.

Man kann und will es gar nicht glauben, dass dahinter so etwas wie niedrige Gemeinheit steckt. Man entschuldigt ihn wieder und wieder und wieder... die Hoffnung stirbt zuletzt.

Der Anfang war doch so wunderschön, der Himmel hing voller Geigen. Doch man hängt fest im Gestrüpp seines Unkrautes. Leider bildet das Unkraut allmählich auch noch Dornen und man findet gar keinen Ausgang mehr aus diesem Irrgarten. Man sitzt fest im Dornengestrüpp einer toxischen Beziehung!

Der Kopf und der Verstand, sie funktionierten nicht mehr. Die seelischen Verletzungen werden ausgeblendet und man denkt nur noch daran, eine gute Miene zum bösen Spiel zu machen.

Man denkt, welche Laus ist ihm denn jetzt schon wieder über die Leber gelaufen und schiebt sein Verhalten zurück auf die schlechte Laune, die doch jeder einmal hat.

Er ist doch schließlich immer noch der Mensch, in den man sich damals einmal verliebte. Und man hofft beharrlich auf Besserung. Anfangs kann man es gar nicht glauben, dass es sich bei diesem Menschen um einen toxischen Narzissten handelt. Man ist fassungslos darüber, was mit einem geschieht. Wie man behandelt wird.

Er sagt doch immer „ich liebe dich". Wie kann er dann so mit mir umgehen? Ist er wirklich ein Narzisst? Irgendwann ist man an sein schlechtes Verhalten gewöhnt und es gehen Jahre ins Land.

Aber leider wird es zunehmend schlimmer. Es gibt immer mehr kräfteraubende und zermürbende Kämpfe oder man resigniert und lässt es sich einfach weiter gefallen, sein böses Verhalten, versteckt hinter Lügen. Und geht letztendlich daran kaputt.

Das Unkraut wird immer hartnäckiger. Es hat Wurzeln bis tief in die Erde gebildet. Man hat gar nicht mehr die Kraft, zu versuchen, es herauszureißen. Ausgelaugt, kraftlos...

Zum Befriedigen seiner Bedürfnisse zieht er einem immer mehr Energie aus dem Leib. Wenn man dann die eigenen Bedürfnisse komplett aufgibt, hat man verloren. Also bleibt einem nichts Anderes übrig, als weiterzukämpfen, wenn man nicht ganz untergehen will. Man denkt, es wird schon wieder besser, und hofft weiter.

Zwischendurch gibt es doch auch wieder bessere Zeiten. Bis es erneut anfängt. Die Abwertungen, sie werden wieder schlimmer, immer schlimmer ...! Es kommen Beleidigungen hinzu, emotionale Erpressung. Das Unkraut wuchert immer mehr, wird immer stärker. Man hat überhaupt keine Kraft mehr, ist erstarrt, bewegungslos, hilflos.

Bis man es endlich erkennt, ja, ihn als Narzissten erkennt und entlarvt. Dann hat die kämpferische Löwin in dir endlich die Möglichkeit, aus ihrer Erstarrung zu erwachen.

Wenn sie aber erst einmal erwacht ist, haben die Entwertung und das böse Verhalten des Partners plötzlich weniger Einfluss auf dich. Man strampelt sich frei, kämpft ums Überleben.

Endlich kann man das Unkraut so nach und nach komplett entfernen. Die Verletzungen verwandeln sich in eine gesunde Wut über sein verletzendes Verhalten. Mit der ganzen daraus entstandenen Kraft findet man endlich die nötige Stärke, dieses vergiftete Unkraut bis auf die Wurzeln herauszureißen. Es endgültig zu entfernen und plötzlich sieht man wieder Licht und spürt man sie wieder, die Kraft, die man zum Leben braucht. Aber es ist eine schwere Arbeit, denn auch die kleinsten Wurzeln dieses Unkrauts müssen vernichtet werden. Damit dieses Unkraut nie mehr eine Chance hat zu wachsen. Man muss es immer wieder kontrollieren.

Und das zarte Pflänzchen, Liebe genannt, im Garten unseres Herzens hat wieder Platz, bekommt Licht und kann auf einmal auch wieder atmen. Sie holt tief Luft und reckt sich gen Himmel. Sie kann langsam, ganz langsam, sachte, leicht zittrig, ängstlich, aber zugleich auch zerbrechlich wie eine Feder, wieder anfangen zu wachsen! Sie muss nun beschützt, gehegt und gepflegt werden, damit sie wieder wachsen kann, und stark wird. Damit sie ihre ganze frühere Pracht wieder entfalten kann!

Und die Löwin in dir beschützt diese zarte Pflanze, Liebe genannt, vor erneutem Missbrauch! Sorgt dafür, dass zuerst einmal die Liebe zu sich selbst genährt wird, nämlich die Selbstliebe, denn sie ist wichtiger als die Liebe zum Gegenüber.

Nur wer sich wirklich selbst aus vollem Herzen liebt, ist imstande, sein Gegenüber wahrlich zu lieben. Aber eines muss sie sein, die Löwin: wachsam!!! Und zwar für immer …

154) MIT EINEM BORDERLINER/NARZISSTEN GIBT ES KEINE HARMONISCHE PARTNERSCHAFT

Ganz schlimm wird es, wenn es sich bei ihm, so wie bei Martin, um das „Jekyll-und-Hyde-Syndrom" handelt. So nannte ich seine Ausraster immer, bis ich dann irgendwann darauf stieß, dass es dieses Syndrom wirklich gibt. In einem Moment ist der Betroffene ganz ruhig. Aber wegen der kleinsten Kleinigkeit, indem der Partner vielleicht ein einziges falsches Wort sagt, kann er im nächsten Moment einen derartig schlimmen Wutausbruch bekommen und den Partner aufs Äußerste beschimpfen.

Laienhaft erklärt, ist das Jekyll-und-Hyde-Syndrom eine Beschreibung einer multiplen Persönlichkeit. Die Diagnose ist ebenso faszinierend wie unheimlich. Jeder von uns hat schon mal Filme gesehen, in dem es um so eine Person geht. Eine multiple Persönlichkeit wird aus der Not heraus geboren, wenn zum Beispiel unerträglicher Missbrauch im Kindesalter geschieht, und das Kind es nicht mehr ertragen kann, dann spaltet es sich innerlich ab, es spürt den Schmerz nicht mehr. Und hinterher, kann es sich nicht mehr daran erinnern...so kann ein zweites Ich entstehen. Und die unterschiedlichen „Ichs" haben häufig keine Ahnung von der Existenz der jeweils anderen. Diese Menschen sind – wie Martin – wirklich unberechenbar!!!

Wie Vampire saugen sie einem die Energie dermaßen aus dem Leib, dass man als Partner auf Dauer wirklich davon krank werden kann ... siehe Gebärmutterkrebs.

Irgendwann hat man einfach keine Kraft mehr und unter Umständen muss man dann selbst zum Psychologen, um das vergangene und traumatisch Erlebte wenigstens ansatzweise aufzuarbeiten. Die Narben, die man aus einer solchen Partnerschaft davonträgt, bleiben trotzdem ein Leben lang für den betroffenen Partner spürbar, doch sind sie nach außen hin nicht sichtbar. Blaue Flecken auf der Seele sind für Außenstehende unsichtbar.

Wenn man das einmal verstanden hat und sich komplett zurückzieht, hat der Narzisst keine Chance mehr. Man liebt ihn immer noch, auch wenn sich diese Liebe verändert hat. Man ist vorsichtig geworden, wie auf der Lauer, um nur mitzubekommen, wann der nächste Ausbruch kommt.

Doch man muss erkennen, dass, wenn man sich selbst liebt, man sich nicht mehr so behandeln lässt. Dann verblasst die Liebe zum Narzissten, sie ist zwar noch da, aber sie wird weniger. Die Eigenliebe kann wiedererwachen. Wenn man mit sich selbst wieder glücklich ist, dann, davon bin ich überzeugt, schickt uns das Universum endlich die richtigen Menschen in unser Leben.

Wir haben ihn überlebt, ich nur mit knapper Not. Wer nie in einer toxischen Geschichte gefangen war, kann sich nicht im Geringsten vorstellen, was man als Partner eines solchen Menschen mitmacht.

Es tut unfassbar weh, wenn man irgendwann erkennt, dass man nie wahrhaft geliebt wurde. Dass es diese vermeintliche Liebe niemals wirklich gab. Sondern dass es dabei immer nur um Macht ging... Man wurde beherrscht, aber nicht geliebt.

„Femizide in Deutschland: Wenn Männer Frauen töten vom 25.11.2022 08:40 Uhr

Mehr als 100 Frauen sterben jedes Jahr durch die Hand ihrer Partner oder Ex-Partner. Im Jahr 2021 ist die Zahl der Femizide in Deutschland von 139 auf 113 gesunken. Das geht aus einem Bericht hervor, den das BKA veröffentlichte. Jeden Tag gibt es einen polizeilich registrierten Tötungsversuch an einer Frau. Fast jeden dritten Tag stirbt eine Frau durch die Hand ihres Partners oder Ex-Partners. Und dabei bleibt Gewalt von Männern gegen Frauen oft verborgen. Viele Frauen haben Angst zur Polizei zu gehen – weil sie fürchten, dass ihnen nicht geglaubt wird. Die Dunkelziffer vermisster und schwer verletzter Frauen kennt niemand."

Man findet diese Information unter „FEMIZID DEUTSCHLAND https://ndr.de
Seite aufgerufen: 21.06.2023

Wie hoch mag da wohl die Dunkelziffer der Frauen und Männer liegen, die bei den Wutausbrüchen ihrer narzisstischen Partner nur knapp dem Tod entkamen? Wie ich? Oder die Dunkelziffer derer, die sich gerade in einer solchen Beziehung befinden, aber den Absprung noch nicht schaffen, aus der Angst, es allein nicht zu schaffen?

Wir müssen aus diesem Sandkastenspiel aussteigen, um diesen toxischen Menschen, die so rücksichtslos, knallhart und emotionslos unterwegs sind, mit ihrem unwürdigen Verhalten liebevollen Menschen gegenüber, aus dem Weg zu gehen. Wir Betroffenen müssen uns entscheiden, dass wieder respektvoll mit uns umgegangen werden muss ! Das Selbstvertrauen muss gestärkt werden. Unsere Eigenliebe muss wieder in den Vordergrund gestellt werden. Es wird ein täglicher Kampf sein, und man muss gut für sich und sein Seelenheil sorgen. Jeder Tag ist eine neue Entscheidung für Dich selbst, und jedes „Nein" zum toxischen Gegenüber, ist ein „Ja" zu Dir. Wir müssen die Verantwortung für unser Wohlergehen und für unser eigenes Leben wieder übernehmen.

155) DAS ENDE DER GESCHICHTE

Jetzt, nach 2 ½ Monaten Abstinenzbilanz von „meinem" Narzissten, habe ich mich ein wenig gefangen. Mein Haus hier in der Steiermark verkaufte ich verständlicherweise nicht, was Martin mir prompt wieder vorwarf. Denn ich habe jetzt auch ein Versprechen gegeben, welches ich nicht einhalte. Er vergleicht Äpfel mit Birnen, aber so ist er nun mal.

Ich verkaufte mein Haus nicht, weil ich sonst auf der Straße gesessen hätte. Ich hatte keine andere Ausweichmöglichkeit.

In dem gemeinsamen Haus in Deutschland müssten erstmal die Wasserleitungen und die Heizungen neu gemacht werden. Es ist derzeit ohne ausstehende Renovierungen noch nicht bewohnbar.

Dieses Haus steht wieder zum Verkauf. Ich hoffe, dass wir sehr bald neue Käufer dafür finden. Damit dieses Kapitel in unserem Leben ein für alle Mal abgeschlossen werden kann!

Ich habe mit Henrys Hilfe den Verkauf meiner Häuser auf der Insel in Auftrag gegeben. Außer natürlich das Haus, indem Tanya R. wohnt. Ich stehe zu meinem einmal gegebenen Wort.

Martin hatte wieder einen Unfall, wohl auch bedingt durch die Trennung ... Selbstmordgedanken ... war er zwischenzeitlich in einer Psychiatrie. Ich ging davon aus, dass er dort eine Therapie beginnen würde.

Eines Tages stand er dann einfach vor meiner Tür. Meine erste Reaktion war, als ich sah, wer vor der Tür stand, die Tür wieder zuzumachen. Nach etwa 2 Minuten machte ich sie wieder auf und ließ ihn doch herein. Er fragte mich doch tatsächlich, ob es nötig gewesen sei, die Schlösser an den beiden Haustüren zu wechseln. Als ich dies bejahte und ihm auch sagte, dass die Nachbarn rechts und links informiert seien und dass die, falls er laut werden würde, die Polizei riefen, war er erst einmal still.

Nun, daher habe ich jetzt endlich das Ergebnis seiner Diagnose aus der Psychiatrie. Die Diagnose lautet auf: **Borderliner mit narzisstischen Zügen, einer Angststörung und allem voran mit ausgeprägten Verlustängsten.**

Nach dieser Diagnose sehe ich manche seiner Ausraster mit anderen Augen.

Vielleicht hat unsere Beziehungspause von 10 Jahren diese Verlustängste in ihm noch geschürt und seine Eifersucht auf meine Kinder verstärkt. Er hatte mich für diese Zeit, für diese 10 Jahre, in denen wir keinerlei Kontakt hatten, verloren. Doch meine Kinder hatten mich nach wie vor. Vielleicht entstand dadurch seine extreme Eifersucht. Ich weiß es nicht und ich kann es einfach nicht nachvollziehen.

Wenn ich dies früher erkannt hätte, wäre es für alle Beteiligten besser gewesen wenn Martin und ich nie mehr zusammengekommen wären. Aber wer kann schon in die Zukunft sehen und leider kann man keinem Menschen hinter die Stirn schauen. Ich war so stolz auf ihn, weil er Psychologie studiert hatte ...!

Ich vertraute ihm, viel zu sehr. Verdammt, was war ich blauäugig in diese Beziehung gegangen, voller Liebe, voller Hoffnung. Ich war überzeugt, in ihm den Mann fürs Leben gefunden zu haben, und hätte nie gedacht, dass es einmal so enden würde.

Als wir 2000 wieder zusammenkamen, musste er mich von nun an mit meinen Kindern teilen, was wohl ein unfassbar schwerer Drahtseilakt für ihn war. Denn immer hatte er wohl im Geiste, in seinem Inneren, diese „zwei Frauen" vor sich, gegen die er sich als Kind schon hatte durchsetzen müssen. Seine Mutter und die jüngere Schwester und später kam noch eine zweite normal hörende Schwester dazu. In der Beziehung zu mir hatte er im schlimmsten Fall 3 Frauen vor sich, wenn ich mit meinen beiden Töchtern zusammen war, und sogar 4 weibliche Wesen, wenn ich meine Enkeltochter noch mit dazu zähle. Zu viele weibliche Wesen, gegen die er dummerweise meinte, sich immer wieder durchsetzen zu müssen.

Was auch immer er erlebt hat und ihn so werden ließ, wie er heute ist, es liegt begraben in seiner Kindheit und das muss er aufarbeiten. Und wenn es schließlich nur für ihn selbst ist. Damit er endlich einmal anfangen kann, sich selbst zu lieben. Denn nur wer sich selbst liebt, ist im Stande, andere zu lieben.

Natürlich gab es auch schöne Zeiten mit ihm und auch schöne Erlebnisse mit ihm. Der Anfang war schön, als er sich so liebevoll um meine damals noch kleinen Kinder kümmerte. Zu diesem Zeitpunkt glaubte ich tatsächlich noch, dass er ein guter Ersatzvater sein würde.

Als er mir die erste Ausgabe meines Buches „Lilly", auf dem Computer geschrieben, und alle Bilder einscannte. Es war das erste Buch, welches ich veröffentlichte, und er hatte mich darin bestärkt, es zu tun. Dafür danke ich ihm noch heute von Herzen. Dieses Buch war und ist eine Hommage an eine ganz besondere Katze, die wusste, wie man mit Menschen umgeht. Leider ist sie viel zu früh durch einen Unfall gestorben. Und nur das Aufschreiben ihrer Geschichte half mir über ihren Verlust hinweg. Lilly war einmalig!

In der Regel waren die Urlaube, die wir in den späteren Jahren allein machten, auch schön. Die Besuche bei meinem behinderten Sohn Micha oder als wir meine an Alzheimer erkrankte Schwester Babs besuchten. Doch das sind zwei Menschen, die ihm nichts entgegensetzen konnten, bedingt durch ihre Erkrankung.

Dass er unsere Steuererklärungen auf der Insel machte und ich mich nicht darum kümmern musste. Auch, dass er dafür sorgte, dass ich meine Rente in Österreich bekomme. Obwohl wir verschiedene Sichtweisen haben, wie und warum das zustande kam. All das macht die vielen Auseinandersetzungen wegen „Mückenschiss" nicht wett, nicht die Erniedrigungen, die Drohungen und den emotionalen Missbrauch. Was meine erwachsenen Kinder und ich alles ertragen mussten. Man kann meiner Meinung nach nicht einfach „drauflosprügeln" und nachher sagen: „Ups, es war nicht so gemeint, ist doch alles Vergangenheit." Nein, so funktioniert das nicht! Irgendwann ist es genug und das Fass läuft über. Es geht einfach nichts mehr rein.

Dass ich nach jahrelangem Kampf endlich mein Geld von ihm bekam und er Tanya und Dario nach Jahren, leider erst, nachdem der gemeinsame Haustraum im Odenwald geplatzt war, die entstandenen Schulden für den nicht mehr benötigten Kredit bezahlte. Darüber hinaus noch einen Teil seiner finanziellen Versprechen den beiden gegenüber einlöste. Aber das ist nur ein kleiner Tropfen im Ozean der Verletzungen, die wir alle davongetragen haben.

Irgendwo las ich, dass ein Borderliner bis zu 4 Opfer gleichzeitig hat, die er immer wieder emotional misshandelt. Dem Rest der Menschen, mit denen er zu tun hat, kann er sich gegenüber normal verhalten. Zumindest sieht das für Außenstehende so aus, weil die Misshandlungen schön heimlich, hinter verschlossener Tür stattfinden. Ich kann gar nicht sagen, ob er sich dessen wirklich bewusst ist, was er uns allen angetan hat.

Versprechen sind meiner Meinung nach, auch wenn sie nur mündlich gegeben werden, einzuhalten. Es sind in meinen Augen „Ehrenschulden". Wer diese Schulden nicht begleicht, zeigt, dass er keine Ehre im Leib hat! So jemandem kann man, zumindest ich nicht mehr, kein Vertrauen mehr schenken. Dazu kommen noch die ganzen Lügen, die er von sich gab.

Ja, Letzteres waren einige positive Ereignisse, die jedoch teilweise erst eintrafen, als ich mich von ihm zurückgezogen hatte und jegliche Art der Kommunikation mit ihm allein verweigerte. Henry war im Chat Zeuge dessen, was besprochen wurde. Es war jemand Drittes im Spiel, ein Zeuge, vor dessen Augen Martin sein Gesicht hätte verlieren können.

Es waren schlussendlich materielle Zuwendungen, die zum einen sowieso mir zustanden, denn ich hatte die gemeinsame Wohnung und das Auto mitfinanziert. Aber ich bekam für die Wohnung, die ich ihm damals überschrieben hatte, nicht das gesamte Geld zurück. Das Auto war schließlich nach seinen Aussagen immer „nur" seines gewesen und deshalb durfte ich es ja nie nutzen. Von daher war es nur rechtens, dass er mir mein Geld zurückzahlte, endlich, nach 3 Jahren Kampf.

Was Tanya und Dario betraf, war das lediglich ein Teil dessen, was er den beiden versprochen hatte, ganz zu schweigen vom verlorenen Hausrat. Vielleicht war es sein schlechtes Gewissen den beiden gegenüber, welches zum Vorschein kam. Ich hatte ihm nämlich im Chat geschrieben, dass ich meine Unterschrift zum Verkauf des Hauses im Odenwald verweigere, wenn er nicht wenigstens einen Teil dessen wahr mache, was er den beiden versprochen hatte. Danach wurde er erst tätig. Oder war es die Angst, dass er mich endgültig verliert? Ich kann es nicht mit Bestimmtheit sagen. Es dauerte jedenfalls verdammt lange, bis er endlich einmal anfing, seine gegebenen Versprechen wenigstens zu einem kleinen Teil einzuhalten.

Tanya hat mittlerweile nach 18 Jahren auch die damals zum Abitur versprochenen 5000 Euro bekommen...

Menschlich und emotional hatte Martin sich aber in der Vergangenheit nicht als hilfreich erwiesen, sondern in der Regel immer nur seinen eigenen Vorteil angestrebt. Wenn ich nur daran denke, als Tanya und Dario sich dazu entschieden, nicht auf die Insel auszuwandern, oder als Tanya, die hochschwanger war, vor einem Scherbenhaufen stand und keine Hilfe von ihm bekam. Im Gegenteil, er versuchte mir noch einzureden, dass ich kein Geld mehr besäße und alles auf der Insel ihm gehöre. Somit nahm er auch mir die Möglichkeit, ihnen zu helfen.

So ging er mit dem Menschen um, dessen Geistesgegenwart er eigentlich seit als 22 Jahren sein Leben zu verdanken hat. Schaut euch nochmal das Bild des Unfallautos an. Im Fußraum unter dem eingedrückten Dach, da wo man den Lenker herausragen sieht, da drunter lag er und musste von der Feuerwehr herausgeschnitten werden! Allein wäre er niemals da wieder rausgekommen. Das Wrack war von der Straße aus nicht zu sehen. Er war 40 m tief in den Wald reingeflogen und es waren -14 °C in dieser Nacht im Dezember 2001. ER WÄRE ELENDIG ERFROREN! Er dankte Tanya Ende letzten Jahres, nachdem wir uns entschlossen hatten, das gemeinsame Haus wieder zu verkaufen, das erste Mal für seine Rettung. Der Unfall war 2001 im Dezember. Es hat ganze 21 Jahre gedauert, bis er sich endlich einmal bedankte, bis das Wort „danke" über seine Lippen kam. Wenigstens das!

Er sagt heute, dass manche Menschen früh reifen, er ein bisschen länger dafür brauchte, um diese Reife zu erlangen. Aber

21 Jahre, um zu begreifen, dass man sich bei seinem Lebensretter bedanken sollte, anstatt ihn wie Dreck zu behandeln, ist in meinen Augen ein wenig zu lange, um überhaupt von Reife sprechen zu können.

Mir fehlen wirklich die Worte, um zu beschreiben, was in mir vorgeht, wenn ich darüber nachdenke. Auch wenn ich darüber nachdenke, wie er all die Jahre mit Tanya umging, welches Leid er ihr zufügte in seinem Eifersuchtswahn.

Nein, er sah jahrelang nur seinen eigenen Vorteil und lebte danach. Jahrzehnte später kamen die finanziellen Wiedergutmachungen, die aber leider all das, was emotional geschah, nicht wiedergutmachen können.

1. Sie kamen nicht von Herzen, sondern nur, weil ich ihm „die Pistole" auf die Brust gesetzt hatte. Ich behaupte jetzt einfach einmal, dass er von allein niemals auf den Gedanken gekommen wäre, etwas gutmachen zu müssen, dazu ist er zu raffgierig.

2. Kam die Einsicht darüber, dass er etwas wiedergutmachen sollte, viel zu spät.

Er scheint zwar kein reiner Narzisst zu sein, aber die Diagnose Borderliner ist nicht weniger angsterfüllend, ganz im Gegenteil ... *Narzissmus und Borderline sind wie Zwillinge.* Beide sind antisoziale Persönlichkeitsstörungen, die unter Umständen bis ans Lebensende andauern können und in den allermeisten Fällen unheilbar sind!

Jedenfalls weiß ich jetzt, woher sein Schwarz-Weiß-Denken kommt. Diese emotionalen Achterbahnfahrten und die ständigen unangemessenen Wutausbrüche wegen kleinster Kleinigkeiten. Der ständige Wechsel zwischen Nähe und Distanz.

Sie sind auf Dauer kaum auszuhalten! Es ist fast so, als würde einem die Seele aus den Angeln gerissen.

Eine Beziehung, die vor lauter Angst, mich zu verlieren, in emotionalem Missbrauch und Erpressungen, verbalen und physischen Verletzungen ausartete und in der er mich am Ende genau durch das Vorgefallene verlor! Unsere Beziehung fand nicht auf Augenhöhe statt. Er hatte es nicht einmal versucht. Im Grunde tat er alles, um mich zu verlieren.

Mein Resümee:

Das alles ist natürlich nach 20 Jahren Beziehung mit einem Menschen, der immer wieder misshandelt und abwertet, nicht einfach zu akzeptieren. Dass dieser Mensch einfach nur krank ist und wegen dieser Krankheit so handelte. Es passierten Dinge, die so verletzend waren und die ich einfach nicht mehr vergessen kann, auch wenn ich weiß, dass Martin krank ist. Vermutet hatte ich es ja schon seit Jahren. Letzteres ist für mich und all das, was geschehen ist, keine Entschuldigung und noch weniger ein Grund, deshalb die Beziehung weiterzuführen. Dass er eine Therapie machen sollte, legte ich ihm schließlich jahrelang ans Herz!

Zu tief sitzen manche der körperlichen und emotionalen Verletzungen der Seele und des Körpers ... ich möchte von niemandem mehr ab- und entwertet werden.

Ich weiß, ich bin ein Mensch, der auch seine Ecken und Kanten hat, aber wertvoll ist und es verdient hat, respektvoll behandelt zu werden. Genauso, wie ich meine Mitmenschen behandle! Es gibt für mich eine goldene Regel: *Behandle andere, wie du selbst behandelt werden willst!*

Eine solche Beziehung mit einem Borderliner weiterzuleben, ist eine gewaltige Aufgabe, die nicht jeder leisten kann oder will. Ich bin jetzt 61 Jahre alt. Ich habe diesem Mann 20 Jahre meines Lebens geschenkt. Diese Jahre, in denen ich trotz aller Herabwürdigungen, zu ihm hielt, wusste er in meinen Augen in keinster Weise zu würdigen. Auch nicht das Vertrauen, welches ich in ihn setzte, dass er ein guter Ersatzvater sei. Er wusste beides nie zu schätzen! Auch meine Arbeit nicht!

Meine Kinder und ich wurden emotional erpresst, psychisch und physisch verletzt. In einem Fall wurde ich sogar beinahe umgebracht. Alles nur hervorgerufen durch seinen zügellosen Zorn. Wir, meine Töchter und ich, leiden alle 3 immer noch unter den Auswirkungen dessen, was passierte, vielleicht sogar für den Rest unseres Lebens. Dario ist auch durch ihn traumatisiert, was die Kinder angeht, meine Enkel, so werden wir das erst in der Zukunft sehen. Wir werden alles tun, damit sie das Erlebte gut verarbeiten können.

Derzeit bin ich seit 2 Monaten bei meiner Tochter Tanya und ihrer Familie, um auf andere Gedanken zu kommen. Ich habe ständig ein ungutes Gefühl in mir, wenn ich etwas falsch mache (z. B ein Kissen in den Trockner stecke, welches nicht in den Trockner darf, oder mir kam beim Wäscheaufhängen die ganze Wäscheleine herunter, die an der Wand im Gemeinschaftskeller befestigt war). Ich erwarte unbewusst Abwertungen, obwohl ich genau weiß, dass weder Tanya noch Dario jemals so reagieren würden.

Dieser Gedankengang passiert durch die jahrelangen verbalen Misshandlungen, denen ich ausgeliefert war! Es geschieht unterbewusst.

Glaubenssätze sind starke Bremsen und gleichzeitig, aber auch starke Antriebe. Man muss sich diese nur erst wieder bewusst machen. Es gilt, hemmende Glaubenssätze zu erkennen und deren Gegenpol anzusehen. Dadurch kommt das „Programm" wieder ins Gleichgewicht und wird energetisch gesehen neutralisiert. Das Gefühl, nicht gut genug zu sein, will uns etwas zeigen. Denn jedes Mal, wenn etwas ein sogenanntes negatives Gefühl auslöst, ist das immer ein Zeichen dafür, dass etwas aus dem System in uns aus dem Gleichgewicht geraten ist. Dieses Gleichgewicht muss man wiederfinden. Neuland beginnt dort, wo du einen neuen Weg zum Erfolg siehst. Man kann das Leben immer nur im Augenblick leben.

Das Leben ist nun mal ein Puzzle aus Erinnerungen, Erfahrungen, Träumen, Ängsten, Liebe, Glück ... Es wird immer ein Auf und Ab im Leben geben. Das normale Auf und Ab kann jeder, doch ein Psychopath bringt dich an deine Grenzen! Und dieses Trauma gilt es, jetzt erst einmal zu überwinden. Alles, was ich mir vorstellen kann, ist in mir. Es gibt eine gestrige Wahrheit, die mit dem Heute nicht unbedingt etwas zu tun hat. Genau das gilt es zu verstehen und zu bearbeiten. Man hat jeden Tag erneut die Wahl sich zu entscheiden, will ich glücklich sein, oder mein Elend füttern.

Was ich als Kind erlebte, ist heute nicht mehr Realität. Es ist noch in mir, aber es ist vorbei. Auch alles, was ich mit Martin erlebte. Aber es nagt noch an meiner Seele. Und es wird dauern, bis das geheilt ist.

Es sind nur Trigger, die dann greifen, wenn man den alten Schmerz fühlt und ihn zulässt. Jede Krise veranlasst uns dazu, unsere eigenen positiven Eigenschaften zu erkunden. Das zu erkennen und zu Leben ist ein Stück vom Glück! Unsere innere Angst erinnert uns an unsere verborgene Kraft und daran, die Balance wiederzufinden. Das ist der Sinn des Lebens.

Glücklich zu sein, ist unsere Aufgabe. Nicht glücklich zu werden oder es gewesen zu sein. Nein, zu wissen und zu verstehen, dass wir bereits alles sind, nämlich Schöpfer unseres Selbst! Wer ist der wichtigste Mensch in meinem Leben? Ich selbst! Nur wer sich selbst liebt, kann andere wirklich lieben.

Geld macht nicht glücklich, hat auch nicht die Aufgabe, glücklich zu machen. Geld ist Energie. Es geht nun mal in unserem ganzen Leben um genau das, den Austausch von Energie. Auch wenn Martin diese Energie mit aller Kraft versucht, festzuhalten, wird es ihm nichts nützen. Diese Energie wird ihm das verlorene Gefühl, sich selbst anzunehmen, gut zu sein wie er ist ohne andere verletzen zu müssen, nicht ersetzen. Irgendwann muss auch er loslassen.

Nach 20 Jahren mit Achterbahnfahrten in dieser Beziehung weiß ich, dass er krank ist, wirklich krank. Doch ich habe auch das Recht auf ein eigenes Leben, und zwar auf ein Leben ohne Gewalteinwirkung!

Ich liebte ihn wirklich, ja, und ich liebe immer noch den Menschen, der er einmal war, den er leider scheinbar auf seiner Lebensreise irgendwann, irgendwo verloren hat. Daraus wurden Jekyll and Hyde. Er sagt zwar immer noch, dass er mich liebt, aber scheinbar, bedingt durch seine Erkrankung, wird dieses Gefühl seiner Liebe zu mir, verdrängt. Oder er übertrug im Moment der einsetzenden Abwertung, die negativen Gefühle seiner Mutter gegenüber, auf mich ... und behandelte mich deshalb so schlecht. Ist das noch Liebe? Verwechselte er Liebe mit Macht...? Ich weiß es nicht, kann es nicht nachvollziehen. Mein Vertrauen in ihn ist tief gestört. Ich würde mich derzeit nicht einmal neben ihn in ein Auto setzen, weil ich dann Angst hätte, dass er uns beide in den Tod fährt.

Er macht jetzt wohl eine Psychotherapie. Das kann leider lange Jahre dauern, sogar bis zu 10 Jahre, und eine Heilung ist immer noch nicht gewährleistet. Ich wollte doch immer mit seinem Therapeuten sprechen. Aber Martin behauptet, dass der Therapeut sich weigert, mit mir zu sprechen. Ich kann mir das leider nicht vorstellen, denn gerade in er Borderline-Therapie wird die Familie gerne einbezogen, um Ursachen abzuklären. Ich befürchte eher, dass er mich, was die Therapie angeht wieder anlügt. Und er gar keine Therapie angefangen hat.

Vor ein paar Tagen telefonierten wir und er sagte, dass heute kein Therapeut mehr die Diagnose aus der Psychiatrie noch unterschreiben würde, da er sich schon so weiterentwickelt hätte. Er ist doch selbst Doktor der Psychologie. Eine einmal gestellte Diagnose bleibt bestehen, selbst wenn eine Veränderung stattfindet, sonst könnte ich auch sagen, die Diagnose meines Gebärmutterkrebses stimmt nicht mehr, denn durch die Operation ist der Krebs ja weg. Die Diagnose bleibt bestehen. Seine Diagnose wurde nicht von „Hinz" oder „Kunz" gestellt, sondern von einer offiziellen Seite in einem Krankenhaus der Psychiatrie! Selbst da lügt er sich wieder etwas vor! Er kann es immer noch nicht akzeptieren. Es ist genauso, wie nach all seinen Selbsttherapien, nach denen er mir immer schwor, er hätte an sich gearbeitet und es hätte auch etwas bewirkt... Nur bei einer Selbsttherapie fehlt etwas ganz entscheidendes. Das kritische Gegenüber!!!

Er fragte mich sogar zwischenzeitlich, welche Diagnose mir lieber sei? Narzissmus oder Borderline? Als ob man sich das aussuchen könnte. Aber vielleicht kann er ja genau das, sich wie ein Chamäleon anpassen. Schließlich ist er Psychologe und kennt zumindest auf dem Papier alle Diagnosen.

Meine Heilung aus dieser traumatischen Beziehung wird auch noch dauern. Daran, dass ich derzeit bei Tanya bin und ein ungutes Gefühl habe, wenn mir ein Lapsus/Fehler passiert, sehe ich, dass von meiner vollzogenen Heilung noch lange nicht die Rede ist!

Es muss für mich die Chance auf die absolute Heilung auf Martins Seite bestehen, das würde heißen: kein einziges Mal mehr eine Entwertung, kein einziges Mal mehr eine Misshandlung, weder psychisch noch physisch, kein einziges Mal mehr eine emotionale Erpressung, kein einziges Mal mehr eine Eifersuchtsszene, keine Misshandlungen mehr von Tieren, das Einlösen sämtlicher Versprechen, die er uns gegenüber machte, keine einzige Lüge mehr ... könnte er mir das garantieren? Wenn nicht, lebe ich lieber allein, als mich weiter seinen Eskapaden auszusetzen.

Borderline ist bis heute unheilbar! Man kann nur erreichen, besser damit umzugehen. Abgesehen davon, was er alles schon an Gefühlen mit seinem Verhalten, nicht nur bei mir, sondern auch bei meinen Kindern und Enkelkindern zerstört hat.

Ansonsten kann ich diese Beziehung auf keinen Fall weiterführen, denn ich will nicht daran zerbrechen! Mein Körper zeigte mir mehrfach, dass mir diese Beziehung nicht gutgetan hat! Nein, das ist nicht mein Ziel für die letzten paar Jahre meines Lebens.

Früher dachte ich immer, wenn er mich liebt, wie kann er so ungerecht mit mir umgehen?! Heute denke ich, wenn er so grausam, niederträchtig, gemein und feindselig mir gegenüber war, wie kann er mich dann lieben?! Weiß ein solcher Mensch überhaupt, was wahre Liebe ist? Ich denke nicht!

Borderline heißt nicht umsonst: „Antisoziale Persönlichkeitsstörung".

Typisch für diese Erkrankung ist die Instabilität des Verhaltens, man weiß nie, wann die nächste Bombe platzt. Wann die nächste „Laus" über die Leber läuft. Was den nächsten extremen Wutausbruch hervorruft. Was das nächste Drama auslöst. Wann die nächste Entwertung oder Beleidigung stattfindet. Oder gar der nächste Gewaltausbruch. Unter dieser extremen Launenhaftigkeit leiden in erster Linie Bezugspersonen, wie Partner oder Eltern und Geschwister. Dabei sind Borderliner meist sehr intelligente Menschen. Was ich im Fall von Martin nur bestätigen kann.

Meine Selbstliebe ist mittlerweile wieder etwas gewachsen. Meine Selbstachtung ist endlich wiedererwacht und lässt ein solch erniedrigendes Verhalten vom Gegenüber nicht mehr zu. Auch nicht, wenn ich nun weiß, dass diese Person krank ist. Ich kann ihn nicht therapieren und das ist auch nicht meine Aufgabe.

Ich gehe nun den Weg der Liebe zu mir selbst! Verachtung spürte ich zur Genüge jahrelang von seiner Seite aus, immer und immer wieder, Liebe konnte ich dieses Verhalten wahrlich nicht nennen. Nur leider wusste ich nie, woher diese Verachtung kam, da er doch immer behauptete, mich zu lieben. Seine Worte sprachen eine andere Sprache als seine Taten. Sein Verhalten war mal so, und dann wieder liebenswürdig... Gut und Böse, Jekyll and Hyde, Gut- und Wutmensch wechselten sich ständig ab, jahrelang. Er war einfach uneinschätzbar.

Womit ich oder meine Töchter, ein solches verabscheuungswürdiges, immer wiederkehrendes und gemeines, niederträchtiges und skrupelloses Verhalten verdiente, konnte ich leider nie definieren.

Heute weiß ich, ja, er ist krank, aber das ist keine Entschuldigung für sein Verhalten. Ich will den Rest meines Lebens in Ruhe verbringen. Ich will mich nicht mehr der Willkür seiner Launen und Verletzungen (psychischer und physischer Art) aussetzen müssen. Das ertrug ich 20 Jahre lang und dazu bin ich nun zum jetzigen Zeitpunkt und nach allem, was ich bis heute über diese Erkrankung weiß, nicht mehr bereit!

Ich will nicht behaupten, dass ich keine Schuld trage an dem Scheitern dieser Beziehung. Ich habe durch meine genossene Erziehung garantiert auch einen Knacks abbekommen und daraus resultierend diese erniedrigende Behandlung seinerseits dummerweise jahrelang ertragen. Wenn auch nicht kampflos. Leider ist es aber so, dass, wenn man in das „Spinnennetz" eines Psychopathen geraten ist, ist man dem oftmals, so wie ich auf der Insel, hilflos ausgeliefert ist. Da sich immer wieder positive Zeiten mit negativen Zeiten abwechseln. Das wirkt wie eine Gehirnwäsche. Durch diese ständig wechselnden Auf und Abwertungen, entsteht im Gehirn ein Hormoncocktail, der die betroffenen Partner, wie bei Heroin, abhängig werden lässt vom Borderliner, Narzissten, Psychopathen, mit wem auch immer man zu tun hat. Opfer von Psychopathen kommen aus allen Lebenslagen, sogar einige Promis gehören zu den Opfern. Seit einiger Zeit bin ich viel in Selbsthilfegruppen. Da habe ich vieles gelernt.

Aber ich habe, im Gegensatz zu Martin, an mir gearbeitet, um über das in der Kindheit Erlebte hinwegzukommen. Ich bin, damals wie heute, in der Lage, meinen Mitmenschen ohne Kommunikationsprobleme, wie Martin manche seiner Wutausbrüche nennt, entgegenzutreten und gute und auch langjährige Freundschaften zu führen.

Als ich eines der wenigen Male, die ich mit meinen Eltern über das in meiner Kindheit Erlebte zu sprechen versuchte, blockte mein Vater nur und stritt alles ab. Er machte mir Vorwürfe, was ich ihn im Internat alles gekostet habe. Nach dem Tod meines Vaters sprach ich mit meiner Mutter über die Vorkommnisse in meiner Kindheit. Sie sagte nur: „Ach, Kind, ich habe doch gar nicht gewusst, dass du so sehr darunter gelitten hast. In der Bibel steht doch: Wer seine Kinder liebt, der züchtigt sie."

Ich war nur noch entsetzt! Züchtigen ja, das ist das eine, aber das, was mein Vater mit mir machte, war kein Züchtigen mehr. Das war aus meiner heutigen Sicht und 20-jähriger Arbeit und Erfahrung in Kindertageseinrichtungen eindeutig Kindesmisshandlung.

Aber ich habe, wie gesagt, an mir gearbeitet. In meinem Haushalt gab es jahrelang keine Holzkochlöffel. Ich konnte noch nicht einmal einen anfassen, ohne dass ich eine Gänsehaut bekam! Es gab nur Plastiklöffel in meinem Haushalt.

Eines Tages reizte Tanya mich als Kind dermaßen, sie war so sieben oder acht Jahre alt, dass ich in die Küche ging, einen Plastiklöffel aus der Schublade nahm und bereit war, ihr damit den Hintern zu versohlen ...

Als ich sie endlich eingefangen hatte, erhob ich den Löffel, in der Absicht, sie damit auf den Po zu schlagen. Ich schlug aber zum Glück mit dem Löffel auf die Tischkante und der Löffel zerbrach.

Daraufhin wurde mir erst bewusst, was ich im Begriff war, zu tun. Tanya und ich lagen uns weinend und lachend in den Armen. Am nächsten Tag fuhr ich in die Stadt und kaufte mir einen Holzkochlöffel. Zwar den kleinsten, den ich finden konnte, aber immerhin einen Holzkochlöffel. Leider ist dieses Erinnerungsstück auf der Insel geblieben. Ich wusste damals einfach innerlich, dass ich nie mehr einen Gegenstand in die Hand nehmen würde, um eines meiner Kinder damit zu schlagen! Meine Therapeutin sagte damals zu mir, dass in mir eine Blockade aufgegangen sei.

Runa gegenüber ist mir auch mal die Hand ausgerutscht und sie bekam einmal eine Backpfeife von mir. Daraufhin sagte sie zu mir, dass sie mich anzeige wegen Kindesmisshandlung. Da nahm ich sie beiseite und erzählte ihr Einiges über meine Kindheit und wir mussten beide weinen.

Als wir das nächste Mal in Trier waren, starb unerwartet plötzlich die Mutter eines guten Freundes von Jakob. Ich fragte meine Eltern, ob ich die Kinder während der Beerdigung, die ein paar Tage später stattfand, bei ihnen lassen könnte. Tanya war 6 Jahre und Runa 12 Jahre alt. Als ich dann später die Kinder abholte, zog mich mein Vater auf die Seite und fragte mich leise: „Was erzählst du denn deinen Kindern für Schauergeschichten über mich? Ich hätte euch immer geschlagen." Er schaute mich erwartungs- und gleichzeitig vorwurfsvoll an. Ich fragte ihn: „Kannst du dich wirklich nicht daran erinnern, dass in der Ecke, dort neben deinem Stuhl, immer ein Stecken stand, mit dem du uns verprügeltest? Wie oft haben Jo und ich den verschwinden lassen, und du bist in den Garten gegangen und hast einen neuen geschnitten."

Er schaute mich nur verständnislos an, schüttelte den Kopf und verließ wortlos den Raum. Er wollte oder konnte es wohl nicht wahrhaben, dass ich seine Prügel nicht als Erziehung, sondern als Misshandlung ansah. Er war so bibeltreu und warf jeden aus dem Haus, der nicht an die „unbefleckte" Empfängnis der Hl. Maria glaubte oder sich gar erdreistete, anderer Meinung zu sein.

Sicherlich hatte er immer im guten Glauben gehandelt, alles richtigzumachen, aber was er in uns Kindern durch sein Handeln anrichtete, war ihm scheinbar nie bewusst! Er gab es zu seinen Lebzeiten auch nie zu! Und wer weiß, was er wirklich in seiner Kindheit erleiden und erleben musste.

Ich habe meinen Eltern heute verziehen, was sie mir angetan haben. Es war ein harter Weg. Aber ich kann heute loslassen. Ich habe meine Schattenseite bearbeitet und mein inneres Kind integriert.

Das muss Martin auch gelingen. Ich hoffe, mit der Hilfe einer Therapie, wenn er denn eine macht, schafft er es. Wenn schon nicht für uns, dann hoffentlich wenigstens für sich selbst. Aber auch diese Therapie wird für ihn kein Zuckerschlecken werden, und er steht jetzt erst am Anfang. Er glaubt selbst und versucht anderen wie mir einzureden, dass er sich zum Positiven entwickelt habe. Er belügt sich immer noch selbst, und das scheint er so gut zu machen, dass er sich selbst auch noch glaubt. Das habe ich nach jeder seiner misslungenen Selbsttherapien zu hören bekommen. Ich kann ihm nicht mehr glauben. Erst recht nicht, wenn ich nicht die Gelegenheit bekomme, mit seinem Therapeuten zu sprechen.

Lieber Martin, wenn du das hier liest ... ich werde dich zwar in meine Zukunft einplanen, aber trotzdem so frei sein, meinen eigenen Weg zu gehen ... ob mit dir oder ohne dich, das werden wir sehen ... ich werde in jedem Fall mein eigenes Leben leben.

Nun versuche ich einfach weiter nach meinem Motto zu leben.
Wie oft sagte ich ihm, er solle erst sein Gehirn einschalten, bevor er den Mund aufmacht. Ein einmal gesprochenes Wort kann man nicht zurücknehmen, sosehr es einem im Nachhinein wehtun mag, dass man es ausgesprochen hat, es ist geschehen ...

Heute fühle ich mich und meine Liebe Martin gegenüber, von ihm verraten und missbraucht. Sein Neid und seine Eifersucht auf andere Menschen oder Tiere, denen ich meine Zeit widmete, ist für mich bis heute nicht nachvollziehbar. Ich fühlte mich vor allem in den Jahren auf der Insel oft so, als sei ich sein Eigentum, sein Sklave! Ich war seine Gefangene ...

„Verlorenes Geld kannst du wiederfinden, verlorene Zeit nie."
Tu Fu
https://gute zitate.com

Leider schenkte ich ihm einen Teil meiner besten Jahre. Mein Gott, was ackerte ich, im wahrsten Sinne des Wortes, und zurück bekam ich Misshandlungen. Die Zeit, die man unglücklich vergeudet, kommt leider nicht zurück. Aber man lernt daraus!

Jemand, der wirklich glücklich ist, kennt keinen Neid oder gar Habgier. Was raffte Martin in all den Jahren auf der Insel an sich. Jetzt, wo ich entschieden habe, meine Häuser dort zu verkaufen, will auch er verkaufen, und all das Zeug, was er dort zusammengerafft hat, wird wahrscheinlich weggeschmissen, weil der nächste damit nichts anfangen kann.

Tanya R. baute nach meinem Entschluss, alles zu verkaufen, in der Bürgermeisterei einen Riesentisch im Karree auf, mit all meinen Sachen, und sie schickte mir viele Fotos. Ich sagte ihr, was ich gerne behalten würde. Diese Sachen ließ sie mir in Form von Paketen zukommen. Die ganzen anderen Sachen stellte sie dort auf diesen Tischen schön angerichtet auf. Jeder aus unserem Dorf konnte anonym kommen. Die Tür stand an einem Wochenende von morgens bis abends offen. Und jeder, der wollte, konnte sich kostenlos als Erinnerung mitnehmen, was er auch immer von den Sachen brauchen konnte. Und die Leute nahmen fast alles mit. Das freute mich ganz besonders. So hat jeder ein kleines Stück Erinnerung an mich. Ich weiß, die Leute dort können die Sachen gut gebrauchen und sind sehr dankbar darüber. Was in diesem Fall wieder Tanya R. zugutekommt, die immer mal wieder einen Sack Kartoffeln vor der Tür stehen hat oder Kürbisse oder sonstiges Gemüse. Das Leben dort ist schön, wenn man nicht ums Überleben kämpfen muss. Die Menschen sind einfache Leute, aber ich habe bisher keine freundlicheren und Ausländern gegenüber offeneren Menschen kennengelernt, wie diese Einheimischen auf der Insel.

Demut, Dankbarkeit und Respekt werden in unserer heutigen Gesellschaft leider viel zu wenig gelebt. Jeder ist sich selbst der Nächste. Wie es den anderen um uns herum geht, interessiert leider die wenigsten Menschen in unserer hauptsächlich konsumorientierten Welt. Ich bin dankbar, dass ich noch lebe. Dankbar, dass ich gesund bin, riechen, schmecken und fühlen kann. Das alles ist nicht selbstverständlich. Vor meiner Operation hatte ich eine Höllenangst. Es ging zum Glück gut. Dafür bin ich unendlich dankbar. Dass ich noch viel Schönes sehen und erleben kann. All das, was mein Sohn Mischa nicht mehr kann. Ich kann laufen, er nicht. Ich kann sehen, er nicht. Ich kann sprechen, er nicht. Ich kann schmecken, er nicht. Ich kann für mich entscheiden, er nicht. Er ist dazu verdammt, sein Leben lang im Rollstuhl zu verbringen und auf die Hilfe anderer Menschen angewiesen zu sein.

All das, was man Tag für Tag als selbstverständlich ansieht, vermisst man letztendlich erst, wenn man es verloren hat. Martin war jetzt mit seinem Vater nochmal auf der Insel. Die beiden lebten die 2 Wochen dort nur von den Lebensmitteln, die ich in den Jahren zuvor selbst angebaut und eingekocht hatte. Nach nun mittlerweile 14 Jahren fiel es Martin erstmals auf, welche Arbeit ich geleistet hatte. Das sagte er mir vor kurzem am Telefon. Traurige Resonanz!

Gestern erfuhr ich von Tanya R., dass er zu ihr gesagt habe, warum ich mir die die ganze Arbeit gemacht habe, wenn man die Sachen doch nie verbrauche. Hat er vergessen, dass ich meine Häuser nun verkaufe, weil er wieder einmal ausrastet ist, und ich die Nase von seinen Eskapaden komplett gestrichen voll habe? Ich will auch dieser unseligen Arbeit auf der Insel nicht mehr ausgeliefert sein. Viel zu viel musste ich dort ertragen. Ich will auch dort jetzt endlich einen Abschluss haben! Ansonsten hätten wir noch lange von diesen Vorräten leben können.

Was soll ich jetzt noch glauben? Hat er nach 14 Jahren endlich begriffen, was ich dort alles leistete, oder war meine Arbeit im Grunde doch wieder wertlos?

Daher will ich nun den Rest meines Lebens mir und meinen Kindern widmen. Denn mit ihnen habe ich durch diese Beziehung auch viel Zeit verloren. Positive Zeit, die ich mit ihnen hätte verbringen können. Zeit, die für immer verloren ist. Es nutzt nichts, dem nachzutrauern, aber für meine Zukunft habe ich mir vorgenommen, meine Zeit nur noch mit Menschen zu verbringen, die mir guttun und denen ich guttue.

Ob Martin noch dazugehört, wird sich zeigen. Seine Verwandtschaft habe ich schon aus meinem Leben gestrichen. Sie ließen mir keine Hilfe zukommen, als ich darum bat. Solche Menschen brauche ich nicht mehr in meinem neuen Leben.

156) BORDERLINE-PERSÖNLICHKEITSSTÖRUNG

Der neue ICD11, gültig seit Juli 2022

Erlaubnis zur Veröffentlichung Emailkontakt vom: 14.11.2022 12:26 Uhr

Marcus Jähn, Youtube-Video

„Kann ich mehr als eine Persönlichkeitsstörung haben?"

Auszug 6D10.2, schwere Persönlichkeitsstörung *(Minute 31:14 bis 31:47)*

„Hier beobachten wir sehr häufig eine Schädigung von sich selbst und die aktive Schädigung anderer in der Umgebung Das Kennzeichen von der schweren Persönlichkeitsstörung sind schwerste Beeinträchtigungen in praktisch allen Lebensbereichen, die wir kennen. Sie betreffen praktisch alle Beziehungen und auch die Fähigkeit im sozialen oder beruflichen Umfeld, Aufgaben oder Rollen zu erfüllen. Die Symptome werden im Außen als sehr schwerwiegend und ganz klar und deutlich erkennbar gekennzeichnet."

Auszug 6D11.2, Dissozialität
(Minute: 36:14 bis 38:17)

„Das Hauptmerkmal der Dissozialität ist eine Missachtung der Rechte und der Gefühle von der Umgebung. Also von anderen

Menschen. Es ist ein Mangel an Empathie und zeigt, dass derjenige eine stark ausgeprägte Egozentrik an den Tag legt. Was ist Egozentrik? Egozentrik ist, die eigenen Bedürfnisse, Wünsche und Ziele und den eigenen Komfort immer in den Vordergrund zu stellen. Und nicht die Rechte und die Ziele der anderen. Der Mangel an Empathie zeigt sich durch eine Gleichgültigkeit darüber, ob das, was ich mache, andere verletzen kann, oder nicht. Und das kann auch einschließen, dass man seine Umgebung permanent täuscht, sie manipuliert oder ausbeutet. Ihnen gegenüber gemein oder auch körperlich aggressiv ist. Ein Mangel an Empathie zeigt sich auch, in dem man gefühllos auf das Leiden anderer reagiert und rücksichtslos die eigenen Ziele erreichen möchte. ICH, ICH, ICH. An was erinnert das denn? Natürlich an den Narzissmus F60.8 Und siehe da, der Narzissmus ist doch nicht so aus dem ICD 11 verbannt. Er ist nur eingegliedert in einer größeren Bandbreite der Dissozialität. Ein meines Erachtens sehr wichtiger und wichtiger Schritt. Narzissmus ist in seiner pathologischen und krankhaften Form immer dissozial. Narzissmus ist mehr als das, was wir im ICD 10 als Kriterien aufgeführt oder aufgezeigt bekommen haben. Der Begriff der Dissozialität ist meines Erachtens ein sehr, sehr viel besserer Begriff für die Arbeit in der Zukunft. Es ist ein Arbeitsbegriff. Aber auch hier der Merksatz: Diagnose nur in Kombination mit einer Diagnose einer Persönlichkeitsstörung, leicht, mittel oder schwer."

Ein sehr zu empfehlendes Video.

Eine Borderline-Persönlichkeitsstörung ist eine schwere psychische Erkrankung, unter der etwa 1–4 % (siehe Inspiration) der Menschen leiden. Das Hauptmerkmal ist die emotionale Instabilität. Und leider ist diese Erkrankung derzeit nicht vollkommen heilbar. Man muss immer wieder mit erneuten Schüben (Ausrasten) rechnen.

Martin musste alle paar Jahre etwas Neues anfangen, weil er mit dem Alten, schon erreichten, nicht zufrieden war. Nur das

Neue war interessant, denn daran sah man den Fortschritt seiner Arbeit. Er war, wenn er nicht arbeitete, ständig unterwegs, wie auf der Flucht. Selbst beim Spazieren gehen, war er immer mindestens 20 Meter vor mir.

Er sagte einmal zu mir, dass ich mich in unserer Beziehung ihm gegenüber wie eine Mutter verhalten habe. Das genaue Gegenteil war der Fall. Ich sagte ihm immer wieder, dass er erwachsen ist, kein Kind mehr sei. Dass er aber sehr wohl an seinem inneren Kind arbeiten müsste.

Seine unangemessenen Wutausbrüche erinnerten mich oft an ein Kleinkind, welches sich im Supermarkt auf den Boden schmeißt und schreit. Er fühlte sich oft zurückgesetzt, obwohl ihm niemand dieses Gefühl vermitteln wollte.

Ich erkannte in Martin zu spät die zwei Gesichter, wie die symbolischen von „Jackyl und Hayd". Leider dachte ich dabei immer an seinen verstorbenen Zwillingsbruder, und sagte zu ihm, dass er versuche zwei Leben zu leben. Seines, und das von seinem verstorbenen Zwillingsbruder. wenn er sich mal liebevoll und im nächsten Moment total bösartig zeigte.

Ein Borderliner, wie Martin, ist in seinem Verhalten oft noch schlimmer als ein Narzisst, wegen seiner zügellosen Wut, die ganz plötzlich und ohne erkennbaren Grund aus ihm herausbrechen kann. Heute verstehe ich auch, warum Martin sich nicht scheiden lassen wollte. Er kann das Allein sein nicht ertragen, und wollte unter allen Umständen an unserer Beziehung festhalten.
Ein „nur" Narzisst verlässt dagegen die Partnerschaft, wenn er seinem Gegenüber wie ein Vampir jegliche Energie ausgesaugt hat, sie/er ihm nichts mehr nützt.

Er meinte einmal zu mir, dass jedes Ausrasten von ihm nur ein einziges Mal vorkam. Aber er lernte nicht aus seinen Fehlern, und rastete immer wieder wegen Nichtigkeiten aus. Egal um was es sich drehte. Es war in seinem Verhalten einfach kein Muster zu erkennen. Seine Ausraster, wie ich sie immer nannte, passierten in regelmäßigen Abständen, meist am Anfang in 3 Monatsabständen. Zum Schluss hin, mit zunehmendem Alter in immer kürzeren Abständen. Weil aber zwischendurch immer mal wieder auch ruhigere Zeiten waren, konnte ich mich regenerieren, und hoffen, dass er sich ändert. Bis der nächste Ausraster passierte.

Einen Borderliner wie Martin zu behandeln kann sehr schwierig sein, da er alle Menschen um sich herum versucht zu manipulieren. Als er mich fragte, welche Diagnose mir lieber sei, Borderliner oder Narzisst, war er in der Psychiatrie und hatte noch keine Diagnose. Er kann sich scheinbar wie ein Chamäleon verstellen, um die Diagnose zu bekommen, die er haben möchte. Als Doktor der Psychologie, kennt er alle Diagnosen zumindest auf dem Papier. Warum sonst stellte er mir diese Frage?

Nach der Psychiatrie sollte er in einer psychosomatischen Klinik sechs Wochen an Gesprächstherapien teilnehmen. Da aber zu dieser Zeit wegen Corona noch Maskenzwang herrschte, konnte er in der Runde nicht von den Lippen ablesen. Er forderte daher von den Therapeuten, dass er die Gespräche auf seinem Handy aufnehmen dürfte, um sich alles später mit Kopfhörern auf dem Zimmer anhören zu können. Da die Ärzte dieses Vorgehen aus Datenschutzrechtlichen Gründen ablehnten, beschwerte er sich, dass er als Behinderter diskriminiert werde. Er verließ die Klinik.

Eine normale Beziehung sollte das Leben erleichtern. Aber die Beziehung zu Martin veränderte sich zum negativen, es wurden immer mehr, man kann wirklich sagen, kriegerische Kämpfe ausgetragen. Sein schwarz-weißes Weltbild war immer öfter Grund zum Streiten. Fehler machten immer nur die Anderen. Meine Meinung war grundsätzlich falsch. Er log, betrog, hielt keine seiner Versprechen. Und, wie man sieht, belügt er sich selbst jetzt noch, da er meint, dass heute kein Therapeut seine Diagnose mehr unterschreiben würde, da er sich schon so großartig weiterentwickelt hat. Heute weiß ich, dass er mich sehr oft belog.

Ein falsches Wort zur falschen Zeit, konnte solch extreme Wutanfälle hervorrufen, dass er sogar später zu körperlicher Gewalt überging. Das war bei mir und meinen Kindern leider mehrfach der Fall.

Ich kann mich an eine Situation erinnern, wir waren irgendwo unterwegs, und in der Unterkunft fing er wegen der Gütertrennung an zu streiten. Es ging stundenlang... und in der Nacht hielt er mich umklammert wie ein Affe, ich konnte mich kaum bewegen. Das war in dieser Situation äußerst verwirrend für mich. Das waren seine zwei Gesichter.

Macht ein Borderliner aber eine Therapie, kann er durchaus lernen, in einer Partnerschaft zu funktionieren. Martin bevorzugte leider Selbsttherapien.

Das fordernde und extreme Verhalten eines Borderliners kann den Partner völlig zerstören.

Martin hatte ein schier unstillbares Bedürfnis nach Zärtlichkeit. Ein Mensch alleine kann dieses Bedürfnis kaum stillen. Er brauchte das tägliche Streicheln wie die Luft zum Atmen. (Bett gehen und Aufstehen) Bekam er nicht, was er meinte zu brauchen, wurde ich entwertet.

Außerdem brauchte er ständige Anerkennung und Aufmerksamkeit von außen. Es war ihm ein so großes Bedürfnis Ruinen aufzubauen, und nach außen zu zeigen, was er alles leistete. Das Instandhalten interessierte ihn weniger. Seine Häuser auf der Insel werden ohne Pflege nicht besser.

Über das, was vorgefallen war, verbale, emotionale oder gar körperliche Gewalt, wollte er nie reden ... das sei doch Vergangenheit. Man müsse die Vergangenheit ruhen lassen. Ich würde viel zu emotional reagieren. Ich sollte in die Zukunft schauen. Da gab es noch keine Ausraster. Da der Missbrauch in der Regel hinter verschlossenen Türen stattfand, fand er nie einen Abschluss, und ich hatte selten Zeugen dafür. Er konnte stundenlang reden, Monologe halten, und mir Vorwürfe machen. Und da er immer alles bagatellisierte, fing ich an mich zurückzuziehen. Ich machte meine Arbeit, und versuchte zu vergessen. Durch sein unglaubliches Verhalten wurde ich mit der Zeit immer unsicherer, und es nahm mit zunehmendem Alter noch zu. Somit gelang ihm die Isolation meiner Person immer besser. Das bestehende Sprachproblem erledigte den Rest. Da er auch überall dabei war, lebte ich vollkommen isoliert, bis Tanya R. kam.

Bei den Bauern, bei denen wir im Camper übernachteten, sagte er immer, dass ihre Lebensmittel, oder, was sie auch anboten, von besserer Qualität seien als Sachen aus dem Supermarkt.

Nur, dass er kaum in einem Supermarkt, nur nach abgelaufenen Lebensmitteln schaute, die Qualität interessierte ihn da nicht mehr. Seine hässliche Seite zeigte er nie nach außen.

Mehrere Therapieformen stehen zur Auswahl. Eines haben sie alle gemeinsam. Sie erstrecken sich über mehrere Jahre. Leider brechen die meisten Borderliner die Therapie frühzeitig ab.

Es ist unglaublich schmerzhaft zu erkennen, dass der Mann neben Dir nicht Dein Freund, sondern eigentlich Dein Feind ist. Zu erkennen, dass man emotional, verbal und körperlich missbraucht wurde, nimmt einem jegliche Hoffnung auf eine gute Beziehung. Man konnte als Partner nichts tun, um die Verbesserung der Beziehung zu erreichen. Doch nach dem Erkennen, setzt dann die Heilung ein.

Menschen mit einer Borderline-Erkrankung haben ein großes Problem mit der Regulierung ihrer Gefühle und Impulse. Ihnen fehlt die emotionale Intelligenz, um sich in ihr Gegenüber hineinzuversetzen.

Heute weiß ich, dass Hass und Liebe sich ständig abwechselten. Das waren genau die Auf – und Abwertungen von Martin. Schon geringe Kleinigkeiten können zu übertriebenen Wutausbrüchen führen. Er leidet unter extremen Gefühlsschwankungen, die zu einer inneren Anspannung führen können. Daraus entsteht dann selbstschädigendes Verhalten, wie z. B. gefährliches Autofahren, emotionale Gewalt und Kopfhaut aufkratzen bei Martin.

Viele Betroffene haben Missbrauch erlebt in der Kindheit, oder auch unverarbeitete Traumen. Oder sie erlebten das Gegenteil, und wurden vernachlässigt. Es hat lange gedauert, bis ich die Zusammenhänge alle verstanden habe. Aber genauso habe ich es mit Martin erlebt.

Einige Kinder, die ich in meiner Zeit im Kindergarten erlebt habe, dürften heute eine solche Persönlichkeitsstörung entwickelt haben. Denen möchte ich nachts heutzutage nicht alleine begegnen müssen.

Meine Mutter erzählte mir mal eine Geschichte: „Es waren mal zwei Frösche, die in einen Eimer Milch hineinsprangen. Dort schwammen sie herum, und hatten ihren Spaß. Doch als sie müde wurden, wollten sie herausspringen, fanden aber nirgendwo einen Halt. Und so mussten sie weiter schwimmen, um nicht zu ertrinken. Nach ein paar Stunden hatte der eine Frosch keine Kraft mehr, und ging unter. Der andere Frosch aber kämpfte strampelnd tagelang um sein Leben. Plötzlich spürte er Bröckchen unter sich. Die Milch hatte durch das beständige Strampeln des Frosches, angefangen sich in Butter zu verwandeln. So fand der Frosch einen Halt, und konnte aus dem Eimer herausspringen!"

Ich bin so ein Frosch, ich war es von Kindheit an gewöhnt, meinen eigenen Gefühlen nicht zutrauen. Ich hielt diese Beziehung so lange aus, in der Hoffnung aus, dass es irgendwann wieder besser wird. Und er sich endlich ändert. Doch darauf, dass der andere sich ändert, wartet man vergebens. Man muss schon selbst aktiv werden. Und so habe ich mich, wenn es auch lange gedauert hat, endlich freigestrampelt.

Es heißt immer, es gehören zwei zu einer Misshandlung. Der eine macht es, der andere lässt es geschehen. So einfach ist es aber nicht immer. Gewalt ist Gewalt, ob es sich um verbale, emotionale oder körperliche Gewalt handelt. Nur ist die Entwertung und Beleidigung des Menschen, von dem man behauptet, man liebt ihn, die gemeinste und hinterlistigste Form der Gewalt. Denn es werden sämtliche Gefühle und Erfahrungen des Betroffenen außer Kraft gesetzt und als nichts wert erachtet.

Ich muss für mich sagen, die Zeit auf der Insel, war meine Gefangenschaft und Lehrzeit gleichzeitig. Martin hat mich mit der Zeit unter immer stärkeren psychischen Druck gesetzt. Sei es Maluka gewesen, und des Geldes, oder seien es die furchtbaren Wutausbrüche gewesen, denen ich immer wieder alleine ausgesetzt war. Es war für mich eine Rückführung in meine Kindheit. Dort hatte ich zu parieren und zu funktionieren. Ansonsten gab es Schläge.

Demzufolge muss ich sagen, dass der frühen Kindheit eine nicht unerhebliche Bedeutung zukommt. Auch in der Partnerwahl. Man sucht sich sein Gegenüber aus, nachdem was man schon kennt. Und das passiert so lange, bis man seine „Lektion" gelernt hat. Womit ist sonst zu erklären, dass man immer wieder auf den gleichen Typ Mensch hereinfällt?

Doch, wenn man sich mit der Situation, dem inneren Kind, und all dem, was geschehen ist, auseinandersetzt, die damaligen Verletzungen heilt, dann passiert einem das nicht mehr. Das kann ich zumindest für mich behaupten.

Doch jetzt müssen die Wunden noch geheilt werden, die durch die toxische Beziehung entstanden. Für Außenstehende sind diese Verletzungen und die blauen Flecke auf der Seele, genauso wie die Verletzungen aus der Kindheit, nicht zu sehen. Die spürt nur der Betroffen selbst noch, wer weiß wie lange.

Daran muss wieder gearbeitet werden. Doch es haben sich teilweise auch wieder Traumata ergeben, die geheilt werden müssen, auch Traumata, die noch eine direkte Verbindung zur Kindheit haben.

Für mich ist dieses Buch eine Art Traumabewältigung. Alleine auch dadurch, dass ich mich immer wieder damit auseinandersetzen musste. Zuerst das Schreiben, dann die Korrekturen durch den Verlag, haben mich immer wieder gezwungen, mich mit dem Geschehenen auseinander zu setzen. Ich bin jetzt bei der letzten Korrektur. Heute Morgen sagte ich zu mir selbst: Gib mir das Buch noch 10–mal, und ich werde es immer wieder umschreiben, da ich wieder neue Einsichten gewonnen habe!"

Aber, das sehe ich als meine Freiheit an, als Autor meine Geschichte zu erzählen. Jeder Tag bringt neue Entwicklungen, und Erkenntnisse! So soll das Leben sein. Nicht stehen bleiben, sondern weiterentwickeln!

Wir hinterlassen alle Spuren in unseren Mitmenschen. Aber es sollten keine Narben sein, die wir hinterlassen. Werden sie auch noch so gut genäht, Narben schmerzen trotzdem noch oft.

Wenn man in einer Partnerschaft mit einem Borderliner ist, sollte man gar nichts mehr ernst, vor allem nicht persönlich nehmen, was er an Wutanfällen oder Ausrastern auch immer zeigt. Das Zusammenleben mit so einem Menschen, ist ein schwieriges Unterfangen. Ich bezweifle, dass ich es noch könnte, nach allem was geschah.

157) *GRUNDRECHTE IN EINER BEZIEHUNG*

- Frei zu sein von Zwang, Nötigung und Einschüchterung.
- Die Wahrheit gesagt zu bekommen und sagen zu dürfen.
- Mit Respekt behandelt zu werden.
- Nein sagen zu dürfen.
- Alles Miteinander und füreinander zu teilen.
- Andere Ansichten zu haben, und auch zu vertreten.
- Eigene Gefühle und Bedürfnisse zu spüren und auch mitzuteilen.
- Grenzen zu setzen, um dein Bedürfnis nach Privatsphäre zu wahren.
- Klare Grenzen zu setzen, welche Verpflichtungen du eingehen willst.
- Ein ausgewogenes Geben und Nehmen in der Beziehung anzustreben.
- Zu wachsen und sich zu verändern.
- Fehler machen dürfen.
- Den gewünschten Grad an Einbindung und Intimität selbst zu wählen.
- Eine Partnerschaft auf Augenhöhe zu führen.
- Eigene Entscheidungen treffen zu dürfen.
- Nach Kompromissen suchen zu dürfen.
- Als gleichwertiger Mensch behandelt zu werden und nicht als Untergebener.
- Man muss sich in seiner Beziehung sicher und geachtet fühlen.

Wenn es keine verbalen und emotionalen Misshandlungen gibt, besteht auch die Bereitschaft, über die gegenseitigen Wünsche, Ängste, Hoffnungen und Zukunftspläne zu sprechen. Mit der Zeit ging bei mir diese Bereitschaft verloren.

158) KINDHEITSERFAHRUNGEN VON OPFER UND TÄTER

Kindheitserfahrungen eines Opfers:

Als Opfer erlebe ich meine Kindheit sehr machtbetont. Als Kind erlebte ich, durch meinen Vater schon früh emotionalen und verbalen, sowie körperlichen Missbrauch. Ich durfte meine Gefühle nicht zeigen. Mein Vater war sehr gefühlskalt, gewalttätig und sehr streng mit seinen Regeln.

Außerdem erlebte ich den gleichen Missbrauch durch zwei meiner Schwager und durch Klassenkameraden. Doch immer öfter, wenn mein Vater wieder zuschlug, fand ich abends vor dem zu Bett gehen, eine Tafel Schokolade auf meinem Kopfkissen. Dadurch wurde mir klar, dass meine Mutter mit mir mitlitt.

Ich hatte dadurch einen Zeugen, der mit mir mitlitt, der mir durch die Schokolade klar machte, dass nicht ich falsch war, sondern die Situation.

Außerdem hatte ich meine Katzen, und Fiffi, denen ich immer erzählen konnte, was mir passierte.

Ich wusste, dass meinen Vater irgendetwas störte an mir, aber ich verstand nicht was, konnte es nicht in Worte fassen.

Außer meiner Mutter und meinen Tieren hatte ich niemanden von außen, der mir bestätigte, dass ich permanent entwertet wurde. Also suchte ich den Fehler bei mir. Ich wusste nicht, warum ich so leiden musste.

Trotzdem behielt ich die Fähigkeit, Mitleid zu empfinden, wenn sich zum Beispiel jemand verletzte. Ich fand leider nie heraus, was meinen Vater so sehr an mir störte.

Als die emotionalen und verbalen Misshandlungen von Martin begannen, wurde ich unbewusst in meine Kindheit versetzt. Ich war als Kind an diese Art der Behandlung gewöhnt, nur, dass sie auf der Insel ohne mitfühlenden Zeugen und hinter verschlossenen Türen stattfand. Ich bekam immer wieder zu hören, dass ich viel zu emotional reagierte.

Viel zu oft, wenn er mich auf der Insel in scharfem Ton rief, fühlte ich mich an meinen Vater erinnert, und in meine Kindheit versetzt. Scheinbar machte es ihm Spass, wenn ich mich erschrak.

Dass ich viel zu emotional sei, musste ich schon als Kind hören, daher empfand ich diese Entwertung meiner Gefühle wohl als richtig.

Da wir auf der Insel oben am Berg wohnten, ich durch die bestehenden Sprachprobleme keinen Zeugen von außen hatte, fing ich an, an meinen Empfindungen zu zweifeln. Das gleiche Programm wie in der Kindheit läuft in diesem Fall wieder ab. Die Selbstzweifel bekamen die Oberhand.

Es wurde mir von Martin eingeredet, dass ich selbst schuld sei, wenn ich leide, da ich so emotional reagierte. Sein Vater sagte mir, ich müsse mir ein dickeres Fell aneignen.

Tatsache aber war, ich wurde von Martin misshandelt, und auch noch gleichzeitig dafür verantwortlich gemacht, dass ich darunter litt.

Ich wusste innerlich, dass ich misshandelt werde, er aber stritt es immer ab, und übertrug die Schuld für meinen seelischen und auch körperlichen Schmerz wieder auf mich.
Wenn Martin Recht hatte, und ich nicht misshandelt wurde, verstand ich aber nicht, warum er mich so niederträchtig behandelte. Ich hatte keinen Zeugen von außen, und war nun in der Lage in der er sich als Kind befand. Das schmerzte mich zutiefst.

Er bemerkte meine schmerzlichen Gefühle, brauchte dadurch seine schmerzlichen Gefühle nicht zu spüren und war zufrieden damit. Das verunsicherte mich zusätzlich, und ich zog mich immer mehr zurück in mein Schneckenhaus.

Dazu kamen die Sprachprobleme, die mich daran hinderten über das Erlebte mit anderen Menschen zu sprechen. Wir wohnten oben am Berg, und die Dorfbewohner bekamen ab und zu das Geschrei von Martin mit. Aber auch für sie bestand das Sprachproblem. Und so musste ich allein damit klarkommen.

Die deutschen Freunde wohnten auf der anderen Seite der Insel, und waren in Akutsituationen für mich unerreichbar.

Diese Art der Misshandlung hinterlässt tiefe Spuren in der Seele.

Das Trauma, dass durch einen missbrauchenden Borderliner Narzissten hervorgerufen wird, ist viel schlimmer als ein gebrochenes Herz. Das Schlimmste an der Verzweiflung beim Weinen, ist das entsetzliche Gefühl am Schmerz ersticken zu müssen. Man bekommt keine Luft mehr, ist vollkommen am Boden zerstört. Der Schmerz will einfach nicht aufhören. Und es dauert eine ganze Zeitlang, bis sich dieses Gefühl wieder auflöst.

Ich habe dann als Erwachsene zwei Therapien gemacht, und mich daraufhin auch weiterentwickelt.

Bis zu meinem Bournout, und dem falschen – wie ich heute weiß, Entschluß – auf die Insel auszuwandern.

Aber auch dort habe ich wertvolle Erfahrungen gesammelt.

Es war nichts umsonst!

Kindheitserfahrungen des Täters:

Martins Kindheit verlief so ähnlich wie meine. Auch in seiner Kindheit erlebte er laut ihm, körperliche und verbale Gewalt und Traumen. Seine Gefühle wurden nicht ernst genommen, gelten gelassen oder akzeptiert.

Er war der Erstgeborene, seine Schwerhörigkeit wurde erst festgestellt, als er eine Schwester bekam, die reagierte, wenn man mit ihr sprach. Er war vier Jahre alt.

Einen mitfühlenden Zeugen hatte er also nicht. Darum dachte er es sei alles in Ordnung, und seine schmerzlichen Gefühle durften nicht existieren. Diese wurden unbewusst aus seinem Bewusstsein ausgeschlossen.

Anders hätte er nicht überleben können. So, wie man eine Tür hinter sich zumacht, so wurden seine schmerzlichen Gefühle tief in seinem Inneren weggeschlossen. Er brauchte sie nicht mehr zu spüren. Gleichzeitig war es ihm von nun an nicht mehr bewusst, dass er litt.

Ich kann mir sehr gut vorstellen., dass durch den Tod von Martins Zwillingsbruder, die Mutter sehr traurig war, vielleicht war sie auch depressiv.

Die Aufgabe eines Säuglings nach der Geburt, innere Körpersignale (Hunger) mit äußeren Signalen (Umwelt) zu verknüpfen, geschieht nicht von allein. Die Lösung dieser Aufgabe erfolgt im Gehirn dadurch, dass innere Signale des Säuglings (z. B. Hunger) mit äußeren Signalen der Mutter (füttern) verknüpft werden. Eine sogenannte Interaktion findet zwischen beiden statt. Mit der Zeit lernt der Säugling, rückwirkend beides miteinander in Verbindung zu bringen. Das Kind muss die Möglichkeit/Fähigkeit haben, durch Augenkontakt, Berührungen, und gehalten werden, Beziehungen aufzubauen. Ansonsten ist es so gut wie unmöglich, Empathie zu entwickeln.

„Ein Blick zurück, als man dachte Babys bräuchten keine Liebe

Doch Bindung ist nicht abhängig von der Befriedigung von Hunger. Deutlich machten das Experimente von Harlow & Zimmermann (1959) an Rhesusaffen. Sie trennten Rhesusaffenbabys von ihren Müttern und sperrten sie in einen Käfig, indem sie von einer „Handtuch" – oder „Drahtmutter" aufgezogen wurden. Dabei handelte es sich lediglich um Gestelle, die entweder aus Draht bestanden (und somit kalt und kantig waren) oder mit einem Handtuch umspannt waren (sie waren somit weich und kuschelig). Obwohl die „Drahtmutter" die Flasche hielt, aus der die Affen trinken konnten, klammerten sie sich an die weiche „Handtuchmutter"

Da Martin die ersten 6 Wochen im Brutkasten lag, diese notwendige Interaktion also nicht so stattfinden konnte, wie er sie vielleicht benötigte, und außerdem die Schwerhörigkeit dazukam, wurden Urängste in ihm ausgelöst. Wenn die Mutter mit ihm sprach, hörte er es nicht. Der Klinikaufenthalt ohne Bezugsperson und die Spiele seiner Mutter mit ihm und der jüngeren Schwester trugen ebenfalls dazu bei. Erschwerend kommt der Verlust seines eineiigen Zwillingsbruders hinzu. Psychische Störungen entwickeln sich in den ersten 7 Lebensjahren.

Ich will hier niemandem irgendeine Schuld zuweisen, ich versuche nur zu verstehen, wie es zu seiner Erkrankung kommen konnte. Das ist ein So-könnte-es-gewesen-sein-Gedankenspiel von mir. Weil Martins und meine Kindheit ähnlich verliefen, nur mit dem Unterschied eines Zeugen des Missbrauchs, und der Tatsache, dass Martin lange Zeit im Brutkasten verbringen musste, wodurch die notwendige erste Bindung zur Mutter unter Umständen Schaden genommen hat.

Also, das Vorhandensein, oder das Fehlen eines Zeugen, der sein Mitgefühl bekundet, und auch erlebte Traumas, entscheiden in meiner Annahme, ob sich eine Psychische Störung entwickelt oder nicht. Wie stark diese dann im Laufe des Lebens hervortritt, entscheidet das weitere Leben des Kindes.

Da bei Martin noch dem Krankenhausaufenthalt und der Spiele der Mutter mit ihm und seiner jüngeren Schwester, (wobei er immer benachteiligt war durch seine Schwerhörigkeit), sich das Gefühl entwickelte immer gegen zwei weibliche Wesen bestehen zu müssen, übertrug er diese Kindheitserfahrung unbewusst auf mich und meine Kinder. Was dann immer wieder seine Eifersucht schürte, und schlussendlich sogar in körperliche Gewalt überging.

Er übernahm diese Einstellung, die er sich als Kind aneignete, unbewusst mit in sein späteres Leben. War sich der Wirkung seiner Handlungen dem Gegenüber aber scheinbar nicht bewusst. Das zeigt auch die Aussage von Gerald, seinem Schulfreund, der sagte, dass Martin schon in der Erzieherschule nicht mit Frauen umgehen konnte. Er war nicht in der Lage aus gemachten Fehlern zu lernen.

Er studierte Psychologie. Fing mit Selbsttherapien an, anstatt sich seinem Problem in einer echten Therapie zu stellen. Aber er ging nie an die Ursache seines Problems. Versuchte krampfhaft nur sein Verhalten zu ändern, was aber nie lange gelang. Er verfiel immer wieder in seine alten Verhaltensmuster, weil seine verletzte Seele niemals geheilt wurde. Seine innere Hilflosigkeit entwickelte sich zum Machtgehabe. Martins zwanghaftes emotionsloses Verhalten in allen Situationen.

Diese eingeschlossenen Gefühle, die er in seiner Kindheit nicht fühlen durfte (wollte), sind sein Inneres Kind. Es lebt nach wie vor ihn ihm, so wie in jedem von uns. Je älter er wurde, desto machtvoller klopfte dieses innere Kind an die verschlossene Tür in ihm. Es wollte endlich in seinem Schmerz gesehen und beachtet werden. Er aber betäubte dieses Kind nur mit seinen unnützen Selbst – Therapien, die nie tief genug gehen konnten. Nach einiger Zeit wurde dieses Kind wieder wach, und klopfte noch machtvoller an die in ihm verschlossene Tür... das war dann so eine Situation, wie die, als er Runa gebissen hat. Da kam das kleine verletzte Kind in ihm hoch und wusste in seiner Verzweiflung nichts anderes zu tun, als zu zubeißen.

Als Beispiel auch die Situationen, wie er reagierte an Luisas erstem Geburtstag auf der Insel, und als sie ins Wasser fiel. Da spielte seine Eifersucht mit, weil er es nicht ertrug, wie liebevoll Tanya mit ihrem Kind umgeht. Er hat ein liebevolles Miteinander in der Form scheinbar so nie erlebt, nehme ich an.

Er war nie in der Lage, sich in einen anderen Menschen hineinzufühlen. Stattdessen verletzte er andere permanent verbal und emotional. Damit tat er anderen Menschen unbewusst das an, was ihm als Kind angetan worden war.

Doch dieses Verhalten erlaubte ihm nicht den eigenen Schmerz zu fühlen, im Gegenteil, der tief in ihm liegende Schmerz verstärkte sich *dadurch noch, und so kam es immer wieder zu Verletzungen, die er anderen zufügte: siehe Praktikum Tanya.*

Er ist so furchtbar nachtragend und rachsüchtig in seiner eigentlich ohnmächtigen Hilflosigkeit. Leider fehlt ihm die emotionale Intelligenz, um das zu erkennen, oder um anders zu handeln.

Mit zunehmendem Alter wurde er immer unerträglicher, weil er immer unzufriedener wurde, da er sein inneres Kind weiterhin einschloss. Er wollte es nicht frei lassen, aus Angst vor seinen tiefen eigenen schmerzlichen Gefühlen.

Der Loslösungsprozess von einer dominanten Mutter kann für einen Jungen auch noch zu zusätzlichen Problemen führen. Als erstes identifiziert sich ein Kind nach der Geburt zuerst einmal mit der Mutter. Sie ist die Hauptbezugsperson nach der Geburt. Kann aber, zum einen dieser wichtige Bindungsprozess nicht stattfinden, so, wie das bei Martin war, weil er die erste Zeit im Brutkasten war, so können Urängste im Kind erweckt werden. Ist die Mutter zusätzlich sehr dominant, fällt es oft gerade Jungs schwer sich von ihr zu lösen, denn sie müssen anders werden als die Mutter, sie müssen männlich werden! Ist die Bindung zur Mutter auch noch psychisch gestört, und der Vater nicht oft anwesend, können sich Schuldgefühle entwickeln, sich von der Mutter zu lösen. Diese Schuldgefühle, wenn sie unverarbeitet bleiben, können dann dazu führen, dass das Kind als Erwachsener alles Weibliche als minderwertig betrachtet. Und schon ist der Grundstein zur psychischen Erkrankung und zur Misshandlung gelegt.

Heutzutage, wo es Kinderkrippen schon ab der Geburt gibt, danach Kindergarten und Schule, verlernen die Eltern leider, dass die ersten 6 bis 7 Jahre für ein Kind die wichtigsten sind. Denn in dieser Zeit entstehen Persönlichkeitsstörungen. Die beiden Eltern sind die wichtigsten Bezugs und Beziehungspartner. Funktioniert diese frühe Bindung, egal aus welchem Grund nicht, ist die Gefahr für spätere Beziehungs- und Persönlichkeitsstörungen sehr groß.

Ich habe selbst 20 Jahre in Kindertagesstätten gearbeitet. Und gesehen und erlebt, was da alles schieflaufen kann.

Ein Vater erklärte mir schon vor 20 Jahren in einem Elterngespräch,
dass ich für die gesunde Entwicklung seines Sohnes zuständig sei, da
die Erziehung heutzutage doch in Kindergarten und Schule stattfin-
de. Die Kinder seien doch nur noch zum Essen und Schlafen zuhause.
Solche Eltern machen es sich zu einfach. Sie geben die Verantwor-
tung an den Staat ab. Das ist aber die falsche Einstellung zur Erzie-
hung. Die Hauptverantwortung bleibt bei den Eltern. Und zwar vom
Anfang bis zur mindestens Volljährigkeit. Alles andere kann nur Fa-
milienergänzend sein.

Als ich Martin damals besuchte, War er ein Spezialist darin Reiß-
verschlüsse zu reparieren. Seine Mutter kam dauernd mit: Martin
kannst du mal dies, kannst du mal das...er musste ihr dauernd zur
Hand gehen. Der Vater war durch seine Firma selten zuhause. Ein
Kind braucht aber zur gesunden Entwicklung beide Eltern. Martin
war oft mit der Mutter und den beiden Schwestern allein.

Wie gesagt, seine Schwerhörigkeit wurde erst im Alter von 4 Jahren
entdeckt. Was mir als Kinderpflegerin mit mehr als 20-jähriger Er-
fahrung im Bereich der Kinderarbeit vollkommen unerklärlich ist.
In meinen Augen wurde er von seiner Mutter zu der Zeit, als ich ihn
kennenlernte, als Partnerersatz angesehen. Nicht sexuell, aber in al-
len anderen Bereichen.

Oder, er wurde genauso wie seine Schwestern behandelt, was ihm
die Entwicklung zum Männlichen und die Loslösung von der Mut-
ter erschwerte.
Außerdem denke ich mittlerweile, dass sein Vater auch eine leich-
te Form von Borderline hat, (es gibt „leise Borderliner" und „lau-
te Borderliner"). Denn beide, Martin und sein Vater, haben die An-
gewohnheit, sich in der Form selbst zu verletzen, indem sie sich am
Kopf blutig kratzen und diese Wunden immer wieder aufzukratzen.
Der Kopf ist bei beiden an mehreren Stellen krustig, je nach Stress
mehr oder weniger ... und diese Krusten werden immer wieder auf-
gekratzt. Heilung kann so nicht stattfinden. Dieser Zusammenhang
fiel mir aber erst auf, während ich dieses Buch schrieb.

Als Bordeliner hatte Martin sich durch seine innere Spaltung in der Kindheit ein falsches „Selbst" geschaffen. Da er Aufregung (Ruinen aufbauen) mit Lebensfreude und Triumpf mit Stärke (andere abzuwerten) verwechselte, musste er die Fassade seines falschen „Selbst" aufrecht erhalten. Das tat er, indem er durch verbale und emotionale Misshandlungen anderer sich selbst als machtvoll empfand.

Doch damit gelang es ihm nicht, sein eigenes verletztes Kind in ihm zum Schweigen zu bringen, da er es weiterhin in sich eingeschlossen hielt. Umso machtvoller drängte es aber nach draußen. Jeder einzelne Wutanfall zeugt davon. Bei diesem falschen „Selbst" handelte es sich um einen Schutzwall, der die Zerstörung desselben verhindern sollte. Denn würde dieser Schutzwall auffallen, würde seine schwarz/weiße Welt wie Glas zerbrechen.

Daher bekam ich auch nie eine wirkliche Entschuldigung für seine Angriffe. Seine Aussage nach solchen Attacken, war immer: „Ich würde mich ja entschuldigen, aber ich weiß, du nimmst die Entschuldigung nicht an."

Menschen, die wie Martin verbal, emotional und körperlich misshandeln, sehen ihre eigenen Fehler niemals ein. Immer waren die anderen Schuld. Außenstehenden gegenüber verhielt er sich freundlich und verlässlich, mit diesem (Schöngetue) überredete er Tanya, Dario, Sandra und Tanya R. auf die Insel auszuwandern, um uns zu unterstützen. Hinterher ließ er sie fallen, wie eine heiße Kartoffel! Er verstand überhaupt nicht, warum er von den eigenen Leuten als Monster angesehen wurde. Für Luisa ist Martin nur noch der „Meckeropa". Und sie verdreht zur Bestätigung dessen, was sie sagt, ganz doll die Augen, wenn sie das sagt. Mittlerweile ist sie 9 Jahre alt.

Eine innerlich starke Persönlichkeit kann Schwächen eingestehen und eine selbstbewusste Persönlichkeit kann Fehler zugeben. Jemand, der sich innerlich schwach und minderwertig fühlt, kann das nicht.

Misshandelnde Menschen sind im Grunde genommen, ganz schwache Menschen. Um das zu vertuschen, projizieren sie ihre eigenen, minderwertigen und schmerzhaften Gefühle auf andere. Am besten dafür geeignet ist der eigene Partner, weil er immer präsent ist. Am besten angreifbar ist, da die meiste Misshandlung hinter verschlossener Tür stattfindet.

Der Schuldige in jeder Situation war ich oder er drehte es so, dass mich oder meine Kinder die Schuld traf.

Martin misshandelte nicht nur mich und meine Kinder, sondern auch unsere Tiere. Er versteckte sich hinter seiner selbsterschaffenen Maske, und sein Verhalten hinter selbstgerechten Lügen. Der Kater von Tanya R. ist das beste Beispiel. In Wahrheit ist er ein sehr angsterfüllter und unsicherer Mensch. Um das wirklich zu bearbeiten, braucht es leider eine Therapie, keine Selbsttherapie. Bei letzterer fehlte das entscheidende Gegenüber, und er belog sich nur weiterhin selbst. Ich konnte ihm als Partner nicht dabei helfen, ihn nur immer wieder darauf hinweisen, dass er eine Therapie bräuchte.

Er erzählte auch den Touristen oft, was ich alles so mache, und stellte ihnen gegenüber das Ganze so dar, als ob er stolz auf mich sei. Wie gut wir uns ergänzen würden. Hand in Hand arbeiten, was der eine nicht kann, kann der andere. Seine Worte hörten sich gut an, aber seine Taten waren etwas ganz anders.

Er prahlte damit, dass man mich so manchmal zu meinem Glück zwingen müsste. Aber in stillen Kämmerlein, war das dann plötzlich ganz anders. Wenn er, wie er sagte mich zu meinem Glück zwingen musste, gab es vorher stundenlange Diskussionen. Als er mit mir das erste Mal auf die Insel fliegen wollte, hatten wir vorher monatelange Diskussionen, bis ich endlich nachgab und mitflog.

Auch die Situation, wie es dazu kam, dass Tanya und Dario doch nicht auf die Insel kamen, stellte er den Touristen gegenüber ganz anders dar, als wie es wirklich war. Ich musste so manches Mal weg gehen, weil ich seine Lügen nicht mehr ertrug.

Die, seelischen Verletzungen, welche durch emotionalen und verbalen Missbrauch hervor gerufen werden, machen sich erst auf der Kör-

perebene bemerkbar,, oft erst nach vielen Jahren der Misshandlung, wenn es für den misshandelten Partner fast zu spät ist, wenn er fast schon zerbrochen ist, kaum noch Kraft hat zum Leben. So fühlte ich mich oft nach Auseinandersetzungen.

Bei mir waren es zusätzlich noch jahrelange Hautausschläge (was juckt dich), jahrelang eine verstopfte Nase (wovon hast du die Nase voll), dass ich immer mehr an Gewicht zunahm (ein dickes Fell aneignen), Und noch ein paar Hinweise mehr, auf die ich heute achten würde. Die Organsprache des Körpers ist ein sehr interessantes Thema.

Die körperlichen Angriffe meiner Kinder und mir gegenüber belasteten mich stark und zum Schluss mein Gebärmutterkrebs. Von den vielen verbalen und emotionalen Angriffen ganz zu schweigen. Mein zukünftiger Tod zwang mich, eine Antwort auf mein Leben zu finden. Ich musste jetzt aus dieser Beziehung heraus, sonst wäre ich daran kaputtgegangen.

Je älter Martin wurde, desto weniger war er bereit, sich mit sich und seinen inneren verschlossenen Gefühlen auseinanderzusetzen. Diese Gefühle wurden aber mit der Zeit immer stärker und drängten nach außen. Sie wollen mit aller Macht beachtet werden. Da er unfähig war, die Ursache dieser Gefühle zu erkennen da er sie ja vor sich versteckte, wurden seine eigenen negativen Gefühle auf meine Kinder oder mich projiziert. Seine Angriffe wurden mit der Zeit immer schlimmer. So, als ob wir die Ursache seiner ihn so sehr peinigenden inneren Not seien. Das Ganze nennt man Projektion. Und das passierte immer wieder.

Zum Beispiel: Das Flaschenproblem, schließlich hatte ich mir mal die Serie „Gift Marie" angeschaut ...

Wurde nach einer emotionalen, verbalen Verletzung meinerseits Martin klar, dass ich litt, wurde er, natürlich unbewusst an seinen eigenen im inneren verborgenen Schmerz erinnert. An die Gefühle, die er in seinem Inneren verborgen hielt. Er sah meinen Schmerz, und fühlte sich selbst gut. Somit wurde ich immer wieder zum Objekt sei-

ner Macht, und seine Machtbesessenheit wurde zu meiner Unterdrückung. Er fühlte sich stark, ich fühlte mich ausgelaugt und mißbraucht.

Die ganzen sinnlosen Diskussionen wegen der Gütertrennung.

Das gemeinsam gekaufte Haus in Deutschland ... die ganzen Wutausbrüche seit dem ersten Tag in diesem Haus... Sein hämisches Grinsen, nachdem ich den Nervenzusammenbruch gehabt hatte. Als ob er das alles geplant hätte.

Im Grunde fürchtete er sicher sich tief in sich vor dem kleinen fühlenden inneren Kind. So, als wäre es zu schrecklich, wenn er diese Gefühle zulassen würde. Also wurde dieses schreckliche Gefühl auf mich übertragen. Bestes Beispiel das Ausräumen meiner Bastelsachen. Projektion.

Bei einem unserer letzten Telefonate behauptete er, seine Therapeutin (er macht angeblich zwei Therapien) habe gesagt, dass ich mich in der Beziehung wie seine Mutter verhalten habe. Genau das Gegenteil war der Fall ... immer, wenn er seine Probleme, die er früher mit seiner Mutter gehabt hatte, auf mich projizieren wollte, gab ich ihm die Verantwortung für sein Handeln zurück. Umso schlimmer wurde das Ganze!

Die Situation, als er sich nach dem Kinoabend entschloss, zu Fuß nach Hause zu laufen, und sich dann stundenlang in irgendeinem Gebüsch versteckte. Nur um mir nachher vorzuwerfen, ich hätte mich verantwortungslos verhalten, indem ich ihn eine nur schwach beleuchtete Straße 7 km in der Nacht nach Hause laufen ließ. Es war seine Entscheidung, und das sagte ich ihm auch, dass er kein Kind mehr, sondern erwachsen und selbst für sich verantwortlich sei.

Ich sagte ihm immer wieder, wenn er ein Problem mit seiner Mutter habe, solle er das mit ihr klären. Nicht mit mir. Dazu war er nicht in der Lage. Jedes Mal, wenn ich ihm sagte, wie verletzt ich durch sein Verhalten war, schaute er mich ungläubig an und warf mir vor, viel zu emotional zu reagieren.

Ein normal empfindender Mensch hätte sich daraufhin entschuldigt oder den Partner in den Arm genommen.

Das Leben mit so einem Menschen wie Martin wird zum tagtäglichen Eiertanz auf rohen Eiern und die Auseinandersetzungen und stundenlangen Diskussionen arten mit der Zeit in eine Art „Krieg" aus, wobei in so einer Beziehung, „das Kriegsbeil" nie begraben wird! Waffen sind seinerseits Entwertung und emotionaler Missbrauch. Meinerseits, Schweigen und Frustration, da ich fast nicht zu Wort kam. Denn jede Misshandlung Martins, egal um welche es sich handelte, war der verzweifelte Versuch, sein eigenes inneres Kind und die im Inneren verborgenen verletzten Gefühle nicht spüren zu müssen und gleichzeitig sich selbst zu schützen und die Verantwortung für sein eigenes Tun zu verschleiern.

Das soll jetzt alles keine Entschuldigung für sein Handeln sein. Denn so ein Mensch kann jeden anderen, der mit ihm zu tun hat, ins tiefste Unglück stürzen!!! Das bekamen wir leider am eigenen Leib zu spüren.

Meiner Tochter Tanya, ihrem Mann Dario, Sandra und mir ist genau das passiert. Wir verloren durch ihn alles. Bei Tanya R. gelang es ihm schon nicht mehr, da hatte ich ihn zumindest schon teilweise durchschaut. Tanya und Dario verloren durch ihn einmal alles, was sie besaßen. Beim zweiten Versuch zog Dario zum Glück die Notbremse … Sandra verlor alles, was sie auf die Insel geschickt hatte. Das waren die wichtigsten Sachen in ihrem bisherigen Leben gewesen und sie verlor ihren geliebten Kater.

Ich erlebte in dieser Beziehung ein nicht enden wollendes Trauma und verlor all meinen Besitz, den ich mit auf die Insel genommen hatte. Ich bin nun dabei, wenigstens die Häuser, die mir nach der Scheidung zugesprochen wurden, auf der Insel zu verkaufen. Außer das Haus, welches Tanya R. bewohnt! Aber das wird sich noch eine Zeitlang hinziehen. Dann kann ich endlich „mein Leben" leben. Wobei ich dies jetzt schon übe.

159) EIN BRIEF AN MEINE NACHFOLGERIN

Liebe ...,

leider kann ich keinen persönlichen Kontakt zu dir aufnehmen, denn das würde mich in eine Zeit zurückverset-
zen, die mich an den Rand des Wahnsinns brachte und
die ich auf gar keinen Fall noch einmal erleben möchte.

Mein Name ist Rosemarie. Ich war vor dir über 20 Jahre lang die Partnerin von Martin. Von ganzem Herzen
wünsche ich dir, dass du früher erkennst als ich, was für
ein kranker Mensch er doch ist. Er macht zwar derzeit
wahrscheinlich eine Therapie, doch durch seine vielen
Selbsttherapien, die er im Laufe unserer Beziehung machte, die leider allesamt nichts nutzten, fällt es mir außerordentlich schwer, ihm zu glauben, wenn er mir erzählt,
dass er schon so große Fortschritte gemacht hat. Er hat
mich dahingehend viel zu oft belogen. Vor mir hatte er
nie eine längerfristige Beziehung. Nur eine kurze Beziehung von sechs Wochen.
Als ich damals im Jahr 2000 wieder mit ihm zusammen-
kam und das erfuhr, dachte ich so bei mir: wie sehr muss er
mich doch lieben. In all den Jahren auf eine andere Beziehung verzichtet zu haben. Was für ein Opfer. Zwischen unseren beiden Beziehungen lagen immerhin 10 lange Jahre
ohne Kontakt. Heute weiß ich, dass ich mit dieser Vermutung total falsch lag. Leider weiß Martin scheinbar gar nicht,
was wahre Liebe überhaupt bedeutet. Er verwechselt Sex mit
Liebe. Doch um lieben zu können, braucht man Empathie.

Ich habe viel eingebüßt in den vergangenen 20 Jahren
und in der Beziehung mit ihm, vor allem Lebensenergie.
Meine Kinder mussten zurückstecken, ich verzichtete auf
Freundschaften, verlor viel Geld, verzichtete auf meine
Karriere, verpasste Chancen und setzte schließlich noch

meine Gesundheit aufs Spiel. Und schlussendlich verlor ich meine Würde!

Das alles aber ist ersetzbar und lässt sich verschmerzen. Aber über eines bin ich unendlich traurig. Denn ich habe eines gänzlich verloren. Meine Unschuld! Nein, nicht die Unschuld, die du jetzt wahrscheinlich meinst, nein. Ich meine die Unschuld, dieses Urvertrauen, dass in jedem Menschen auf dieser Erde ein guter Kern steckt, dass meine Liebe, die ich so unglaublich blauäugig und unbedarft an ihn verschenkte von ihm wirklich erwidert wurde. Zu erkennen, dass die Liebe, die mich so unglaublich viel Lebenskraft kostete, dass diese Liebe niemals wirklich ehrlich und wahrhaftig erwidert wurde, schmerzt unglaublich. Er sagte zwar immer, dass er mich liebte, aber seine Taten sprachen eine ganz andere Sprache. Das alles lässt mich nun anderen Menschen gegenüber sehr vorsichtig sein. Ich habe mein bis zu dieser Beziehung „unschuldiges" Vertrauen in die Menschen verloren. Und dass, meine liebe ..., lässt sich nicht mehr so einfach rückgängig machen. Es wird Jahre auf meinem Heilungsweg brauchen, bis ich das Trauma, welches ich in dieser Beziehung erlebte, überwunden habe.

Aber nun mache ich mir große Sorgen um dich. Denn im Grunde bist du jetzt in der Situation, in der ich jahrelang gefangen war.

Am Anfang war ich genauso glücklich, wie du es derzeit sein magst. Ich war, wie er anfangs immer sagte, seine Traumfrau. Ich hatte Mitleid mit ihm, weil er doch so eine furchtbare Erfahrung als Kind hatte machen müssen. Ich war die Einzige, die ihn wieder glücklich machen konnte, sagte er zumindest immer. Er konnte nie genug von mir bekommen und überschüttete mich am Anfang mit Aufmerksamkeit. Ich bekam in der ersten Zeit z. B. einen selbst gebackenen Kuchen zum Geburtstag. Kommt dir das bekannt vor? Doch dann, irgendwann begann er, sich zu verändern. Aus dem anfangs perfekten Partner wurde mit der Zeit ein wutschnaubendes Monster. Wie konnte das geschehen? Ich verstand die Welt nicht mehr.

Ich suchte die Fehler immer wieder bei mir. Schämte mich, weil er mich so schäbig behandelte. Es dauerte leider eine lange Zeit, bis ich ihn durchschaute. Doch da war es für mich schon zu spät, ich saß in der Falle, und die hatte zu geschnappt.

Und jetzt mache ich mir wirklich Sorgen um dich. Denn jetzt bist du in der Situation, in der ich damals war. Ich weiß es mit garantierter Sicherheit, dass es dir genauso, wie mir ergehen wird. Früher oder später. Ich kann dich leider nicht davor bewahren.

Die Opfer eines Psychopathen können der Falle, die ihnen so heimtückisch und hinterlistig gestellt wird, nicht entkommen. Die Falle schnappt zu!

Für den Rest der Beziehung wirst du die Realität verleugnen, so wie ich es tat, und du wirst Gründe suchen für sein gemeines verletzendes Verhalten dir gegenüber. Du wirst NICHT die Ausnahme der Regel sein. Du wirst dich selbst belügen und mit aller Macht versuchen, die perfekte Beziehung vom Anfang wiederherzustellen. Dabei wirst du nach und nach, und Stück für Stück dich selbst verlieren.

Er wird immer öfter verlangen, dass du über deine eigenen Grenzen gehst. Bis du nachher gar nicht mehr weißt, wer DU selbst eigentlich bist. Er wird dich so lange mit abwechselnder Aufwertung und Abwertung hinhalten, wie er es bei mir tat. An diesem Punkt angekommen, wo Du dies erkennst, verlässt du entweder diese Beziehung oder du gehst unter.

Ich mache mir daher wirklich Sorgen um dich. Denn ich weiß, wie man sich in einer solchen Situation fühlt. Ich wünsche niemandem so viele Sorgen und Leid, wie ich es in meinem bisherigen Leben verkraften musste.

Du wirst mir heute wahrscheinlich noch nicht glauben. Aber irgendwann wird dir dieser Brief hoffentlich die Augen öffnen und du wirst die Wahrheit erkennen. Die grausame und herzzerreißende Wahrheit. Deine Seele wird gebrochen sein, so wie die meine.
Ich hoffe von ganzem Herzen, dass du diesen Brief irgendwann liest und er dir das passende Wissen an die Hand gibt. Ein Wissen, welches ich nicht zur Verfügung hatte. Ein wichtiges Puzzleteil als Starthilfe für dein neues Leben. Für deine eigene Heilreise nach dieser psychopathischen Beziehung.

Ich hasse dich nicht. Nein! Obwohl er das wohl gerne hätte. Aber den Gefallen tue ich ihm nicht! Das erlaube ich ihm nicht mehr. Denn das würde ihn nur bestärken in seinem kranken ICH, um weiter Macht ausüben zu können und damit die leere Hülle seiner eigenen Seele zu füllen. Ich bin durch einen dunklen Tunnel gegangen und auf der hellen Seite des Tunnels herausgetreten. Du kannst das auch schaffen.

Bitte, etwas kannst du noch tun, wenn du einmal so weit bist. Versuche das gleiche, wie ich es jetzt tue mit diesem Brief, für deine Nachfolgerin, bitte schreib ihr das, was Du erlebt hast.
Wir können diesen Missbrauchszyklus nur durchbrechen, wenn wir Empathie beweisen und alle unsere Mitmenschen mit Ehrlichkeit, Respekt und Freundlichkeit behandeln.

Ich wünsche dir für deinen Weg von Herzen viel Kraft, Liebe, Hoffnung und Freiheit.

Rosemarie

161) *EIN BRIEF VON TANYA AN MARTIN*

Lieber Martin,

Ich kann und werde dir nicht die Schuld daran geben, dass vieles in meinem Leben schiefgelaufen ist.

Schuld hat für mich nur derjenige, der mit der Absicht, andern zu schaden, handelt. Ich denke nicht, dass du mir schaden wolltest, du hast immer dein Bestes gegeben und dafür möchte ich dir danken.

Du hast mich in vielerlei Hinsicht geprägt. Tatsächlich habe ich dir zu verdanken, dass ich mich so gut in andere hineinfühlen kann, denn unzählige Male habe ich mich gefragt: „Warum?"

Als Kind bezog ich es in erster Linie auf mich. Ich bin nicht so gut, wie ich bin. Ich kann nichts richtigmachen. Ich störe. Ich bin falsch und eine Versagerin. Diese Glaubenssätze sitzen sehr tief, und verfolgen mich bis heute. Und doch konnte ich es mit den Jahren immer besser reflektieren.

Er braucht Klarheit. Er ist unsicher. Er will geliebt werden. Er gibt sein Bestes.

Ich habe gelernt, deine Gefühlsausbrüche als das zu nehmen, was sie sind. Deine Gefühle, dein Bedürfniskompass. Also nahm ich es hin, wie es war, reagierte mit Verständnis und Liebe. Doch das Leid hörte nicht auf. Zuletzt habe ich nun verstanden, dass ich dich liebhaben kann und mich dennoch zu meinem eigenen Schutz liebevoll abgrenzen darf.

Es geht nicht darum, den Kontakt abzubrechen. Es geht darum, sich zurückzuziehen, wenn der Kontakt gerade nicht guttut.

Ich möchte von meinen Mitmenschen gut behandelt werden. Wenn dem nicht so ist, so verurteile ich niemanden. Ich lasse die Gefühle des anderen dort, wo sie hingehören. Bei der entsprechenden Person. Und ich sorge für mich, indem ich mich Menschen zuwende, die mir guttun.

Vergiss dabei bitte nicht, dass mein Zuwenden zu anderen keinem Abwenden von dir gleichkommt. Es ist ein klares NEIN zu Unterdrückung, Kontrolle und Beschämungen. Den Menschen dahinter kann ich dennoch gut sehen. Der Mensch, der so viel mehr Liebe braucht, als ein anderer ihm jemals geben kann. Nur bin ich nicht der Mensch, der dir dort helfen kann. Das bist vor allem du mit deiner Selbstliebe. Wenn du dich selbst mit allem, was du bist und tust, liebst, wirst du auch in der Lage sein, unsere Liebe wieder zu spüren.
Auch ich arbeite noch an meiner Selbstliebe, meiner Fähigkeit, auf mich zu achten und für mich zu sorgen. Ein wichtiger Schritt hierfür ist dieser Brief.

Dies ist kein Abschiedsbrief und doch ein Abgrenzungsbrief.

Ich hab dich lieb und möchte gerne, dass du weiter Teil meines, unseres Lebens bist. Du bist mein Vater und der Opa meiner Kinder. Ich wünsche dir von Herzen, dass du deine Liebe zu dir wieder finden wirst.

Von Herzen

Tanya

161) EIN VERSPRECHEN AN MEIN HERZ

Mein geliebtes Herz, meine Zukunft!

Heute schreibe ich dir, nachdem ich dich und deine Intelligenz jahrelang mit Nichtbeachtung strafte.
Du schlägst Tag und Nacht, tust unerlässlich und unerschrocken deine Arbeit und hältst mich dadurch am Leben. Egal, ob ich arbeite, schlafe oder weine, esse, trinke, wichtige Dinge oder unwichtiges tue. Du tust deine Arbeit und schlägst unermüdlich weiter. Dafür danke ich dir.
Auch wenn du an meinen Entscheidungen nicht schuld bist, du hast mich niemals in meinem ganzen Leben im Stich gelassen. Vom Anbeginn bis heute hast du alle Entscheidungen, die ich jemals traf, ausgehalten. Du wurdest dadurch so oft verletzt und warst manches Mal kurz davor, an meinen oftmals falschen Entscheidungen zu zerbrechen. Aber du hast tapfer durchgehalten, und hast immer weiter geschlagen, egal, was auch in unserem Leben geschah, und ich bin dir sehr dankbar dafür. Du hast trotz aller Widrigkeiten nie aufgegeben. Ja, Du hast manchmal gestolpert, wenn Du an meinen Entscheidungen gezweifelt hast. Aber, du hast dich immer wieder gefangen. Du hast Dich nie unterkriegen lassen. Denn ohne dich gäbe es mich nicht mehr. Ich kann mich jetzt nur bei dir entschuldigen für jede einzelne meiner falschen Entscheidungen. Doch ich werde dir von nun an eines versprechen. Deine Bemühungen, uns am Leben zu erhalten, waren nicht umsonst. Dass es mich nach allem, was wir beide erlebt haben, noch gibt, habe ich allein dir zu verdanken. Du hast nie an uns gezweifelt. Ertrugst jeden Dir zugefügten Schmerz. Ich habe mir geschworen, ich werde in Zukunft vor irgendwelchen Entscheidungen immer dich als Erstes fragen und ganz tief in dich hineinhorchen. Und dann entscheiden wir gemeinsam. Das verspreche ich dir

hiermit hoch und heilig. Du kennst mich, und weißt, dass ich halte, was ich einmal verspreche.

Deine dich liebende Rosemarie

162) EIN BRIEF AN EINEN NARZISSTEN

Auszug aus dem Hörbuch (Audible) **„UNKAPUTTBAR" von NICOLE JÄGER**
Kapitel: 94 – 101

„Und ich beendete am nächsten Tag endlich diese Beziehung, die schon sehr lang vorher zu Ende war und es längst hätte sein sollen.
Ab diesem Moment sagte ich: NEIN! Ich sagte NEIN, ich will nicht mehr. Ich sagte NEIN, ich verlasse dich, und ich werde dich nicht mitnehmen. NEIN, ich erlaube dir nicht länger, mich unglücklich zu machen. NEIN, ich gebe dir nicht mehr die Macht, mir zu sagen, wie ich mich fühlen oder wie ich leben soll. NEIN!

Und ich erlaubte mir, JA zu sagen. JA zu: Ich habe ein Problem. JA zu: Es kann sein, dass ich das nicht alleine schaffe. JA, JA, ich brauche vielleicht Hilfe. JA, ich erlaube mir, Angst zu haben, vor dem, was nun kommt. Aber ich erlaube mir dadurch auch, JA zu einem Leben mit neuen Herausforderungen und Chancen zu sagen.

Meiner Meinung nach ein guter Einsatz. Also lade ich meine Ängste und Zweifel und was da sonst noch rumkreucht ein, mit auf die Reise zu kommen. Ich werde sie eh nicht so ohne Weiteres los, dann kann ich sie auch annehmen und lernen, mit ihnen umzugehen.

Ich habe keine Ahnung, was auf der anderen Seite der Angst ist. Aber ich weiß, dass es gut ist, wenn man sich traut, diesem Schreckgespenst die Luft rauszulassen. Wenn man sich traut, aufzustehen und zu gehen. Egal wohin. Raus aus einer Beziehung, hin zu einem neuen Job, zum Sport, zu einem besseren Leben, zu einer Therapeutin, zu einer Schuldenberatung, zu einem Coach für was auch immer oder einfach nur weg.

Dann wird das, was da kommt, die Chance, das Beste aller Leben zu werden. Ich mache mir nichts vor. Leicht war das nicht. Es war das genaue Gegenteil von leicht.

Mutig sein ist nicht leicht. Nie. Aber es ist nötig. Mir macht dieser Schritt eine Scheißangst. Wirklich zu gehen mich trotz der Drohungen zu befreien.

Mir Hilfe zu suchen, mich mitzuteilen, mich wieder als Single zu sehen. Alles wieder alleine zu stemmen. Von vorn anzufangen mich mit mir selbst auseinanderzusetzen.

Eine fürchterliche Vorstellung. Und schlimmer noch, zu lernen, mir selbst genug zu sein. Na, wenn es weiter nichts ist.

Ich habe heute noch immer Angst vor allen möglichen Situationen. Vor Auftritten und Herausforderungen, vor dem Versagen oder dem ausbleibenden Erfolg.

Ich habe Angst vor Menschenmengen, Spinnen und manchmal davor, allein zu sein. Aber ich habe nie mehr Angst davor, mich aus einer Situation zu lösen, die mich kaputtmacht. Und wenn doch, dann nehme ich sie an, suche mir meine 5–10 Minuten Mut und springe. Auch mit Angst. Denn: What we are doing here, ain't just scary it's about to be legendary! (Was wir hier machen, ist nicht nur beängstigend, es wird legendär!)

Hallo Liebster, hallo Mr. Hyde,

ein letztes Mal auf die guten alten Zeiten gehört dir meine vollste Aufmerksamkeit. Mit jedem Wort dieser Zeilen, mit jeder Zeile dieses Briefs, mit einem Herzen voller Liebe und einmal noch mit ganz viel von mir für dich! Ich schreibe dir und mit diesen Worten auch all denen vor dir, weil ich schon immer besser schreiben, als reden konnte und du besser lesen als zuhören kannst. Mein Herz liegt einfach zu sehr auf meiner Zunge. Überschlägt sich dort und fällt dann jedes Mal vor deine Füße. Und wenn es erst einmal dort landet, schlägt es sich an deinen scharfen Kanten wund. Und ich bekomme es so schwer zurückgestopft, dorthin, wo es hingehört.

Ich weiß, du hättest nie gedacht, dass der Tag kommt, an dem ich dich verlassen würde. Verrückt, nicht wahr? Und weißt du, was das Lustige daran ist? Ich hätte es auch nicht gedacht! Aber ich muss. Und mehr als das, ich will es auch! Nicht wegen dir, nicht nur wegen alledem, was war, sondern um meinetwegen.
Ich verlasse dich, um mich zu finden. Um eine Chance zu haben. Um wieder atmen zu können. Um ein Leben zu leben, das lebenswert und gewaltfrei ist. Und um nicht den Glauben zu verlieren, dass es eines Tages alles wieder richtig gut wird. Nicht mit uns, aber für jeden von uns.

Ich gehe für mich und ich gehe für dich. Ich kann dich nicht glücklich machen, weil du mich unglücklich machst. Meine Kraft reicht nicht mehr für uns beide ... das hat sie im Grunde nie. Weil das Loch in dir so tief, so dunkel ist, dass ich bis an mein Lebensende mein Licht in dich schütten könnte und jeden Stern dazu, es würde die Leere in dir, all die Düsternis, nicht ausfüllen.
Ich habe es versucht, mit allen Mitteln und mit all meinen Farben. Das ist wohl das Problem mit der Dunkelheit, sie ist farbenblind. Ich bin dir nicht genug, hast du gesagt, weißt du noch? Immer dann, wenn mir ein paar Prozent bis zu deinen Hundert fehlten. Ich reiche nicht aus, kann dir nicht geben, was du brauchst. Es tut mir leid. Von Herzen.

Ich wünschte, ich hätte schon früher erkannt, dass du Recht damit hast. Ich reiche nicht. Aber nicht, weil ich als Mensch, Wesen, Geliebte oder Frau ungenügend wäre, sondern weil du tief in deinem Inneren so wenig von dir hältst, so viel Liebe brauchst, um das auszugleichen, dass ein Mensch allein das vielleicht niemals stemmen kann. Vielleicht sagst du deswegen immer, dass dich vor mir noch nie jemand wirklich glücklich gemacht hat. Am Ende nicht einmal ich. Denn um Liebe spüren und geben zu können, muss man sich selbst auch erst mal lieben können, wenigstens ein bisschen.

Dich zu lieben, bedeutet für zwei zu lieben. Und das habe ich versucht! Ich gab dir all meine Liebe und als diese nicht mehr reichte, gab ich dir auch die Liebe, die eigentlich für mich reserviert ist. Die, die meine Würde, meine Kraft, den Respekt und die Achtung vor mir selbst formt. Ich habe mich aus dem Brunnen in mir in dein Fass ohne Boden geschöpft und bin dabei nun auf Grund gestoßen. Hier unten nun, auf dem Grund des Brunnens, barfuß im feuchten Schlamm all dessen was von mir noch übrig ist, verstehe ich es glaube ich endlich. Ich bin vielleicht leer geschöpft, erschöpft ganz sicher, aber du bist trotz alledem, was ich in dich fließen ließ, kein bisschen voller, nicht wahr? Hat dein Herz ein Leck, Liebster? Oder ist es deine Seele? Bist du irgendwo kaputtgegangen und niemand hat dir Gaffa Tape gereicht, um dich zu flicken? Bist du deswegen so? Weil der Durst danach, erfüllt zu werden, dich mit den Jahren hat wahnsinnig werden lassen, wie einen Verdurstenden in der Wüste?
Sind Frauen deine Oasen, die für dich immer nur wirken können wie Fata Morganas? Ganz gleich, wie üppig ihr Herz, wie reich ihre Quellen auch sind?

Vielleicht bist du gefühlsblind. Unempfänglich für das Schöne, niemals satt, niemals erfüllt? Sag, bist du am Verdursten, während du unter einem Wasserfall stehst, und beschwerst dich über die Trockenheit der Wüste, trotz all des Nektars und der Tropfen auf Deiner Haut?

Denn so kommst du mir vor, wie ein Mann, der in einem Garten voller Früchte steht und Hunger leidet, weil er nie ganz satt wird.

Wut ist ein Gefühl, das einen aushöhlt und alles verbrennt, was ihr in den Weg kommt. Und du ertrinkst an deiner, nicht wahr? Tut es sehr weh? Ist es sehr schlimm? Denn ich stelle es mir schlimm vor, wenn das Leben niemals reicht. Kannst du dann glücklich werden, wenn dein Lachen niemals Deine Augen ganz erreicht, gibt es dann Zufriedenheit in deiner Welt?

Gibt es diesen Ort für dich, an dem die Sonne immer scheint? Oder zumindest sehr häufig? Ich wünsche es dir trotz allem sehr!
Es war nicht alles schlecht. Sagt man das nicht immer so, wenn man mit Wehmut zurückdenkt, an den schönen Teil einer gemeinsamen Zeit? Es stimmt, es war nicht alles schlecht. Wir waren fulminant zusammen, ein Kosmos voller du und ich. Als wir durch unsere guten Zeiten flogen, waren wir Kometen voller Eis und voller Licht. Für diesen einen Augenblick, für tausende 90 Sekunden war ich dein „Ein" und du mein „Alles".

Lach mich nicht aus. Ich weiß, dass vieles von dem nicht echt war. Mittlerweile verstehe ich es. Aber es fühlte sich so an.
Und für unser kleines Märchen damals hat es mir gereicht. Nur, dass Märchen eben nicht wahr sind und wir uns nicht hinüberretten konnten in die Realität. Denn das Monster, dass der Held meines Märchens hätte erschlagen müssen, war der Held selbst.

Du warst meine schönste Illusion. Der beste Film aller Zeiten. Mit einem ekelhaften Plot bis zum schaurigen Abspann, aber, oh Gott, unser „Opener" war der Hammer! Ja, es war besonders, in jedem einzelnen Aspekt. Und dennoch, auch wenn ich eine Zeitlang gestorben wäre für dich, ich wünsche mir keinen Augenblick zurück!

Weil wir sonst von vorne beginnen würden, mit diesen Luftschlössern, in denen es einfach zu viele Kerker gibt. Und ich habe mir fest vorgenommen, dass es echt sein muss, wenn es ein nächstes Mal gibt, mit wem auch immer. Oder es wird gar nicht erst beginnen. Ich date keine Drachen mehr, nur noch Helden. Oder deren humorvollen „Side Kick".

Ob ich dich vermissen werde, fragst du dich sicher jetzt? Oh ja, das werde ich! Und in einem hattest du in jedem Fall Recht. Ich werde dich niemals vergessen. Das möchte ich auch gar nicht. Weil ich sonst vergessen würde, was ich für mein Leben alles nicht möchte. Und weil dich zu vergessen heißen würde, dass ich auch vergesse, wie viel ich geben kann. Was ich erleben und durchstehen kann. Dass ich vom Boden, ganz weit unten, doch irgendwie immer wieder aufstehen kann. Dass ich mehr bin, als du sagst, und viel mehr, als ich glaubte. Reichlich angeschlagen, klar, aber ich stehe noch.
Eine schöne Erinnerung. Ich werde die Art vermissen, wie du mich berührtest in unseren guten Stunden. Und aus diesen fast jeden einzelnen Kuss. Die Episoden, die nicht schmerzten, und das Gefühl, auch wenn es nur geheuchelt war, dass ich so besonders war für dich. Das wird mir fehlen.

Dass nicht du mich besonders machst, sondern ich mich ganz alleine, das werde ich jetzt langsam wieder lernen. Ich werde all das Sanfte an dir vermissen. Das am Anfang. Deine guten Stunden und ein wenig von unserem Regen auch. Ich werde das Gefühl vermissen, das ich empfand, als es in deinen Armen noch sicher war.

Als atemberaubend noch nicht atemraubend war.

Und ich werde es vermissen, dich so gnadenlos zu lieben, bis zu dem Moment, an dem auch ich endlich begriff, dass dich zu lieben gefährlich ist. Du witzeltest immer, dass das Wort Lebensgefährte von Lebensgefahr kommen würde. Mein Sprachgefühl lief immer schreiend im Kreis, wenn du das sagtest.
Ich hätte dennoch besser hinhören sollen. Vielleicht hätten wir uns dann nicht so sehr an uns verschwendet. Sei es drum, so war es nun einmal! Und hier bin ich nun, bereit zu gehen und lasse ich dich auch zurück, die guten Erinnerungen, die nehme ich mit, okay?

Nein, nur falls du dich fragen solltest, ich halte dich nicht für einen schlechten Menschen. Auch nach all den Jahren Tyrannei nicht. Vielmehr glaube ich, dass du traurig bist, tief in deinem Inneren ein einsamer Mann.

Und, ja, ich glaube, dass du weißt, was für ein Mensch du bist. Nicht wahr? Dir ist bewusst, wie du bist. Dass du verletzt. Dass dein Verhalten nicht im Ansatz tragbar ist. Eher sogar gegen das Gesetz verstößt. Und auch wenn Du meisterhaft die Realität verdrängen und zu deinen Gunsten drehen kannst, musst du manchmal, wenn die Welt ganz leise ist und es in dir sehr laut ist, wissen, dass du im Grunde ein sehr armer, bedauernswerter Mann bist. Ich empfinde keine Verachtung für dich, keinen Hass, keinen Groll. Ich empfinde Mitleid mit dir. Mitgefühl für einen Menschen, der so klein in den Untiefen seines Inneren ist. Du tust mir leid.
Das ist keine Häme, ich habe keinen Spott für dich. Das ist mein Ernst. Denn ja, na klar, ich bin fürchterlich kaputtgegangen. Und ich brauche bestimmt eine ganze Weile, zig Gin Tonic und eine Delfintherapie, um mich wieder auf die Reihe zu bekommen.

Aber ich weiß, dass der Tag kommen wird, an dem es wieder gut sein wird. An dem ich wieder einigermaßen zusammengesetzt sein werde. Nicht so wie vorher. Dafür sind zu viele kleine Scherben irgendwo auf dem Weg verschüttgegangen. Aber im Großen und Ganzen wird das werden. Und all l das, was ich nicht zurückbekomme, wird eine Lücke, ein Loch, einen kleinen Riss hinterlassen. Und wenn schon, dann strahlt dort eben die Sonne hinein und mein Licht nach außen.

Kannst du das auch von dir behaupten? Wirst du es beim nächsten Mal anders machen oder machst du es so, wie du es immer machst? Stopfst du die Fugen, Löcher und Risse in dir mit Frauen, deren Herzen und am Ende deren Unglück?

Weil dir jedes Gefühl Recht ist, solange es nur intensiv ist. Und Schmerz und Angst sind es ja nun einmal und irgendwie auch einfacher aufrechtzuerhalten als Liebe. Zumindest für dich!
Weil du Liebe vermutlich gar nicht verstehst, nicht verstehen kannst. Wie soll man auch etwas verstehen, für das es zwei braucht, wenn es in dir nur dich gibt.

Ob ich Angst habe, vor allem, was nun kommt? Oh ja, und wie! Ich habe Angst, dass ich nicht wieder so fühlen kann, dass du mir vielleicht etwas weggenommen hast, was ich nicht neu erschaffen kann.
Dass du mit deiner Panzerfahrt durch den Glasgarten in mir zu viele Scherben hinterlassen hast und dass ich das nicht wieder so filigran aufbauen kann, wie ich es möchte. Ich habe Angst vor einer Zukunft, in der ich erst einmal wieder alleine stehe vor allen Herausforderungen und davor, mich dem Leben wieder alleine zu stellen.

Und dann ist da noch deine Stimme in mir. Jene, die mir sagt, dass es an mir liegen würde, dass ich nicht ausreiche und es niemals tat. Dass ich nicht genug liebe und ohne dich nicht leben und auch sonst nichts könne. Dass ich es verdient habe, allein zu sein und allein zu sterben. a Und dass es so unendlich schwer sei, mich zu lieben, dass das, was ich gebe, niemals ausreichen wird für einen Mann.

Und manchmal, wenn es ganz leise ist, kann ich das hören und an manchen Tagen ist da diese Angst, dass du Recht haben könntest.
An allen anderen Tagen aber weiß ich, dass das Unfug ist. Und mit der Zeit, das weiß ich, werde ich taub werden für dein Echo in mir. Ich habe Angst vor einer Welt nur mit mir.

Aber größer, so viel größer ist meine Angst vor dir. Darum nehme ich auch all das mit in mein Gepäck und lerne, damit umzugehen. Weil es das ist, was erwachsene Menschen nun einmal tun. Angst haben, und es dennoch tun.

Es gibt übrigens ein Wort für dieses Verhalten: Mut! Und der meinige ist größer als die Angst vor dem Leben.

Ob ich böse auf dich bin? Das könnte man meinen ... hm. Aber nein, das bin ich nicht. Ich bin auch nicht wütend. Ich empfinde keinerlei Hass. Nicht einmal mehr Verachtung. Und eines Tages, irgendwann, werde ich gar nichts mehr für dich empfinden. Warum das so ist, ist ganz einfach. Ich gönne es dir nicht. Ich gönne dir meinen Groll nicht. Nicht meine Energie.
Egal, ob gute oder schlechte. Ich erlaube dir nicht mehr, einen so großen Teil meines Lebens einzunehmen.

Ich erlaube dir keinen Platz in meinem Bauch, dort, wo meine Wut sonst wohnt. Keinen Platz in meinem Herzen, dort, wo Liebe Hass gebiert. Keinen in meinem Kopf, wo ich nun Platz räumen werde für Neues und Schönes und ganz viel Freiheit.

Ich erlaube es dir nicht, das ist das ganze Geheimnis. Du hast dir genommen, was du wolltest. Ich habe dir gegeben, bestimmt beides viel zu viel. Aber ich nehme all das schlechte, all die Angst, all die Sorgen nicht mit. Ich fange ohne dich neu an. Ohne deine Fesseln. Ich streife sie ab, auch in meinem Kopf.

Du hattest mich, aber meine Seele bekommst Du nicht! Was bringt mir also Hass, was würden mir Groll oder gar Vergeltungsgedanken bringen? Außer, dass ich das Kostbarste an dich verliere, was ich habe. Mein Seelenheil.

Ich bin dir also nicht böse. Ich bin frei. Den Rest an negativen Emotionen überlasse ich dir.

Ich muss dir übrigens noch widersprechen, Du sagtest oft, dass es kein Leben nach dir geben werde für mich. Und schon gar nicht andere Männer. Du hast unrecht, es gibt ein Leben nach dir. Und ich werde es in vollen Zügen leben und genießen.

Und sollte es doch irgendeine Form der Rache geben, dann ist es genau diese ... ich werde ein Leben voller Lachen und voller Träume, Hoffnung und Erfolg leben. Weil ich nun mal so bin und weil du es nicht geschafft hast, mir das wegzunehmen. Ich werde mir Zeit nehmen. Für mich. Ich werde heilen. Ich werde aus all dem lernen.

Und eines Tages, da wird ein Mann auf mich warten, der in seinem Inneren groß genug ist, mich zu lieben. Unsterblich, ganz ohne Gewalt.

Er ist da draußen, da sind ganz schön viele. Und wahnsinnig viele von ihnen sind fantastische Helden, Drachentöter, Wikinger ... und einer davon wird irgendwann der Mann an meiner Seite sein.

Weil ich dir auch das nicht schenken werde. Ein Arschloch steht nicht stellvertretend für 4 Milliarden Männer. Nicht in meiner Welt. Eines Tages wird er da sein und bis dahin lerne ich, wie ich den wichtigsten Menschen in meinem Leben wieder voller Überzeugung lieben kann. Mich!

Bevor ich nun gleich enden werde, bleibt mir nur noch, dir zu danken. Ich danke dir! Für unsere Ära. Für die guten Erfahrungen und auch für die schlechten. Weil du meine Lektion in Sachen Leben warst.
Mein Lehrbuch mit zu vielen Seiten. Du hast mir so viel beigebracht. Über mich. Darüber, dass ich stärker bin, als ich dachte. Manipulierbarer allerdings auch. Du hast mir meine Schwachstellen aufgezeigt. Die unverschlossenen Hintertüren meiner verletzlichen Bereiche.
Ein Glück für mich, denn fortan kann ich diese ein bisschen besser bewachen.

Nein, mach dir keine Illusionen. Ich werde wegen dir keine verbitterte Frau mit Vertrauensproblemen. Und wenn, dann werde ich mir Hilfe suchen, bis das wieder weg ist. Weil ich das kann. Ich werde sanft bleiben, und voller Liebe und all meiner Flausen und Fantasie. Ich werde meinen Kopf in den Wolken behalten, mein Herz auf der Zunge und mit beiden Beinen immer leicht neben dem Beat tanzen.
Mich mit all meiner Hingabe in mein Leben stürzen und die Frau respektieren, die aus mir geworden ist.

Ich danke dir, denn du hast es vielleicht nicht gewollt, aber du hast mir etwas gegeben. Ich kam als bedürftige Frau in dein Leben. Als Mensch, mit dem man das, was geschah, wohl irgendwie machen konnte. Ich gehe mit einigen Dellen und blauen Flecken, aber mit einem Herzen voller Erfahrung und dem Wissen, dass mir das nicht noch einmal passieren wird.

Nicht, weil ich eine Frau bin, der so was wie mit dir nicht passieren kann, offensichtlich kann es das. Sondern weil ich es jetzt weiß. weil ich feinfühlig bin für Schwingungen, und weil ich mir verspreche, rote Flaggen nie wieder zu übersehen.
Ich habe durch dich gelernt, dass ich dich nicht brauche.
Dass ich kraftvoll genug bin, um für mich einzustehen.
Auch dann, wenn es sich nicht so anfühlt.

Danke, von ganzem Herzen. Für all das, was war. Weil dadurch all das werden kann, was nun wird.
Es wird Zeit, komm, wir müssen gehen. Getrennte Wege warten auf uns am Ende unserer Geschichte. Und ich möchte den ersten Schritt auf dem meinigen nun wagen.

Ich weiß, dass du mich nicht gehen lassen möchtest. Aber meiner Seele tun die Füße weh, vom ewigen im Kreis laufen auf deinen steinigen Pfaden.
Du fragst dich bestimmt, ob ich denn gar keine Angst habe vor neuen Wegen ohne dich. Doch habe ich, aber noch mehr Angst habe ich davor, weiter an deiner Seite zu wandeln. Also lass ich dich jetzt los.
Und auch, wenn du die Fesseln nicht lösen magst, du weißt ja, ich habe ein Messer unterm Katzenbettchen.

Dies ist vielleicht kein Liebesbrief. Aber es ist unser letztes Hurra. Ich liebe dich! Und ein Teil von mir wird es immer tun. Ich nehme auch diesen Teil mit.
In meinem Glasgarten bekommt er einen guten Platz. In der Sonne, so dass jeder ihn sehen kann.

Denn ich schäme mich nicht mehr für dich, nicht für mich, nicht für uns und nicht mehr dafür, ein verletzlicher Mensch zu sein, der manchmal dumme Entscheidungen trifft und sich manchmal dämlich benimmt oder hilflos fühlt und es manchmal sogar ist.

Du hast mich zum Opfer gemacht, ich mache mich jetzt wieder heile. Ich wünsche dir die Ewigkeit. Ein Leben voller Glück.

Dass du eines Tages lieben kannst mit voller Wucht und all den grandios schönen Katastrophen, die Liebe mit sich bringt.

Ich wünsche dir, mir und allen Frauen da draußen, dass ich die letzte mit so einer Geschichte in deinem Leben war. Und dass, wenn dem nicht so ist, die Nächste den Mut hat, dir die Eier abzuschneiden und sie als Trophäe um ihren Hals zu tragen.

Ich wünsche dir, dass du es schaffst, ganz ehrlich, dass du Frieden findest, dir Hilfe suchst und dir helfen lässt. Das wäre schön.

Auch wenn in Deinen Augen stets alle anderen Schuld sind an deinem Leid, so möge dieses dennoch enden.

Auf dass dich das Leben in den Arm nimmt und nie wieder loslässt und dass die Leere in dir irgendwann ausgefüllt werden kann.

Ich gehe jetzt, und ich nehme nur mich mit.

Und ja, mein Liebster, mein Mr. Hyde, mich von dir zu trennen, fällt mir trotz allem unendlich schwer. Ich werde dich vermissen. Und bitte wisse, ich liebe dich sehr, aber mich, und das ist die Lehre aus allem, MICH liebe ich mehr.

N."

Wer wissen will, was es mit dem kleinen Messer unter dem Katzenbettchen auf sich hat, der soll sich dieses Hörbuch bitte kaufen und anhören. Es ist eines der besten Hörbücher, die ich im Laufe meiner Recherchen über Narzissmus gefunden habe! Es lohnt sich!

Das Hörbuch „Unkaputtbar" wurde übrigens von der Autorin „Nicole Jäger" persönlich gesprochen. Das geht nochmal mehr unter die Haut!

163) NACHWORT

Ich habe mir die Arbeit gemacht und dieses Buch geschrieben, einerseits, um mir alles von der Seele zu schreiben, was ich in dieser mehr als 20-jährigen Beziehung erlebte, was mir persönlich sehr gutgetan und auch geholfen hat, und andererseits, um Menschen, die emotionaler Gewalt ausgesetzt sind, die Augen für genau diese Gewalt zu öffnen. Um an meinen Beispielen aufzuzeigen, was alles schon zu emotionaler Gewalt dazugehört. Es fängt mit Kleinigkeiten an. Man ist leider viel zu schnell dabei, zu sagen: „Das war jetzt nicht so gemeint, wie ich es verstanden habe!" Und so hält man das destruktive Verhalten des Partners jahrelang aus, immer in der Hoffnung, dass es irgendwann doch besser wird.

Bei mir kam erschwerend hinzu, dass ich auf der Insel 11 Jahre lang gefangen war und ich mich nicht einfach ins Auto setzen konnte, um ihn zu verlassen. Martin hatte damals die Situation nach meinem Burnout ausgenutzt. Er entwickelte sich dort auf der Insel so ganz langsam in einen Menschen, der die absolute Kontrolle über mein Leben brauchte. Freunde und Familie, die davon etwas mitbekommen hätten, waren weit weg. So nahm die Entwicklung ihren Anfang, ohne dass es mir zunächst auffiel. Als es mir dann auffiel, war es zu spät. All mein Hab und Gut und mein Geld steckten nun auf dieser Insel fest. Außerdem hatte ich vorher nie etwas von Narzissmus gehört. Ich dachte immer, er sei halt anstrengend.

Nein, kein Mensch hat es verdient, diesen meist feindseligen, unangemessenen und zügellosen Wutausbrüchen und dieser extremen Streitlust ausgeliefert zu sein und wegen Nichtigkeiten oder überhaupt angeschrien zu werden. Genau dort fängt Gewalt nämlich schon an. Man verbittet sich dieses Verhalten des Partners zwar immer wieder, trotzdem passiert es immer und immer wieder und man leidet darunter. Letztendlich geht das eigene Selbstwertgefühl dabei vor die Hunde. Ich habe zwar immer wieder Kontra gegeben und mich nicht unterkriegen lassen, aber es war ein verdammt anstrengendes Leben, diese 11 Jahre auf dieser Insel.

Menschen, die ein stabiles Selbstwertgefühl besitzen, sich als wertvolle Mitglieder unserer Gesellschaft sehen, haben es nicht nötig, andere Menschen anzuschreien oder zu beleidigen. Sie sind in der Lage, anderen Menschen gegenüber in einem normalen Ton zu argumentieren, auch oder gerade, wenn sie anderer Meinung sind.

Liebe Mit Opfer da draußen, lasst euch das nicht länger gefallen! Ihr seid wertvoll. Wertvoller, als ihr denkt! Wertvoller, als in so einer demütigenden, respektlosen Beziehung zu bleiben und auszuharren!
Auch emotionelle Gewalt IST GEWALT! Dabei handelt es sich um eine immer wiederkehrende und sich wiederholende „emotionale Vergewaltigung"! Macht es nicht so wie ich, handelt früher.

Leider ist es nun mal keine Gewalt, die man den Opfern nach außen ansieht. Sie hinterlässt keine sichtbaren blauen Flecken am Körper, sehr wohl aber auf der Seele. Diese Spuren sind unsichtbar, jedoch traumatisierend. Sie machen euch innerlich kaputt.

Steht auf. Sorgt für euch selbst. IHR KÖNNT ES. IHR SEID STÄRKER, ALS IHR ES IM MOMENT VIELLEICHT GLAUBT! Und wenn ihr es nach einer Weile geschafft habt, seid ihr so unglaublich stolz auf euch selbst und das dürft ihr auch sein.

Ich habe auch Angst. Angst davor, wieder selbst Auto zu fahren. Angst davor, es nicht zu schaffen. Angst davor, neue soziale Kontakte zu knüpfen. Werden mich die Menschen „da draußen" mögen, so wie ich wirklich bin? Ich bin Deutsche und lebe derzeit in Österreich. Angst davor, allein zu sein. Komme ich mit mir alleine klar? Aber ich weiß, dass ich es schaffe. Ich habe schon so viel geschafft in meinem Leben. Wie hat heute eine Psychologin im Gewaltschutzzentrum zu mir gesagt? „Du hast ein sehr abenteuerliches Leben hinter Dir." Ja, für meine Begriffe ein bisschen „zu" abenteuerlich, aber ich lebe noch und das ist die Hauptsache.

Außerdem habe ich so großartige Menschen wie meine Kinder, meinen Schwiegersohn und meine Enkelkinder, Tanya R. und Henry, Ida, und meine großartigen Nachbarn rechts und links von mir an meiner Seite. Ich weiß, dass ich es schaffe, auch wenn die Angst manchmal überwiegt. Ich weiß, dass ich sie besiegen werde. Ich bin eine Kämpfernatur und zudem habe ich meine innere Löwin wieder bei mir. Es geht vorwärts und aufwärts.

Martin sagte vor kurzem zu mir am Telefon, dass er mit seinem alten Freund Tim wieder Kontakt habe. Er habe Tim so einiges aus unserer gemeinsamen Zeit erzählt. Tim könne das alles gar nicht glauben. Er kenne Martin ganz anders und Tim habe kein Verständnis dafür, wie ich reagiere. Daraufhin sagte ich nur zu Martin: „Ob Tim das nun glaubt oder nicht, ist mir egal! Denn nur du und ich wissen, wie du mich und meine Kinder in all den Jahren behandelt hast." Leider war kein anderer dabei.

Jetzt sind es 4 Monate, wo wir uns nicht „körperlich" gesehen haben, nur über Videotelefon und Martin gibt sich jetzt ganz relaxt, sagt, er habe keine Probleme mehr. Er habe schon so viel an sich gearbeitet und dass müsse ich alles schon erkennen. Er sei wieder in seiner Wohnung gleich neben seinen Eltern. Gehe wieder brav jeden Tag rüber zum Essen zu seiner Mutter und abends spielten sie entspannt zusammen Karten. Wenn das sein Leben ist, bitte … im Moment verstehen sie sich wohl, bis es auch zwischen ihnen wieder knallt. Dann ist er wieder nur unterwegs … auf der Flucht vor sich selbst.

Es ist genauso wie bei seinen vorherigen Selbsttherapien. Er scheint das Ausmaß seiner Taten gar nicht ermessen zu können. Er verharmlost alles. Leider ist er durch seine Erkrankung scheinbar gar nicht imstande, das Ausmaß seiner Taten zu erkennen.

Einmal sagte er am Telefon zu mir, jeder seiner Ausraster sei doch letztendlich nur ein einziges Mal passiert. Ja, einen Menschen kann man auch nur einmal ermorden, danach bekommt er sein verlorenes Leben nicht mehr zurück. Emotionale Gewalt ist emotionaler Mord und jeder Ausraster wegen Nichtigkeiten ist ein Ausraster zu viel! Eine solche Beziehung geht an die Substanz.

Seine psychosomatische Behandlung in einer Klinik wurde abgebrochen, da er wegen der derzeit dort bestehenden Maskenpflicht und seiner Schwerhörigkeit nichts mitbekam in den Gruppentherapien und daher dort nicht therapierbar war. Auch da machte er einen Riesenaufstand. Lief von einem zum anderen Arzt, wollte die Gruppengespräche mit seinem Handy aufnehmen, um sie später über Kopfhörer abhören zu können. Als das aus Datenschutzgründen nicht erlaubt wurde, beschwerte er sich darüber, dass er als behinderter Mensch diskriminiert würde. Das erzählte er mir am Telefon.

Es gehe ihm nun gut, sagt er, er sei froh, die „juristische" Verantwortung für mich nicht mehr tragen zu müssen, die er doch eigentlich bei der Scheidung vor 3 ½ Jahren schon abgegeben hatte.

Er will aber andererseits unbedingt an unserer Beziehung festhalten und eine Paartherapie mit mir machen. Versucht zwischendurch, mich mit „Love Bombing" zurückzugewinnen. Wie all die anderen Male zuvor auch schon. (Love Bombing beschreibt ein Dating-Phänomen ähnlich dem Gaslighting, eine Form von psychischer Gewalt, hinter dem nicht die Absicht steht, eine liebevolle und respektvolle Beziehung zu führen. Vielmehr geht es der ausführenden Person darum, im Mittelpunkt zu stehen und Aufmerksamkeit zu erhalten).

Er ruft derzeit jeden Tag an, um einerseits mein Buch (Erstversion) mit mir zu besprechen. Denn er meint, den Inhalt könne er für seine Therapie verwenden, um aus seinen Fehlern zu lernen. Andererseits, um immer wieder zu fragen, wie lange ich für meine Heilung denn noch brauche. Ich sage dann immer: „Es hat mich 20 Jahre gekostet, um da zu sein, wo ich jetzt bin. Heilung ist ein langwieriger Prozess von Körper, Geist und Seele! Ich kann es dir nicht sagen, wie lange ich für meine Heilung brauche!"

Jetzt, ein paar Wochen später, bin ich endlich an einem Punkt angekommen, wo ich mich nur noch zweimal in der Woche auf ein Telefonat mit ihm einlasse. Wenn auch das mir zu viel wird, reduziere ich ebenfalls diese Telefonate. Die Penetranz, mit der er jedes Mal behauptet, dass er schon so viel an sich gearbeitet habe, ich müsse das doch bemerken … ist kaum auszuhalten. Derzeit ist er immer noch auf der Suche nach einem Therapeuten.

Außerdem strebe ich keine Beziehung mehr mit ihm an. Wenn es weitergeht, dann nur eine Partnerschaft auf Augenhöhe, mit wem auch immer. Oder ich bleibe allein und genieße so den Rest meines Lebens. Meine neu erwachte Löwin lässt so eine Behandlung wie die seine nicht mehr zu. In dem Wort Beziehung steckt das Wörtchen „ziehen" und ich will nicht mehr an mir ziehen lassen.

Die paar Jahre, die mir noch bleiben, will ich so leben, wie es mir gefällt. Ich will mich nicht mehr anpassen müssen. Will ins Bett gehen können, wenn ICH müde bin und aufstehen können, wenn ICH aufstehen will, es sei denn, Floh beißt mir zärtlich in die Nase und zeigt damit an, dass er mal raus in den Garten muss. Ich habe mich viel zu lange für andere Menschen verbogen.

Leider war ich bisher einfach ein viel zu vertrauensvoller Mensch. Aber auch wenn das oftmals ein Fehler war, so will ich den Rest meines Lebens nun bei mir sein und unbekümmert von irgendwelchen unsinnigen Ärgernissen, positive Zeit mit meinen Kindern und Enkelkindern verbringen können. Ich will eine gute Zeit mit ihnen verbringen können, ohne auf Eifersüchteleien von instabilen Menschen Rücksicht nehmen zu müssen. Das habe ich lange genug getan. Ich bin an der Grenze meiner Leidensfähigkeit angekommen. Den Rest meiner mir verbleibenden Zeit genieße ich lieber mit meinen Hunden, als mir eine solche Beziehung weiter anzutun. Die Hunde lieben mich so, wie ich bin. Für die muss ich mich nicht verbiegen, nur unter Umständen morgens früh mit ihnen in den Garten. Danach kann ich mich wieder ins Bett legen, wenn ich denn will, oder ich mache mir einen Kaffee, ganz nach Laune. Ganz so, wie ICH es will. Meine Lebensqualität macht plötzlich einen Quantensprung. Hurra!!!

Kompromisse sind wichtig, aber für mich nicht mehr überlebenswichtig. Ich bin niemandem mehr etwas schuldig, ich habe für ALLES bezahlt ... für meine Fehler, meine Niederlagen und für all das, was ich trotzdem bisher erreicht habe. Ich war auf dieser Insel über ein Jahrzehnt gefangen, nicht lebenslänglich, doch ich war dort tatsächlich eine Gefangene seiner Willkür ... seine private Sklavin.

Ich befinde mich jetzt auf einer Reise, meiner Heilreise und wer mich begleiten will – gerne. Aber von jetzt an bestimme ich die Regeln meiner Reise. Der Rest meines Lebens liegt vor mir und ich freue mich darauf. Es hat leider verdammt lange gedauert, bis ich an diesem Punkt meines Lebens angekommen bin. Aber wer weiß, vielleicht war es durch das Erlebte meine Aufgabe, dieses Buch zu schreiben. Der Gedanke dazu war schon länger in mir, bisher fehlte mir nur die nötige Ruhe dazu.

Arme emotionslose Menschen haben vielleicht viel Geld, doch keine wahren Träume, jedenfalls keine Träume, die sie langfristig verfolgen. (Die Häuser, die Martin auf der Insel baute, wurden uninteressant in dem Moment, in dem sie fertig waren. Dann musste das nächste Projekt angefangen werden. Auf anfallende Reparaturen hatte er dann schon keine Lust mehr. Da machte Tanya R. sehr viel.)

Menschen reich an Emotionen haben Träume, die sie auch langfristig verfolgen können. Und mein Traum ist ein erfülltes, glückliches, zufriedenes, harmonisches Leben mit meinen Mitmenschen. Dafür braucht man nicht viel Geld, denn diese Fülle kommt aus dem Herzen, kommt aus dem Inneren heraus.

Die alten Träume vom Selbstversorger TUM auf der Insel waren gute Träume. Sie haben sich zwar nicht so erfüllt, wie erwartet, aber ich bin froh, sie gehabt zu haben. Ich sammelte wertvolle Erfahrungen in dieser Zeit. Vor allem über mich, aber nun schaue ich nach vorne.

Ich kann mich vor einen Spiegel stellen und aus vollem Herzen sagen: „Ich mag mich, so wie ich bin!" Denn ich empfinde Liebe für mich, meine Tiere und meine Mitmenschen und ich gebe mir die größte Mühe, von Bewertungen frei zu sein. Ich versuche, die Menschen so zu nehmen, wie sie halt sind.

Meine Mutter sagte immer: „Jedem Tierchen sein Pläsierchen." Da ist was dran. Andere Menschen kann ich nicht ändern, ich kann nur mich selbst ändern und versuchen, mit Menschen, die nicht auf meiner Wellenlänge sind, trotzdem zurechtzukommen. Oder wenn es gar nicht geht, meinen eigenen Weg zu gehen und dem anderen seinen zu gewähren, ohne demjenigen sein Anderssein nachzutragen. Das werde ich auch so mit Martin halten.

Ich glaube allerdings nicht, dass er sich vor den Spiegel stellen kann und aus vollem Herzen ganz ehrlich zu sich selbst sagen kann: „Ich mag mich so, wie ich bin ..." Mit dem Wissen, was er anderen jahrelang angetan hat? Ganz ehrlich? Wenn er dazu ja sagt, belügt er sich weiterhin selbst und hat keinen Deut dazugelernt!

Es heißt so schön: „Die Zeit heilt alle Wunden." Das stimmt leider nicht so ganz, denn selbst unter Narkose geht der Schmerz weiter. Er wird nur unterbrochen und es bleiben immer Narben zurück, egal wie gut der Arzt danach die Naht auch zugenäht hat.

Das, was ich in dieser Beziehung erlebt habe, kann ich einfach nicht vergessen. Dazu war das Schwert der bösen Worte und Taten zu scharf. Ich kann es zwar verzeihen, aber niemals mehr vergessen und ich weiß nicht, ob allein deshalb eine weitere „Partnerschaft" mit Martin überhaupt noch möglich sein würde, auch wenn er sich das wünscht.

Das werden wir in der Paartherapie sehen, die Martin gerne machen möchte ... sollte es so weit kommen. Aber ich habe wenig Hoffnung ... außerdem, bevor wir auf die Insel auswanderten, begannen wir auch eine Paartherapie, die aber dann, weil Martin nur noch die Insel im Kopf hatte und auswandern wollte und ich mit Burnout zusammenbrach, einschlief. In dieser Paartherapie sah er sein negatives Verhalten genauso wenig ein wie bei den Diskussionen auf der Insel mit Christian, Otto und Sabrina oder zum Schluss im Chat mit Henry. Deswegen sehe ich einer nochmaligen Paartherapie skeptisch entgegen. Viel zu sehr genieße ich derzeit meine neu gewonnene Freiheit und mein Leben.

Jetzt sind es schon 7 Monate her, seit ich mich von Martin getrennt habe. Und es verging bisher kaum ein Tag, an dem ich mich nicht mit Borderline oder Narzissmus beschäftigte. Manches musste ich erst sacken lassen, bevor ich weiterschreiben konnte.

Ich habe mein Buch jetzt mehrmals durchgearbeitet und ganze zweimal gelöscht. Beim ersten Mal konnte meine Tochter Tanya es retten, beim zweiten Mal musste mein lieber Schwiegersohn es wiederherstellen, was wohl gar nicht so einfach war. Ich habe vieles umformuliert, neu geschrieben, anderes weggelassen usw. Dieses Buch ist auch ein Entwicklungsprozess gewesen. Genau wie mein Heilweg ... mal ein Auf und mal ein Ab.

Nun habe ich mir Anfang des Jahres 2022 erst einmal ein Jahr Beziehungsauszeit verordnet, was Martin überhaupt nicht gut findet und auch nicht verstehen kann oder will. Aber ich brauche diese Zeit, um wieder zu mir und meinen wirklichen Wünschen zurückzufinden. Außerdem wird Martin diese Zeit mindestens brauchen, damit Entwicklungsschritte, die er macht, vielleicht auch für andere wirklich sichtbar sein werden. Für ihn wird es eine lange Therapie werden, wenn er sie denn durchhält oder auch überhaupt erst angefangen hat.

Wir können Freunde bleiben ... vielleicht, wenn wir das hinbekommen. Wenn er wirklich und wahrhaftig durch und in der Therapie an sich arbeitet. Aber für mehr sehe ich derzeit so gut wie keinen Weg, denn Narzissmus bringt den Wahnsinn in unser Leben und darauf kann ich mittlerweile sehr gut verzichten. Ich nehme mir die Freiheit, mein Leben von jetzt an so zu leben, wie es MIR gefällt.

Denn je mehr Zeit vergeht und ich wieder zur Ruhe komme, denke ich, dass es für eine Partnerschaft, auch wenn sie diesmal auf Augenhöhe stattfände, was Martin wahrscheinlich bedingt durch seine Erkrankung gar nicht leisten kann, zu spät ist. Die Gefahr, dass sich alles wiederholt, ist mir zu groß. Dazu sind die Verletzungen, die meine Kinder und ich erlitten haben, zu schwerwiegend. Ich werde ihn nie mehr so nahe an mein Herz heranlassen können oder mich schon gar nicht mehr bei ihm geborgen fühlen können. Ich würde immer in „Habachtstellung" sein, weil ich aus der Erfahrung heraus innerlich wieder jeden Augenblick einen seiner zügellosen Wutausbrüche erwarten würde. Dieses „Mobbing" habe ich zu lange schon mitgemacht und das tue ich mir nicht mehr an.

Als Kind hat mir mal jemand einen Spruch ins Poesiealbum geschrieben: „Reiß den Faden der Freundschaft nicht allzu rasch entzwei. Wird er auch neu geknüpft, ein Knoten bleibt dabei ..."
Ich denke, bei Martin und mir wären es zu viele Knoten. Und die alle aufzuknibbeln ... nun, ehrlich gesagt, dazu habe ich keine Lust. Ich bin schlicht und einfach nicht mehr die Jüngste und schließlich lebe ich nicht nach dem „Lustprinzip".

Aber die Zeit, die einem nach einer solchen Beziehung noch bleibt für den Rest des Lebens, sie ist so kostbar! Allein oder zu zweit, das ist egal. Diese Zeit will ich in Frieden leben können, ohne mich für irgendeinen anderen Menschen noch einmal verbiegen zu müssen. Ich kann mich anpassen, ja, aber nicht mehr verbiegen. Ich will keine Kraft mehr für sinnlose Streitereien verschwenden müssen. Dazu ist mir die Restzeit meines Lebens wirklich zu schade.

Eine solche Beziehung, in der verbale und emotionale Gewalt gelebt wird, ist ein „Extremtrainingslager" für das Leben, welches man noch vor sich hat. Danach geht man gestärkt weiter, mit der Erkenntnis, dass so etwas nicht nochmal passiert. Sofern man sich damit, was passiert ist, und mit sich selbst und seinem bisherigen Leben auseinandergesetzt hat, wie es überhaupt soweit hatte kommen können. Denn man hat schlussendlich, wenn auch äußerst schmerzhaft, aus dieser Situation gelernt.

https://www.zitate-online.de aufgerufen: 24.06.2023

„Der Mensch hat dreierlei Wege, klug zu handeln:
1. Durch Nachdenken, das ist der edelste.
2. Durch Nachahmen, das ist der leichteste.
3. Durch Erfahrung, das ist der bitterste."
Konfuzius

Macht euch eines klar, ihr lieben Menschen da draußen: ES GEHT UM EUER LEBEN und ihr habt nur dieses eine Leben. Nirgendwo, in keiner Schublade, wartet ein sogenanntes „Ersatzleben" auf euch, welches ihr hervorholen könnt, wenn das jetzige „in die Hosen" geht.

Das Beste, was Ihr aus einer solchen Situation machen könnt, ist ein glückliches, zufriedenes Leben zu führen. Zur Not auch nur mit euch allein. Aber es ist immer noch besser, allein glücklich zu leben, als zu zweit unglücklich.

Wenn Ihr erstmal das Glück einer gelassenen inneren Zufriedenheit gefunden habt, eure Selbstliebe wiedererwacht ist, ihr euch selbst in euch wiedergefunden habt, werdet ihr auch andere Menschen in euer Leben ziehen, die dieses Glück wieder verdoppeln können. Denn ihr seid dann innerlich glücklich und zufrieden. Das strahlt ihr dann aus und dadurch zieht ihr gleich fühlende und denkende Menschen in euer Leben. Glaubt mir das, man nennt es „Gesetz der Anziehung"!

Vor kurzem bekam ich eine Weinlieferung. Den Weinlieferanten sah ich zum dritten Mal in meinem Leben. Er fragte mich an der Tür ganz verwundert, was passiert sei, ich habe eine ganz andere Ausstrahlung, das sehe man gleich. Ich sagte nur, dass ich mich aus einer toxischen Beziehung befreit habe. Es fängt also schon an, man sieht mir die Veränderung an! Wenn das fremden Leuten auffällt, dann bin ich doch auf dem richtigen Weg.

Nun war mein Buch lange unterwegs. Es wurde zum ersten Mal Korrektur gelesen. Gestern kam es zu mir zurück. Am 5.9.2022 feierte ich meine einjährige Freiheit. Ich habe seit Mai 2022 wieder ein Auto und die Strecke von hier bis nach Deutschland zu meinen Kindern schon zweimal hinter mich gebracht. Also, es geht doch! Immerhin mehr als 800 km ein Weg. Ich bin stolz auf mich!

Außerdem entschied ich mich im Juli 22 endgültig für eine Trennung von Martin. Seitdem habe ich nichts mehr von ihm gehört. Jetzt muss nur noch das gemeinsame Haus in Deutschland verkauft werden. Dann kann jeder seiner Wege gehen und sein Glück suchen. Ich wünsche ihm, dass er sein Glück endlich findet!

Und ich habe mir wieder Katzen angeschafft. Jetzt sind wir zu fünft in meinem Bett, und mein Bett ist wieder voll. Es ist so schön, von den Viechern umzingelt in Ruhe einschlafen zu können.

In diesem Sinne wünsche ich allen Betroffenen beider Seiten, dass sie aufwachen, um endlich ein Leben zu führen, welches es wert ist, gelebt oder auch PARTNERSCHAFT genannt zu werden.

ICH bin ICH und ich werde jeden Tag ein bisschen mehr ICH werden. Für den Rest meines Lebens, einen Tag nach dem anderen, will ich meinem wirklichen ICH immer näherkommen. Den Rest meines Lebens einmalig und einzigartig werden lassen. Ach ja, es stimmt, wir haben doch zwei Leben … das zweite beginnt, wenn du realisierst, dass du nur eines auf dieser wunderschönen Welt hast! Und schon fällt dir jede Entscheidung leichter.

Eure Rosemarie

Stand November 2022:

Meine Häuser auf der Insel sind verkauft. Außer natürlich das Haus, in dem Tanya R. lebt. Das gemeinsame Haus im Odenwald steht ein Jahr später immer noch zum Verkauf. Heute habe ich erfahren, dass wir einen Käufer haben. Wir verkaufen mit 20.000 Euro Verlust, von denen ich schon wieder allein 10.000 zahlen muss, weil Martin sich sonst weigert, dem Verkauf zuzustimmen und den Vertrag zu unterschreiben. Hauptsache, es wird verkauft! Der Vorvertrag wurde vom Käufer schon unterschrieben.

Dario räumt seit einer Woche jeden Tag 12 Stunden Martins Möbel aus München raus und zerkleinert das Holz aus Martins Wohnung in Rheinland-Pfalz. Der Käufer will das Haus leer haben. Auch die Möbel, die noch im Haus waren, als wir es kauften, alles muss raus. So wie es aussieht, kommt Martin nur zum Unterschreiben des Verkaufes. Dario macht die ganze Arbeit allein mit Tanyas Hilfe.

Von Martin habe ich seit Juli 2022 nichts mehr gehört. Er hat noch immer meine ganzen Sachen aus dem Odenwald, und auch noch alles, was er auf seinem Stückgut transportiert hatte … Letzteres sei verschollen, das ist mein derzeitiger Wissensstand. Auch seine Sachen stehen noch abholbereit in meinem Gartenhaus.

Da Dario meine notarielle Vollmacht hat, wenn das Haus verkauft wird, brauche ich Martin da nicht zu sehen. Tanya, Dario und ich machen 1000 Kreuzzeichen, wenn dieser Abschnitt unseres Lebens vorbei ist!

Wieder kam es anders als gedacht! Der Termin zur Unterschrift wurde extra auf Martins Wunsch hin, auf den 26.11.2022 gelegt. Plötzlich konnte Martin an diesem Tag nicht mehr kommen, da er einen 3-monatigen Urlaub geplant hatte und just an diesem Tag abflog … also gingen eine Woche vor Vertragsabschluss wieder die Diskussionen zwischen Martin und Dario weiter. Die Maklerin meinte, der Termin stehe fest, und wenn Martin nicht zur Unterschrift erscheine, müsse er alle bis dahin angefallenen Kosten für den Makler, den Notar und außerdem eine Vertragsbruchstrafe zahlen. Das seien zusammen etwa 30.000 €. Denn es seien alle 4 Parteien mit dem Verkauf und dem daraufhin erstellten Termin einverstanden gewesen. Daraufhin erklärte Martin sich bereit, beim zuständigen Notar eine Vollmacht zu unterzeichnen, damit Dario auch in seinem Namen den Verkauf des Hauses unterschreiben könne.

Doch einen Tag vor der Erstellung dieser Vollmacht wollte Martin plötzlich die 10.000 € von mir, die ich als Verlustausgleich auf das gemeinsame Hauskonto überwiesen hatte, per Sofortüberweisung auf sein Konto überwiesen haben. Wir anderen drei, also Dario, Tanya und ich, waren aber der Meinung, dass Geld solle erst fließen, wenn der Verkauf des Hauses abgeschlossen sei. Bei dem nachfolgenden Telefonat zwischen Martin und Dario meinte Martin ... er wolle das Geld auf seinem Konto haben, bevor er die Vollmacht unterschreibe, da er mir doch nicht vertrauen könne!

Das Konto läuft auf Darios Namen ... ich habe gar keinen Zugriff ... aber es blieb dabei, Geld fließe erst, wenn der Hausverkauf abgeschlossen sei! Dario erklärte ihm bei diesem Telefonat auch noch einmal die Sache mit dem Vertragsbruch. Martin meinte daraufhin wohl, da wir 4 Eigentümer seien, werde dieser Betrag auch auf alle 4 Eigentümer aufgeteilt. Nein, dem ist nicht so! Er ist und bleibt derjenige, der Vertragsbruch begeht, wenn er diese Vollmacht nicht unterschreibt. Als er das begriffen hatte, sagte er endlich zu, die Vollmacht zu unterschreiben.

Am nächsten Tag in der Kanzlei des Notares unterschrieb er nach einigem Hin und Her Gezeter endlich die Vollmacht. Die Maklerin war anwesend und beim Hinausgehen sagte Martin noch zu ihr, er habe leider den falschen Leuten vertraut ... die Maklerin, die unsere Situation kennt, sagte später zu Dario, sie habe sich sehr zusammenreißen müssen, ansonsten wäre sie Martin ins Gesicht gesprungen.

Nächste Woche ist nun der Termin zum Verkauf des Hauses. Da Dario alle Vollmachten dafür hat, hoffe ich von ganzem Herzen, dass dieses Kapitel meines/unseres Lebens dann endgültig abgeschlossen ist.

Mein Resümee:

Er reagierte wieder einmal typisch für einen Borderliner ... alles verdrehen und sein Fehlverhalten wurde wieder einmal auf andere abgewälzt. Die Projektion funktioniert noch immer sehr gut. Er, das arme Opfer, und die anderen, die Täter. Das zeigt mir persönlich, wie weit er in „seiner Therapie" gekommen ist. Nämlich keinen Millimeter weiter ...falls er die Therapie überhaupt wirklich angefangen hat...

Stand Juni 23

Das Haus in Deutschland ist verkauft. Dario hat 4 Container voller Holz aus dem Haus geschafft. Er hatte alles zerkleinert, und tatsächlich volle 3 Wochen jeden Tag daran gearbeitet. Martin sagte ihm, er solle eine Rechnung schreiben, er würde dann das Geld, auch für Darios und Tanyas Arbeitsstunden überweisen. Dario hatte die 4 Container zu zahlen. Mit seinen Arbeitsstunden war das eine Summe von etwa 15.000 Euro. Er wartet heute noch auf sein Geld. Ich habe ihnen einen Anteil gezahlt, damit überhaupt die Container gezahlt werden konnten.

Mir legt Martin auch weiterhin Steine in den Weg, wo er nur kann. Er sorgte dafür, dass ich den doppelten Steuersatz für den Verkauf meiner Häuser zahlen soll. Die Sache liegt jetzt bei einem Anwalt. Und er weigert sich mir meine Sachen zu bringen und seine abzuholen. Er meinte ich könne doch meine Sachen selbst abholen kommen. Tatsache ist aber, dass er meine Sachen ohne meine Zustimmung einfach mitgenommen hat. Er ist sauer, dass er nicht erreichte, mir die Sachen zu bringen, um mich wieder manipulieren zu können. Er hätte auch die Gelegenheit gehabt, meine Sachen in seiner Garage hier im Ort, oder bei Henry abstellen zu können. Doch das wollte er nicht. Seine Absicht, war, mich wieder „einzufangen". Das ist ihm aber nicht gelungen. Auch diese Sache habe ich mittlerweile einem Anwalt übergeben.

Auch eine E-Mail Adresse, die er mir vor vielen Jahren einmal eingerichtet hat, funktioniert seit ein paar Wochen nicht mehr.

Es ist schade, dass mit dem „Freunde bleiben" hat also auch nicht funktioniert. Sei es drum. Ich genieße meine Freiheit!

Alles wird gut,
Eure Rosemarie

164) DANKSAGUNG

Ich sage allen Danke, die mitgeholfen haben, damit dieses Buch entstehen konnte.

Dario, meinem besten Schwiegersohn, den es gibt. Immer wieder rettete er meine gelöschten Schriften auf dem Computer und hat letztendlich damit mein Buch gerettet. Außerdem holte er mich in Österreich ab und brachte mich wieder zurück, nachdem ich 3 Monate bei meiner kleinen Familie Urlaub hatte machen dürfen, um einfach mal auf andere Gedanken zu kommen.

Meinen beiden Töchtern Tanya und Runa, die mir so viel Zuspruch gaben, dieses Buch zu schreiben und zu veröffentlichen. Für all das, was sie durch meine Beziehung zu Martin erlitten haben, entschuldige ich mich hiermit von ganzem Herzen bei den beiden. Ich versuche, es wiedergutzumachen, soweit ich das kann. Aber beide Mädels sagen, dass sie durch diese Erfahrungen auch viel gelernt haben, und vor allem innerlich stärker geworden sind.

Meinem Bruder Josef. Du warst mein erster Lektor und Kritiker. Danke für deine Inspiration.

Henry, für deine Freundschaft und Unterstützung und Hilfe, um einen Ausweg aus dieser Situation zu finden. Du warst mein ständiger Anker im Meer dieses schlimmen Gefühlskrebses. Die schönen gemeinsamen Flohmarktbesuche. Danke Henry, für alles! Es gibt keinen besseren Freund als dich. Ich danke

Gott, dass es dich gibt, und für deine Hilfe! Und sag jetzt nicht: „Aber geh ..."

Hey, und ein ganz besonderes Danke dafür, dass du diesem Buch den allerletzten Schliff gegeben hast. Du hast es zu dem gemacht, was wir hier vor uns sehen! DANKE dafür!

Tanya R., meinem Schatz auf der Insel. Ich danke dir von Herzen, dass du mich so sehr unterstützt hast. Wo wäre ich ohne dich? Für die ganze Arbeit, die du dir mit meinen Sachen angetan hast. Ich danke dir für deine selbstlose Unterstützung. Du weißt schon, das Universum wird es dir danken. Ich danke jetzt schon mal mit dem lebenslangen Wohnrecht in meinem (Deinem!) Haus und grüß mir die Insel und alle, die mich noch liebhaben und kennen. Genieße dein Leben dort!

Ein ganz großes Danke auch dir, liebe Gertrud. Dass du mein Buch als erste Korrektur gelesen hast. Das ist wohl einer der wichtigsten Aufgaben beim Bücherschreiben. Ich danke dir von Herzen!

Und nun auch noch meinem geliebten Psychopathen. Ja, mein lieber M., ohne dich wäre dieses Buch gar nicht erst entstanden. Ich danke dir von ganzem Herzen für die Erfahrungen und Lehraufgaben, die du mir gestellt hast, im Grunde, um mir zu helfen, mich selbst zu finden. Ich wünsche dir von ganzem Herzen, dass du deine Lehraufgaben in der Therapie, falls du diese wirklich machst, gut für dich lösen kannst, und du am Ende ein anderes Glück findest als nur dein Geld. Glaub mir, es gibt so viel Wichtigeres.

Wer weiß, vielleicht hast du damals deinen Unfall so gut überstanden, weil ... kannst du dich noch daran erinnern, was ich am ersten Tag nach dem Unfall zu dir gesagt habe? Ich sagte zu dir: „Der liebe Gott wollte dich noch nicht haben. Vielleicht hast du ja hier auf der Erde noch eine Aufgabe zu erledigen?!" Kannst du dich erinnern? Ich hoffe doch sehr.

Vielleicht ist es deine Aufgabe, zu lernen, dich selbst zu lieben, damit du deinen Narzissmus unter Kontrolle bekommst und dann ein wirklich liebenswerter Mensch und Partner sein kannst. Ich wünsche dies jedenfalls meiner Nachfolgerin. Ich weiß es, dass du auch sehr liebevoll sein kannst, sonst hätte ich mich niemals in dich verliebt. Du musst das Liebevolle in dir nur noch selbst entdecken. Und es dann bewahren, wie deinen größten Schatz.

Das du nicht andere verurteilst, weil sie anders sind als du, sondern lernst, die Menschen so anzunehmen, mit all ihren Fehlern, wie sie sind. Und dass genau das, was dich an ihnen triggert, bei dir selbst zu erforschen ist, ohne die anderen gleichniederzumachen. Wahrscheinlich handelt es sich nämlich um dein eigenes inneres Kind, welches in seinem Schmerz endlich gesehen werden will. Ich versuchte dir genau das jahrelang zu erklären, aber ich scheiterte immer wieder an deiner Eifersucht. Du hast unzählige Verletzungen in mir hinterlassen. Nicht nur physischer Art, sondern auch psychischer Art. Wie du allein schon immer mit meinen erwachsenen Kindern umgingst oder die abwertenden Bemerkungen, die Du über sie fallen ließt. Ich weiß leider, all das würde weitergehen, würden wir uns auf eine Weiterführung der Beziehung einlassen. Das kann und will ich nicht mehr.

Also, setze bitte nicht mehr auf meine Hilfe bezüglich deiner Heilung. Ich habe genug mit meiner eigenen Heilung und der meiner Kinder und Enkelkinder zu tun. Luisa wird aller Wahrscheinlichkeit noch eine Traumatherapie brauchen. Die wirst du ihr sicherlich nicht bezahlen?! Oder?

Ja, lieber M., diesmal bist du die Hauptfigur in meinem Buch, anders als damals bei „Lilly". Und du warst es mehr als 20 Jahre lang in meinem Leben. Ich danke dir, trotz aller Schmerzen, die meine Kinder und ich durch dich erlitten haben, für die Erfahrung, die du in meinem/unserem Leben warst. Du hast uns erwachen lassen und uns in unserem eigenen Wachstum dadurch weitergebracht. Durch dich haben wir alle drei gelernt, wie stark wir im Grunde doch innerlich sind. Ich danke dir von Herzen, dass Du mein/unser Lehrherr warst. Ich bin so unglaublich stolz auf meine beiden Mädels. Sie haben sich trotz oder gerade wegen aller dieser widerlichen Behandlungen durch dich zu zwei so großartigen jungen Frauen entwickelt.

Ich wünsche dir, dass du einer von denen sein wirst, die diese Therapie wirklich zu Ende bringen, und dass du am Ende doch noch lernst und erlebst, was echte Liebe wirklich bedeutet.

Nicht nur durch einen Hund. Ja, Fanny vermisst dich auch, sie war die Erste, die dein hartes Herz je wirklich berührte. Wenn sie deine Stimme am Telefon hörte, dann jaulte sie eine Zeitlang, aber sie ist nun letztendlich glücklich mit ihrem Floh. Und du hast jetzt ja deine Mila. Pass gut auf die kleine Maus auf und überanstrenge Sie nicht. Denn sie ist schließlich noch ein Babychihuahua und du neigst doch sehr dazu, andere über ihre Grenzen gehen zu lassen. Die Verantwortung für ihr Wohlergehen hast jetzt du ganz allein in der Hand. Es ist nicht nur damit getan, einen Wandergefährten zu haben. Man muss auch mit ihm umgehen können und bemerken, wenn es ihm schlecht geht, und dann handeln. Ein so kleiner Hund kann auch schnell sterben, wenn er falsch behandelt wird.

Ich wünsche dir von Herzen, dass du die wahre Liebe möglichst noch kennen lernst, bevor dein Namensschild an irgendeine Mauer genagelt wird, die davon zeugt, welcher Organisation du dein vieles Geld gespendet hast. Denn mitnehmen wirst du definitiv nichts davon. Das letzte Hemd hat keine Taschen. Vielleicht glaubst du mir das ja doch noch irgendwann. Ich wünsche dir wirklich aus vollem Herzen alles nur erdenklich Gute!

Auch danken möchte ich allen Personen, die vom Verlag aus an meinem Buch mit gearbeitet haben. Sie haben alle sehr viel Geduld mit mir gehabt. Mit mir, die sich gar nicht so gut mit der Arbeit am Computer auskennt!

Zuletzt danke ich meinen Hunden. Fipsi starb leider, während ich dieses Buch schrieb. Er wurde 12 ½ Jahre alt und starb in meinen Armen. Danke, lieber Fips, du hast mir in so mancher Situation durch ein dunkles Tal geholfen. Du warst ein guter Hund. Ich danke dir für deine Liebe, mein kleiner Schatz!

Und Fanny und Floh, meine zwei kleinen Schätze, die meiner Seele heute noch guttun und mich immer wieder zum Lachen bringen, auch wenn mir noch so manches Mal noch zum Heulen ist.

ALLES WIRD GUT, DANKE, EUCH ALLEN … UND HEY … IHR DA DRAUSSEN … LEBT ENDLICH EUER LEBEN!!!

https://ihre-erfolgreiche-bewerbung.de aufgerufen: 22.06.2023

„Es ist das Ende der Welt, sagte die Raupe.
Es ist erst der Anfang, sagte der Schmetterling."
Nach LAOTSE

Eure Rosemarie Kränzer

Namen und Orte wurden geändert

Rosemarie Kränzer

Quellenverzeichnis

1.) Inspiration: Auszug aus dem Hörbuch: (Audible)
„Keine Macht den Psychopathen" von Jackson MacKenzie
Kapitel: 98 -103
Gesprochen von Sebastian Dunkelberg
Spieldauer: 9 Stunden und 45 Minuten
Erscheinungsdatum: 09.11.2021
Sprache: Deutsch
Anbieter: Hierax Medien

6.) Typen narzisstischer Männer aus Hörbuch: (Audible)
„Das soll Liebe sein" von Bärbel Wardetzki
Kapitel: 6
Gesprochen von Jutta Seifert/Lisa Rauen
Spieldauer: 6 Stunden und 23 Minuten
Ungekürztes Hörbuch
Erscheinungsdatum: 26.02.2021
Sprache: Deutsch
Anbieter: Hierax Medien

153.) Im Epilog
„Femizide Deutschland Wenn Männer Frauen töten"
vom 25.11.2022
https://www.ndr.de
aufgerufen: am 22.06.2023

155.) Das Ende der Geschichte
https://gute Zitate.com
aufgerufen: 27.06.2023
Tu Fu

156.) Der neue ICD11
6D10.2 schwere Persönlichkeitsstörung
6D11.2 Dissozialität Marcus Jähn
Erlaubnis Email vom 14.12.2022
www.dermediator.org
www.werdewiederstark.de

**158.) Ein Blick zurück als man dachte,
     Babys bräuchten keine Liebe**
https://www.faminino.de
aufgerufen: 29.06.2023

162.) Ein Brief an einen Narzissten – Hörbuch (Audible)
„Unkaputtbar" von Nicole Jäger
Gesprochen von Nicole Jäger
Spieldauer: 6 Stunden und 54 Minuten
Ungekürztes Hörbuch
Erscheinungsdatum:20.08.2021
Sprache: Deutsch
Anbieter: Audio Verlag OHG

163.) Nachwort
https://www.zitate-online.de
aufgerufen: 24.06.2023
Konfuzius

164.) Danksagung
https://ihre-erfolgreiche-bewerbung.de
aufgerufen: 22.06.2023

Die Autorin

„Einmal Hölle und zurück ins Leben" ist bereits das zweite Werk in Rosemarie Kränzers Bibliographie und unterscheidet sich fundamental von ihrem Debüt „Lilly, unser kleiner Tiger". Während Letzteres einen unterhaltsamen Einblick in das Leben ihres Stubentigers gibt, arbeitet sie in ihrem neuen Buch ihre jahrelange toxische Beziehung mit einem Narzissten und Borderliner auf.

Geboren und aufgewachsen in Trier, lebt die Autorin seit ihrer Scheidung im Jahr 2018 in der Steiermark. Bevor sie den Spaß am Schreiben entdeckte, arbeitete sie lange als Kinderpflegerin, worin sie vorher eine Ausbildung absolviert hatte. Darüber verbrachte sie circa elf Jahre auf einer Azoreninsel als Selbstversorgerin. Aus ihrer ersten Ehe hat sie drei Kinder.